Schütze · Ästhetisch-personale Bildung

Studien zur Philosophie und Theorie der Bildung
Band 22

Herausgegeben von
Otto Hansmann und Winfried Marotzki

Thomas Schütze

Ästhetisch-
personale
Bildung

Eine rekonstruktive Interpretation
von Schillers zentralen Schriften
zur Ästhetik aus bildungstheoretischer Sicht

Mit einem Vorwort von Horst Scarbath

Deutscher Studien Verlag · Weinheim 1993

Über den Autor:
Thomas Schütze, Dr. phil., Dipl.-Päd., Jg. 58, ist Volkshochschulleiter.

Die Deutsche Bibliothek – CIP-Einheitsaufnahme

Schütze, Thomas:
Ästhetisch-personale Bildung : eine rekonstruktive
Interpretation von Schillers zentralen Schriften zur Ästhetik
aus bildungstheoretischer Sicht / Thomas Schütze. – Weinheim :
Deutscher Studien Verlag, 1993
(Studien zur Philosophie und Theorie der Bildung ; Bd. 22)
Zugl.: Hamburg, Univ., Diss., 1991
ISBN 3-89271-371-5
NE: GT

Gedruckt mit Unterstützung der Universität Hamburg

Druck nach Typoskript (DTP)

© 1993 Deutscher Studien Verlag · Weinheim
Druck: Druck Partner Rübelmann, 6944 Hemsbach
Seriengestaltung des Umschlags: Atelier Warminski, 6470 Büdingen 8
Printed in Germany

ISBN 3 89271 371 5

*Aber sollte ich von der Freiheit, die mir von Ew. Durchlaucht verstattet wird, nicht vielleicht einen bessern Gebrauch machen können, als Ihnen meine Ideen von Schönheit und schöner Kunst vorzulegen? Ist es nicht **außer der Zeit**, sich um die Bedürfnisse der ästhetischen Welt zu bekümmern, wo die Angelegenheiten der **politischen** ein soviel näheres Interesse darbieten?*

*Ich liebe die Kunst und was mit ihr zusammenhängt über alles, und meine Neigung, ich bekenne es, gibt ihr vor jeder andern Beschäftigung des Geistes den Vorzug. Aber es kommt hier nicht darauf an, was die Kunst **mir** ist, sondern wie sie sich gegen den menschlichen Geist überhaupt, und insbesondere gegen die Zeit verhält, in der ich mich zu ihrem Sachwalter aufwerfe.*

Friedrich Schiller

Danken möchte ich all jenen Menschen, die immer wieder ein Stück meines Weges durch die letzten Jahre mit mir gegangen sind und mich in allen Höhen und Tiefen meines Denkprozesses liebevoll ausgehalten haben. Ohne ihre Anteilnahme, Ermutigung und Unterstützung wäre diese Arbeit wohl kaum entstanden.

Inhalt

Zu diesem Buch

Thomas Schütze bietet uns eine in mehrfacher Hinsicht neuartige, verständig-eindringende, sehr selbständige und aktuell weiterführende Rekonstruktion von Schillers Konzept Ästhetischer Bildung.

Erstmals wird solche Rekonstruktion unter pädagogischer Perspektive anhand einer kritisch-konstruktiven Interpretation der Entwicklung des gesamten philosophisch-essayistischen Werks (von den beiden Dissertationen bis hin zu den "Briefen") geleistet.

Die Aufgabe, der sich Herr Schütze widmet, zählt zu den schwierigsten im Bereich historisch-systematischer Arbeit (und nachweislich sind etliche Autoren an solcher Bemühung gescheitert oder zu eher schwachen Ergebnissen gelangt). Und vielfach kam es bisher in der Erziehungswissenschaft ehestens zu einer (im Licht der Schützeschen Arbeit als verkürzt zu beurteilenden) Rezeption der "Briefe"; eine umfassendere Rekonstruktion (auch im Blick auf die Bildungsaufgaben der Gegenwart) stand bislang aus.

Die Studie stellt sich der Leserin und dem Leser insgesamt als konsistente Entfaltung eines hochkomplexen und differenzierten Gedankenganges dar. Ausgehend von der zentralen Aufgabenstellung, zeigt sie, daß Bildung ein ästhetisches Geschehen ist - im Sinne eines Gestaltungsprozesses, der aus einem dialektischen Zusammenspiel von sinnlichen und vernünftigen Elementen resultiert.

Schütze skizziert zunächst einleitend das Aufleben der Diskussion um den Bildungsbegriff (II.1). In gebotener Kürze werden hierbei sowohl denkgeschichtliche wie gesellschaftliche Hintergründe angesprochen (II.2). Sodann fokussiert der Verfasser die Problemsicht auf die spezifisch ästhetische Qualität von Bildung (II.3) und die diesbezüglich wesentliche aktuelle Fachliteratur (II.4).

Deutlich wird dabei, wie sehr verkürzend - besonders wenn es um Schiller und dessen Konzept ästhetischer Bildung geht - derzeit das neuhumanistische Bildungsdenken rezipiert und diskutiert wird. Der problemeröffnende Teil II mündet in einen Rekurs auf Schleiermachers Auffassung von der einer Theorie vorausgehenden Dignität der Praxis - wichtig für Schützes eigenes Verständnis von Bildungstheorie (aber womöglich auch, wie sich weiterführend fragen läßt, für den Zusammenhang von Bildungstheorie und ästhetisch-bildender Praxis bei Schiller selbst).

1

Der Verfasser entwickelt dabei die wohlbegründete Arbeitshypothese, eine bildungstheoretisch angeleitete Rekonstruktion der Schillerschen Ästhetik sei in besonderer Weise geeignet, die gegenwärtigen Bemühungen um ein "ganzheitliches" Bildungsverständnis (wie ich es verstehe: als noch unabgegoltener, produktiver Impuls der Tradition) zu inspirieren und manche aktuelle Defizite theoretisch wie praktisch zu korrigieren.

Diesem Nachweis dient der eingehend rekonstruktive Hauptteil III "Schillers Konzeption ästhetisch-personaler Bildung" in Verbindung mit dem nicht nur kritisch-resümierenden, sondern auch aktuell weiterführenden Teil IV "Schillers Konzeption ästhetisch-personaler Bildung. Ertrag, Kritik und Perspektive".

Hier werden zunächst - sehr kenntnisreich und reflexiv, zugleich mit Blick für das Wesentliche - philosophiegeschichtliche und methodische Einbettungen und Erläuterungen vorgetragen (III.1).

Die Darstellung der frühen philosophischen Schriften Schillers (III.2) führt nicht nur zu den Hauptwerken hin, verdeutlicht vielmehr auch, wie früh Schiller bereits die Grundelemente seiner ästhetischen Anthropologie entworfen und vorformuliert hat (und wie konsistent, bei allen Weiterentwicklungen, der Schillersche Ansatz somit begriffen werden muß): Bereits hier konzipiert Schiller die Verknüpfung von Sinnlichkeit und Vernunft durch das Schöne, dies aber wiederum nicht nur im Sinne von wahrgenommenem Kunstschönem, sondern auch schon im Sinne eines vom Subjekt eigenaktiv zu vollbringendem Bildungsaktes.

Hiernach setzt der zentrale Dreischritt der Schützeschen Rekonstruktion und Interpretation an. Es gelingt dem Verfasser in überzeugenden Darlegungen, Schillers Ästhetiktheorie als konsequente Entfaltung einer ästhetisch-personalen Bildungstheorie auszuweisen; ich akzentuiere bei dieser vergegenwärtigenden Interpretationsleistung besonders:

- "Kalliasbriefe": Klärung des Schönheitsbegriffs und perspektivischer Aufweis, daß Schiller das aufklärerische Mündigkeitspostulat (im Sinne einer Korrektur von Vereinseitigungen) ästhetisiert (III.3);

- "Anmut und Würde": Herausarbeitung des spezifisch Schillerschen Verständnisses von Mündigkeit und Bildung auf dem Hintergrund subtiler anthropologisch-ästhetischer Reflexion (III.4);

- "Briefe über die ästhetische Erziehung des Menschen": Begründung einer spezifischen anthropologischen (ontologischen und "triebtheoretischen") Bildungskonzeption, im Unterschied zu anderen Studien und Rezeptionsweisen interpretativ herausgearbeitet auf dem Hintergrund eines umfassenderen Verständnisses der prozeßhaften bildungstheoretischen Denkbemühung Schillers (III.5).

Der Verfasser bündelt sodann im IV. Teil den Ertrag der Rekonstruktion und führt ihn noch eingehender als im dritten Teil weiterführend-kritischer Reflexion zu. Dabei möchte ich besonders die subtile Diskussion des "Schein"-Begriffs und die auch aktuell weiterführende, besonders neuartige Betonung des Person-Konzepts würdigen. In der Behandlung beider Momente ist zu rühmen, daß Schütze die inneren Brüche und Unklarheiten des Schillerschen Denkens ebenso offenlegt wie den weiterführenden, aktuell wichtigen Ertrag (neudeutsch, glücklicherweise nicht in den Worten des Autors: die "Anschlußfähigkeit" eben dieser Denkfiguren).

Auf dem Hintergrund der eingehenden, sehr überzeugenden Schiller-Interpretation des Verfassers (und auch einer über die Grenzen des Fachs hinausgehenden Diskussion mit der Sekundärliteratur) scheint hier ein Verständnis ästhetisch-personaler Bildung auf, das auch dank der zentralen Denk- und Praxisfigur einer Dialektik von ästhetischer Praxis und Selbstwerden der Person eine wesentliche Bereicherung (und Korrektur) aktuellen Bildungsdenkens zu inspirieren vermag: "Bildung - von Schiller her begriffen" (IV.3).

Der Ertrag der Studie betrifft somit

(a) ein entschieden substanzielleres Verständnis des Zusammenhangs von Bildung und Ästhetik bei Schiller selbst, und zwar in dessen philosophisch-ästhetischem Gesamtwerk (wobei auch Nähe und Differenz zu Kant angemessene Klärung erfahren);

(b) ein ebenso entschieden substanzielleres Verständnis des Zusammenhangs von Bildung und Ästhetik in systematisch-aktueller Hinsicht (jedenfalls als Denk- und Praxisimpuls von Schiller her).

Der Verfasser hat mit dieser Studie, nach einer Arbeit über den Zusammenhang von Bildung und Ästhetik bei Wilhelm von Humboldt, einen weiteren, überzeugenden Baustein zu einer von ihm sehr selbständig erarbeiteten historisch-systematisch fundierten Bildungstheorie vorgelegt.

Bildungsdenken wird hier nicht "ergebnisorientiert" "festgestellt", sondern - kritisch-rekonstruktiv - als lebendiger Prozeß vergegenwärtigt, der das eigene Denken und Handeln von Leserin und Leser anregt und weitertreibt.

Prof. Dr. Horst Scarbath (Hamburg)

I Einleitung

Innerhalb des erziehungswissenschaftlichen Nachdenkens in der alten Bundesrepublik Deutschland nimmt das Thema "Bildung" gegenwärtig zweifelsohne einen breiten Raum ein, wie allein schon ein erster Blick auf die Veröffentlichungen der letzten zehn bis zwölf Jahre deutlich macht. Viele Pädagoginnen und Pädagogen haben sich nämlich auf eine intensive Diskussion des Bildungs**begriffs** und eines angemessenen Bildungs**konzepts** eingelassen.

Bei näherem Hinsehen wird erkennbar, daß diese Auseinandersetzung von einer außergewöhnlich aspektreichen Vielfalt unterschiedlichster Ansätze, Entwürfe und Positionen geprägt ist. Nicht selten finden sich einander widersprechende Überzeugungen davon, was unter "Bildung" eigentlich zu verstehen sei. Eine gründliche Verwirrung über diesen Themenkomplex liegt daher zunächst näher, als daß rasch Klarheit über ihn gewonnen würde.

Trotz dieser bisweilen verwirrenden Vielfalt der Zugänge zum Thema "Bildung" zeichnet sich innerhalb der Diskussion jedoch auch deutlich ein substantielles und daher vielen Arbeiten gemeinsames Anliegen ab: Es stellt sich für weite Teile der erziehungswissenschaftlichen Bildungsdebatte unserer Tage nämlich erneut die alte Frage, wie eine Pädagogik gedacht und ermöglicht werden kann, die dem Menschen innerhalb seiner gegenwärtigen Lebensbedingungen eine möglichst **wesensgerechte und selbstbestimmte Entfaltung seiner selbst in sozialer Gemeinschaft** in Aussicht stellt.

Daß diese Grundfrage vieler - im wörtlichen Sinne humanistischen - bildungstheoretischer Entwürfe des 18. Jahrhunderts heute wieder verstärkt in den Vordergrund der pädagogischen Reflexion gerückt wird, ist durchaus kein Zufall: Angesichts der weltweiten und schon längst nicht mehr kalkulierbaren existentiellen Bedrohung von Natur und Mensch durch eine entfesselte Technik, ist in den beiden letzten Jahrzehnten ein zunehmender Verlust an grundlegenden Orientierungsmustern und lebendigen Sinnzusammenhängen deutlich geworden. Unser seit langer Zeit wirkendes zweckrationales Denken und Handeln, weithin unangefochten als Motor einer modernen technologiezentrierten Gesellschaft akzeptiert, zeitigt gegenwärtig von ihm verursachte Schäden und Kosten in einem erschreckenden Ausmaß. Und dies ist nicht nur im Blick auf die sich zuspitzende Situation unserer Umwelt der Fall. Der Mensch erfährt sich heute vielfach selbst als Spielball der gesellschaftlich bedingten Strukturen. Seine Arbeits- und Lebensbezüge unterliegen mehr und mehr einer vorwiegend nach zweckrationalen Gesichtspunkten funktionalisierten Organisation des Alltags. Er selbst wird somit tendenziell zum Opfer dieses Denkens. Seine sinnlichen und geistigen Fähigkeiten drohen weitgehend eingeebnet zu werden; seine "Kompatibilität" innerhalb des gesellschaftlichen Reproduktionsprozesses ist am meisten gefragt; sein Selbstbestimmungspotential zur Ausgestaltung eines eigenen Lebensentwurfes in Gemeinschaft mit anderen wird zunehmend auf die Privatsphäre eingeschränkt. In dieser Weise fragmentiert, sieht sich der Mensch in vielen seiner Alltagsbezüge eher einem Prozeß der psycho-physischen und geistigen Verkümmerung ausgesetzt, als daß er sich innerhalb seiner gesellschaftlichen Bedingungen autonom als individuelle Persönlichkeit zu entfalten vermag. Das modisch vielfach als "postmodern" apostrophierte Ende eines aktiv selbstbestimmten und erfahrungsreichen Lebens in sozialer Gemeinschaft scheint heute also bereits in greifbare Nähe gerückt zu sein.

Vor dem Hintergrund dieser Entwicklungstendenz unserer Gesellschaft besinnt sich die Erziehungswissenschaft - deren Identität sich aus der fachspezifischen Verantwortung speist, die Bedingungen für eine möglichst umfassende Entfaltung des einzelnen in sozialer Gemeinschaft zu bedenken und durch pädagogisches Handeln zu ermöglichen - gegenwärtig zu Recht erneut auf ihre Bildungsklassiker. Findet sie doch gerade in der neuhumanistisch geprägten Bildungstheorie innerhalb ihrer eigenen Disziplin einen kritischen Gegenentwurf einer modernen Gesellschaft vor, der den Gedanken an eine umfassende Selbstbestimmung des Menschen in sozialen Zusammenhängen postuliert. Als bis heute uneingelöstes Programm einer Pädagogik mit Gespür für die zunehmende Gefahr eines radikalen Selbstverlusts durch die Vorherrschaft bloßer Zweckrationalität mahnt diese Tradition immer wieder an, daß **zum Wesen des Menschen die größtmögliche Entfaltung aller seiner Vermögen gehört**, daß seine Sinnlichkeits- und Vernunftpotentiale nicht einer bloß zweckmäßigen Funktionalität im Denken und Handeln aufgeopfert werden dürfen. Vielmehr sei der Mensch als ganzer durch pädagogische Maßnahmen in seinem eigenaktiven Entfaltungsprozeß zu unterstützen und zu fördern.

Viele der aktuellen bildungstheoretischen Konzeptionen, denen besonders an solch einer umfassenden, ganzheitlichen Entfaltung des Menschen als sinnlich-vernünftigem Doppelwesen gelegen ist, beziehen deshalb ausdrücklich immer wieder **ästhetische** Gesichtspunkte in ihre Argumentationen ein. Sie weisen darauf hin, daß zu einem ganzheitlichen Bildungsprozeß, der allen Vermögen des Menschen Raum gibt, gerade auch Erfahrungen der sinnlichen Wahrnehmung und des verarbeitenden Gestaltens von Wahrgenommenem gehören. Sie plädieren infolgedessen mit Recht dafür, nicht die Bedeutung der in diesem Sinne ästhetischen Dimension von Bildung im Fächerkanon der Bildungspläne und -institutionen zu unterschätzen oder gar zu leugnen. Vielmehr müsse das Sinnenpotential in einem dafür besonders geeigneten Fachunterricht, wie er durch den "Kunstunterricht" oder durch "Ästhetische Erziehung" gewährleistet sei, zum Ausgleich der ansonsten mehr einseitig auf das kognitive Vermögen des Menschen ausgerichteten Unterrichtsfächer betont und gefördert werden, wenn sich der Mensch in unseren Bildungseinrichtungen als ganzer entfalten können solle.

In diesen, aus bildungstheoretischen Überlegungen besonders das Ästhetische betonenden Kontext erziehungswissenschaftlicher Reflexion will sich auch die vorliegende Arbeit stellen. Sie wird aber einen entscheidenden Gedankenschritt über die skizzierte konventionelle Einschätzung des Sinnlichen für den Bildungsprozeß hinaus zu leisten versuchen: **Sie begreift die Bildung des Menschen grundsätzlich als einen Akt, der als solcher selbst immer ein ästhetisches Geschehen im Sinne eines Gestaltungsprozesses ist, der notwendig aus einem dialektischen Zusammenspiel von Sinnlichkeit und Vernunft resultiert.** Aus diesem spezifisch ästhetischen Verständnis von Bildung heraus wird es die Aufgabe der Arbeit sein zu verdeutlichen, daß eine wirklich ganzheitliche Auffassung von Bildung nicht nur die sinnliche Existenz des Menschen in speziellen Übungen zu berücksichtigen hat, sondern daß **sowohl ein theoretisch entfalteter Bildungsbegriff als auch jeder reale Bildungsprozeß die sinnliche und die intellektuelle Existenz des Menschen gleichermaßen einbeziehen muß, will er den Gedanken humaner Ganzheit nicht verkürzen.**

Gerade ein in diesem Sinne ästhetisch-ganzheitliches Bildungs-verständnis läßt sich von Friedrich SCHILLERs Schriften zur Ästhetik herleiten. Denn SCHILLER entwickelt - als Künstler und Philosoph in einer Person - wie kein anderer Denker der neuhumanistischen Tradition ein Menschenbild, das den aufklärerischen und für die Pädagogik fundamentalen Gedanken einer eigenverantwortlichen Selbstbestimmung des Menschen innerhalb seiner sozialen Gemeinschaft radikal an die umfassende Entfaltung von sinnlichem und geistigem Potential knüpft. Gelingendes Selbstsein und Mitsein des Menschen sind bis heute nur von ihm so grundsätzlich als Ergebnis eines spezifisch ästhetisch-ganzheitlichen Bildungsprozesses gedacht worden; aber weder in zurückliegenden noch in gegenwärtigen bildungstheoretischen Entwürfen wurde diesem ausreichende Beachtung zuteil.

Dies zu ändern, ist daher die Absicht der hier vorgenommenen rekonstruktiven Vergegenwärtigung des Menschenbildes Friedrich SCHILLERs. So will sich die vorliegende Arbeit mit ihrem Rekurs auf SCHILLERs spezifisch ästhetisch-ganzheitliches Bildungsverständnis in die aktuelle Diskussion um den Bildungsbegriff einbringen. Sie schließt sich damit zugleich an ein Denken an, das sich sowohl der Autonomie des Einzelnen als auch dessen Verantwortung gegenüber der Gesellschaft und der Menschheit insgesamt verpflichtet weiß. Daher hat sie, wenn in ihr von sinnlich-vernünftiger Ganzheit des Menschen die Rede ist, nichts gemein mit Rückzugs- und Fluchttendenzen einer in den letzten Jahren sich zunehmend verbreitenden esoterischen Ganzheits-Bewegung innerhalb unserer abendländischen Kultur, deren Anhänger sich - zur privaten Abwehr unüberschaubar gewordener menschheitsbedrohender Auswirkungen unseres vorwiegend zweckrational bestimmten Weltbildes - hilfesuchend an mystische, okkulte und/oder andere fragwürdige spirituelle Traditionen, Bräuche und Techniken heften, um sich ihrer glückseligmachenden Selbstverwirklichung zu widmen und dabei nicht einmal vor den widersinnigsten Kombinationen einander konterkarierender Denk- und Verhaltensmuster haltmachen.

Der **aufklärerischen** Überzeugung von der potentiellen Selbstbestimmungsfähigkeit des Menschen folgend, hält dieser Beitrag vielmehr an dem Gedanken fest, daß eine vernunftgeleitete, aber nicht "technologisch halbierte" Existenz des einzelnen der erste Schritt auf dem Wege zu einer "Menschheitsgesellschaft" ist; zu einem gesellschaftlichen Gefüge also, das ein Menschsein in einer Weise in Aussicht stellt, das die sinnlich-leibliche und geistige Dimension menschlicher Existenz gleichberechtigt umfaßt.

Aus diesem Ansatz ergibt sich für die vorliegende Arbeit folgender **Aufbau**:

Zunächst wird im **zweiten Kapitel** in größtmöglicher Kürze das Aufleben der erziehungswissenschaftlichen Diskussion um den Bildungsbegriff skizziert und auf seine Hintergründe und Motive hin befragt werden. Erst im Anschluß hieran ist eine Fokussierung der bildungstheoretischen Auseinandersetzung im Blick auf ein spezifisch ästhetisches Bildungsverständnis und eine alternative Bildungspraxis sinnvoll. Sie bildet zugleich den Rahmen, innerhalb dessen der für die vorliegende Arbeit relevante Stand der Forschung und Diskussion zu SCHILLERs Ästhetik skizziert werden wird. Ergänzt werden diese Hinweise im weiteren Verlauf der Arbeit noch durch einige Anmerkungen zur Sekundärliteratur, soweit diese sich auf spezifisch bildungstheoretische Aspekte der SCHILLERschen Philosophie beziehen.

Im **Hauptteil** der Arbeit, dem **dritten Kapitel**, wird dann Schritt für Schritt die Ästhetik Friedrich SCHILLERs aus bildungstheoretischer Perspektive rekonstruiert und in den gegenwärtigen Diskurs über Bildung eingebracht werden. Ein langsames und schrittweises Vorgehen ist für diese Absicht angemessen, da die oftmals äußerst komplexen Gedankenschleifen SCHILLERs in ihrer sukzessiven Entfaltung so nicht nur als kontinuierliche, sondern auch als systematisch konsequente Entwicklung einer elaborierten Bildungstheorie nachvollzogen werden können. Im Verlauf der einzelnen Unterkapitel wird dabei SCHILLERs gedankliche Entwicklung einer Bildungskonzeption herausgearbeitet, in der ästhetisch-personale Bildung auf ein ganzheitliches Menschsein im Sinne eines sinnlich-vernünftig selbstbestimmten Gestaltungsaktes der Person zielt, in dem das Sinnenpotential nicht länger bloß als Ergänzung des ansonsten vernunftbegabten Menschen gewertet wird. Hierbei wird deutlich werden, **daß Bildung - im Sinne eines zu entfaltenden Selbstseins des Menschen in sozialer Gemeinschaft - von SCHILLER her grundsätzlich als ein ästhetisches Phänomen begriffen werden muß.**

An den Beginn des **vierten Kapitels**, das die Arbeit abschließt, wird eine Zusammenfassung der SCHILLERschen Konzeption ästhetisch-personaler Bildung gestellt. Erst im Anschluß hieran finden sich kritische Überlegungen zu zwei wesentlichen Denkfiguren dieser Ästhetik. Es sind dies SCHILLERs spezifische Vorstellung einer ästhetischen Autonomie sowie sein damit eng verbundener Personbegriff. Den Abschluß bildet die Skizze eines ganzheitlichen Bildungsverständnisses für die Gegenwart, wie es von SCHILLER inspiriert erschlossen werden kann.

Sämtliche redaktionellen Hinweise wie etwa zur Verwendung verschiedener Textausgaben, Erklärungen von Kürzeln etc. werden mit Hilfe von Fußnoten im Verlauf der Arbeit gegeben.

Handwerker siehst du, aber keine Menschen, Denker, aber keine Men-
schen, Herren und Knechte, Jungen und gesetzte Leute, aber keine
Menschen - ist das nicht ein Schlachtfeld, wo Hände und Arme und
alle Glieder zerstückelt untereinander liegen, indessen das vergossene
Lebensblut im Sand verrinnt?
(Friedrich Hölderlin)

II Anmerkungen zur gegenwärtig verkürzten Diskussion um den Bildungsbegriff

II.1 Das Aufleben des Bildungsbegriffs

Die Präsenz eines vielfältig changierenden Bildungsverständnisses innerhalb der gegenwärtigen pädagogischen Theoriediskussion ist
beeindruckend. Es steht außer Frage: Der Bildungsbegriff hat derzeit eine
exponentiale Konjunktur.

Dabei hatte Karl Ernst NIPKOW erst im Jahre 1977 das endgültige
"Aus" des Bildungsbegriffs diagnostiziert.[1] Und dies aus zweifachem
Grund:

Zum einen sah sich die Pädagogik in der Bundesrepublik Deutschland
seit den sechziger Jahren zunehmend einer fundamentalen Erschütterung
durch psychologische, soziologische und szientifische Neubestimmungen
ihres erziehungswissenschaftlichen Diskurses ausgesetzt. Der geisteswis-
senschaftliche Bildungsbegriff, wie er in der ersten Hälfte unseres Jahrhunderts etwa von Herman NOHL, Theodor LITT, Eduard SPRANGER oder
Wilhelm FLITNER unter der Last seiner vorangegangenen bürgerlichen
Verfallsgeschichte im 19. Jahrhundert[2] neu geprägt worden war, verlor

---

1) Vgl. NIPKOW, Karl Ernst: Bildung und Entfremdung. Überlegungen zur
Rekonstruktion der Bildungstheorie. In: Zeitschrift für Pädagogik, 14. Beiheft
(1977), S. 205.

2) Vgl. hierzu besonders HEYDORN, Heinz-Joachim: Zu einer Neufassung des
Bildungsbegriffs. In: Ders.: Bildungstheoretische Schriften. Bd. 3. Frankfurt/Main,
1980, S. 95 - 184. Desweiteren auch SÜNKER, Heinz: Bildungstheorie und
Erziehungspraxis. Prolegomena zur Restrukturierung des Subjektbezugs in der
Erziehungswissenschaft. Bielefeld 1984, S. 6 - 13 sowie TENORTH, Heinz-Elmar:
Bildung, allgemeine Bildung, Allgemeinbildung. In: Ders. [Hrsg.]: Allgemeine
Bildung. Analysen zu ihrer Wirklichkeit, Versuche über ihre Zukunft. Weinheim und
München 1986, S. 7 - 30, hier bes. S. 10 - 15.

damit gegenüber Termini wie "Verhaltensmodifikation", "Sozialisation" und "Qualifikation" erheblich an Relevanz. NIPKOW sprach deshalb auch von einem "Sprachwechsel", der stattgefunden habe und mit dem der Bildungsbegriff "unter der Hand ersetzt worden" sei.[3] Mit ihm seien, so NIPKOW, erziehungswissenschaftliche Fragen substantiellen Gehaltes verdrängt worden[4], weshalb ich mit Ludwig A. PONGRATZ in diesem Zusammenhang auch lieber von einer "Paradigmenkrise der Erziehungswissenschaft" sprechen möchte[5], da dieser Begriff nicht nur auf eine die Sprache betreffende, sondern darüber hinaus auch auf die inhaltlich folgenreiche Verlagerung der pädagogischen Reflexion verweist.

Zum anderen war Bildung als stark normativ belasteter Terminus besonders durch theoretisch sehr unterschiedlich begründete gesellschafts- und ideologiekritische Positionen[6] mit Recht in den Verdacht geraten, eine ideologische Kategorie zu sein. Einen bedeutungsvollen Signalcharakter für diese Kritik am Bildungsbegriff hatte der erstmals 1959 veröffentlichte Aufsatz "Theorie der Halbbildung" von Theodor W. ADORNO.[7] In ihm förderte ADORNO mit aller Deutlichkeit den Widerspruch des im deutschen Neuhumanismus auf Herrschaftsfreiheit und Selbstbestimmung hin angelegten Bildungsbegriffs zutage, der in der Folgezeit unter der Wucht des aufsteigenden Bürgertums in dessen radikal kapitalistischer Gesellschaftsordnung bis zur Unkenntlichkeit deformiert worden war:

> "Der Traum der Bildung, Freiheit vom Diktat der Mittel, der
> sturen und kargen Nützlichkeit, wird verfälscht zur Apologie der
> Welt, die nach jenem Diktat eingerichtet ist. Im Bildungsideal,

---

3) NIPKOW, Karl Ernst: Bildung und Entfremdung. Überlegungen zur Rekonstruktion der Bildungstheorie. In: Zeitschrift für Pädagogik, 14. Beiheft (1977), S. 205f.

4) Vgl. NIPKOW, Karl Ernst: a.a.O., S. 206.

5) Vgl. PONGRATZ, Ludwig A.: Pädagogik und Subjektivität - Zur Paradigmenkrise der Erziehungswissenschaft. In: Ders.: Pädagogik im Prozeß der Moderne. Studien zur Sozial- und Theoriegeschichte der Schule. Weinheim 1989, S. 337 - 352, bes. S. 341 - 345.

6) In der Pädagogik stehen für diese ideologiekritischen Positionen besonders Namen wie Hans-Jochen GAMM, Hermann GIESECKE oder Klaus MOLLENHAUER.

7) ADORNO, Theodor W.: Theorie der Halbbildung. In: Ders.: Gesammelte Schriften, Bd. 8, hrsg. von Rolf TIEDEMANN. Frankfurt/Main 1972, S. 93 - 121.

das die Kultur absolut setzt, schlägt die Fragwürdigkeit von Kultur durch."[8]

"Bildung" schien damit keineswegs mehr geeignet, als tragende Kategorie in neu einsetzende emanzipatorische Bemühungen der Gesellschafts- und Sozialwissenschaften aufgenommen zu werden, da sie nun, entgegen ihrem ursprünglichen Selbstverständnis, als Movens fortschreitender Entfremdungsprozesse galt. Ihre Diskreditierung war vollends vollzogen, als ADORNO ihr darüber hinaus auch noch eine systematisch implizierte Antinomie bescheinigte:

"Sie [die Bildung] ist in sich antinomischen Wesens. Sie hat als ihre Bedingung Autonomie und Freiheit, verweist jedoch zugleich, bis heute, auf Strukturen einer dem je Einzelnen gegenüber vorgegebenen, in gewissem Sinn heteronomen und darum hinfälligen Ordnung, an der allein er sich zu bilden vermag. Daher gibt es in dem Augenblick, in dem es Bildung gibt, sie eigentlich schon nicht mehr. In ihrem Ursprung ist ihr Zerfall teleologisch bereits gesetzt."[9]

Auch NIPKOW nahm ADORNOs Kritk am "Selbstwiderspruch" des Bildungsbegriffs auf und betonte aus pädagogischer Perspektive deren Berechtigung, da Bildung im Verlauf ihrer Verfallsgeschichte "als institutionalisierte, verschulte Bildung selbst zu **entfremdeter Bildung** und damit zur Mitursache für die Entfremdung des Menschen geworden" sei.[10] Doch im Widerspruch zu dem von ihm selbst ausgestellten Totenschein für den

---

8) ADORNO, Theodor W.: a.a.O., S. 98.

9) ADORNO, Theodor W.: a.a.O., S. 104. Die wohl differenzierteste und bis heute in der Erziehungswissenschaft nur sehr wenig aufgenommene Diskussion dieser Problematik findet sich im Gesamtwerk von Heinz Joachim HEYDORN: Bildungstheoretische Schriften. 3 Bde. Frankfurt/Main 1979 und 1980.
Sämtliche Ergänzungen, Auslassungen, Hinweise etc, die ich innerhalb von Zitaten vornehme, werden von mir durch eckige Klammern gekennzeichnet.

10) NIPKOW, Karl Ernst: Bildung und Entfremdung. Überlegungen zur Rekonstruktion der Bildungstheorie. In: Zeitschrift für Pädagogik, 14. Beiheft (1977), S. 207.
Sämtliche Hervorhebungen in Zitaten entsprechen, sofern nicht eigens anders angegeben, den verwendeten Textvorlagen.

Bildungsbegriff (dessen zugrundeliegende Fehldiagnose sich NIPKOW auch heute noch nicht einzugestehen vermag[11]), war doch gerade er es, der sich 1977 überzeugend für eine Besinnung auf die Wurzeln bildungstheoretischen Denkens einsetzte. NIPKOW selbst blieb nämlich nicht bei seiner Feststellung des Endes von Bildung als pädagogischer Leitkategorie stehen, sondern machte sich im selben Aufsatz daran, deren verschüttete Kapazitäten erneut freizulegen, indem er die Quellen eines philosophisch-emphatischen Bildungsverständnisses bei ROUSSEAU, GOETHE, HUMBOLDT, FICHTE, HEGEL, MARX u. a. vorsichtig zu beleben und für einen zukünftigen Bildungsbegriff zu rehabilitieren suchte.[12] Zwar gab es auch jenseits der erziehungswissenschaftlichen Paradigmenkrise mahnende Stimmen, den Bildungsgedanken nicht völlig aufzugeben[13], doch es war

---

11) NIPKOW spricht 1990 in seinem neuesten Werk noch immer davon, daß der Bildungsbegriff auch heute aufgrund gesellschaftlicher Interessen "im ganzen durch den Ruf nach Erziehung überlagert und dadurch verdrängt" werde. (NIPKOW, Karl Ernst: Bildung als Lebensbegleitung und Erneuerung. Kirchliche Bildungsverantwortung in Gemeinde, Schule und Gesellschaft. Gütersloh 1990, S. 26.) Mag dies vielleicht noch auf ein allgemeines öffentliches Verständnis von Bildung zutreffen; für die Diskussion innerhalb der Erziehungswissenschaft gilt dies weder in theoretischer noch in praktischer Hinsicht. Das zu belegen, werden allein schon die für meinen Arbeitszusammenhang relevanten und von mir im weiteren Verlauf des Textes noch anzuführenden aktuellen Veröffentlichungen zu diesem Thema imstande sein.

12) Vgl. NIPKOW, Karl Ernst: Bildung und Entfremdung. Überlegungen zur Rekonstruktion der Bildungstheorie. In: Zeitschrift für Pädagogik, 14. Beiheft (1977), S. 215 - 227.

13) Wieder ist hier an erster Stelle das bereits weiter oben angeführte OEuvre HEYDORNs zu nennen, auf den auch NIPKOW selbst hinwies. Darüber hinaus betonte NIPKOW noch Wolfgang KLAFKI: Studien zur Bildungstheorie und Didaktik. Weinheim 1963. (Vgl. NIPKOW, Karl Ernst: Bildung und Entfremdung. Überlegungen zur Rekonstruktion der Bildungstheorie. In: Zeitschrift für Pädagogik, 14. Beiheft (1977), S. 205.) Von nennenswerter Bedeutung sind m. E. aber auch: BALLAUFF, Theodor: Philosophische Begründungen der Pädagogik. Die Frage nach Ursprung und Maß der Bildung. Berlin 1966; BÖHME, Günther: Die philosophischen Grundlagen des Bildungsbegriffs. Eine Propädeutik. Saarbrücken 1976; DOHMEN, Günther: Bildung und Schule. Die Entstehung des deutschen Bildungsbegriffs und die Entwicklung seines Verhältnisses zur Schule. 2 Bde. Weinheim 1964 und 1965; MENZE, Clemens: Überlegungen zur Kritik am humanistischen Bildungsverständnis in unserer Zeit. (1966) In: Ders.: Bildung und Bildungswesen. Hildesheim 1980, S. 106 - 123; MENZE, Clemens: Wilhelm von Humboldts Lehre und Bild vom Menschen. Ratingen 1965; SCHRIEWER, Jürgen: "Rückführung der Bildung zu sich selbst". Zur Humboldtrezeption und zu neueren

NIPKOW, der mit dem Gedanken einer sorgfältig zu **rekonstruierenden** Bildungstheorie das entscheidende Signal zu einer Renaissance ihres "Kernbegriffs" (KLAFKI) gab. NIPKOW meinte mit dieser "Rekonstruktion" klassischer Theorieangebote erstens deren

"erinnernde Vergegenwärtigung. Sie schließt zweitens den Versuch in sich, überkommene Begriffe entweder unter Beibehaltung alter Termini inhaltlich neu zu fassen oder ihre veränderte Bedeutung durch neue sprachliche Äquivalente auszudrücken. Hierbei können gegenwärtig gebrauchte Begriffe aufgenommen werden, die bereits funktionale Äquivalente früherer Begriffe darstellen. Für den Bildungsbegriff scheint dies neben den Begriffen wie 'Selbstbestimmung', 'Mündigkeit' und anderen [...] besonders für den Begriff der 'Identität' zu gelten."[14]

Mit diesem für neue Einsichten prinzipiell offenen Verständnis von Rekonstruktion ist gegen Ende der siebziger Jahre der Weg wieder frei für eine erneute, jetzt kritisch geläuterte Aneignung bildungstheoretischer Grundpositionen, wobei ich mit "kritisch geläutert" ein "mehrperspektivisch-dialogisches" Wissenschaftsverständnis im Sinne Horst SCARBATHs meine, was ein kritisch-konstruktives Angehen dieser Aufgabe beinhaltet und nicht eines, das "dem alltagssprachlichen [Kritikbegriff] des 'Krittelns' und 'Madigmachens'" folgt.[15] Die daraufhin in

---

bildungstheoretischen Ansätzen. In: Vierteljahresschrift für wissenschaftliche Pädagogik 51 (1975), S. 237 - 259. Es ist bezeichnend für die auch in der Erziehungswissenschaft zunehmende Schnellebigkeit, daß schon Mitte der achtziger Jahre Arbeiten wie die hier angeführten von BALLAUFF, BÖHME, DOHMEN und MENZE bei einer Skizzierung zum ernsthaften Vergegenwärtigungsversuchen philosophischer Grundlagen zur Bildungstheorie nicht einmal mehr als Vorläufer genannt werden. (Vgl.: HANSMANN, Otto: Bildung - in rekonstruktiver Absicht. Eine Zwischenbilanz. Frankfurt/Main 1985, S. 7.)

14) NIPKOW, Karl Ernst: Bildung und Entfremdung. Überlegungen zur Rekonstruktion der Bildungstheorie. In: Zeitschrift für Pädagogik, 14. Beiheft (1977), S. 206f, Fußnote 1. Im Rahmen meiner einleitenden Überlegungen zum dritten Kapitel der vorliegenden Arbeit wird auf diesen Rekonstruktionsbegriff noch einmal zurückzukommen sein.

15) SCARBATH, Horst: Unser Wissen ist Stückwerk. Plädoyer für ein mehrperspektivisch-dialogisches Verständnis von Erziehungswissenschaft. In:

der Erziehungswissenschaft in beeindruckendem Umfang anhebenden und bis heute unvermindert engagierten Bemühungen um eine in diesem Sinne kritische Vergegenwärtigung und Diskussion geisteswissenschaftlicher und grundlagenphilosophischer Positionen zum Bildungsbegriff entsprechen in der Vielfalt ihrer Bezüge insgesamt gesehen durchaus einer mehrperspektivischen Wissenschaftsauffassung, wenngleich deren dialogischer Austausch untereinander angesichts der gewaltigen Textfluten bestenfalls noch exemplarisch betrieben werden kann. Aufgrund ihrer thematischen Begrenzung kann sich die vorliegende Arbeit aber weder eine Darstellung dieser Diskussion noch eine Analyse von deren Relevanz für eine zukünftige Bildungstheorie und -praxis zu ihrer Aufgabe machen. Deshalb seien hier - das Teilkapitel abschließend - nur einige Veröffentlichungen angeführt, die mir in besonderer Weise dazu geeignet scheinen, einen Überblick sowohl über die Begriffsgeschichte von "Bildung" als auch über die breitgefächerte historisch-systematische Diskussion dieses Terminus' und die mit ihr entstandene neue "pädagogische Bewegung" (NOHL) zu geben.

So wie eine philosophische Grundlagenstudie zur Bildungstheorie nicht umhin kommt, an einer Stelle auch einmal das ihr zugrundeliegende Bildungsverständnis zu skizzieren, kann eine wirklich aussagefähige begriffsgeschichtliche Bestimmung von "Bildung" m. E. nicht ohne weiteres von einem historisch-systematischen Zugriff der mit diesem Terminus verknüpften theoretischen und praktischen Gehalte abgekoppelt werden. In diesem doppelten Sinn für die Geschichte des Bildungsbegriffs besonders aufschlußreiche Arbeiten sind von Günther DOHMEN, Franz RAUHUT und Ilse SCHAARSCHMIDT sowie Rudolf LENNERT vorgelegt worden.[16] Einen instruktiven Überblick über die Entwicklung der historisch-systematisch orientierten Fachdebatte zum Thema erhält man insbesondere

---

CLAUßEN, Bernhard/SCARBATH, Horst [Hrsg.]: Konzepte einer Kritischen Erziehungswissenschaft. Einführende Texte. München und Basel 1979, S. 216.

16) Vgl. DOHMEN, Günther: Bildung und Schule. Die Entstehung des deutschen Bildungsbegriffs und die Entwicklung seines Verhältnisses zur Schule. 2 Bde. Weinheim 1964 und 1965; DOHMEN, Günther: Wortgeschichtliche Grundlagen einer Renaissance des Bildungsbegriffs. In: SCHLUTZ, Erhard/SIEBERT, Horst [Hrsg.]: Historische Zugänge zur Erwachsenenbildung. Bremen 1985, S. 6 - 35; LENNERT, Rudolf: Das Drama der Bildungsworte. In: Neue Sammlung 21 (1981), S. 504 - 529 sowie RAUHUT, Franz/SCHAARSCHMIDT, Ilse: Beiträge zur Geschichte des Bildungsbegriffs. Weinheim 1965.

durch Veröffentlichungen von Theodor BALLAUFF und Klaus
SCHALLER, Otto HANSMANN und Winfried MAROTZKI, Ulrich
HERRMANN, sowie die einschlägigen Beitragssammlungen von Wolgang
KLAFKI und Jürgen-Eckard PLEINES.[17]

II.2 Hintergründe und Motive der gegenwärtigen Bildungsdiskussion

"Da von einem schlechthinnigen Prinzip der Bildung als einer
synthetischen Erkenntnis aus dem Begriff nicht gesprochen werden kann und da auch die Erfahrung [...] nicht zu einem Probier-
stein der Wahrheit irgendeiner sinnvollen Verwendung von Bildung taugt, scheint letztlich die Gefahr der Beliebigkeit, der Ok-
kupation durch politische oder religiös-weltanschauliche Glau-
bensüberzeugungen, der Dominanz von subjektiven Vorlieben
oder von dem, was gerade üblich ist, ziemlich unanwendbar zu
sein, obwohl Begründung und skeptisch-argumentatives Rück-
fragen stattfinden mögen."[18]

In der Tat vermitteln die jeweils gewählten Argumentationsverläufe und
bezogenen Positionen des inzwischen exorbitant angewachsenen und facet-
tenreichen erziehungswissenschaftlichen Diskurses über Bildung auf den

---

17) Vgl. BALLAUFF, Theodor/SCHALLER, Klaus: Pädagogik. Eine Geschichte der
Bildung und Erziehung. Bd. 2. Vom 16. Jahrhundert bis zum 19. Jahrhundert.
Freiburg und München 1970, bes. S. 399 - 567; HANSMANN, Otto: Bildung - in
rekonstruktiver Absicht. Eine Zwischenbilanz. Frankfurt/Main 1985;
HANSMANN, Otto/MAROTZKI, Winfried [Hrsg.]: Diskurs Bildungstheorie I und
II. Rekonstruktion der Bildungstheorie unter Bedingungen der gegenwärtigen
Gesellschaft. Bd. I: Systematische Markierungen. Bd. II: Problemgeschichtliche
Orientierungen. Weinheim 1988 und 1989; HERRMANN, Ulrich [Hrsg.]: "Die
Bildung des Bürgers": die Formierung der bürgerlichen Gesellschaft und der
Gebildeten im 18. Jahrhundert. Weinheim und Basel 1982; KLAFKI, Wolfgang:
Studien zur Bildungstheorie und Didaktik. Weinheim 1963; KLAFKI, Wolfgang:
Neue Studien zur Bildungstheorie und Didaktik. Beiträge zur kritisch-konstruktiven
Didaktik. Weinheim und Basel 1985; PLEINES, Jürgen-Eckardt [Hrsg.]:
Bildungstheorien. Probleme und Positionen. Freiburg, Basel und Wien 1978;
PLEINES, Jürgen-Eckardt: Studien zur Bildungstheorie (1971 - 1988). Darmstadt
1989.

18) FISCHER, Wolfgang: Über Recht und Grenzen des Gebrauchs von "Bildung". In:
Zeitschrift für Pädagogik, 28 (1982), S. 8f.

ersten Blick einen Eindruck völliger Beliebigkeit, wie es von Wolfgang FISCHER bereits vor etwa zehn Jahren vorausgesagt worden ist. Eben weil der Bildungsbegriff heute im Blick auf Fragen und Probleme allgemeiner Bildung, ökologischer Bildung, ästhetischer Bildung, musisch-kultureller Bildung, moralischer Bildung, naturwissenschaftlicher Bildung, polytechnischer Bildung, politischer Bildung, schulischer und außerschulischer Bildung, universitärer Bildung etc. allenthalben benutzt und teilweise auch diskutiert wird, scheint er eine multifunktionale Kategorie geworden zu sein, die für alles und nichts innerhalb der pädagogischen Theorieproduktion herhalten muß und die vor keinem Mißbrauch bewahrt werden kann. Treffend merkt deshalb Klaus LUTTRINGER an: "Gegenwärtig kann Bildung offensichtlich nicht mehr alleinestehen."[19] Dies hat, so LUTTRINGER weiter, zur Folge, daß der Bildungsbegriff vielfach reduziert wird auf "Bildungsplanung, Bildungsökonomie, Bildungspolitik, Bildungskatastrophe."[20]

Zudem machte Wolfgang FISCHER in seinem oben zitierten Beitrag schon zu Beginn der achtziger Jahre mit Recht darauf aufmerksam, daß immer wieder "Gründe und von ihnen getragene Konzeptionen von Bildung [...] lediglich werbend vorgeschlagen" würden[21], eine klare Antwort auf die Frage nach dem erziehungswissenschaftlichen und praktischen Stellenwert von Bildung also offensichtlich nicht zu erwarten ist. Angesichts dieser Situation scheint es mir denn auch nicht übertrieben, auf den ersten Blick hin festzustellen, daß der Bildungsbegriff durch seine ihn aktualisierende theoretische Fundierung, zunehmende Differenzierung und Spezifizierung nicht dem Schicksal einer "neuen Unübersichtlichkeit" (HABERMAS) zu entgehen vermag, obwohl viele Pädagoginnen und Pädagogen gerade zu dessen Klärung angetreten sind. Er teilt dieses Schicksal innerhalb der erzie-

---

19) LUTTRINGER, Klaus: Die Bildung und ihr Narr. Auf den Spuren eines anderen Bewußtseins. Rheda-Wiedenbrück 1989, S. 14.

20) LUTTRINGER, Klaus: ebd.

21) FISCHER, Wolfgang: Über Recht und Grenzen des Gebrauchs von "Bildung". In: Zeitschrift für Pädagogik, 28 (1982), S. 9.

hungswissenschaftlichen Theoriebildung insbesondere mit dem Identitätsbegriff.[22]

Dennoch lassen m. E. verblüffend zahlreiche der sehr unterschiedlichen
Sichtweisen zum Thema Bildung insgesamt gesehen einen gemeinsamen
Hintergrund für die aktuellen Bemühungen erkennbar werden, der im fol-
genden zumindest kurz skizziert werden soll, da er auch für die vorliegende
Arbeit von Bedeutung ist.

Daß der Ausgang unseres Jahrhunderts - und damit zugleich auch der
unseres Jahrtausends - entscheidend geprägt wird von der massiv zunehmenden Infragestellung eines menschenwürdigen Überlebens der Menschheit, läßt auch die Pädagogik nicht unberührt. Angesichts einer Welt, in der
der Mensch mehr und mehr zum Opfer seines technologischen Know-hows
als zum Nutznießer seiner verstandesgeleiteten Naturunabhängigkeit wird,
in der die Mitglieder unserer sich als bürgerlich und damit als frei begrei-
fenden Gesellschaft um einen inzwischen sowohl in sozialethischer wie
auch in ökologischer Hinsicht zutiefst fragwürdig gewordenen Wohlstand
fortgesetzt eigener und anderer Knechtung und Entfremdung aussetzen, in
der Gesellschaften ihre ökonomisch-politischen Probleme mit einer in Se-
kundenschnelle gleich massenhaft Leben vernichtenden computer- und la-
sergesteuerten Kriegsmaschinerie zu lösen versuchen, kommt auch die Erziehungswissenschaft um eine Besinnung und Neubestimmung ihres
Selbstverständnisses nicht herum. Schließlich ist sie diejenige Wissenschaft, die sich explizit und nachdrücklich um die praktische Ermöglichung
und Entfaltung eines menschenwürdigen, d. h. freiheitlich selbstbestimmten
Lebens Gedanken macht.[23] Spätestens seit ROUSSEAU denkt sie im mo-

---

22) Vgl. hierzu bspw. SCHWEITZER, Friedrich: Identität - Ein Leitbegriff der
Pädagogik? In: PLUSKWA, Manfred [Hrsg.]: Jugendarbeit und Identität.
(Loccumer Protokolle 1985.) Loccum 2. Aufl. 1987, S. 119 - 135.

23) Sehr deutlich wird dieser unmittelbare Zusammenhang von gegenwärtiger Weltlage
und grundsätzlicher Neubestimmung des pädagogischen Selbstverständnisses etwa
bei Dietrich BENNER: Allgemeine Pädagogik. Eine sytemgeschichtlich-
problematische Einführung in die Grundstruktur pädagogischen Denkens und
Handelns. Weinheim und München 1987; Helmut FEND: Sozialgeschichte des
Aufwachsens. Bedingungen des Aufwachsens und Jugendgestalten im zwanzigsten
Jahrhundert. Frankfurt/Main 1988; Helmut PEUKERT: Bildung - Reflexionen zu
einem uneingelösten Versprechen. In: Bildung. Die Menschen stärken, die Sachen
klären. Jahresheft VI im Friedrich Verlag. Seelze 1988, S. 12 - 17; Ludwig A.
PONGRATZ: Bildung und Subjektivität. Historisch-systematische Studien zur

18

dernen, d. h. "ateleologischen identitätstheoretischen"[24] Sinn darüber nach, was die anthropologischen Voraussetzungen und historisch-gesellschaftlichen Bedingungen dafür sind bzw. sein sollten, daß ein solches Leben von Menschen auch wirklich gelebt werden kann. ROUSSEAU stellt, bei aller Ambivalenz und Brüchigkeit seines Erziehungskonzepts[25], zum erstenmal aus pädagogischer Sicht in radikaler und wirkmächtiger Weise die Frage, wie denn Erziehung angelegt werden muß, damit sich der Mensch als autonomes Subjekt, als Entwurf seiner selbst, so zu realisieren vermag, daß er dabei zugleich immer auch ein gesellschaftsfähiges Wesen ist.[26] "Spätestens" seit ROUSSEAU sage ich in diesem Zusammenhang deshalb, weil sich vielfache Motive und Aspekte zu diesem Denken schon von der Antike her kommend insbesondere im europäischen Renaissance-Humanismus etwa bei ERASMUS von Rotterdam, Giovanni PICO (PICO della Mirandola) oder VITTORINO da Feltre und später im 17. Jahrhundert bei Jan Amos KOMENSKY (COMENIUS) entdecken lassen.[27]

Theorie der Bildung. Weinheim und Basel 1986; Michael WINKLER: Eine Theorie der Sozialpädagogik. Über Erziehung als Rekonstruktion der Subjektivität. Stuttgart 1988.

24) BUCK, Günther: Rückwege aus der Entfremdung. München und Paderborn 1984, S. 18. BUCK unterscheidet eine seit ROUSSEAU in diesem Sinne moderne Bildungsvorstellung von einem ihr vorangegangenen "organologischen" Bildungsbegriff, der in Anlehnung an die pädagogische Pflanzenmetapher von der Vorstellung geprägt gewesen sei, daß sich der Mensch nach einem entelechetischen Wachstumsplan entfalte. (Vgl. BUCK, Günther: a.a.O., S. 155 - 168.)

25) Vgl. PONGRATZ, Ludwig A.: Bildung und Subjektivität. Historische Rekonstruktionen. In: Pädagogische Rundschau 38 (1984), S. 194f.

26) Mehr zu ROUSSEAU und dem Autonomiegedanken in der Pädagogik in Kapitel III.1 der vorliegenden Arbeit.

27) Vgl. hierzu BÖHME, Günther: Bildungsgeschichte des frühen Humanismus. Darmstadt 1984; BUCK, Günther: Rückwege aus der Entfremdung. München und Paderborn 1984; PONGRATZ, Ludwig A.: Bildung und Subjektivität. Historische Rekonstruktionen. In: Pädagogische Rundschau 38 (1984), S. 189 - 205; RUMPF, Horst: Erasmus von Rotterdam. In: SCHEUERL, Hans [Hrsg.]: Klassiker der Pädagogik. Erster Band. Von Erasmus von Rotterdam bis Herbert Spencer. München 1979, S. 15 - 31; SCHEUERL, Hans: Johann Amos Comenius. In: Ders. [Hrsg.]: Klassiker der Pädagogik. Erster Band. Von Erasmus von Rotterdam bis Herbert Spencer. München 1979, S. 67 - 82.

Gegenwärtiges erziehungswissenschaftliches Denken und Handeln sieht sich nun mit einer gesellschaftlichen Situation konfrontiert, in der die Autonomie des einzelnen und infolgedessen auch die gemeinsame Handlungsfreiheit aller radikal bedroht sind. Die Vorstellung einer gesellschaftlich zu verwirklichenden autonomen Subjektivität des Menschen findet immer weniger Nischen für ihre Realisation. Als übergeordnete Ursachen hierfür sind die oben kurz skizzierten makrokosmischen Verhältnisse anzuführen, die eher eine zunehmende Ohnmacht des Menschen als dessen Autonomie deutlich werden lassen. Im eingegrenzten Blick auf unsere (westeuropäische) Kultur verstärkt sich dieser Eindruck des fortschreitenden Autonomieverlusts noch eher, als daß er gemildert würde. Aus aktueller bildungstheoretischer Perspektive werden hierfür immer wieder vor allem folgende Ursachen genannt:

Mit der Schaffung eines mechanistisch geprägten Weltbildes durch den Rationalismus des 17. Jahrhunderts, sowie mit der Aufklärung und dem gesellschaftlichen Umbau durch die anhebende Industrialisierung im 18. Jahrhundert beginnt eine Entwicklung in Westeuropa (und den USA), die bekanntermaßen im 19. Jahrhundert von Karl MARX und Friedrich ENGELS als uneingeschränkte Herrschaft des Kapitals interpretiert und kritisiert worden ist und die zu Beginn des 20. Jahrhunderts von Max WEBER als zunehmende Durchsetzung "einer breitenwirksamen, für die Gesellschaft strukturbildenden **Institutionalisierung zweckrationalen Handelns**"[28] analysiert wurde. Gemeint ist damit die trotz aller Gegenbewegungen[29] bislang unaufhaltsame Verbreitung einer Zweckrationalität, die als "technologisch halbierte" Rationalität eine Kultivierung instrumentellen Denkens und Handelns zeitigt, die das gesamte menschliche Leben noch bis in seine tiefsten Intimsphären hinein prägt. Ihre Folge ist, daß das Subjekt zunehmend seiner selbst und seiner Gemeinschaft mit anderen enteignet wird. Der Mensch hat von nun an tendenziell vorwiegend funktional der Reproduktion des sich immer weiter

---

28) HABERMAS, Jürgen: Theorie des kommunikativen Handelns. Bd. 1: Handlungsrationalität und gesellschaftliche Rationalisierung. Frankfurt/Main 3. Aufl. 1985, S. 300.

29) Hierzu gehören frühe aufklärungskritische Ansätze, wie sie etwa bei ROUSSEAU, GOETHE, SCHILLER oder HUMBOLDT zu finden sind und ebenso Bewegungen wie etwa die Romantik, die Jugendbewegung oder die Ökologiebewegung.

ausdifferenzierenden gesellschaftlichen und wirtschaftlichen Systems zu dienen. Als eigenständige mündige Person wird er dagegen immer bedeutungsloser. Max HORKHEIMER und Theodor W. ADORNO beschreiben 1944 diese gesellschaftliche Durchsetzung solch zweckrationalen Denkens in ihrem unter dem Titel "Dialektik der Aufklärung" bekannt gewordenen Werk als Abschaffung des autonomen Subjekts:

"Je weiter aber der Prozeß der Selbsterhaltung durch bürgerliche Arbeitsteilung geleistet wird, um so mehr zwingt er die Selbstentäußerung der Individuen, die sich an Leib und Seele nach der technischen Apparatur zu formen haben. Dem trägt wiederum das aufgeklärte Denken Rechnung: schließlich wird dem Schein nach das transzendentale Subjekt der Erkenntnis als die letzte Erinnerung an Subjektivität selbst noch abgeschafft und durch die desto reibungslosere Arbeit der selbsttätigen Ordnungsmechanismen ersetzt."[30]

Angesichts der in den vergangenen Jahren bisweilen heftig geführten Diskussion um die Affirmation dieser Verhältnisse durch die Massenmedien - hier insbesondere durch das Fernsehen[31] - liest sich die von HORKHEIMER und ADORNO in diesem Zusammenhang schon vor fast 50 Jahren geübte Medienkritik als verblüffend aktuell:

"Dem Konflikt zwischen der administrativen, verdinglichenden Wissenschaft, zwischen dem öffentlichen Geist und der Erfahrung des Einzelnen ist durch die Umstände vorgebeugt. Die Sinne sind vom Begriffsapparat je schon bestimmt, bevor die Wahrnehmung erfolgt, der Bürger sieht a priori die Welt als den Stoff, aus dem er sie sich herstellt. Kant hat intuitiv vorweggenommen, was erst Hollywood bewußt verwirklichte: die Bilder werden schon bei ihrer eigenen Produktion nach den Standards des Verstandes vorzensiert, dem gemäß sie nachher angesehen werden sollen. Die Wahrnehmung, durch die das öffentliche

---

30) HORKHEIMER, Max/ADORNO, Theodor W.: Dialektik der Aufklärung. Philosophische Fragmente. Frankfurt/Main 1988, S. 36.

31) Vgl. hierzu die Übersichtsdarstellung von Jürgen BARTHELMES: Kindliche Weltbilder und Medien. Eine Literaturanalyse zur Mediensozialisation. Weinheim und München 1987.

Urteil sich bestätigt findet, war von ihm schon zugerichtet, ehe sie noch aufkam."[32]

Ulrich BECK bezeichnet und beschreibt heute diesen komplexen Vorgang der Durchsetzung der "technologisch halbierten" Rationalität auf allen Ebenen des Lebens um den Preis des Subjektverlusts pointiert als "Individualisierung, Institutionalisierung und Standardisierung von Lebenslagen und Biographiemustern".[33] Den Aspekt der Institutionalisierung der Menschen - bei gleichzeitig fortschreitender Bedrohung von deren autonomer Subjektivität - betonend, spricht der Amerikaner James S. COLEMAN davon, daß in unserer heutigen Gesellschaft "die Person nur noch als Inhaber einer bestimmten Position in Erscheinung" tritt und diese Position, nicht aber die Person, "zum Basiselement der sozialen Handlungsstruktur geworden" ist.[34] Hinzu kommt, daß die Folgen der sich augenblicklich vollziehenden "Transformation der Industriegesellschaft in eine Informationsgesellschaft" und die mit ihr verbundene "Entsinnlichung der Lebenszusammenhänge"[35] für uns dabei noch nicht einmal wirklich absehbar sind.[36] Daß sich diese Entwicklung auch in gegenwärtigen Theoriezusammenhängen widerspiegelt, macht Ludwig A. PONGRATZ deutlich: Auch der französische Strukturalismus und Poststrukturalismus sowie die LUHMANNsche

---

32) HORKHEIMER, Max/ADORNO, Theodor W.: Dialektik der Aufklärung. Philosophische Fragmente. Frankfurt/Main 1988, S. 91.

33) BECK, Ulrich: Risikogesellschaft. Auf dem Weg in eine andere Moderne. Frankfurt/Main 1986, S. 205 - 219.

34) COLEMAN, James S.: Die asymmetrische Gesellschaft. Vom Aufwachsen mit unpersönlichen Systemen. Weinheim und Basel 1986, S. 39.

35) HANSMANN, Otto/MAROTZKI, Winfried [Hrsg.]: Diskurs Bildungstheorie I: Systematische Markierungen. Rekonstruktion der Bildungstheorie unter Bedingungen der gegenwärtigen Gesellschaft. Weinheim 1988, S. 9.

36) Vgl. bspw. HENTIG, Hartmut von: Das allmähliche Verschwinden der Wirklichkeit. Ein Pädagoge ermutigt zum Nachdenken über die neuen Medien. München und Wien 1984, S. 50 sowie SCARBATH, Horst [Hrsg.]: Mit Medien leben. Aktuelle Perspektiven der Medienpädagogik. Bad Heilbrunn/Obb. 1988, S. 9.

Systemtheorie hätten "der Kategorie der Subjektivität längst den Laufpaß gegeben."[37]

Kurzum: Der Mensch gerät angesichts der gegenwärtigen gesellschaftlichen Entwicklungen hinsichtlich seiner Qualität als autonomes Subjekt immer stärker in Gefahr. Die von ihm selbst geschaffene Wirklichkeit droht ihn zunehmend zum Opfer seiner Lebensform zu machen.

Daß dies heute auch in der Bundesrepublik Deutschland (wenigstens in den "alten" Bundesländern) weithin so ist, ist nicht zuletzt zumindest auch Teilen der Pädagogik selbst anzulasten, da sie sich gegenüber den hier skizzierten Verhältnissen und Theorieangeboten vielfach affirmativ und unkritisch verhielt. Indem sich nämlich, wie zu Beginn des Kapitels schon kurz angesprochen, die hiesige Erziehungswissenschaft im Laufe der sechziger Jahre aus guten Gründen von ihrer geisteswissenschaftlichen Tradition distanzierte, verlor sie zum Teil auch deren kritisch-produktive Elemente aus dem Blick. Der ideologieverdächtige Bildungsbegriff, der sich unter dem Deckmantel seines Autonomie- und Mündigkeitspostulats völlig deformiert als totales Herrschaftselement darstellte[38], wurde von vielen ersetzt durch einen rollentheoretisch geprägten Identitätsbegriff, der der zunehmenden gesellschaftlichen Ausdifferenzierung und dem mit ihr verbundenen anwachsenden Rollenpluralismus gerecht zu werden versuchte.[39] Darüber hinaus verwandelte sich der Mensch durch die nun besonders stark an empirischer Psychologie und an Sozialisationstheorie ausgerichtete Erziehungswissenschaft in einen nicht selten verdinglichten Untersuchungsgegenstand.[40] Vom autonomen Subjekt war aus dieser

---

37) PONGRATZ, Ludwig A.: Bildung und Subjektivität. Historische Rekonstruktionen. In: Pädagogische Rundschau 38 (1984), S. 189.

38) Vgl oben, Kap. II.1.

39) Vgl. bspw. PARSONS, Talcott: Der Stellenwert des Indentitätsbegriffs in der allgemeinen Handlungstheorie. In: DÖBERT, Rainer/HABERMAS, Jürgen/NUNNER-WINKLER, Gertrud [Hrsg.]: Entwicklung des Ichs. Hanstein 1980, S. 68 - 88.

40) Vgl. etwa GIESECKE, Hermann: Das Ende der Erziehung. Neue Chancen für Familie und Schule. Stuttgart 1985, S. 59 - 63 sowie HANSMANN, Otto: Kritik der sogenannten "theoretischen Äquivalente" von "Bildung". Zur engeren thematischen Einführung am Beispiel ausgewählter Ersatzbegriffe. In: HANSMANN, Otto/MAROTZKI, Winfried [Hrsg.]: Diskurs Bildungstheorie I:

Perspektive ebenso wenig die Rede wie umgekehrt mehr von Sozialisation als von Individuation gesprochen wurde. Dieser Trend hatte auch vielerorts eine Verwissenschaftlichung von Schule und Ausbildung im Sinne eines szientistisch verkürzten Wissenschaftskonzepts zur Folge. Die oben beschriebene gesellschaftliche Ausrichtung auf ein wachstums- und produktionsgerechtes Individuum verlangte nach gesteigerter Qualifizierung der Menschen. Bildung geriet zunehmend zu bloßer Ausbildung, und das hieß jetzt: zu einer Anpassung des Menschen an die von naturwissenschaftlicher und "technologisch halbierter" Rationalität gestalteten Produktionsverhältnisse. "Kategorien von Bildung wie Verantwortung, Mündigkeit, Liebe, Autonomie, Vernunft u. ä." waren nicht länger von zentraler Bedeutung für pädagogisches Handeln.[41] Auch curricular wurde trotz mancher Differenzierungen insgesamt doch diese Reduzierung des Menschen auf seine rationalen Funktionen abgesichert. Mittels einer sogenannten Bildungsreform wurde das wissenschaftlich gewonnene Sach- und Fachwissen verstärkt in den Vordergrund von Unterrichtsgeschehen gerückt. Durch mannigfaltige "Lernziel-Konstruktionen" wurden Schüler tendenziell zu "Lernmaschine[n]" gemacht.[42] Hans SCHEUERL spricht in diesem Zusammenhang von einer "Verfachlichung und Steigerung kognitiver Ansprüche in allen Schularten und auf allen Schulstufen".[43]

Systematische Markierungen. Rekonstruktion der Bildungstheorie unter Bedingungen der gegenwärtigen Gesellschaft. Weinheim 1988, S. 33 - 37.

41) WALDMANN, Klaus: Ein aktualisiertes Verständnis von Bildung als Bezugspunkt politischer Jugendbildung. In: LENZ, Wolfgang [Hrsg.]: Politische Bildung und politische Kultur. Herausforderungen - Konzepte - Erfahrungen. Bad Boll 1988, S. 133. Vgl. außerdem auch hierzu HANSMANN, Otto: Kritik der sogenannten "theoretischen Äquivalente" von "Bildung". Zur engeren thematischen Einführung am Beispiel ausgewählter Ersatzbegriffe. In: HANSMANN, Otto/MAROTZKI, Winfried [Hrsg.]: Diskurs Bildungstheorie I: Systematische Markierungen. Rekonstruktion der Bildungstheorie unter Bedingungen der gegenwärtigen Gesellschaft. Weinheim 1988, S. 37 - 42.

42) GIESECKE, Hermann: Das Ende der Erziehung. Neue Chancen für Familie und Schule. Stuttgart 1985, S. 59.

43) SCHEUERL, Hans: "Bildung in der Bundesrepublik Deutschland". In: Zeitschrift für Pädagogik, 28 (1982), S. 117.

Inzwischen hat auch die Erziehungswissenschaft in weiten Teilen einge-
sehen, daß sie damit einer "Fehlentwicklung"[44] aufgesessen ist. Wenn derzeit beispielsweise von verantwortlichen Bildungspolitikern im Rahmen der
Diskussion über die Dauer der gymnasialen Ausbildung laut und öffentlich
ökonomische Interessen und Gesichtspunkte als Argumente für eine
Verkürzung der Schulzeit auf zwölf Jahre vorgebracht werden, wenn also
wieder einmal der Versuch gemacht wird, Bildungseinrichtungen vermeintlich noch stärker an die Erfordernisse einer vorwiegend nach zweckrationalen Gesichtspunkten organisierten Gesellschaft anzupassen[45], so findet dies
jedoch aus pädagogischer Sicht nur wenig Unterstützung. Im Gegenteil:
Die Erziehungswissenschaft ist derzeit besonders von dem Interesse geprägt, nach Mitteln und Wegen zu suchen, die die Vorstellung vom autonomen Subjekt gesellschaftlich realisierbar werden lassen. Sie besinnt sich
dazu erneut auf ihre gerade diese Aussicht verheißende Quelle: den neuhumanistischen Bildungsbegriff.

II.3 Bildung - ein ästhetisches Geschehen

Noch während sich die oben skizzierte[46] sogenannte "realistische
Wende" (ROTH) in der Erziehungswissenschaft vollzog, verfolgte Heinz
Joachim HEYDORN schon 1972 mit Nachdruck die "Neufassung des

---

44) So Jürgen KREFT, zit. n. SCHEUERL, Hans: ebd.

45) Vgl. ETZOLD, Sabine: Wieder eine Chance verpaßt. Abitur nach zwölf Jahren, nur
weil angeblich das Geld fehlt. In: Die Zeit vom 25. Januar 1991, S. 73. Von einer
"vermeintlichen" Anpassung der Schule an die gegenwärtigen instrumentellen
Erfordernisse der Gesellschaft spreche ich, weil hier auf bildungspolitischer Ebene
m. E. nicht konsequent zweckrational gedacht wird: Der Plan, eine Verkürzung der
gymnasialen Schulzeit aus **ökonomischen** Gründen durchzusetzen, könnte sich im
Falle seiner Verwirklichung nämlich sehr rasch als volkswirtschaftlicher
Kurzschluß entlarven. Denn eine vorwiegend nach instrumentell-technologischen
Gesichtspunkten strukturierte komplexe Gesellschaft wie die unsere ist
beispielsweise schon allein im Blick auf die für sie überlebenswichtige Behebung
der von ihr verursachten ökologischen Schäden gerade auch auf die größtmögliche
Entfaltung des Reflexionspotentials ihrer Mitglieder angewiesen. Dieser Entfaltung
einen möglichst breiten Raum zu geben halte ich deshalb gerade aus
zweckrationalen Erwägungen heraus für eine gesellschaftliche Notwendigkeit.

46) Vgl. Kap. II.2 der vorliegenden Arbeit.

Bildungsbegriffs".[47] Vor dem Hintergrund der MARXschen Kapitalismuskritik und der gesellschaftlichen Analyse mit den Mitteln der kritischen Theorie HORKHEIMERs und ADORNOs engangierte er sich für die Einlösung des aufklärerischen Mündigkeitspostulats, für eine gesellschaftsfähige Entfaltung des autonomen Subjekts durch Bildung, wie sie von zahlreichen Neuhumanisten am Ausgang des 18. und Anfang des 19. Jahrhunderts zum Programm erhoben worden war. Den Kerngedanken dieser aufklärerisch-neuhumanistischen Bildungsphilosophie umriß HEYDORN folgendermaßen:

"Der Mensch ist ein Wesen des Aufstiegs, sein Aufstieg ist die Befreiung vom Mythos, der ihn gefangen hält. Mündigkeit ist Selbstfindung des Menschen, der Prozeß seiner Habhaftwerdung, der Prozeß seines wahren Bewußtseins von sich selber. Bildung ist ein entscheidendes Mittel dieses Prozesses."[48]

HEYDORN unterschätzte bei seiner Begeisterung für dieses vernunftgeleitete Bildungsverständnis aber auch nicht die Gefahr, die es impliziert:

"Der aufklärerische Glaube an die Macht der Vernunft, die sich durch Bildung erkennbar macht, bedarf einer Korrektur. Mit der Zuspitzung des Widerspruches von Rationalität und Naturwüchsigkeit, gesellschaftlicher Selbstbestimmung und Unterwerfung unter irrationale Triebkräfte, werden die Mittel, diesen Widerspruch zu verdunkeln, immer sublimer, sie bedienen sich selber der Mündigkeitsvokabel [...]. [...] Bildung ist nur ihrer Möglichkeit nach Instrumentarium der Befreiung, sie liefert nur die formalen Elemente, die ihr ebenso dienen können wie der verhängten Gewalt."[49]

Dennoch hielt HEYDORN überzeugt an der Richtigkeit dieser Bildungsphilosophie und ihres Menschenbildes vom sich selbst befreienden Subjekt fest. Pointiert verwies er verbunden mit dem Hinweis auf SCHILLERs Ästhetik - und im weiteren auch auf Wilhelm von

---

47) HEYDORN, Heinz-Joachim: Zu einer Neufassung des Bildungsbegriffs. In: Ders. Bildungstheoretische Schriften. Bd. 3. Frankfurt/Main 1980, S. 95 - 184.

48) HEYDORN, Heinz-Joachim: a.a.O., S. 97.

49) HEYDORN, Heinz-Joachim: a.a.O., S. 100.

HUMBOLDTs Bildungsphilosophie[50] - auf eine mögliche "gutartige" autonome Verwirklichung des Menschen im Sinne eines selbstschöpferischen Entwurfs:

> "In uns selber muß der Befreiungsprozeß beginnen, wir müssen uns selbst entdecken, unserer Menschlichkeit habhaft werden. Wir entdecken uns als Schöpfer, erkennen uns nun im Gegenüber, nicht mehr im entstellten Gesicht des Zwingherrn. Das Gesicht des Menschen wird als schönes Gesicht wiederhergestellt. Mündigkeit ist somit der vorgestellte Akt einer vollen Entdeckung des Menschen durch sich selber, der Akt eines produktiven Bewußtseins, das die Determination durchbricht, der Mensch entdeckt sich als universelle Größe. Es ist dies sein eigenes Handeln; im Vorgang der Selbstentdeckung erfährt er, daß er sein eigener Täter ist."[51]

Der Bildungsprozeß wird hier also als ein ästhetischer Gestaltungsprozeß, als ein schöpferischer Entwurf des Menschen von sich selber begriffen, der zugleich, weil er von dem Akt des Wiedererkennens im anderen, "im Gegenüber" (s. o.), lebt, gesellschaftliche Befreiung verspricht. Bildung ist somit menschlicher "Selbstversuch" und "Selbsttun als gegenseitige Hilfe"[52], ist "stetiges Freilegen von Zukunft als Verwirklichungsprozeß des Menschen, ein auf stetige Veränderung hingerichteter Begriff."[53]

HEYDORN trifft mit diesem Verständnis von Bildung als einem ästhetischen, selbst- und weltgestaltenden Prozeß, das ich mit ihm teile und das auch meiner Arbeit zugrunde liegt, soweit ich sehe bis heute als einziger den Nerv des neuhumanistischen Bildungsgedankens. Daß er sein Bildungsverständnis gerade unter Rekurs auf SCHILLER formuliert, ist

---

50) HEYDORN, Heinz-Joachim: a.a.O., S. 117f sowie Ders.: Abstand und Nähe. Wilhelm von Humboldt. In: Ders. Bildungstheoretische Schriften. Bd. 1. Frankfurt/Main 1980, S. 247 - 266.

51) HEYDORN, Heinz-Joachim: Zu einer Neufassung des Bildungsbegriffs. In: Ders. Bildungstheoretische Schriften. Bd. 3. Frankfurt/Main 1980, S. 116.

52) HEYDORN, Heinz-Joachim: a.a.O., S. 179.

53) HEYDORN, Heinz-Joachim: Überleben durch Bildung. Umriß einer Aussicht. In: Ders. Bildungstheoretische Schriften. Bd. 3. Frankfurt/Main 1980, S. 285.

gewiß kein Zufall, da SCHILLERs Ästhetik - wie meine Arbeit zeigen will - in der Tat darauf abzielt, Bildung als einen solchen ästhetischen Gestaltungsprozeß zu verstehen.

HEYDORN selbst hat jedoch keine ausführliche bildungstheoretische Auseinandersetzung mit SCHILLERs Ästhetik vorgelegt. Auch HUMBOLDTs Bildungsphilosophie wurde von ihm nicht systematisch und explizit als ästhetische analysiert. Infolgedessen gelingt ihm trotz seiner m. E. treffenden Interpretation der beiden Philosophen nicht die von ihm selbst gewünschte und so notwendige "Korrektur" (s. o.) des Bildungsbegriffs. HEYDORN entgeht hierdurch nämlich, daß beide Denker die sinnliche Erfahrung als wesensnotwendiges Element humaner Bildung betonen. So bleibt bei ihm Bildung, im Sinne eines fortschreitenden Bewußtseinsprozesses, trotz seines ästhetischen Verständnisses des neuhumanistischen Bildungsbegriffs letztlich ein mentales Geschehen. Dem fortgesetzten Mißbrauch des Bildungsbegriffs durch eine Pädagogik, die im oben umrissenen Sinne Inhalte und Menschen verwissenschaftlichte und funktionalisierte, konnte HEYDORN damit nicht entgegnen.

In den achtziger Jahren ist es unter den sich auf HUMBOLDT und bisweilen auch - aber immer nur sehr bruchstückhaft - auf SCHILLER beziehenden Pädagogen, die sich über eine Neuformulierung des neuhumanistischen Bildungsbegriffs Gedanken machen, im Grunde nur Wolfgang KLAFKI, der das Ästhetische am Bildungsprozeß auch in einem allgemeinen Sinn betont. Alle anderen mir bekannten Beiträge zu einem allgemeinen, sich um die Rehabilitierung des autonomen Subjekts bemühenden Bildungsbegriff fallen hinter HEYDORNs ästhetisches Verständnis von Bildung zurück. Diese Aussage gilt sowohl für Autoren, die eine ästhetische Dimension von Bildung im Sinne einer vervollständigenden Ergänzung des Bildungsbegriffs wenigstens kurz in den Blick nehmen, wie beispielsweise Günther BUCK, Otto HANSMANN oder Lutz KOCH[54], als

---

54) Vgl. BUCK, Günther: Rückwege aus der Entfremdung. München und Paderborn 1984, bes. S. 168 - 177 und 189 - 193; HANSMANN, Otto: Bildung - in rekonstruktiver Absicht. Eine Zwischenbilanz. Frankfurt/Main 1985, S. 21f; KOCH, Lutz: Kritische Philosophie und Bildungstheorie. In: HANSMANN, Otto/MAROTZKI, Winfried [Hrsg.]: Diskurs Bildungstheorie II: Problemgeschichtliche Orientierungen. Rekonstruktion der Bildungstheorie unter Bedingungen der gegenwärtigen Gesellschaft. Weinheim 1989, S. 65 - 82, bes. S. 79 - 82.

auch für umfangreichere Studien zu Wilhelm von HUMBOLDT, wie sie jüngst von Dietrich BENNER, Lydia DIPPEL, Wolf Dieter OTTO oder Detlef ZÖLLNER vorgelegt worden sind.[55] Ich selbst hingegen habe bereits in einer 1987 veröffentlichten Arbeit versucht, auf den m. E. im HEYDORNschen Sinn ästhetischen Bildungsbegriff Wilhelm von HUMBOLDTs aufmerksam zu machen.[56]

Auf dem 10. Kongress der Deutschen Gesellschaft für Erziehungswissenschaft bezieht KLAFKI 1986 in sein Konzept allgemeiner Bildung ausdrücklich auch die Ästhetik SCHILLERs ein, die er als umfassendsten Versuch "eine Theorie der ästhetischen Bildung zu entwerfen" bezeichnet[57], und anhand derer er zwei bildungstheoretisch bedeutsame Modi des Ästhetischen unterscheidet. Erstens ist für KLAFKI das Ästhetische von SCHILLER her gesehen insofern bildungsrelevant, als der Mensch in der rezeptiven Auseinandersetzung mit Kunst sowie in eigenen ästhetischen Gestaltungsversuchen "die Synthese seiner naturhaften Antriebe **und** seiner Vernünftigkeit - als der Instanz der selbsttätigen Formung" erfahre.[58] Eine derart verstandene ästhetische Bildung - die ich, wie noch deutlich werden wird, als ästhetische **Erziehung** begreife - trage der sinnlich-vernünftigen Natur des Menschen nämlich in der Weise Rechnung, daß

"der ästhetisch Rezipierende oder Gestaltende, schon das Kind, zwanglos jener Freiheit inne [wird], die er in der Situation

---

55) Vgl. BENNER, Dietrich: Wilhelm von Humboldts Bildungsidee. Eine problemgeschichtliche Studie zum Begründungszusammenhang neuzeitlicher Bildungsreform. Weinheim und München 1990; DIPPEL, Lydia: Wilhelm von Humboldt. Ästhetik und Anthropologie. Würzburg 1990; OTTO, Wolf Dieter: Ästhetische Bildung. Studien zur Kunsttheorie Wilhelm von Humboldts. Frankfurt/Main, Bern und New York 1987; ZÖLLNER, Detlef: Wilhelm von Humboldt. Einbildung und Wirklichkeit. Münster und New York 1989.

56) Vgl. SCHÜTZE, Thomas: Zum Verhältnis von Ästhetik und Bildung bei Wilhelm von Humboldt. Ein Rekonstruktionsversuch im Blick auf neuere pädagogische Humboldt-Rezeptionen. Seelze 1987.

57) KLAFKI, Wolfgang: Die Bedeutung der klassischen Bildungstheorien für ein zeitgemäßes Konzept allgemeiner Bildung. In: Zeitschrift für Pädagogik, 32 (1986), S. 469.

58) KLAFKI, Wolfgang: a.a.O., S. 470.

moralisch relevanter Vernunftansprüche dann ggf. auch **gegen** seine widerstrebende Natur durchsetzen muß."[59]

Zweitens begreift KLAFKI mit SCHILLER eine ästhetische Erfahrung aber

"nicht mehr nur als Vorbereitungsmedium für die moralisch-politische Vernunftfähigkeit des Menschen [...], sondern als eine qualitativ spezifische, eigenwertige menschliche Möglichkeit: Erfahrung des Glücks, menschlicher Erfüllung, erfüllter Gegenwart, in der doch zugleich immer eine über den gegenwärtigen Moment in die Zukunft reichende Erwartung, eine Hoffnung, eine zukünftige Möglichkeit des noch nicht realisierten 'guten Lebens', humaner Existenz aufscheint."[60]

Bildung selbst wird hier mit SCHILLER von KLAFKI als ästhetischer Zustand und Prozeß des Menschen gesehen. Sie kann zu Recht als "ästhetische Bildung" bezeichnet werden, da sie - wie HEYDORNs ästhetisches Bildungsverständnis, das auch das meine ist - einen selbstschöpferischen und zugleich Welt gestaltenden Aspekt in sich birgt, der auf Zukunft, auf selbsttätige Veränderung des Subjekts in einer zu verändernden Welt verweist.

Doch KLAFKI beendet seine Überlegungen zu SCHILLERs Ästhetik mit dem an dieses Bildungsverständnis unmittelbar anschließenden Hinweis,

"daß die in SCHILLERS Text nicht auflösbare Differenz seiner beiden Interpretationen der Bildungsbedeutung des Ästhetischen auch für die heutige Diskussion um Sinn und Gestaltung ästhetischer Bildung als Element einer neuen Allgemeinbildungskonzeption fruchtbare Impulse in sich birgt."[61]

Er bricht damit seinem innerhalb der gegenwärtigen Diskussion um den Bildungsbegriff herausragenden Vorstoß sogleich wieder die Spitze ab, da er hier ästhetische Bildung wieder nur als ein "Element einer neuen

---

59) KLAFKI, Wolfgang: ebd.

60) KLAFKI, Wolfgang: ebd.

61) KLAFKI, Wolfgang: ebd.

Allgemeinbildungskonzeption" (s. o.) einstuft, statt den Bildungsprozeß selbst auch weiterhin als ein ästhetisches Geschehen zu diskutieren. In Konsequenz dieser Rücknahme bleibt KLAFKI bei seiner Forderung nach einem Allgemeinbildungskonzept stehen, das das Ästhetische als **eine** Dimension gleichberechtigt **neben** anderen wie der kognitiven, zwischenmenschlichen, handwerklich-technischen und ethisch-politischen Dimension auch curricular zu begründen und durchzusetzen vermag.[62] Dem neuhumanistischen Bildungsbegriff, wie er m. E. insbesondere von SCHILLER und HUMBOLDT gedacht worden ist, wird er damit nur zum Teil gerecht.

II.4 Ästhetische Bildung oder ästhetische Erziehung?

Innerhalb der hiesigen Erziehungswissenschaft gibt es genügend Fachleute, die sich aus pädagogischer Sicht ganz konkret mit dem Ästhetischen in Bildungsprozessen befassen. Ich meine damit Kunstpädagoginnen, -pädagogen und "ästhetisch Erziehende" sowie all jene, die für diese Domäne das Wort ergreifen.

Schaut man sich deren Diskussion der vergangenen Jahre an, stößt man sehr rasch auf eine grundsätzliche Auseinandersetzung darüber, welchen Stellenwert das Ästhetische in Bildungsprozessen heute sowohl für den einzelnen wie für die Gesellschaft hat oder haben könnte. Von solchen Stellungnahmen wiederum sind für meinen augenblicklichen Arbeitszusammenhang natürlich all jene Beiträge besonders interessant, die sich zumindest beiläufig oder sogar mit deutlicherem Akzent auf SCHILLERs Programm einer ästhetischen Erziehung des Menschen berufen. In einigen von ihnen wird derzeit zudem von "ästhetischer Bildung" gesprochen, was schließlich ein Hinweis darauf sein könnte, daß dort der neuhumanistische Bildungsbegriff SCHILLERs und eventuell auch HUMBOLDTs unter Umständen aus spezifisch kunstpädagogischer

---

62) Vgl. KLAFKI, Wolfgang: Konturen eines neuen Allgemeinbildungskonzepts. In: Ders.: Neue Studien zur Bildungstheorie und Didaktik. Beiträge zur kritisch - konstruktiven Didaktik. Weinheim und Basel 1985, S. 12 - 30, bes. S. 25 sowie KLAFKI, Wolfgang: Abschied von der Aufklärung? Grundzüge eines bildungstheoretischen Gegenentwurfs. In: KRÜGER, Heinz-Hermann [Hrsg.]: Abschied von der Aufklärung. Perspektiven der Erziehungswissenschaft. Opladen 1990, S. 91 - 103, bes. S. 94.

Sichtweise als ein im Kern ästhetisches Bildungsverständnis ausgewiesen würde, wie ich es für mich mit HEYDORN und zum Teil auch mit KLAFKI in Anspruch nehme.[63] Wäre dies der Fall, dürften sich hier unterstützende Hinweise für meine vorliegende bildungstheoretische Interpretation von SCHILLERs Ästhetik finden lassen.

Im Konjunktiv spreche ich hiervon aber deshalb, weil - soviel sei schon vorausgeschickt - das nachgerade nicht der Fall ist. Vielmehr wird sich erweisen, daß die gegenwärtige Rede von einer ästhetischen Bildung im Grunde jenen pädagogischen Geschehenszusammenhang meint, der zuvor als Kunsterziehung, Kunstunterricht oder als ästhetische Erziehung bezeichnet worden war und der von KLAFKI als eine unter vielen Dimensionen für ein Allgemeinbildungskonzept reklamiert worden ist.[64]

Aufgrund meines thematisch vorgegebenen Rahmens muß ich allerdings den begrifflich-systematischen Horizont von "Kunsterziehung" und "Kunstunterricht" als hinreichend geklärt voraussetzen. Dies kann aber auch getrost geschehen, da zum einen einschlägige informative Arbeiten hierüber nach wie vor sehr leicht zugänglich sind[65] und zum anderen hier vor allem mögliche Differenzen zwischen ästhetischer Erziehung und ästhetischer Bildung als Untersuchungsgegenstand von Bedeutung sind. Kurz umrissen seien jetzt daher zunächst die allgemeinen Bestimmungen dessen, was - insbesondere von Beiträgen Gunter OTTOs geprägt - als ästhetische Erziehung bezeichnet wird[66]:

---

63) Vgl. Kap. II.3 der vorliegenden Arbeit.

64) Vgl. ebd.

65) Vgl. OTTO, Britta: Untersuchungen zum Paradigmenwechsel in der ästhetischen Erziehung. Am Beispiel der Wende von der Kunsterziehung zum Kunstunterricht. Frankfurt/Main, Bern, New York und Nancy 1984; OTTO, Gunter: Kunst als Prozeß im Unterricht. Braunschweig 2. Aufl. 1969 u. ö., bes. S. 118 - 149; WEBER, Gert: Kunsterziehung gestern, heute, morgen auch. Ravensburg 1964.

66) Vgl. hierzu aber bspw. auch DAUCHER, Hans/SPRINKART, Karl-Peter [Hrsg.]: Ästhetische Erziehung als Wissenschaft. Probleme - Positionen - Perspektiven. Köln 1979; GROOTHOFF, Hans-Hermann: Ästhetische Erziehung. In: Erziehungswissenschaftliches Handbuch . Erster Band. Hrsg. von Thomas ELLWEIN/Hans-Hermann GROOTHOFF u. a. Berlin 1969, S. 211 -226; OTT, Thomas/SCHELLER, Ingo/SCHERLER, Karlheinz/SELLE, Gert: Lernbereich Ästhetik. In: Enzyklopädie Erziehungswissenschaft, Bd. 3. Hrsg. von Hans-Dieter HALLER und Hilbert MEYER. Stuttgart 1986, S. 193 - 227, bes. 210 - 216;

OTTO bestimmt 1974 "Ästhetische Erziehung [...] als Oberbegriff für pädagogische Bemühungen vor allem im Zusammenhang mit Realisaten und Prozessen aus Inhaltsfeldern der Bildenden Kunst, der Musik, der Literatur und des Darstellenden Spiels".[67] Vier Jahre später erweitert er diesen Begriff, indem er anmerkt:

> "'Ästhetisch' läßt sich nicht linear auf einen bestimmten Komplex von Inhalten - Kunst **oder** Massenmedien **oder** Selbstrealisation - beziehen, sondern verweist schon im älteren Begriffsverständnis auf generelle Wahrnehmungs-, Realisations- und Interpretationsprozesse - auf Verhalten der **Betrachter** also primär und nicht auf 'Werte', die den Wahrnehmungsobjekten, von wem auch immer zugeschrieben werden [...]."[68]

Damit ist in Abgrenzung zum herkömmlichen Kunstunterricht ein erweitertes, interdisziplinäres Fachverständnis in den Blick genommen, wodurch zugleich "Abgrenzungsschwierigkeiten mit denjenigen Fächern, die möglicherweise dieselben Gegenstände aus anderer Perspektive als Inhalt reklamieren", auftreten, aber auch bewußt in Kauf genommen werden.[69] In weiterer Differenz zum Konzept des Kunstunterrichts macht sich die ästhetische Erziehung - im Sinne einer gesellschaftskritischen, "dem Emanzipationsbegriff verpflichtet[en]" Erziehung - zur Aufgabe, die "soziokulturelle Bedingtheit aller ästhetischen Gegenstände" aufzudecken und "alle Ansprüche von Kunstwerken als moralische, sittliche oder sonstwie normative Instanz zurückzuweisen."[70] Mittelpunkt ihres

---

OTTO, Gunter: Kunsterziehung/Ästhetische Erziehung. In: ROTH, Leo [Hrsg.]: Handlexikon zur Didaktik der Schulfächer. München 1980, S. 264 - 284 sowie RICHTER, Hans Günther: Geschichte der Kunstdidaktik. Düsseldorf 1981.

67) OTTO, Gunter: Didaktik der Ästhetischen Erziehung. Ansätze, Materialien, Verfahren. Braunschweig 1974, S. 18.

68) OTTO, Gunter: Ästhetische Erziehung. Fachdidaktischer Trendbericht. In: betrifft: erziehung, 11 (1978), S. 60.

69) OTTO, Gunter: Ästhetische Erziehung. Reformbeitrag, Kontinuität und Wechsel der Paradigmata in einer Fachdidaktik. In: Zeitschrift für Pädagogik, 24 (1978), S. 669.

70) OTTO, Gunter: Didaktik der Ästhetischen Erziehung. Ansätze, Materialien, Verfahren. Braunschweig 1974, S. 18f.

Selbstverständnisses ist - im wörtlichen Sinne von aisthesis[71] - die Wahrnehmung und Interpretation ästhetischer Objekte, die jetzt aber auch aus der Alltags- und hier insbesondere aus der Medienwelt entstammen können.[72] Als Unterrichtsgeschehen integriert sie mithin, was sich hinter Titeln wie "'Kunstunterricht', 'Visuelle Kommunikation' oder konventionell: 'Zeichnen', aber auch vermittelnd 'Bildende Kunst/Visuelle Kommunikation'" verbirgt.[73]

Ästhetische Erziehung, so läßt sich zusammenfassend also festhalten, ist ein im weitesten Sinne auf Wahrnehmungs-, Interpretations-, Gestaltungs- und Darstellungsprozesse bezogener Fach- und Projektunterricht. Mit ihrem Selbstverständnis löst "Ästhetische Erziehung" alte Vorstellungen von Kunstunterricht ab und öffnet diesen für Alltagsgeschehen und -gegenstände. Doch trotz ihres daraus resultierenden interdisziplinären Charakters bleibt sie ein Fach innerhalb eines curricularen Gesamtrahmens.[74] Ästhetische Erziehung ist daher etwas anderes als ästhetische Bildung, wie ich sie oben mit HEYDORN und KLAFKI in einem emphatischen Sinn kurz umrissen habe. Gegenüber anderen Fächern wie beispielsweise Biologie, Philosophie oder Physik hat sie aus bildungstheoretischer Sicht in unserer herkömmlichen Unterrichtswelt lediglich den Vorteil, verstärkt auch die Sinne des Menschen anzusprechen und einzubeziehen. Insofern ist sie gegenwärtig - wie schon der Kunstunterricht o. ä. vordem - lediglich das curricular am besten legitimierte Feld, auf dem gehäuft ästhetische Bildungsprozesse geübt werden dürfen.

---

71) Das griechische "aisthesis" bedeutet übersetzt: Sinneswahrnehmung, Anschauung, Empfindung.

72) Vgl. OTTO, Gunter: Didaktik der Ästhetischen Erziehung. Ansätze, Materialien, Verfahren. Braunschweig 1974, S. 18f.

73) OTTO, Gunter: Ästhetische Erziehung. Reformbeitrag, Kontinuität und Wechsel der Paradigmata in einer Fachdidaktik. In: Zeitschrift für Pädagogik, 24 (1978), S. 669.

74) Nichtsdestoweniger bleibt die ästhetische Erziehung im Blick auf die Vollständigkeit des Fächerkanons ein bedeutsamer Bestandteil von Unterricht. Denn sie sichert innerhalb von Schule den notwendigen Raum zur **aktiv-gestalterischen** Auseinandersetzung mit in spezifischer Weise ästhetischen Produkten und Prozessen unserer Kultur.

Auch Hartmut von HENTIG und Diethart KERBS teilen dieses offene und gesellschaftskritische Grundverständnis von ästhetischer Erziehung weitgehend[75], stützen sich aber darüber hinaus in ihren divergierenden Konzeptionen[76] beide mehr oder weniger direkt auf die Ästhetik SCHILLERs.

Für von HENTIG ist - wie für SCHILLER - ästhetische Erziehung durchaus ein politischer Akt, da sie auf den mündigen Menschen abzielt.[77] Sie ist für ihn "Ausrüstung und Übung des Menschen [...] in der Wahnehmung. Sie will etwas ganz Elementares und Allgemeines."[78] Ästhetische Erziehung im Sinne von HENTIGs soll nämlich - ähnlich wie bei HEYDORN - von klischeehaften Wahrnehmungsmustern und Anpassungszwängen befreien helfen und die Erfahrung grundsätzlicher Veränderbarkeit von Welt und Leben ermöglichen.[79] Damit rückt von HENTIG sie sehr dicht an einen ästhetischen Bildungsbegriff heran, der ein selbst- und weltgestaltendes Sein und Werden des Menschen in dessen gesellschaftlichen Bezügen als Mündigkeitskonzept beinhaltet. Doch gleichzeitig nimmt er, wie KLAFKI, die von SCHILLER her ableitbare Verve zu einer so naheliegenden allgemeinen Theorie ästhetischer Bildung wieder zurück, indem er das ästhetische Erziehungsprinzip trotz all seiner möglichen Interdisziplinarität letztlich wieder an den Kunstunterricht verweist:

---

75) Vgl. HENTIG, Hartmut von: Ästhetische Erziehung im politischen Zeitalter. Einige Grundbegriffe aus dem Wörterbuch der Kunsterziehung. In: Ders.: Spielraum und Ernstfall. Aufsätze zu einer Pädagogik der Selbstbestimmung. Stuttgart 1969, S. 352 - 377. (Vorher in: Die Deutsche Schule, 59 (1967), S. 580 - 600. Jetzt auch in: Ders.: Ergötzen, Belehren, Befreien. Schriften zur ästhetischen Erziehung. München 1985, S. 65 - 92 unter dem Titel "Die Entzauberung der Ästhetik (1967)".); KERBS, Diethart: Ästhetische und politische Erziehung. In: Kunst + Unterricht, H. 1 (1968), S. 28 - 31.

76) Vgl. HENTIG, Hartmut von: Der Streit um die Lehrpläne / Die Bedingungen des Unterrichts (1971 - 1972). In: Ders.: Ergötzen, Belehren, Befreien. Schriften zur ästhetischen Erziehung. München 1985, S. 367 - 398.

77) Vgl. HENTIG, Hartmut von: Ästhetische Erziehung im politischen Zeitalter. Einige Grundbegriffe aus dem Wörterbuch der Kunsterziehung. In: Ders.: Spielraum und Ernstfall. Aufsätze zu einer Pädagogik der Selbstbestimmung. Stuttgart 1969, S. 352.

78) HENTIG, Hartmut von: a.a.O., S. 358.

79) Vgl. HENTIG, Hartmut von: a.a.O., S. 361f.

"Das 'Künstlerische' muß in den Kunstwerken und -tätigkeiten so angesprochen werden, daß man es in den anderen Bereichen wiedererkennt. So wäre dann auch die Spezialisierung der Kunsterziehung gerechtfertigt."[80]

Seine Begründung hierfür läßt wenig Hoffnung darauf, daß Bildungsprozesse aus curricularer oder institutioneller Sicht jemals grundsätzlich als ästhetische Prozesse anerkannt werden:

"Es ist besser, wenn der junge Mensch wenigstens an einer Stelle lernt, seine Individualität anzunehmen, auf die Möglichkeiten des Zufalls zu achten, auf Improvisation angewiesen zu sein, die Indetermination auszuhalten, Setzung, Ergänzung, Noch-nicht-Dagewesenes zu wagen - besser jedenfalls, als wenn er es nirgends tut."[81]

Im Unterschied zu von HENTIG sieht Diethart KERBS zwar ebenfalls sehr deutlich, daß SCHILLERs Vorstellung einer ästhetischen Erziehung des Menschen "als Ermöglichung der Menschlichkeit" auf ein menschengerechtes selbstbestimmtes Leben in der Gemeinschaft zielt, schneidet diesen Gedanken aber auf ein verkürzt politisches Verständnis von ästhetischer Erziehung zurück.[82] Der Selbstgestaltungsprozeß des Subjekts tritt dabei völlig in den Hintergrund. Ästhetische Erziehung wird bei KERBS nämlich zu einem "Bestandteil der politischen Erziehung" in einem dreifachen Sinn reduziert: Erstens soll sie der Durchschaubarkeit von Herrschaftsverhältnissen dienen ("kritische Funktion").[83] Zweitens ist es KERBS zufolge ihre Aufgabe, Menschen an den "**Vorausentfwurf des Möglichen**" zu gewöhnen ("utopische Funktion").[84] Drittens soll sie zwar

---

80) HENTIG, Hartmut von: a.a.O., S. 374.

81) HENTIG, Hartmut von: ebd.

82) KERBS, Diethart: Ästhetische und politische Erziehung. In: Kunst + Unterricht, H. 1 (1968), S. 28. Vgl. auch KERBS, Diethart: Spiel und Freiheit. Über das Verhältnis von pädagogischer Utopie und politischer Strategie in der Theorie der ästhetischen Erziehung. In: Kunst + Unterricht, H. 9 (1971), S. 17 - 21.

83) KERBS, Diethart: Zum Begriff der ästhetischen Erziehung. In: Die Deutsche Schule, 62 (1970), S. 566f.

84) KERBS, Diethart: a.a.O., S. 567.

der Befriedigung sinnlicher Bedürfnisse dienen, dies aber im Sinne einer partiellen und punktuellen Vorwegnahme einer zu gestaltenden Neuen Welt ("hedonistische Funktion").[85] Auch von KERBS, so denke ich, wird damit der neuhumanistische Bildungsbegriff - und insbesondere derjenige SCHILLERs - in seiner Brisanz nicht hinreichend getroffen.

Anders dagegen bei Hermann GLASER. Auch er betont wiederholt und nachdrücklich den politischen, emanzipatorischen und gesellschaftsverändernden Aspekt in SCHILLERs Ästhetik[86], berücksichtigt dabei aber auch, daß für SCHILLER Emanzipation nur auf dem Wege allgemeiner "Menschenbildung" zu haben ist.[87] Politischer Umbau der Gesellschaft beginnt daher für ihn - wie für HEYDORN - mit SCHILLERs ästhetischer Erziehung "bei der Selbstfindung des Subjekts in Einheit von vernünftigem und sinnlichem" Vermögen, was für GLASER einen "Prozeß der Selbstverwirklichung des Menschen durch eigenes Schaffen" beinhaltet.[88] Ästhetische Erziehung dient ihm dann von SCHILLER her dazu, sich "seines Selbst als eines politischen zu vergewissern"[89] und ist nicht, wie KERBS meint (s. o.), nur ein Teilbereich politischer Erziehung.

GLASER zielt mit seiner von SCHILLER hergeleiteten Auffassung ästhetischer Erziehung auf eine "ästhetische Kultur, die in idealer Weise reale Emanzipation der Humanität vorantreibt."[90] Sie wird ihm somit zu einem "Versuch, zu einer Persönlichkeitsstruktur [sc.: des bedrohten Subjekts] zu

---

85) Vgl. KERBS, Diethart: a.a.O., S. 567f.

86) Vgl. etwa GLASER, Hermann: Das Verschwinden der Arbeit. Die Chancen der neuen Tätigkeitsgesellschaft. Düsseldorf, Wien und New York 1988, bes. S. 48 - 53; GLASER, Hermann: Über die ästhetische Erziehung des Menschen und die Zukunft der Industriegesellschaft. Neue Aufgaben für die Kulturpädagogik. In: Zeitschrift für Pädagogik, 23. Beiheft (1988), S. 290 - 299; GLASER, Hermann/STAHL, Karl Heinz: Die Wiedergewinnung des Ästhetischen. Perspektiven und Modelle einer neuen Soziokultur. München 1974, S. 147 - 211.

87) GLASER, Hermann/STAHL, Karl Heinz: Die Wiedergewinnung des Ästhetischen. Perspektiven und Modelle einer neuen Soziokultur. München 1974, S. 159.

88) GLASER, Hermann/STAHL, Karl Heinz: a.a.O., S. 173f.

89) GLASER, Hermann/STAHL, Karl Heinz: a.a.O., S. 175.

90) GLASER, Hermann/STAHL, Karl Heinz: a.a.O., S. 176.

kommen, die aus der Ganzheit lebt und handelt"[91], jedoch ohne daß er sie als eine solche explizit in die gegenwärtige Bildungsdiskussion einbrächte, was aus den eingangs geschilderten Gründen aber dringend geboten und hilfreich ist.

Darüber hinaus reduziert er aber seinen Gedanken einer ästhetischen Kultur um dessen die Gesellschaft insgesamt verändernden utopischen Gehalt, indem er die ästhetische Erziehung des Menschen als Aufgabe einer von wachsender Freizeit geprägten Tätigkeitsgesellschaft an Freiräume verweist, die mit notwendiger und auch weiterhin zunehmend entfremdeter Lohnarbeit nur soviel zu tun haben, als deren Anwachsen aus der fortschreitenden Automatisierung der Arbeit resultiert.[92] Ästhetische Erziehung - als ein von SCHILLER her ausdrücklich gesellschaftlich verstandener Emanzipationsprozeß, der ein ganzheitliches Subjekt in **allen** seinen Arbeits- und Lebenszusammenhängen zum Ziel hat - wird damit von GLASER selbst zur bloßen Abfederungskomponente moderner Zivilisationsschäden am Subjekt degradiert. Er konterkariert mithin ungewollt seinen und SCHILLERs Gedanken der humanen Ganzheit des Subjekts. Ästhetische Erziehung bleibt bei GLASER also "ästhetische Erziehung" in dem Sinne, wie ich sie mit OTTO, von HENTIG und KERBS umrissen habe. Als eine Konzeption ästhetischer **Bildung** kommt sie nicht zum Tragen.

Anfang der achtziger Jahre ist von Karin-Sophie RICHTER-REICHENBACH eine wichtige und noch immer zu wenig beachtete Studie zum Zusammenhang von "Bildungstheorie und ästhetische[r] Erziehung heute" vorgelegt worden.[93] In ihr macht sich die Autorin zur Aufgabe, den neuhumanistischen Bildungsbegriff anhand von KANT, SCHILLER, HUMBOLDT, HERBART und HEGEL im Blick auf seine ästhetischen

---

91) GLASER, Hermann: Das Verschwinden der Arbeit. Die Chancen der neuen Tätigkeitsgesellschaft. Düsseldorf, Wien und New York 1988, S. 245.

92) Vgl. hierzu GLASER, Hermann: Über die ästhetische Erziehung des Menschen und die Zukunft der Industriegesellschaft. Neue Aufgaben für die Kulturpädagogik. In: Zeitschrift für Pädagogik, 23. Beiheft (1988), S. 290 -299.

93) RICHTER-REICHENBACH, Karin-Sophie: Bildungstheorie und ästhetische Erziehung heute. Darmstadt 1983.

Implikationen zu diskutieren.[94] Wenn sie dabei die moderne Subjektproblematik auch theoretisch in den Vordergrund rückt, so wird doch deutlich, daß RICHTER-REICHENBACH ihre Arbeit vor allem als Beitrag zur Legitimation und Konzeption einer ästhetischen Unterrichtspraxis im Rahmen kunstpädagogischer Bemühungen verstanden wissen will[95], wenngleich sie darüber hinaus durchaus auch einen erweiterten Begriff ästhetischer Erziehung erkennbar werden läßt.[96] So folgt sie zwar (in äußerst geraffter Form) zentralen Argumentationsfiguren SCHILLERs und gelangt auf diesem Wege auch zu einem ganzheitlichen, sinnliche wie intellektuelle Anteile des Menschen gleichermaßen einbeziehenden Ansatz ästhetischer Erziehung[97], doch bleibt diese bei ihr ein "Einübungsfeld ganzheitlich unspezifischer Selbsttätigkeitsvollzüge im kontradiktorischen Gegensatz zur gegenwärtigen einseitigen Erziehungspraxis"[98], wird mithin von ihr als kompensatorische Abfederung stark rationalitätslastiger Lernangebote gedacht. Einem ästhetischen Bildungsbegriff im Sinne des erfüllten Lebensvollzugs eines sich selbst und seine Welt gestaltenden Subjekts, wie er gerade von SCHILLERs Ästhetik her formuliert werden kann, wird RICHTER-REICHENBACH damit nicht gerecht. Indem sie die von ihr als "Einübungsfeld" (s. o.) bezeichnete ästhetische Erziehung am Schluß des SCHILLER-Kapitels ihrer Arbeit dann auch noch ausdrücklich an einen "ästhetische[n] Erziehungs**bereich**" verweist[99], nimmt sie letztlich sogar deren Öffnung auf jegliches Unterrichtsgeschehen hin wieder zurück.

In jüngster Zeit ist es vor allem Klaus MOLLENHAUER, der sich unter Rekurs auf SCHILLER, aber auch auf andere Klassiker wie GOETHE, HUMBOLDT, KANT, SCHLEIERMACHER etc., mit Grundfragen ästhe-

---

94) RICHTER-REICHENBACH, Karin-Sophie: a.a.O., S. 4.

95) Vgl. RICHTER-REICHENBACH, Karin-Sophie: a.a.O., bes. S. 107 - 234.

96) Vgl. RICHTER-REICHENBACH, Karin-Sophie: a.a.O., S. 19.

97) Vgl. RICHTER-REICHENBACH, Karin-Sophie: a.a.O., S. 59.

98) RICHTER-REICHENBACH, Karin-Sophie: a.a.O., S. 58f.

99) RICHTER-REICHENBACH, Karin-Sophie: a.a.O., S. 60. Hervorhebung im Zitat von mir.

tischer Erziehung und Bildung auseinandersetzt.[100] Sehr differenziert und engangiert wendet er sich m. E. zu Recht gegen ein flaches Verständnis von ästhetischer Unterweisung im Sinne kompensatorischer Erprobung und Bearbeitung "allgemeine[r] Aisthesis- oder Sinnlichkeitserfahrungen"[101] des kognitivistisch und zweckrationalistisch geschädigten Menschen ebenso, wie gegen einen Kunst- oder auch Musikunterricht, der den Umgang mit ästhetischen Realisaten einüben will.[102] Stattdessen möchte MOLLENHAUER ästhetische Erfahrungen als ein grundsätzliches Element von Bildung, als ästhetische "Dimension des Bildungsprozesses", in der Weise verstanden wissen[103], daß sie - je nach Sinnesorgan verschieden[104] - zur Konstituierung des Subjekts beitragen:

"Wenn es bei dem, was wir Bildung nennen, auch um 'Subjektivität' geht, dann gehört offenbar deren ästhetische Komponente zur Sache (und nicht nur zu einem Unterrichtsfach); wenn wir ferner diese ästhetische Komponente ernst nehmen, dann liegt die Frage nahe, welche Figurationen in Tätigkeiten oder Produkten jenen 'Innengrund' des Subjekts erreichen und

---

100) Vgl. MOLLENHAUER, Klaus: Ästhetische Bildung zwischen Kritik und Selbstgewißheit. In: Zeitschrift für Pädagogik, 36 (1990), S. 481 - 494; MOLLENHAUER, Klaus: Ist ästhetische Bildung möglich? In: Zeitschrift für Pädagogik, 34 (1988), S. 443 - 461; MOLLENHAUER, Klaus: Ist ästhetische Erziehung möglich? In: LÜTTGE, Dieter [Hrsg.]: Bezugspunkte kulturpädagogischer Arbeit. Tagungsbericht und Arbeitsmaterialien. Hildesheim, Zürich, New York 1989, S. 261 - 272; MOLLENHAUER, Klaus: Schule, Kunst und Leben - Grundfragen der ästhetischen Bildung. In: Verband Bildung und Erziehung [Hrsg.]: Dokumentation deutscher Lehrertag 1988. Schule und Kunst. VBE-Dokumentationen, H. 1 (1989), S. 19 - 31.

101) MOLLENHAUER, Klaus: Ästhetische Bildung zwischen Kritik und Selbstgewißheit. In: Zeitschrift für Pädagogik, 36 (1990), S. 492.

102) Vgl. MOLLENHAUER, Klaus: Ist ästhetische Bildung möglich? In: Zeitschrift für Pädagogik, 34 (1988), S. 448f. Vgl. auch Ders.: Schule, Kunst und Leben - Grundfragen der ästhetischen Bildung. In: Verband Bildung und Erziehung [Hrsg.]: Dokumentation deutscher Lehrertag 1988. Schule und Kunst. VBE-Dokumentationen, H. 1 (1989), S. 30.

103) MOLLENHAUER, Klaus: Ist ästhetische Bildung möglich? In: Zeitschrift für Pädagogik, 34 (1988), S. 445.

104) MOLLENHAUER, Klaus: a.a.O., S. 452 - 457.

deuten könnten; wenn schließlich derartige Tätigkeiten und Produkte samt der ihnen korrespondierenden 'subjektiven Empfindungen' nur auf dem Wege über ihre Funktion als Momente eines historisch bestimmten kulturellen Codes verständlich werden können und also endlich nur insofern, als sie ästhetische Symbole sind, der Subjektivität zu historischem Leben verhelfen - dann liegt es nicht sehr fern zu fragen, ob, wie schon von SCHILLER exponiert, die Idee einer ästhetischen Erziehung oder Bildung nicht vielleicht immer noch in der Lage wäre, den Kontrast zwischen 'Selbst' und 'Welt' herauszustellen, und zwar im Sinne einer kritischen Subjekt-Erfahrung."[105]

Indem MOLLENHAUER diese von SCHILLER her aufgeworfene Frage grundsätzlich bejaht[106], steht er innerhalb der Diskussion hierüber für den derzeit wohl beherztesten Versuch, ästhetische Erfahrungszusammenhänge als Bildungsgeschehen in einem neuhumanistischen Verständnis zu begreifen.

Das bedeutet aber nicht, daß er umgekehrt auch Bildung - im Sinne eines selbst- und weltgestaltenden Aktes des Bildungssubjekts - schon immer und grundsätzlich als ästhetischen Prozeß begreift, wie es - dies wird zu zeigen sein - in SCHILLERs Ästhetik intendiert ist! - Vielleicht hat diese fehlende Konsequenz ihre Ursache darin, daß MOLLENHAUER zwar den Begriff ästhetische Erziehung als **eine** Dimension von Bildung verdeutlichen möchte (s. o.), dann aber - ohne jede Begründung - beides vermengend von ästhetischer Bildung spricht. Er sagt zwar in seinem 1987 in Hildesheim gehaltenen Vortrag zum Thema "Ist ästhetische Erziehung möglich?", daß es ihm nützlich scheine zu fragen,

"ob wir mit Bezug auf ästhetische Erziehung mit hinreichenden begrifflichen Unterscheidungen operieren, und welche solcher Unterscheidungen vielleicht stärker als bisher zur

---

105) MOLLENHAUER, Klaus: a.a.O., S. 451.

106) Vgl. MOLLENHAUER, Klaus: a.a.O., S. 457; Ders.: Ist ästhetische Erziehung möglich? In: LÜTTGE, Dieter [Hrsg.]: Bezugspunkte kulturpädagogischer Arbeit. Tagungsbericht und Arbeitsmaterialien. Hildesheim, Zürich und New York 1989, S. 270f sowie Ders.: Schule, Kunst und Leben - Grundfragen der ästhetischen Bildung. In: Verband Bildung und Erziehung [Hrsg.]: Dokumentation deutscher Lehrertag 1988. Schule und Kunst. VBE-Dokumentationen, H. 1 (1989), S. 30.

Diskussion gestellt werden müßten, wenn wir denn tatsächlich 'ästhetische Erziehung' nicht nur als eine didaktische Spezialität des Faches Kunsterziehung verstehen, sondern als breite Komponente von Bildungsprozessen überhaupt."[107]

Doch ein Jahr später erscheint derselbe Vortrag mit geringfügigen Veränderungen und Erweiterungen in der Zeitschrift für Pädagogik unter dem Titel "Ist ästhetische Bildung möglich?". Was sich dabei in dem veränderten Titel schon ankündigt, wird weitgehend durchgehalten: Ohne daß ganze Passagen zur näheren begrifflichen Bestimmung von ästhetischer Erziehung überarbeitet worden wären, tauscht MOLLENHAUER die in ihnen enthaltene Rede von der ästhetischen Erziehung gegen den allgemeineren Terminus ästhetische Bildung aus.[108] Bildung selbst kann auf diese Weise aber nicht als ästhetisches Geschehen formuliert werden, da in ihr der "eindimensionale" Aspekt der vorher so bestimmten ästhetischen Erziehung aufbewahrt ist. Ästhetische Bildung bleibt damit weiterhin nur Teil von Bildung. Zwei Jahre danach wird sie von MOLLENHAUER reduziert auf "eine ästhetisch-kulturelle Kompetenz, [die,] als **ein** Moment von Bildung, sich zu ihren gesellschaftlichen Determinationen und Beteiligungschancen verhält."[109]

Im Laufe meiner hier vorgelegten Literaturübersicht hätte gewiß noch manch anderer Bezug zur Literatur mit der Thematisierung von ästhetischer Erziehung und/oder Bildung angeführt werden können.[110] Doch habe ich

---

107) MOLLENHAUER, Klaus: Ist ästhetische Erziehung möglich? In: LÜTTGE, Dieter [Hrsg.]: Bezugspunkte kulturpädagogischer Arbeit. Tagungsbericht und Arbeitsmaterialien. Hildesheim, Zürich und New York 1989, S. 262.

108) Vgl. hierzu den zuletzt von mir zitierten Ausschnitt sowie die entsprechenden Passagen bei Klaus MOLLENHAUER: Ist ästhetische Erziehung möglich? In: LÜTTGE, Dieter [Hrsg.]: Bezugspunkte kulturpädagogischer Arbeit. Tagungsbericht und Arbeitsmaterialien. Hildesheim, Zürich und New York 1989, S. 262, 263, 265, 267 und 271 mit Klaus MOLLENHAUER: Ist ästhetische Bildung möglich? In: Zeitschrift für Pädagogik, 34 (1988), S. 445, 446, 448, 453 und 458.

109) MOLLENHAUER, Klaus: Die ästhetische Dimension der Bildung. Zur Einführung in den Themenkreis. In: Zeitschrift für Pädagogik, 36 (1990), S. 467.

110) Dazu gehören bspw. BÖVERSEN, Fritz: Schillers Begriff der ästhetischen Erziehung. In: Zeitschrift für Pädagogik, 10 (1964), S. 446 - 461; EBERT, Wilhelm: Ästhetische Bildung als Erziehung zur Mündigkeit. In: Verband

mich auf die mir für das Thema meiner Arbeit wesentlich erscheinenden Beiträge seit Ende der sechziger Jahre beschränkt. Außerdem käme eine Bearbeitung weiterer Beiträge speziell zu SCHILLER einer ständigen Wiederholung des schon jetzt mehrmals Gesagten gleich, weshalb auch auf sie verzichtet werden kann. Soweit mir noch eine Ergänzung der hier kritisierten Positionen erforderlich erscheint, werde ich sie innerhalb des zentralen Teils dieser Studie (Kap. III) ausführen.

Deutlich hat nur folgendes werden sollen: Die fachspezifisch geprägte und sich nunmehr seit gut 20 Jahren immer wieder auch auf SCHILLERs Konzeption der ästhetischen Erziehung berufende Diskussion über das Ästhetische in Bildungsprozessen, hat den HEYDORNschen - und später auch den KLAFKIschen - Hinweis auf einen von SCHILLER her begründetermaßen ästhetisch zu nennenden Bildungsbegriff bis heute nicht ernst genug genommen. Zwar wird bisweilen gespürt, daß es schon SCHILLER um weitaus mehr ging, als um ästhetische Erziehung im Sinne einer das Bildungsgeschehen ergänzenden Teildisziplin. Doch trotz der gegenwärtig hohen Konjunktur von erziehungswissenschaftlichen Rekonstruktionsversuchen gerade neuhumanistischer Philosophien wird dessen Ästhetik m. E. bislang nicht konsequent beim Wort genommen. Dies endlich und systematisch zu tun, ist die Absicht der vorliegenden Arbeit.

Bevor ich diese Aufgabe in Angriff nehme, sei hier, das Kapitel abschließend, aber zumindest noch in aller Kürze auf diejenigen mannigfalti-

---

Bildung und Erziehung [Hrsg.]: Dokumentation deutscher Lehrertag 1988. Schule und Kunst. VBE-Dokumentationen, H. 1 (1989), S. 11 - 18; LEHNERER, Thomas: Ästhetische Bildung. In: Bildung. Die Menschen stärken, die Sachen klären. Jahresheft VI im Friedrich Verlag. Seelze 1988, S. 42 - 45; PARMENTIER, Michael: Ästhetische Bildung zwischen Avantgardekunst und Massenkultur. In: Neue Sammlung, 28 (1988), S. 63 -74; PAZZINI, Karl Josef: Bildung und Bilder. Über einen nicht nur etymologischen Zusammenhang. In: HANSMANN, Otto/MAROTZKI, Winfried [Hrsg.]: Diskurs Bildungstheorie I: Systematische Markierungen. Rekonstruktion der Bildungstheorie unter Bedingungen der gegenwärtigen Gesellschaft. Weinheim 1988, S. 334 - 363; PLEINES, Jürgen-Eckardt: Ästhetik und Vernunftkritik. Natur- und Kunstinterpretation im Zeitalter der deutschen Klassik und Romantik. Hildesheim, Zürich, New York 1989; SCHULZ, Wolfgang: Ästhetische Bildung. Zum educativen Beitrag der Mimesis. In: Ästhetik und Erkenntnis. (Hamburger Beiträge zur Erziehungswissenschaft, Nr. 1.) Hrsg. im Auftrag des Forschungsausschusses des Fachbereichs Erziehungswissenschaft der Universität Hamburg von Hermann J. KAISER. Hamburg o. J., S. 59 - 73.

gen Ansätze innerhalb der **pädagogischen Praxis** hingewiesen, denen ein ästhetisches Bildungsverständnis schon längst zur unentbehrlichen Arbeitsgrundlage geworden ist, wenngleich es von ihnen oftmals auch nicht als solches systematisch expliziert worden ist.

II.5 Die Dignität der Bildungspraxis

Zeitlich weitgehend parallel zu der von mir aus der Sicht einer ästhetischen Erziehung formulierten Kritik an der zunehmenden Affirmation der einseitig zweckrationalen Kultur durch Bildungseinrichtungen, setzt in der Bundesrepublik Deutschland eine Tendenz ein, die dieser Entwicklung in ihrer praktischen Bildungsarbeit entgegentreten will. Aus einem reformerischen Pädagogikverständnis heraus werden eigens verschiedenste Schulen gegründet, die - wie beispielsweise die Bielefelder Laborschule oder die Glocksee-Schule in Hannover - mit dem Gedanken der Selbstbestimmung in Lernprozessen in einem Sinn ernst machen wollen, der sinnlich-emotionale wie rational-kognitive Anteile des Menschen umfaßt. In ihnen soll der Mensch mit all seinen Anlagen, Neigungen und Fähigkeiten als Lernender in der Gemeinschaft ernst genommen werden.

Gleichzeitig werden zunehmend Unterrichtsprojekte im regulären Schulbetrieb sowie in außerschulischen Bildungseinrichtungen in Gang gesetzt, die ein ganzheitliches Lernen in eben diesem Sinne fördern sollen. So berichten beispielsweise Hans MAYRHOFER und Wolfgang ZACHARIAS in ihrem "Projektbuch Ästhetisches Lernen" unter anderem davon, wie sich Nürnberger Schulkinder in einem vieldimensional angelegten Projekt mit ihrer Stadtgeschichte vertraut machen und auseinandersetzen.[111] Zweck eines solchen Projekts ist "die Wirklichkeitsaneignung mit sinnlicher und materieller Dimension" mit dem Ziel, das menschliche Potential zu einer selbstbestimmten Veränderung der Lebensumwelt zu fördern.[112]

---

111) Vgl. MAYRHOFER, Hans/ZACHARIAS, Wolfgang: Projektbuch Ästhetisches Lernen. Reinbek 1977, S 169 - 202.

112) MAYRHOFER, Hans/ZACHARIAS, Wolfgang: a.a.O., S. 51.

Anfang der achtziger Jahre legt Horst RUMPF, einer der schärfsten Kritiker der "Entwirklichung, Entkörperung, Enteignung des Lernens"[113] durch die Schule, einen Beitrag vor, in dem er die Entmündigung der Lernenden pointiert wie folgt beschreibt:

> "Man kann 13 oder 18 Jahre als Schüler, als Student in unseren Bildungseinrichtungen hauptsächlich beschult, instruiert, ausgebildet werden, ohne jemals mit eigenen Händen, aus eigener Kraft, aufgrund der Erfahrungen der eigenen Sinne und der daran geknüpften Gedanken etwas Handgreifliches getan, gestaltet, hergestellt, begriffen zu haben."[114]

Verantwortung für sich und sein Tun trage der Schüler dabei nicht.[115] Deshalb möchte RUMPF das "Eigenlernen" im Sinne einer aktiven und verantwortlichen Auseinandersetzung mit der Welt als ganzer Mensch betonen und hervorheben. Dieses wurde weder in der Schulpädagogik noch in der Bildungstheorie ernst genug genommen, obwohl sich hierzu Ansätze schon bei HUMBOLDT, NIETZSCHE, ADORNO und HEYDORN fänden.[116] Seine das Buch abschließenden praktischen Beispiele für solches "Eigenlernen" in Schule und Hochschule veranschaulichen überzeugend, was hier möglich ist.[117]

Peter FAUSER, Klaus J. FINTELMANN und Andreas FLITNER plädieren ganz im Sinne und mit kräftiger Unterstützung Horst RUMPFs für ein praktisches "Lernen mit Kopf und Hand".[118] Unter Rekurs auf die berühmte PESTALOZZIsche triadische Formel von "Kopf, Herz und Hand", die zu bilden seien, stellen die Herausgeber Projekte vor, die sich innerhalb des

---

113) RUMPF, Horst: Die übergangene Sinnlichkeit. Drei Kapitel über die Schule. München 1981, S. 173.

114) RUMPF, Horst: ebd.

115) Vgl. RUMPF, Horst: ebd.

116) Vgl. RUMPF, Horst: a.a.O., S. 176f.

117) Vgl. RUMPF, Horst: a.a.O., S. 205 - 217.

118) FAUSER, Peter/ FINTELMANN, Klaus J./FLITNER, Andreas [Hrsg.]: Lernen mit Kopf und Hand. Berichte und Anstöße zum praktischen Lernen in der Schule. Weinheim und Basel 1983.

regulären Schulsystems für eine ganzheitliche Bildung des Menschen stark machen.[119]

Die in jüngster Zeit an Hamburger Schulen besonders durch Wulf WALLRABENSTEIN betriebene Öffnung des Unterrichts zielt in bahnbrechender Weise auf ein selbstverantwortetes und sinnliche wie intellektuelle Anteile der Schüler umfassendes Lernen in öffentlichen Bildungseinrichtungen. Hier soll "das lernende Kind in seiner gesamten Persönlichkeit" gefördert werden

"durch unmittelbar bewegende Lernangebote, durch konkrete, 'begreifbare' Lerngegenstände, durch intensives Erleben fördernde Erfahrungen, durch Fragen und Dialoge, durch Symbole und Zeichen, durch Wasser und Sand, durch Bücher und Tiere, durch das gesprochene Wort und die erfahrbare Stille ..."[120]

In der außerschulischen Bildungsarbeit mit Erwachsenen macht sich zur Zeit in besonders herausragender Weise Gert SELLE für Lernzusammenhänge stark, die den Menschen als ganzen ernst nehmen. So wirbt er vehement mit vielen praktischen Beispielen für sein "Experiment Ästhetische Bildung", in dem vor allem der "Gebrauch der Sinne" in einer zunehmend entsinnlichten Welt geübt werden soll.[121] In seinen durchaus kunstpädagogisch motivierten Projekten geht es um eine aktive Auseinandersetzung des Menschen mit der Welt, der "gestaltbildende Verarbeitungsprozesse, die einem ganzheitlichen (sinnlich-körperlichen, psychischen und geistigen) Erleben nahe bleiben", folgen.[122] Ähnliche Ansätze und Vorgehensweisen im Sinne einer mehr oder weniger theoretisch gestützten **praktizierten** ästhetischen Bildung finden sich heute auch

---

119) Vgl. FAUSER, Peter/ FINTELMANN, Klaus J./FLITNER, Andreas [Hrsg.]: a.a.O., S. 7 - 10.

120) WALLRABENSTEIN, Wulf: Offene Schule - Offener Unterricht. Ratgeber für Eltern und Lehrer. Reinbek 1991, S. 127.

121) SELLE, Gert [Hrsg.]: Experiment ästhetische Bildung. Aktuelle Beipsiele für Handeln und Verstehen. Reinbek 1990; SELLE, Gert: Gebrauch der Sinne. Eine kunstpädagogische Praxis. Reinbek 1988.

122) SELLE, Gert: Gebrauch der Sinne. Eine kunstpädagogische Praxis. Reinbek 1988, S. 26.

schon in der Bildungsarbeit von Volkshochschulen, kirchlichen Akademien, privaten Institutionen usw.

Auch hier ließe sich - ähnlich wie bei der theoretischen Diskussion über ästhetische Erziehung und/oder Bildung - die Liste der eine ganzheitliche Bildungspraxis veranschaulichenden Beiträge beliebig verlängern. Nötig scheint mir das allerdings nicht, da anhand meiner exemplarischen Auswahl schon jetzt deutlich geworden sein müßte, daß es derzeit eine Bewegung innerhalb der Bildungspraxis gibt, der - als von ihren Ansätzen her ästhetisch zu nennender Praxis - eine der Theorie voranschreitende Dignität im Sinne SCHLEIERMACHERs eignet. Zwar besteht diese ästhetische Bildungspraxis nicht, wie es bei SCHLEIERMACHER heißt, völlig unabhängig von der Theorie und muß auch nicht erst eigens durch eine ästhetische Bildungstheorie auf ein höheres Bewußtsein angehoben werden.[123] Doch eine sie anthropologisch begründende explizit ästhetische Bildungstheorie, wie sie systematisch von SCHILLER oder auch von HUMBOLDT her entfaltet werden kann, fehlt soweit ich sehe bis heute zu ihrer theoretisch fundierten Legitimation und nachgehenden kritischen Klärung. Gerade solche Funktion ästhetischer Bildungstheorie für die heutige Praxis zu ermöglichen, ist daher ein wesentliches Ziel der vorliegenden Arbeit.

---

123) Vgl. SCHLEIERMACHER, Friedrich: Pädagogische Schriften I. Die Vorlesungen aus dem Jahre 1826. Frankfurt/Main, Berlin und Wien 1983, S. 11.

Ich bin, doch ich habe mich nicht.
Darum werden wir erst. (Ernst Bloch)

III Schillers Konzeption ästhetisch-personaler Bildung

III.1 Zur Einführung

Angesichts des von Dieter LENZEN vorgebrachten Zweifels an der Wirksamkeit und Bedeutung gegenwärtiger Bemühungen im Rahmen pädagogischer Theoriebildung[124] nahm Klaus MOLLENHAUER vor einigen Jahren folgenden Standpunkt ein:

"Wer sich diesem Zweifel nicht gänzlich verschließt - was kann er, in der Position des Erziehungswissenschaftlers, tun? [...] Ich habe [...] Problemstellungen neuzeitlicher Erziehungstheorie in historisch-systematischen Skizzen zu umreißen versucht, die mir nach wie vor zukunftsfähig zu sein scheinen. Aber [...] ist es sinnvoll, die Litanei unserer traditionellen Bestände an 'Theorie' immer wieder zu wiederholen, wenn auch nur mit vielleicht 'vergessenen' Materialien?"[125]

Statt einer "litaneihaften" Wiederholung alter theoriebildender Materialien schlug MOLLENHAUER vor, lieber "Umwege" in der erziehungswissenschaftlichen Reflexion zu beschreiten[126] und ließ sich deshalb auf eine gelungene und lesenswerte Entfaltung pädagogischer Grundfragen anhand von autobiographischen Werken großer Literaten sowie anhand berühmter Gemälde ein.

Meine in diesem dritten Kapitel vorgenommene Auseinandersetzung mit wichtigen ästhetiktheoretischen Schriften SCHILLERs geht so nicht vor. Mag sie aus der MOLLENHAUERschen Perspektive vielleicht auch wie

---

124) Vgl. LENZEN, Dieter: Mythos der Kindheit. Reinbek 1985.

125) MOLLENHAUER, Klaus: Umwege. Über Bildung, Kunst und Interaktion. Weinheim und München 1986, S. 8.

126) Vgl. MOLLENHAUER, Klaus: a.a.O., S. 9.

eine ewige Wiederholung alter Theorie erscheinen, so schlägt sie dennoch keinen Umweg ein, sondern geht geradewegs auf ihren Untersuchungsgegenstand - den in spezifischer Weise als einen ästhetisch verstandenen neuhumanistischen Bildungsbegriff SCHILLERs als Grundlage eines heute möglichen, ja notwendigen Verständnisses von Bildung - zu.

III.1.1 Drei Motive für eine erneute Beschäftigung mit Schillers Ästhetik aus bildungstheoretischer Perspektive

Sich mit SCHILLERs Ästhetik auseinanderzusetzen, bedeutet laut Eduard SPRANGER, sich neben anderen gewiß nicht leicht zu verstehenden Arbeiten SCHILLERs[127] auch auf "eine der schwersten Schriften in der deutschen Philosophie überhaupt", nämlich dessen Briefe über die ästhetische Erziehung des Menschen, einzulassen[128]. Für dieses Unterfangen gibt es für mich einen dreifachen Grund, in dem ein persönliches, ein fachbezogenes und ein gesellschaftlich aktuelles Motiv zusammentreffen. Daß ich angesichts dieser drei Motive, gerade SCHILLERs Philosophie und keine andere zu meinem Arbeitsgegenstand zu machen, von nur **einem** Grund spreche, liegt daran, daß aus meiner Sicht keines für sich allein besteht. Alle drei sind ineinander verschränkt. - Zur Erklärung der beiden ersten bedarf es nicht viel. Lediglich das dritte Motiv verlangt eine eingehendere Darstellung.

1. Die von mir als persönlich bezeichnete Motivation, mich aus bildungstheoretischer Sicht auf SCHILLERs inzwischen rund 200 Jahre alte Ästhetik einzulassen, leitet sich aus meinen vorangegangenen Bemühungen[129] um ein ästhetisches Verständnis der Bildungsphilosophie

---

127) Friedrich DÜRRENMATT sagt im Blick auf SCHILLERs Philosophie ganz allgemein, daß "der Zugang zu Schillers Denken schwer" sei. (DÜRRENMATT, Friedrich: Friedrich Schiller. Eine Rede. Zürich 1960, S. 14.)

128) SPRANGER, Eduard: Schillers Geistesart, gespiegelt in seinen philosophischen Schriften und Gedichten. In: OELLERS, Norbert [Hrsg.]: Schiller - Zeitgenosse aller Epochen. Dokumente zur Wirkungsgeschichte Schillers in Deutschland. Teil II: 1860 - 1966. München 1976, S. 367 - 384, hier S. 377.

129) Vgl. Kap. II.3 der vorliegenden Arbeit.

Wilhelm von HUMBOLDTs her. In jenem Arbeitszusammenhang habe ich deutlich zu machen versucht, daß der Entwurf des neuhumanistischen Bildungsgedankens, wie ihn Wilhelm von HUMBOLDT in seiner Anthropologie, Dichtungstheorie und Sprachphilosophie entfaltet hat, seinem Wesen nach einen Bildungsbegriff impliziert, der die ontogenetische wie phylogenetische Entwicklung des Menschen als ein universell ästhetisches Geschehen auffaßt. Es ging mir dort darum zu zeigen, daß HUMBOLDT den menschlichen Bildungsprozeß als einen dialektischen Selbst- und Weltgestaltungsprozeß des selbsttätigen Subjekts begreift, der seine symbolhafte Entsprechung in Werken der Kunst, aber auch in jedem Akt der Begriffsbildung findet. Aufgrund dieses Doppelaspekts von Gestaltung und Symbolisierung und seiner strukturellen Nähe zu künstlerischem Schaffen nannte ich HUMBOLDTs Bildungsbegriff einen ästhetischen.[130]

Anders als in meinem HUMBOLDT-Beitrag steht hier nun aber nicht erneut die Erörterung des ästhetischen Gehaltes einer elaborierten Bildungstheorie, sondern gerade umgekehrt, der bildungstheoretische Aspekt in SCHILLERs komplexer Ästhetik im Vordergrund. Formelhaft gesagt: Nicht die Ästhetik in der Bildung, sondern die Bildung in der Ästhetik ist hier das Thema! Von Interesse ist diese Umkehrung der Thematik für mich deshalb, weil, das wird sich zeigen lassen, SCHILLERs Ästhetik bildungstheoretische Elemente enthält, die den neuhumanistischen Bildungsgedanken systematisch aus spezifisch ästhetischer Perspektive reflektieren. Insofern ist die hier angestrebte Auseinandersetzung mit SCHILLER für mich ein vertiefendes Aufbereiten der theoretischen Grundlagen zu HUMBOLDTs ästhetischem Bildungsverständndis. Dieser Arbeitszusammenhang zieht aber zugleich auch sachliche und fachliche Konsequenzen für die gegenwärtig geführte erziehungswissenschaftliche Debatte über den Bildungsbegriff nach sich, womit ich zum zweiten Motiv meiner Arbeit komme.

2. Es war ohne Zweifel SCHILLER, der am Ende des 18. Jahrhunderts in Auseinandersetzung mit antiker und zeitgenössischer Philosophie den komplexesten Versuch wagte, eine explizit ästhetisch-systematische

---

130) Vgl. SCHÜTZE, Thomas: Zum Verhältnis von Ästhetik und Bildung bei Wilhelm von Humboldt. Ein Rekonstruktionsversuch im Blick auf neuere pädagogische Humboldt-Rezeptionen. Seelze 1987, bes. S. 25 - 91.

Anthropologie zu schreiben. Das soll heißen: Nirgends innerhalb der sogenannten neuhumanistischen Philosophie - nicht einmal bei HUMBOLDT -
findet sich noch einmal eine solch sorgfältige und auf systematische
Geschlossenheit abzielende Darstellung des Menschen als eines Wesens,
das allein durch ein aktiv gestaltetes Selbst- und Weltverhältnis zu seinem
Menschsein innerhalb der Gesellschaft gelangen kann und muß. Völlig zu
Recht heißt es daher bei Theodor BALLAUFF und Klaus SCHALLER, daß
SCHILLERs Ästhetik "eine einzigartige Phase [... in der] Geschichte der
metaphysischen Anthropologie" sei, da in ihr "die Grundfrage sich dahin
verschärft: Ist der Mensch als Mensch überhaupt möglich?"[131], also die
anthropologische Grundfrage jeder Bildungstheorie aus ästhetischer
Perspektive gestellt wird.

   Zwar ist Karl-Heinz VOLKMANN-SCHLUCK der Meinung,
SCHILLER verfolge mit seiner Ästhetik keine grundsätzlichen bildungstheoretischen Überlegungen, denn seine

   "thematische Absicht geht weder auf eine Lehre vom Wesen
   der Kunst noch auf eine Grundlegung der Bildung, sondern sie
   bezieht Kants transzendentale Fragestellung auf das Wesen des
   Menschen zurück, indem sie die Bedingungen der Möglichkeit
   des Menschseins erfragt."[132]

Doch verkennt VOLKMANN-SCHLUCK damit m. E., daß jede bil-
dungstheoretische Bemühung gerade die Frage nach der "Möglichkeit des
Menschseins" (s. o.), nämlich eines gelingenden Menschseins, zu ihrer
Grundlage hat.

   Da, wie ich im zweiten Kapitel der vorliegenden Arbeit zu zeigen versuchte, die gegenwärtige Bildungsdiskussion SCHILLERs spezifisch ästhetischer Beantwortung der Frage nach einem gelingenden Menschsein m.
E. bis heute nicht hinreichend nachgegangen ist, versteht sich mein Beitrag
auch als Ergänzung derzeitiger erziehungswissenschaftlicher
Auseinandersetzungen hierüber. Er will sich also mit seinem ästhetischen
Verständnis von Bildung in den sich vielfach auf die neuhumanistische

---

131) BALLAUFF, Theodor/SCHALLER, Klaus: Pädagogik. Eine Geschichte der
   Bildung und Erziehung. Bd. 2. Vom 16. Jahrhundert bis zum 19. Jahrhundert.
   Freiburg und München 1970. S. 472.

132) VOLKMANN-SCHLUCK, Karl-Heinz: Die Kunst und der Mensch. Schillers
   Briefe über die ästhetische Erziehung des Menschen. Frankfurt/Main 1964, S. 11.

Tradition berufenden "Diskurs Bildungstheorie" (HANSMANN/ MAROTZKI) einbringen, um dessen häufig verkürzte Rückbezüge auf SCHILLER in ein anderes Licht zu rücken.

3. Mit dieser Einordnung meiner vorliegenden Arbeit in den gerade heute wieder verstärkt auf unsere neuhumanistische Bildungstradition zurückgreifenden erziehungswissenschaftlichen Diskurs ist das dritte, das gesellschaftliche Motiv angesprochen, mich mit SCHILLERs Philosophie zu befassen.

In seinem Aufsatz "Über die Zukunft von Bildung" formuliert Helmut PEUKERT konzentriert und pointiert, was ich weiter oben bereits als fortschreitenden Autonomieverlust des vorwiegend zweckrational enkulturierten Subjekts einschließlich seiner die gesellschaftlichen Ursachen hierfür bestärkenden Erziehungswissenschaft beschrieben habe[133]: Erstens, so PEUKERT, mache das neuzeitliche Subjekt der westeuropäischen Kultur die Erfahrung, daß die eigene Freiheit, wie alles Seiende überhaupt, von einer radikalen Kontingenz und nicht von einer göttlichen Ordnungsmacht bestimmt sei. Diese kontingente Freiheit werde in der Moderne aber "vorrangig als steigerbare Verfügungsmacht über Wirklichkeit erfahren", was zweitens ein Subjekt entstehen lasse, das sich seiner selbst vornehmlich mittels "seiner Fähigkeit zur Selbstbehauptung durch Machtsteigerung" bewußt werde und hierdurch gegenüber Natur und Gesellschaft definiere. Drittens mache sich dieses verfügungsmächtige Subjekt in der bürgerlich ausdifferenzierten Gesellschaft schließlich "von dem Erfolg im Konkurrenzkampf abhängig. Seine Selbstbestimmung ist [sc.: damit] innerlich fremdbestimmt."[134]

Das sich gerade hieraus ergebende funktions- und leistungsorientierte Menschenbild sowie dessen Auswirkungen auf die Leitvorstellungen einer die Verhältnisse bloß affirmierenden Pädagogik[135] hätten aber schon die "modernen Erziehungs- und Bildungstheorien von Rousseau über Kant bis

---

133) Vgl. Kap. II.2 der vorliegenden Arbeit.

134) Alle Zitate aus PEUKERT, Helmut: Über die Zukunft von Bildung. In: Frankfurter Hefte, FH-extra, 6 (1984), S. 130.

135) Vgl. PEUKERT, Helmut: a.a.O., S. 131f.

Humboldt, Schleiermacher, Herbart und Hegel" zu überwinden gesucht.[136] Deren

> "ungebrochene Aktualität liegt [...] darin, daß sie die neuzeitli-
> che Grundsituation wahrnehmen und zu überwinden trachten, die
> - wie zugespitzt auch immer - noch die unsere ist."[137]

Gerade SCHILLER sei es aber gewesen, der eine besonders schonungs-
lose und radikale Kritik an dieser Entwicklung der neuzeitlichen Kultur
geübt habe.[138]

Dieser Hinweis PEUKERTs findet seine eindrücklichste Bestätigung,
sobald man Texte aus SCHILLERs Ästhetik - und hier wiederum insbesondere die Briefe über die ästhetische Erziehung des Menschen - liest.[139]
Doch auch SCHILLERs Krik an der menschenfeindlichen Kultur der
Moderne ist nicht völlig neu. Sie hat ihren herausragensten Vorläufer bereits in ROUSSEAU, der nachgewiesenermaßen nicht unbedeutend für die
Philosophie SCHILLERs[140] sowie für die neuhumanistische Bewegung
überhaupt war. ROUSSEAU hatte nach seiner besonders in der "Vorrede
zu 'Narcisse'" und der "Abhandlung über den Ursprung und die Grundlagen
der Ungleichheit unter den Menschen"[141] massiv geübten Kritik an den den
Menschen zunehmend versachlichenden und damit von sich selbst ent-

---

136) PEUKERT, Helmut: a.a.O., S. 130.

137) PEUKERT, Helmut: a.a.O., S. 131.

138) PEUKERT, Helmut: a.a.O., S. 130f.

139) Die kulturkritische Haltung SCHILLERs schlägt sich auch, wenngleich nicht ganz
so radikal, in seinen poetischen, dramatischen und geschichtsphilosophischen
Werken wie auch in vielen seiner privaten Briefwechsel nieder. Wenn ich all jene
Arbeiten hier aber nicht mit in die Diskussion einbeziehe, so geschieht dies
deshalb, weil ich mich dazu entschlossen habe, die vorliegende Arbeit thematisch
auf SCHILLERs Ästhetik zu beschränken.

140) Differenzierte Hinweise zum ROUSSEAU-Einfluß finden sich bspw. bei
Wolfgang LIEPE: Der junge Schiller und Rousseau. Eine Nachprüfung der
Rousseaulegende um den Räuberdichter. In: Zeitschrift für deutsche Philologie 51
(1926), S. 299 - 328; Hans LUTZ: Schillers Anschauungen von Kultur und Natur.
Berlin 1928. (Germanische Studien, Heft 60.); Johann SCHMIDT: Schiller und
Rousseau. Berlin 1876.

141) Beide Texte finden sich bspw. in Jean-Jacques ROUSSEAU: Schriften, Bd. 1.
Frankfurt/Main 1988.

fremdenden Verhältnissen der neuzeitlichen, von Rationalismus und Aufklärung geprägten Gesellschaft mit seinem "Emile" eine Erziehungstheorie entwickelt, die dem fortschreitenden Selbstverlust der Subjekte entgegenwirken sollte. Der Mensch, so ROUSSEAU, sollte seiner Natur gemäß erzogen und nicht zugerichtet werden für eine Gesellschaft, die dem natürlichen Wesen des Menschen feindlich ist:

> "Richtet die Erziehung des Menschen nach dem, wie der Mensch ist, und nicht nach dem, was er nicht ist. Wenn ihr euch müht, ihn ausschließlich für einen Stand zu bilden, seht ihr nicht, wie ihr ihn damit unbrauchbar macht für jeglichen anderen, und daß ihr, wenn das Schicksal es so will, auf nichts anderes hingearbeitet habt, als ihn unglücklich zu machen?"[142]

Mittels einer universellen Menschenbildung also, zu deren Verwirklichung er allerdings zum Teil sehr widersprüchliche und fragwürdige Erziehungsmaßnahmen vorschlug[143], wollte ROUSSEAU einen pädagogischen Weg beschreiten, der der Selbsterhaltung des durch die moderne Gesellschaft in seiner Autonomie bedrohten Subjekts dienen sollte. Ein selbstbestimmtes, glückliches Leben sollte der Mensch in Übereinstimmung mit sich selbst führen.[144] Das vom Rationalismus und rationalistisch geprägten Strömungen der Aufklärung propagierte Mündigkeitspostulat im Sinne einer verstandesgeleiteten Herrschaft des menschlichen Geistes über die äußere und innere Natur wurde damit von ROUSSEAU in ein Selbstbestimmungskonzept des Menschen umformuliert, das auch der Entwicklung von dessen natürlich-sinnlichen Anteilen gerecht werden sollte.[145]

---

142) ROUSSEAU, Jean-Jacques: Emile oder Über die Erziehung. Stuttgart 1986, S. 408.

143) Vgl. ROUSSEAU, Jean-Jacques: a.a.O., bspw. S. 268 - 274, 279 oder 479.

144) Vgl. BUCK, Günther: Rückwege aus der Entfremdung. München und Paderborn 1984, bes. S. 159 - 165.

145) ROUSSEAU knüpfte dieses Mündigkeitskonzept bereits an eine umfassende Schulung aller Sinne durch praktische Lernzusammenhänge, wie sie weiter oben (vgl. Kap. II.4) von mir als Programm unserer heutigen ästhetischen Erziehung skizziert worden ist. Selbst Kinderzeichnungen wurden schon von ihm sehr ernsthaft als Medien des Bildungsprozesses angesehen, was ihn - bei aller Widersprüchlichkeit und Brüchigkeit hinsichtlich der theoretischen Legitimation

SCHILLER übernimmt diesen ROUSSEAUschen Gedanken einer sub-jektorientierten Erziehung, die dem Wesen des Menschen in der Weise ge-recht zu werden habe, daß der Mensch in naturgemäßer - d. h. in auch seine sinnlich-leibliche Existenzdimension berücksichtigender - Übereinstimmung mit sich selbst leben kann und nicht einer einseitig zweckrational ausgerichteten Kultur durch innere Zerrissenheit und umfas-sende Fremdbestimmtheit ausgeliefert ist. Dennoch distanziert er sich zugleich kritisch von ROUSSEAUs Verständnis einer naturalen Existenz des Menschen, da sie ihm, der sich als Aufklärungskritiker und Aufklärer zugleich begreift, wiederum zu wenig den moralisch-geistigen Fortschritt der Menschheit achtet.[146] Darüber hinaus betont SCHILLER - von der auf die französische Revolution folgenden brutalen jakobinischen Schreckens-herrschaft angewidert -, daß er grundsätzlich zu dem Mündigkeitskonzept Immanuel KANTs im Sinne einer verstandesgeleiteten kritischen Überwindung der selbst verschuldeten Unmündigkeit stehe. Doch auch dem KANTschen Mündigkeitspostulat, so wird im Verlauf des Kapitels noch deutlich werden, folgt SCHILLER nicht unkritisch. Stattdessen erar-beitet er sich Schritt für Schritt ein Menschenbild der aufgeklärten eigentä-tigen Selbstbestimmung. Sie basiert zwar in spezifischer Weise auf dem geistigen Vermögen des Menschen - womit SCHILLER dem FICHTEschen Gedanken der absoluten Tathandlung des Geistes sehr nahe kommt -, durch das die innere und äußere Natur des Menschen aber nicht determiniert, sondern als vollkommen gleichwertige Existenzdimension gerade zu ihrer lebendigen Entfaltung gelangen soll.[147] - Auf beide, KANT und FICHTE, vertiefend einzugehen, ist hier indessen nicht der Ort, da dies den Rahmen einer Einführung in mein SCHILLER-Kapitel sprengen würde. Die für das Verständnis des SCHILLERschen Menschenbildes entscheidenden

---

und praktischen Umsetzung seines Erziehungskonzepts - zu einem Vorreiter moderner ganzheitlicher Pädagogik macht. (Vgl. ROUSSEAU, Jean-Jacques: Emile oder Über die Erziehung. Stuttgart 1986, bes. S. 275f, 289 -291, 311 - 314, 336 - 339, 360 und 380.)

146) Vgl. SCHILLER, Friedrich: Ueber naive und sentimentalische Dichtung. In: Schillers Werke. Nationalausgabe Bd. 20, unter Mitwirkung von Helmut KOOPMANN hrsg. von Benno von WIESE. Weimar 1962, S. 413 - 503, bes. S. 451f.

147) Zum Problem speziell dieser Denkfigur SCHILLERs mehr in Kap. IV.2.2 der vorliegenden Arbeit.

Argumentationen der beiden Philosophen werde ich daher jeweils zu den entsprechenden Passagen von SCHILLERs Ästhetik hinzuziehen.

Mit dieser knappen Skizze des Hintergrundes der Kulturkritik SCHILLERs[148] ist mein drittes Motiv für die vorliegende Arbeit schon dargestellt, ohne daß ich es bislang als solches formuliert hätte: SCHILLER entwickelte innerhalb seiner Ästhetik eine emotional-affektive wie auch rational-kognitive Elemente menschlichen Lebens gleichermaßen umgreifende Bildungsvorstellung als Kritik an und Ausweg aus einer gesellschaftlich renommierten Kultur, die die allseits postulierte Selbstbestimmung des Menschen, mithin die Autonomie der Subjekte, kontrafaktisch unterminierte und zunehmend vereitelte. Er suchte damit also nach einem Ausweg aus einer Lebenssituation, die strukturell unserer heutigen gesellschaftlichen Lage entspricht, auch wenn diese sich vom 18. Jahrhundert - wie oben beschrieben[149] - durch eine radikale Zuspitzung der Entfremdungsursachen unterscheidet. SCHILLERs ästhetische Bildungstheorie könnte daher zumindest potentiell Lösungsangebote auf der Suche nach einem neuen pädagogischen Denken und Handeln bereithalten, das sich auch weiterhin nachdrücklich in dem Sinne als aufklärerisch versteht, als es nach wie vor an der Möglichkeit einer positiven und in Freiheit selbstbestimmten Existenz der Menschen in wirklich sozialer, solidarischer Gemeinschaft festhält, ohne damit zugleich einer die äußere wie innere Natur knechtenden Herrschaft einer "halbierten" Rationalität das Wort zu reden. In ihr könnte sich also nicht nur eine Bestätigung des HABERMASschen Diktums finden, daß "die Selbstkritik der Aufklärung so alt ist wie diese selber"[150], sondern mit ihr kann darüber hinaus vielleicht auch verdeutlicht werden,

---

148) Mehr hierzu im weiteren Verlauf des Kapitels. Vgl. aber bspw. auch BOLTEN, Jürgen: Zum werk- und denkgeschichtlichen Kontext der Briefe "Über die ästhetische Erziehung des Menschen". In: Ders. [Hrsg.]: Schillers Briefe über die ästhetische Erziehung. Frankfurt/Main 1984, S. 9 - 29; DÜSING, Wolfgang: Friedrich Schiller. Über die ästhetische Erziehung des Menschen in einer Reihe von Briefen. Text, Materialien, Kommentar. München und Wien 1981, S. 145 - 156; KURZ, Gerhard: Schillers Briefe "Über die ästhetische Erziehung des Menschen" als Antwort auf die Französische Revolution. In: Zeitschrift für Pädagogik, 24. Beiheft (1989), S. 305 - 315.

149) Vgl. Kap. II.2 der vorliegenden Arbeit.

150) HABERMAS, Jürgen: Die neue Intimität zwischen Politik und Kultur. Thesen zur Aufklärung in Deutschland. In: Merkur, 42 (1988), S. 153.

"daß die Kernideen der Aufklärung in einem radikalen, d. h. an
die Wurzeln gehenden Sinne nach wie vor begründbar gültig, jedoch nicht entfernt hinreichend eingelöst worden sind, daß sie
also [gerade auch von der Erziehungswissenschaft! - Th. Sch.]
weiter**gedacht** und weiter**verfolgt** werden müssen."[151]

III.1.2 Methodische Vorüberlegungen

Die vorliegende Arbeit greift nun nicht sämtliche ästhetiktheoretischen
Texte SCHILLERs zu deren bildungstheoretischer Interpretation auf, sondern beschränkt sich - nach einer kurzen Übersichtsdarstellung der
Entfaltung des Grundthemas in frühen Schriften SCHILLERs - im wesentlichen auf dessen drei zentrale und große Abhandlungen, die für den
Nachvollzug der Entwicklung seiner spezifisch ästhetischen Bildungsvorstellung von Bedeutung sind. Dabei handelt es sich, in chronolo-
gischer Reihenfolge ihres Entstehens angeführt, um die sogenannten
Kalliasbriefe, den Aufsatz "Ueber Anmuth und Würde" und die Briefe über
die ästhetische Erziehung des Menschen.[152] Alle drei stehen nicht nur zeitlich in einem sehr engen Zusammenhang[153], sondern sind auch inhaltlich so
sehr miteinander verbunden, daß sie als einzelne immer nur eine bestimmte
Perspektive auf SCHILLERs Menschenbild freigeben, nicht aber die
schrittweise Entfaltung seiner ästhetischen Bildungstheorie insgesamt deutlich werden lassen. So sprach Hermann RÖHRS im Hinblick auf die innere
Einheit dieser drei Arbeiten auch mit Recht von einer "ästhetische[n]
Konzeption, die als umfassendste und tiefste in die neuere
Geistesgeschichte eingegangen ist."[154] Und auch Klaus L. BERGHAHN,

---

151) KLAFKI, Wolfgang: Abschied von der Aufklärung? Grundzüge eines
bildungstheoretischen Gegenentwurfs. In: KRÜGER, Heinz-Hermann [Hrsg.]:
Abschied von der Aufklärung. Perspektiven der Erziehungswissenschaft. Opladen
1990, S. 91.

152) Sämtliche bibliographischen Angaben sowie textgeschichtliche Hinweise zu
benutzten Schriften gebe ich jeweils zu Beginn deren Interpretation.

153) SCHILLER verfaßte sie hintereinander weg in einer intensiven Arbeitsphase von
1793 - 1795.

154) RÖHRS, Hermann: Schillers Philosophie des Schönen. In: Euphorion, 50 (1956),
S. 58.

einer der profiliertesten SCHILLER-Kenner innerhalb der gegenwärtigen Literaturwissenschaft, betont nachdrücklich "den Gesamtzusammenhang der Schillerschen Ästhetik von der **Kallias**-Skizze bis zu den Briefen **Über die ästhetische Erziehung des Menschen.**"[155] Nicht anders sehen es die Kommentatoren der SCHILLER-Nationalausgabe.[156]

Arbeiten SCHILLERs, die über diese konzeptionelle Texteinheit hinausführen, werden hier von mir nur begrenzt herangezogen, wie etwa manche der frühen Schriften. Denn sie befassen sich in aller Regel mit spezifisch ästhetischen Fragestellungen zur Legitimation und Wirkung von Kunst und tragen nichts wesentlich Weiterführendes zur Darstellung des SCHILLERschen Bildungsverständnisses bei.

Was Günther BUCK von der systematischen Einheit des Werks ROUSSEAUs gesagt hat, gilt auch für die oben angeführten drei großen Arbeiten SCHILLERs: Deren "Zusammenhang einer Systematik, d. h. die Konsequenz eines **Denkens**" muß - da SCHILLER selbst an keiner Stelle ausdrücklich von solch einer Zusammengehörigkeit spricht - innerhalb eines interpretativen Nachvollzugs eigens inhaltlich herausgearbeitet werden.[157] Die Erfüllung dieser Aufgabe ist im Rahmen der vorliegenden Arbeit umso bedeutsamer, als die spezifisch erziehungswissenschaftlichen Bemühungen um SCHILLERs Ästhetik, soweit ich sie überblicke, allesamt darauf verzichten. Sie behandeln stattdessen die gerade bildungsphilosophisch bedeutsamsten Schriften SCHILLERs - wie BUCK es über die ROUSSEAU-Forschung formulierte -

"viel eher als ein compositum mixtum aus Analyse und Enthusiasmus, aus philosophischer Theorie, die in einer bestimmten Problemtradition steht, und visionärer Antizipation eines

---

155) BERGHAHN, Klaus L. [Hrsg.]: Briefwechsel zwischen Schiller und Körner. München 1973, S. 22. Vor einiger Zeit noch einmal in: Ders.: "Eines Freundes Freund zu sein." Zum Briefwechsel zwischen Schiller und Körner. In: Ders.: Schiller: Ansichten eines Idealisten. Frankfurt/Main 1986, S. 181 - 200, bes. S. 195.

156) Vgl. SCHILLER, Friedrich: Philosophische Schriften II. Nationalausgabe Bd. 21 (Kommentar). Unter Mitwirkung von Helmut KOOPMANN hrsg. von Benno von WIESE. Weimar 1963, S. 210f. Im folgenden gekennzeichnet als: NA 21.

157) BUCK, Günther: Rückwege aus der Entfremdung. München und Paderborn 1984, S. 91.

Neuen und Idealen [...], denn als Resultat einer kohärenten, an vorgefundenen theoretischen Schwierigkeiten und Ansätzen angreifenden begrifflichen Arbeit."[158]

Ihnen entgeht damit der der SCHILLERschen Ästhetik zugrundeliegende systematische Dreischritt zur Entfaltung eines - aus einer elaborierten Schönheitstheorie abgeleiteten - spezifisch ästhetischen Menschenbildes. Aber gerade dieser Dreischritt hat - wie im Verlauf des Kapitels deutlich werden wird - in seiner plausiblen Konsequenz auch ein spezifisches Bildungsverständnis zur Folge. Unter der Bildung des Menschen wird ein vom Subjekt in freier Selbstbestimmung aktiv herbeigeführter Prozeß und/oder Zustand der Selbst- und Weltgestaltung begriffen, der auf den sinnlichen und geistigen Anteilen des Menschen allein im Sinne von **existenznotwendig dialektisch ineinander verschränkten** Dimensionen des Humanen basiert.

Da die sich gegenwärtig immer wieder auch auf SCHILLERs Ästhetik beziehenden Arbeiten zur Diskussion des Bildungsbegriffs eben diesen systematischen Zusammenhang der bildungstheoretisch bedeutsamsten Schriften SCHILLERs nicht ausreichend wahrnehmen, müssen sie m. E. immer wieder zu einem Bildungsverständnis gelangen, das das Ästhetische nur verkürzt als einen Teilbereich von Bildung und damit auch nur als Teil von Bildungsangeboten begreift.[159]

Ich möchte hier einen Schritt weiter gehen: Mir liegt es daran zu zeigen, daß der Bildungsprozeß des Menschen von SCHILLER her grundsätzlich als eigenaktiver Schaffensprozeß, als gestaltbildender Vorgang des Subjekts verstanden werden muß. Um dies zu verdeutlichen ist es jedoch nötig, sich auf eine rekonstruktive textimmanente Interpretation SCHILLERs hochkomplexer Ästhetik einzulassen. - Damit sind von mir drei wichtige Methodentermini angesprochen, die noch der Erklärung bedürfen: Rekonstruktion, Textimmanenz und Interpretation.

Unter der **Rekonstruktion** einer Theorie verstehe ich mit NIPKOW zunächst einmal ganz wörtlich deren Wiederherstellung im Sinne einer "erinnernde[n] Vergegenwärtigung", die insbesondere zentrale Begriffe und

---

158) BUCK, Günther: ebd.

159) Vgl. Kap. II der vorliegenden Arbeit.

Denkfiguren neu herausarbeitet und in einen aktuellen Diskurs einbindet.[160] Da es sich im vorliegenden speziellen Fall um eine Theorierekonstruktion handelt, die dezidiert in aktuell bildungstheoretisch-diskursiver Absicht durchgeführt wurde, läßt sich von ihr zudem sagen, was HANSMANN und MAROTZKI ausdrücklich als "gegenwartsbezogen[en]" "systematische[n] Zugang" von Rekonstruktion bezeichnen:

> "Er [der gegenwartsbezogene systematische Zugang] geht de-
> zidiert von den Bedingungen gegenwärtiger Gesellschaft aus und
> erhebt gleichzeitig den Anspruch, die Konturierung des
> Bildungsbegriffs nicht-affirmativ zu betreiben. Das heißt, der
> solchermaßen systematische Zugriff bringt normative und dar-
> über hinaus kontextüberschüssige ideelle Implikationen zur
> Geltung und hält diese aufrecht. Der Ausgang von den gegen-
> wärtigen gesellschaftlichen Bedingungen bedeutet somit nicht de-
> ren Affirmation, sondern beinhaltet auch die Möglichkeit, daß der
> Bildungsbegriff kritisch - d. h. gegen den bestehenden, analytisch
> erschlossenen status quo gewendet - entwickelt wird."[161]

Eine so verstandene Rekonstruktion ist insofern also schon immer sehr viel mehr als ein nur logischer Nachvollzug von den Gedanken- und Argumentationsverläufen eines theoretischen Gefüges. Über einen solchen hinaus ist sie auch eine "aktualisierende Wiederherstellung"[162] eines kom-plexen Gedankengebäudes, die aus einer spezifischen Problemperspektive, aus einer bestimmten Fragehaltung heraus, durchgeführt wird. Im vorlie-genden konkreten Fall: Kann eine solche "aktualisierende Wiederherstellung" (s. o.) des SCHILLERschen Konzepts einer ästheti-schen Erziehung ein horizonterweiternder Antwortversuch sein auf gegen-

---

160) NIPKOW, Karl Ernst: Bildung und Entfremdung. Überlegungen zur Rekonstruktion der Bildungstheorie. In: Zeitschrift für Pädagogik, 14. Beiheft (1977), S. 206f. (Vgl. dazu auch weiter oben, Kap. II.1.)

161) HANSMANN, Otto/MAROTZKI, Winfried [Hrsg.]: Diskurs Bildungstheorie I: Systematische Markierungen. Rekonstruktion der Bildungstheorie unter Bedingungen der gegenwärtigen Gesellschaft. Weinheim 1988, S. 10.

162) SCARBATH, Horst: Was ist pädagogisches Verstehen? In: DIETERICH, Rainer [Hrsg.]: Pädagogische Handlungskompetenz. Paderborn, München, Wien und Zürich 1983, S. 228. Wieder in: SCARBATH, Horst: Träume vom guten Lehrer. Donauwörth 1991.

wärtig noch offene Fragen der erziehungswissenschaftlichen Diskussion des allgemeinen Bildungsbegriffs, die sich speziell auf die neuhumanistische Tradition besinnt, und läßt sich durch solche Rekonstruktion das zur Zeit gängige Verständnis von ästhetischer Bildung korrigieren und entscheidend bereichern?

Anhand dieser im Blick auf die vorliegende Arbeit als Frage vorgebrachten Konkretisierung meines Rekonstruktionsverständnisses wird deutlich, daß ich unter einer rekonstruktiven Aktualisierung eines Konzepts wie der SCHILLERschen Ästhetik im Grunde also einen hermeneutisch-kritischen Interpretationsprozeß begreife, der ein Objekt in dem Bewußtsein zu vergegenwärtigen sucht, daß die in den hermeneutischen Prozeß eingebrachte Fragehaltung ein notwendig subjektives Verstehenselement enthält. Aus diesem Grund sprach ich oben auch davon, daß ich die bildungstheoretisch relevanten Arbeiten SCHILLERs nicht einer Rekonstruktion, sondern einer **rekonstruktiven Interpretation** unterziehen möchte. Äußerst treffend beschreibt Emilio BETTI dieses Zusammenspiel objektiver und subjektiver Elemente in einem rekonstruierenden Interpretationsprozeß:

"Man hat es demnach mit einer Umkehrung (**Inversion**) des schöpferischen Prozesses im Auslegungsprozeß zu tun, einer Umkehrung, derzufolge der Interpret auf seinem hermeneutischen Wege den schöpferischen Weg in umgekehrter Richtung durchlaufen muß, dessen Nach-Denken er in seinem Innern durchzuführen hat. [...]

Das bedeutet: der Interpret ist dazu berufen, das fremde Gedankengut in sich nachzubilden und von innen her, als etwas Eigenwerdendes nachzuerzeugen, und trotzdem, obwohl es indessen sein eigen wird, muß er es sich gleichwohl als ein Anderssein, als etwas Objektives und Fremdes gegenüberstellen."[163]

Eine solchermaßen nach-denkende Interpretation bedeutet dann im Blick auf SCHILLERs Ästhetik allerdings auch, sich intensiv auf einen komplexen und langwierigen Nachvollzug häufig schwieriger Argumentationsschleifen und -gefüge einzulassen, erfordert also geduldiges und immer wieder auch mühevolles Mitdenken. SCHILLER verlangt aus-

---

163) BETTI, Emilio: Zur Grundlegung einer allgemeinen Auslegungslehre. Tübingen 1988, S. 16f.

drücklich diese nachdenkende Verfahrensweise des Textverstehens, wenn er an seinen Freund KÖRNER auf seine Briefe über die ästhetische Erziehung des Menschen bezogen schreibt:

> "Der Leser soll **denken**, das kann ihm bey Philosophischen Materien nie erspart werden, und wenn er nicht in dem Context des Ganzen den Schlüßel zu den schwürigen Stellen findet, so kann ihm nicht geholfen werden."[164]

Wenn ich dieses Verfahren als **textimmanente Interpretation** bezeichnet habe, so will ich damit darauf hinweisen, daß ich hierbei den Weg einer möglichst wenig von auslegender Sekundärliteratur vorgestalteten Interpretation gehen werde. Stattdessen werde ich versuchen, die SCHILLERschen Texte soweit wie möglich aus sich heraus auf meine bildungstheoretische Fragestellung hin zu verstehen. Dabei werde ich dem Vorsatz einer "wohlwollenden Interpretation"[165] folgen, die ihrem zu interpretierenden Objekt eine gleichermaßen sinnvolle wie wahrhaftige Bedeutung unterstellt.

All dies geschieht in dem Bewußtsein, daß über

> "die Einheit eines Zeichens, eines Satzes, eines Textes, einer symbolisch interagierenden Kultur [...] nie definitiv zu urteilen [ist]. Denn diese Einheit bildet sich stets neu im Gebrauch/im Verständnis."[166]

---

164) Brief an KÖRNER vom 10. November 1794. In: SCHILLER, Friedrich: Briefwechsel. Nationalausgabe Bd. 27, Schillers Briefe 1794-1795. Hrsg. von Günter SCHULZ. Weimar 1958, S. 80.
Sämtliche zitierten Texte werden im Rahmen der vorliegenden Arbeit unverändert aus den Vorlagen übernommen. Schreibweisen, die von gegenwärtigen Orthographie- und Inter-punktionsregeln abweichen, werden daher nicht jeweils eigens als solche gekennzeichnet.

165) KÜNNE, Wolfgang: Prinzipien der wohlwollenden Interpretation. In: Intentionalität und Verstehen. Hrsg. vom Forum für Philosophie Bad Homburg. Frankfurt/Main 1990, S. 212.

166) FRANK, Manfred: Die Unhintergehbarkeit von Individualität. Reflexionen über Subjekt, Person und Individuum aus Anlaß ihrer "postmodernen" Toterklärung. Frankfurt/Main 1986, S. 124.

III.2 Dualität und ästhetischer Prozeß in frühen Schriften

Bereits in den frühen theoretischen Schriften SCHILLERs[167] steht der Mensch im Zentrum der gedanklichen Auseinandersetzung. Etliche derjenigen Motive, die erst später in den großen Entwürfen seiner Ästhetik auf ihre ästhetischen, ontologischen und psychologischen Bedingungen und Implikationen hin systematisch von SCHILLER durchdacht werden, finden sich schon hier, wenngleich häufig noch sehr unbeholfen und bloß andiskutiert. Zwei von ihnen, die Auffassung vom Menschen als einem sinnlich-vernünftigen Wesen im Sinne der SCHILLER erst später begegnenden KANTschen Unterscheidung von "mundus intelligibilis" und "mundus sensibilis" sowie die These, daß eine einheitsstiftende Vermittlung dieser beiden Grunddimensionen des Menschseins durch einen ästhetischen Prozeß[168] ermöglicht werden kann, sollen hier wenigstens in aller Kürze skizziert werden. Mit ihnen wird nämlich deutlich, daß das Menschenbild, das innerhalb meiner rekonstruktiven Entfaltung der SCHILLERschen Ästhetik immer konturierter zutage treten wird, durchaus einem auch schon den frühen theoretischen Schriften zugrundeliegenden Leitmotiv entstammt.[169]

---

167) Als theoretisch bezeichne ich alle Schriften SCHILLERs, die nicht entweder Produkt seines künstlerischen Schaffens oder persönliche bzw. geschäftliche Briefe sind. Eine Ausnahme hiervon bilden nur die Kalliasbriefe sowie die Briefe an den Augustenburger, die zwar persönliche Post, darüber hinaus aber gleichzeitig wesentliche theoretische Vorarbeiten zu geplanten Veröffentlichungen sind (vgl. die jeweiligen Vorbemerkungen zu Kap. III.3 und III.5 dieser Arbeit).

168) Wenn ich hier das Sinnen- und Vernunftseite des Menschen vermittelnde Glied in SCHILLERs ästhetischer Anthropologie einen ästhetischen Prozeß nenne, so geschieht dies mit der Absicht, einen Begriff zu finden, der die beiden möglichen Modi eines solchen Prozesses gleichermaßen beinhaltet: Erstens nämlich die Möglichkeit der Vermittlung durch Gegenstände, die als spezifisch ästhetische ausgewiesen werden können. Zweitens aber auch eine Vermittlung, die sich in einem als ästhetisch zu bezeichnenden Geschehen durch den Menschen selbst vollzieht. Beide Modi werden, wie später noch deutlich werden wird, von SCHILLER gedacht.

169) Im Blick auf SCHILLERs frühe Auffassung, daß der Mensch seine sinnlich-vernünftige Dualität in einem einheitsstiftenden Prozeß zwar nicht zu überwinden, aber dennoch ausgeglichen zu leben vermag, sind für die von mir herangezogenen Schriften vor allem Positionen des französischen Rationalismus (besonders DESCARTES) sowie der schottischen Moralphilosophie (besonders FERGUSON

63

III.2.1 "Philosophie der Physiologie" (Erste Dissertation)

In seiner ersten medizinischen Dissertation[170] aus dem Jahre 1779, in der er die "Philosophie der Physiologie"[171] zum Thema macht, schreibt SCHILLER im letzten Paragraphen der erhalten gebliebenen Teile:

> "Meine Seele ist nicht allein ein denkendes; Sie ist auch ein empfindendes Weesen. Diß allein macht sie glüklich. Jenes allein macht sie des leztern fähig. Wir werden sehen, wie genau der Menschenschöpfer Denken an Empfinden gebunden hat."[172]

Deutlich spricht SCHILLER hier seine Auffassung vom Menschen als einem dualen, sowohl denkenden als auch empfindenden Wesen aus. Er begreift damit den Menschen also schon in einer seiner frühesten Schriften als ein Wesen, dessen Existenz sowohl von einer sinnlichen wie von einer geistigen Dimension geprägt ist, und die beide voneinander unterschieden werden müssen. Darüber hinaus zeigt sich aber auch schon eine spezifische Betrachtungsweise des bestehenden Zusammenhangs dieser beiden Exi-

---

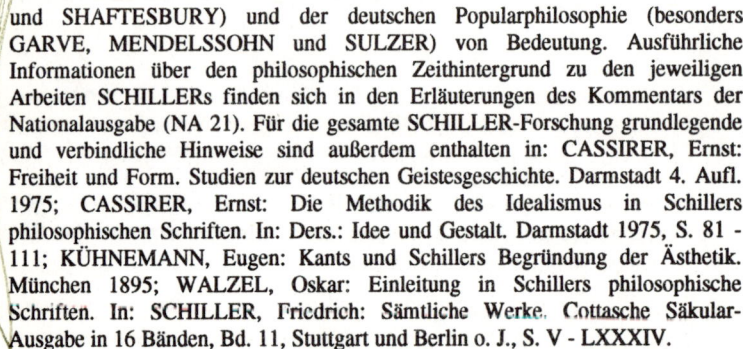

und SHAFTESBURY) und der deutschen Popularphilosophie (besonders GARVE, MENDELSSOHN und SULZER) von Bedeutung. Ausführliche Informationen über den philosophischen Zeithintergrund zu den jeweiligen Arbeiten SCHILLERs finden sich in den Erläuterungen des Kommentars der Nationalausgabe (NA 21). Für die gesamte SCHILLER-Forschung grundlegende und verbindliche Hinweise sind außerdem enthalten in: CASSIRER, Ernst: Freiheit und Form. Studien zur deutschen Geistesgeschichte. Darmstadt 4. Aufl. 1975; CASSIRER, Ernst: Die Methodik des Idealismus in Schillers philosophischen Schriften. In: Ders.: Idee und Gestalt. Darmstadt 1975, S. 81 - 111; KÜHNEMANN, Eugen: Kants und Schillers Begründung der Ästhetik. München 1895; WALZEL, Oskar: Einleitung in Schillers philosophische Schriften. In: SCHILLER, Friedrich: Sämtliche Werke. Cottasche Säkular-Ausgabe in 16 Bänden, Bd. 11, Stuttgart und Berlin o. J., S. V - LXXXIV.

170) SCHILLER studierte in den Jahren seines Aufenthaltes (1773 - 1780) in der Karlsschule in Stuttgart ab Ende 1775 auf Anweisung Karl Eugens, des Herzogs von Württemberg, Medizin. (Vgl. BURSCHELL, Friedrich: Schiller. Hamburg 14. Aufl. 1975, S. 18.)

171) SCHILLER, Friedrich: Philosophie der Physiologie. In: Schillers Werke. Nationalausgabe Bd. 20, unter Mitwirkung von Helmut KOOPMANN hrsg. von Benno von WIESE. Weimar 1962, S.10 - 29. Im folgenden abgekürzt als: Philosophie der Physiologie, NA 20.

172) Philosophie der Physiologie, NA 20, S. 28.

stenzdimensionen, der für SCHILLER offensichtlich in einer notwendigen, dem Schöpfungsplan und also der Natur des Menschen entsprechenden Verbindung von Denken und Empfinden besteht. Wie SCHILLER sich diese Verbindung vorstellt, davon erfährt man in seiner Dissertation noch nichts - vielleicht auch, weil Teile des Textes verlorengegangenen sind. Aber immerhin läßt sich bereits auch hier ein Ansatz zu ihrer Erklärung aufzeigen. Im zweiten Paragraphen heißt es nämlich:

"Es ist wirklich eine Kraft zwischen der Materie (dieser nehmlich, deren Wirkungen vorgestellt werden sollen) und dem Geiste vorhanden. Dise Kraft ist ganz verschieden von der Welt und dem Geist. Ich entferne sie: dahin ist alle Wirkung der Welt auf ihn. Und dannoch ist der Geist noch da. Und dannoch ist der Gegenstand noch da. Ihr Verlust hat einen Riß zwischen Welt und Geist gemacht. Ihr Daseyn lichtet, wekt, belebt alles um ihn - Ich nenne sie **Mittelkraft**."[173]

Der Redeweise vom Denken und Empfinden des Menschen entsprechend wird hier eine Dualität von Geist und Materie konstatiert, die es durch eine "Mittelkraft"[174] (s. o.) im Menschen zu verknüpfen gilt, wenn nicht ein "Riß" (s. o.), ein unversöhnter Bruch zwischen beiden Polen, zum Seinszustand werden soll.

Wenn SCHILLER jetzt auch noch nicht in der Lage ist, einen möglichen Weg zur Überwindung dieser Dualität der menschlichen Existenz angemessen und vor allem systematisierend zu bedenken, so ist dennoch bereits in dieser frühen Arbeit seine grundsätzliche Auffassung einer potentiellen dritten Existenzdimension eindeutig erkennbar, die Sinnlichkeit und Vernunft, Materie und Geist, im Menschen miteinander zu versöhnen imstande ist. Mit diesem Gedanken hat SCHILLER sein Lebensthema formuliert.[175]

---

173) Philosophie der Physiologie, NA 20, S. 13.

174) SCHILLERs Denken speist sich hier bis zur Übernahme einzelner Termini aus Quellen der zu der Zeit gängigen physiologischen Abhandlungen. (Vgl. dazu ausführlicher bei ROCH, Anneliese: Die Personalität in Schillers Theorien und Dramen. Köln 1957, S. 15.)

175) Es wäre eine lohnende Aufgabe, die theoretischen Schriften SCHILLERs auf ihren biographischen Entstehungszusammenhang hin zu interpretieren. Im Rahmen der vorliegenden Arbeit ist dazu jedoch bedauerlicherweise kein Raum.

III.2.2 "Ueber den Zusammenhang der thierischen Natur des Menschen mit seiner geistigen" (Zweite Dissertation)

In der Einleitung zu seiner zweiten Dissertation, in der er "Ueber den Zusammenhang der thierischen Natur des Menschen mit seiner geistigen"[176] arbeitet, weist SCHILLER 1780 nachdrücklich auf die Verbindung der beiden Grunddimensionen menschlicher Existenz im Sinne einer dem Menschen in seiner Wesensart erst gerecht werdenden Weise hin. Er wendet sich dort gleichermaßen gegen philosophische Ansätze, die entweder den sinnlich-leiblichen Pol oder den geistigen Teil im Menschen überhöhen und idealisieren.[177] Die "Mittellinie der Wahrheit"[178] aufzuzeigen, macht sich SCHILLER zum Ziel, da für ihn eine Philosophie, die nicht beide Existenzdimensionen gleichermaßen einbezieht, am Menschen vorbeidenkt. Besonders die gängige Überbewertung der Vernunftseite ist für ihn

"doch nichts mehr als eine schöne Verirrung des Verstandes, ein wirkliches Extremum, das den einen Theil des Menschen allzuenthusiastisch herabwürdigt, und uns in den Rang idealischer Wesen erheben will, ohne uns zugleich unserer Menschlichkeit

---

Interessante Hinweise und Anregungen finden sich hierzu vor allem bei: BLOCH, Ernst: Weimar als Schillers Abbiegung und Höhe. In: Ders.: Die Kunst Schiller zu sprechen und andere literarische Aufsätze. Frankfurt/Main 1969, S. 101 - 127; MANN, Thomas: Versuch über Schiller. Berlin und Frankfurt/Main 1955, bes. S. 11 - 23; SPRANGER, Eduard: Schillers Geistesart, gespiegelt in seinen philosophischen Schriften und Gedichten. In: OELLERS, Norbert [Hrsg.]: Schiller - Zeitgenosse aller Epochen. Dokumente zur Wirkungsgeschichte Schillers in Deutschland. Teil II: 1860 - 1966. München 1976, S. 367 - 384. Einen - in aller Bescheidenheit - mehr psychologischen Deutungsansatz verfolgen CYSARZ, Herbert: Die dichterische Phantasie Friedrich Schillers. Mit einem Anhang über die Elemente der Einbildungskraft. Tübingen 1959 sowie SCHULZ, Günter: Schillers Sicht auf das Unbewußte. In: Ders.: Befragung der Überlieferungen. Erwachsenenbildung aus dem Geiste der Kulturwissenschaften. Bremen 1969, S. 167 - 174.

176) SCHILLER, Friedrich: Ueber den Zusammenhang der thierischen Natur des Menschen mit seiner geistigen. In: Schillers Werke. Nationalausgabe Bd. 20, unter Mitwirkung von Helmut KOOPMANN hrsg. von Benno von WIESE. Weimar 1962, S. 40 - 75. Im folgenden abgekürzt als: Zusammenhang von tierischer und geistiger Natur, NA 20.

177) Vgl. Zusammenhang von tierischer und geistiger Natur, NA 20, S. 40f.

178) Zusammenhang von tierischer und geistiger Natur, NA 20, S. 40.

zu entladen; ein System, das allem, was wir von der Evolution des einzelnen Menschen und des gesammten Geschlechts historisch wissen und philosophisch erklären können, schnurgerade zuwiderläuft, und sich durchaus nicht mit der Eingeschränktheit der menschlichen Seele verträgt."[179]

Sowohl die Sinnlichkeit als auch die Vernunft sind SCHILLER zufolge also zu berücksichtigen, wenn man über den Menschen nachdenken will.

Besonders interessant ist an dieser frühen Suche nach einer den Menschen als ganzen berücksichtigenden Philosophie eine die Vermittlung der beiden Pole betreffende Denkfigur SCHILLERs, die in der Fachliteratur wiederholt einem sehr viel später angeblich erfolgenden Einfluß FICHTEs zugeschrieben wird.[180] Hinsichtlich ihrer späteren systematischen Entfaltung war FICHTE eindeutig ein wesentlicher Dialogpartner für SCHILLER[181]; doch im Grundansatz hat SCHILLER sie bereits gedacht, noch lange bevor er FICHTE überhaupt kennen konnte. So heißt es nämlich bei ihm:

"Alle Anstalten, die wir in der sittlichen und körperlichen Welt zur Vollkommenheit des Menschen gewahrnehmen, scheinen sich zuletzt in den Elementarsaz zu vereinigen: Vollkommenheit des Menschen ligt in der Uebung seiner Kräfte durch Betrachtung des Weltplans; und da zwischen dem Maase der Kraft, und dem Zwek, auf den sie wirket, die genaueste Harmonie seyn muß, so wird Vollkommenheit in der höchstmöglichen Thätigkeit seiner Kräfte, und ihrer wechselseitigen Unterordnung bestehen. Aber die Thätigkeit der menschlichen Seele ist - aus einer Nothwendigkeit, die ich noch nicht erkenne, und auf eine Art, die ich noch nicht begreiffe - an die Thätigkeit der Materie gebunden."[182]

---

179) Zusammenhang von tierischer und geistiger Natur, NA 20, S. 40.

180) Weitere Hinweise hierzu finden sich in Kap. III.5.3 dieser Arbeit.

181) Auch hierüber mehr ebd.

182) Zusammenhang von tierischer und geistiger Natur, NA 20, S. 41f.

Sinnliches und geistiges Potential werden von SCHILLER also schon 1780 als "Kräfte" (s. o.) bezeichnet, deren Ausgleich mittels eines dialektischen Verhältnisses zueinander, nämlich ihrer "wechselseitigen Unterordnung" (s. o.) zu erzielen ist. Der FICHTEschen Philosophie, mit ihrem zentralen Gedanken der Wechselbestimmung von unendlichem und endlichem Ich des Menschen, kann damit unmöglich die Bedeutung eines völlig neuen Zugriffs SCHILLERs auf die Frage nach dem Menschen zugestanden werden.[183]

III.2.3 "Was kann eine gute stehende Schaubühne eigentlich wirken?"

Der Gedanke der dualen Verfaßtheit, der gemischten Natur des Menschen, wird in dem 1784 gehaltenen Vortrag SCHILLERs unter dem Titel "Was kann eine gute stehende Schaubühne eigentlich wirken?"[184] mit der Idee einer ästhetischen Erziehung des Menschen verknüpft. Das Mittelglied zwischen Sinnlichkeit und Vernunft ist nicht mehr länger bloß wirkende Kraft, sondern wird jetzt zu einem Potential, das durch Kunst - in diesem Fall das Theater - beeinflußt und gefördert werden kann.[185] Interessanterweise stellt SCHILLER diesen Gedanken bereits hier in den Rahmen einer ersten Entfremdungskritik:

---

183) Auch jenseits dieses eindeutig vor einem möglichen Einfluß FICHTEs auf SCHILLER liegenden Gedankens eines wechselseitigen Verhältnisses von Vernunft und Sinnlichkeit, stimme ich in meiner Auffassung, was den Einfluß anderer Denker und deren Ansätze auf SCHILLER betrifft, grundsätzlich mit William WITTE überein, der treffend formuliert: "Bei einem so starken und selbständigen Geist wie Schiller ist ein 'Einfluß' grundsätzlich nur in einem dialektischen Sinn denkbar; nicht als ein passiv-einseitiges Aufnehmen, sondern als aktive Auseinandersetzung." (WITTE, William: Der Einfluß der britischen Ästhetik auf Schiller. In: BERGHAHN, Klaus L. [Hrsg.]: Friedrich Schiller zur Geschichtlichkeit seines Werkes. Kronberg/Ts. 1975, S. 317.)

184) SCHILLER, Friedrich: Was kann eine gute stehende Schaubühne eigentlich wirken? In: Schillers Werke. Nationalausgabe Bd. 20, unter Mitwirkung von Helmut KOOPMANN hrsg. von Benno von WIESE. Weimar 1962, S. 87 - 100. Im folgenden abgekürzt als: Schaubühne, NA 20.

185) Vgl. Schaubühne, NA 20, S. 88, 90, 94 und 97.

"Erschöpft von den höhern Anstrengungen des Geistes, ermat-
tet von den einförmigen, oft niederdrückenden Geschäften des
Berufs, und von Sinnlichkeit gesättigt, mußte der Mensch eine
Leerheit in seinem Wesen fühlen, die dem ewigen Trieb nach
Thätigkeit zuwider war. Unsre Natur, gleich unfähig, länger im
Zustand des Thiers fortzudauren, als die feinern Arbeiten des
Verstands fortzusezen, verlangte einen mittleren Zustand, der
beide widersprechenden Enden vereinigte, die harte Spannung zu
sanfter Harmonie herabstimmte, und den wechselsweisen
Uebergang eines Zustands in den andern erleichterte. Diesen
Nuzen leistet überhaupt nun der ästhetische Sinn, oder das
Gefühl für das Schöne."[186]

Weder eine Überbeanspruchung des sinnlichen noch des vernünftigen
Anteils im Menschen hält SCHILLER für förderlich. Beides wird von ihm
aber als die gegenwärtig bestehende gesellschaftliche Wirklichkeit, der das
Individuum ausgesetzt ist, beschrieben. Deren angestrebte Überwindung
durch ein "Gefühl für das Schöne" (s. o.) trägt hier noch medizinisch-kom-
pensatorische Züge im Sinne einer Funktionswiederherstellung durch
Verabreichung eines probaten Mittels, in diesem Falle die Kunst. Die poli-
tische Forderung nach Beseitigung dieser Verhältnisse oder gar nach einer
Veränderung des gesamten Staatswesens wird noch nicht ausgesprochen.
Dennoch ist hier zugleich schon der Grundstein zu einem Denkmodell ge-
legt, in dem ein ästhetischer Prozeß die Versöhnung beider
Existenzdimensionen ermöglichen soll und kann.[187]

---

186) Schaubühne, NA 20, S. 90. Damit hat SCHILLER bereits das Grundmotiv seiner
umfassenden Kulturktitik von 1793/94 vorformuliert. (Vgl. auch weiter unten,
Kap. III.5 dieser Arbeit.)

187) Zu einer der oben erwähnten Fehleinschätzung des Einflusses FICHTEs auf
SCHILLER ganz ähnlichen Beurteilung kommt Cora Lee PRICE hinsichtlich der
Eigenständigkeit des Gedankens eines Ausgleichs von sinnlichem und geistigem
Potential in einem ästhetischen Prozeß. Sie unterstellt SCHILLER indirekt - denn
beweisen kann sie es nicht, wie sie selbst sagt - die Übernahme der
HUMBOLDTschen Denkfigur einer Sittlichkeit des Menschen, die aus dem
Zusammenspiel dessen sinnlicher und vernünftiger Dimension entspringt. (Vgl.
PRICE, Cora Lee: Wilhelm von Humboldt und Schillers "Briefe über die
ästhetische Erziehung des Menschen". In: Jahrbücher der deutschen
Schillergesellschaft 11 (1967), S. 358 - 373, bes. S. 363 - 365.) Daß dieser
Gedanke bei SCHILLER schon sehr früh grundlegend war, wird mit der
Ausblendung der frühen Texte gar nicht mehr wahrgenommen. So kommt es denn

"Die Schaubühne ist die Stiftung, wo sich Vergnügen mit Unterricht, Ruhe mit Anstrengung, Kurzweil mit Bildung gattet, wo keine Kraft der Seele zum Nachtheil der andern gespannt, kein Vergnügen auf Unkosten des Ganzen genoßen wird."[188]

Im Genuß der Schauspielkunst werden wir "uns selbst wieder gegeben, unsre Empfindung erwacht, heilsame Leidenschaften erschüttern unsre schlummernde Natur, und treiben das Blut in frischeren Wallungen."[189] Im Bereich der Kunst, die insofern also noch funktional, noch nicht Selbstzweck, ist, sieht SCHILLER die Möglichkeit einer ganzheitlichen Vollendung des Menschen, in der er überhaupt erst wirklich Mensch werden kann, denn "seine Brust giebt jezt nur **Einer** Empfindung Raum - es ist diese: ein **Mensch** zu seyn."[190]

III.2.4 "Philosophische Briefe"

Als letzte aus den frühen Schriften seien hier noch SCHILLERs "Philosophische Briefe"[191] erwähnt. Sie sind der im Grunde Fragment gebliebene Ansatz eines fingierten Briefwechsels zweier Freunde, Julius und Raphael, den SCHILLER im Austausch mit seinem Freund Gottfried KÖRNER fortzusetzen gedachte. Ihr Entstehungszeitraum ist zwar nicht eindeutig zu benennen, doch sind sie 1786 zum erstenmal veröffentlicht worden. Drei Jahre danach erschien noch ein zweiter Brief des Raphael, der

---

auch zu der verstiegenen Aussage, daß SCHILLER erst durch den Einfluß HUMBOLDTs den Schritt "zur Idee der ästhetischen Erziehung" hätte machen können (PRICE, Cora Lee: a.a.O., S. 367).

188) Schaubühne, NA 20, S. 100.

189) Schaubühne, NA 20, S. 100.

190) Schaubühne, NA 20, S. 100.

191) SCHILLER, Friedrich: Philosophische Briefe. In: Schillers Werke. Nationalausgabe Bd. 20, unter Mitwirkung von Helmut KOOPMANN hrsg. von Benno von WIESE. Weimar 1962, S. 107 - 129. Im folgenden abgekürzt als: Philosophische Briefe, NA 20.

aber nicht von SCHILLER sondern von KÖRNER abgefaßt worden war und mit dem das Projekt offen endete.[192]

Soweit die Briefe als von SCHILLER verfaßt gelten, ist für den vorliegenden Arbeitszusammenhang nur folgender Inhalt erwähnenswert: Wie in den drei oben besprochenen Schriften macht SCHILLER auch hier die gemischte Natur des Menschen zum Ausgangspunkt seiner Überlegungen. Doch die menschliche Bipolarität wird sehr viel nachdrücklicher als dort als leidvolle Erfahrung des einzelnen Subjekts beschrieben. So läßt SCHILLER den Julius etwa schreiben:

"unglückseliger Widerspruch der Natur - dieser freie emporstrebende Geist ist in das starre unwandelbare Uhrwerk eines sterblichen Körpers geflochten, mit seinen kleinen Bedürfnissen vermengt, an seine kleinen Schiksale angejocht - dieser Gott ist in eine Welt von Würmern verwiesen."[193]

Im Unterschied zu den von mir vorher genannten Schriften unterliegt dieser Position ein eindeutiges Bedürfnis nach geistigem Streben, nach Vervollkommnung des vernünftigen Anteils im Menschen, was die im Kommentarteil der Nationalausgabe ausgesprochene Vermutung unterstützt, daß Teile dieser Briefe schon sehr früh, vielleicht sogar noch in der Karlsschulzeit, entstanden sind.[194] Die tierische, sinnlich-leibliche Dimension wird hier noch als Hindernis für die Entfaltung eines geistig-göttlichen Teils aufgefaßt und SCHILLER fällt - vom Zeitpunkt der Veröffentlichung aus betrachtet - insofern hinter den Gedanken des Ausgleichs beider Pole zugunsten eines ganzheitlichen Menschseins zurück.

Sonderlich erwähnenswert ist diese Passage für sich genommen also nicht. Doch sie erhält eine nicht geringe Bedeutung durch den Antwortbrief, den SCHILLER von Raphael an Julius schreiben läßt. Darin heißt es nämlich: "Du hast eine Krankheit zu überstehen, von der du nur allein durch dich selbst vollkommen genesen kannst, um vor jedem Rükfall

---

192) Eingehendere Informationen zum Entstehungszusammenhang sowie der Wortlaut des KÖRNERschen Raphaelbriefes finden sich im Kommentar der Nationalausgabe, NA 21, S. 151 - 162.

193) Philosophische Briefe, NA 20, S. 112.

194) Vgl. dazu den Kommentar, NA 21, S. 151.

sicher zu sein."[195] Die Argumentation ist hier eine psychohygienische:
Zwar ist nirgends in den "Philosophische[n] Briefe[n]" davon die Rede, daß
der Riß durch den Menschen durch einen spezifisch ästhetischen Prozeß
zu überwinden wäre, doch wird hier dafür die in Aussicht gestellte Heilung
des Leidens an der Dualität zum erstenmal von SCHILLER als ein Prozeß
angesprochen, **der sich ausschließlich im und durch das von Natur aus
dichotome Subjekt vollziehen kann.** Von SCHILLER wird also bereits
sehr früh die in Aussicht gestellte Ganzheit des Menschen als ein vom
Subjekt zu vollbringender Akt, mithin als ein Bildungsprozeß[196], beschrieben. Damit hat er einen Gedanken gefaßt, der zur Grundlage seiner sämtlichen weiteren Bemühungen um eine mögliche ästhetische Erziehung werden wird.

III.3 Die schöne Freiheit in den Kalliasbriefen

Etwa dreieinhalb Jahre nach der Veröffentlichung des zweiten
Raphaelbriefes berichtet SCHILLER im Winter 1792/93 KÖRNER von
dem Plan, den Nachweis eines "objektiven Begriff[s] des Schönen" in einem fiktiven Gespräch zu erbringen, das er unter dem Titel "**Kallias, oder
über die Schönheit**, auf die kommenden Ostern herausgeben" will.[197] Er

---

195) Philosophische Briefe, NA 20, S. 113.

196) Anneliese ROCH unterläuft in diesem Zusammenhang ein schwerwiegender
Interpretationsfehler, indem sie eine Passage des KÖRNERschen (!)
Raphaelbriefes als ein SCHILLERsches "Bildungsideal, das im eigenen
schöpferischen Tun das Ziel bzw. das bestimmende Moment des
Bildungsbemühens sieht", deutet. (ROCH, Anneliese: Die Personalität in Schillers
Theorien und Dramen. Köln 1957, S. 25.)

197) SCHILLERs Brief vom 21. Dezember 1792 an KÖRNER. (In: BERGHAHN,
Klaus L. [Hrsg.]: Briefwechsel zwischen Schiller und Körner. München 1973, S.
150.) Da SCHILLERs Briefe aus der Zeit vom 18. 2. 1790 bis zum 17. 5. 1794 im
Rahmen der Nationalausgabe bislang nicht erschienen sind, bin ich gezwungen,
mich auf eine andere Ausgabe zu stützen. Meine Wahl fiel auf diejenige
BERGHAHNs, da in ihr auch KÖRNERs Briefe an SCHILLER aufgenommen
wurden. In dieselbe Phase SCHILLERs Schriftwechsels fallen auch die
sogenannten Kalliasbriefe. Zu ihnen werden von der Sekundärliteratur einmütig
diejenigen Briefe SCHILLERs an Gottfried KÖRNER gezählt, die am 25. Januar,
8., 18., 23. und 28. Februar 1793 verfaßt worden sind (Vgl. NA 21, S. 170). Sie
wurden erstmals im Jahre 1847, also 42 Jahre nach dem Tode SCHILLERs im
Rahmen des herausgegebenen Briefwechsels zwischen SCHILLER und KÖRNER
veröffentlicht. In der vorliegenden Arbeit werden sie aus den oben genannten

entschließt sich zu diesem Vorhaben nach Jahren einer zunehmend intensiveren Auseinandersetzung mit Grundfragen und -positionen der Ästhetik seiner Zeit.[198] So sind ihm nach eigenen Angaben inzwischen Schriften von **"Burke, Sulzer, Webb, Mengs, Winckelmann, Home, Batteux, Wood [und] Mendelssohn"** geläufig.[199] Von WILPERT ergänzt diese Hinweise um ARISTOTELES, REINHOLD, VOLTAIRE, DIDEROT und MIRABEAU[200], während im Kommentarband zur Nationalausgabe außerdem noch LESSING[201] als maßgeblicher Autor aufgeführt wird. Darüber hinaus spricht SCHILLER selbst zumindest von dem Plan einer Auseinandersetzung mit LOCKE, LEIBNIZ und BAUMGARTEN.[202]

Die bedeutenste Lektüre in dieser Zeit sind jedoch für ihn zweifellos die drei Kritiken KANTs.[203] In einem Brief vom 1. Januar 1792 schreibt er an KÖRNER:

"Ich treibe jetzt mit großem Eifer **Kantische** Philosophie und gäbe viel darum, wenn ich jeden Abend mit Dir darüber verplaudern könnte. Mein Entschluß ist unwiderruflich gefaßt, sie nicht eher zu verlassen, bis ich sie ergründet habe, wenn mich dieses

---

Gründen nach der schon aufgeführten Ausgabe von BERGHAHN zitiert. Im folgenden werden sie abgekürzt als: Kalliasbriefe.

198) SCHILLER hielt im Rahmen seiner Professur an der Universtät Jena unter anderem auch ein Kolleg über Ästhetik. (Vgl. dazu auch den Kommentar der Nationalausgabe, NA 21, S. 383.)

199) SCHILLERs Brief vom 11. Januar 1793 an KÖRNER. (In: BERGHAHN, Klaus L. [Hrsg.]: Briefwechsel zwischen Schiller und Körner. München 1973, S. 153.)

200) Vgl. WILPERT, Gero von: Schiller-Chronik. Stuttgart 1958, S. 137, 152 und 156f.

201) Vgl. NA 21, S. 172. Desgleichen bei SZONDI, Peter: Das Naive ist das Sentimentalische. Zur Begriffsdialektik in Schillers Abhandlung. In: Euphorion 66 (1972), S. 174 - 206, bes. S. 203.

202) Vgl. SCHILLERs Briefe vom 1. Januar und 25. Mai 1792 an KÖRNER. (In: BERGHAHN, Klaus L. [Hrsg.]: Briefwechsel zwischen Schiller und Körner. München 1973, S. 144 und 147.)

203) Vgl. WILPERT, Gero von: Schiller-Chronik. Stuttgart 1958, S. 144, 150 und 151.

auch 3 Jahre kosten könnte. Übrigens habe ich mir schon sehr vieles daraus genommen und in mein Eigentum verwandelt."[204]

Und im Oktober desselben Jahres heißt es:

"Jetzt stecke ich bis an die Ohren in **Kants** Urteilskraft. Ich werde nicht ruhen, bis ich diese Materie durchdrungen habe, und sie unter meinen Händen etwas geworden ist."[205]

SCHILLER findet bei KANT ein System des menschlichen Erkenntnis-bzw. Urteilsvermögens vor, mit dessen Hilfe er seine bis dahin gewonnenen Einsichten über den Menschen neu reflektieren kann. KANTs systematische Entfaltung des Ästhetischen als mittlere und vermittelnde Instanz von Sinnlichkeit und Vernunft muß SCHILLER geradewegs begeistern[206], wenngleich er sich - wie noch zu zeigen sein wird - im Telos dieses Gedankens stark von KANT unterscheidet. KANT wird so zu einem der für SCHILLERs ästhetische Anthropologie maßgeblichen Denker. Der Kerngehalt dessen Arbeiten ist für SCHILLER eindeutig die Betonung des aufklärerischen Selbstbestimmungspostulats als systematisch notwendig zu fordernde Aufgabe einer sittlichen Existenz des Menschen. Er muß daher auch durchaus als KANTianer gelten, wenn er schreibt:

"Es ist gewiß von keinem sterblichen Menschen kein größeres Wort noch gesprochen worden, als dieses Kantische, was zugleich der Inhalt seiner ganzen Philosophie ist: Bestimme Dich aus Dir selbst; sowie das in der theoretischen Philosophie: Die Natur steht unter dem Verstandesgesetze."[207]

Doch indem SCHILLER im unmittelbar folgenden Satz hinzufügt: "Diese große Idee der Selbstbestimmung strahlt uns aus gewissen Erscheinungen in der Natur zurück, und diese nennen wir Schönheit."[208],

---

204) SCHILLERs Brief vom 1. Januar 1792 an KÖRNER. (In: BERGHAHN, Klaus L. [Hrsg.]: Briefwechsel zwischen Schiller und Körner. München 1973, S. 143f.)

205) SCHILLERs Brief vom 15. Oktober 1792 an KÖRNER. (In: BERGHAHN, Klaus L. [Hrsg.]: a.a.O., S. 150.)

206) Vgl. hierzu besonders BUCK, Günther: Rückwege aus der Entfremdung. München und Paderborn 1984, S. 173f und 190f.

207) Kalliasbriefe, S. 167.

208) Kalliasbriefe, S. 167.

wird schon seine Transformation des Selbstbestimmungspostulats auf schöne Gegenstände erkennbar, die - wie im Verlauf dieser Arbeit deutlich werden wird - in einem über KANT hinausführenden spezifisch ästhetischen Verständnis menschlichen Seins münden wird.

Der Plan einer Ausführung des KÖRNER gegenüber angekündigten Disputs über Ästhetik wird niemals realisiert. Was heute in der Literatur gewöhnlich als Kalliasbriefe[209] bezeichnet wird, sind Briefe, in denen SCHILLER KÖRNER den aktuellen Stand seiner Auseinandersetzung mit der zeitgenössischen Philosophie mitteilt. Bereits an ihnen wird sich erweisen, wie sehr SCHILLER daran gelegen ist, eine eigene Ästhetik zu entwickeln, in der er seinen in den frühen theoretischen Schriften gewonnenen Standpunkt der grundsätzlichen Dualität des Menschen[210] und deren mögliche, die sinnliche wie die vernünftige Existenzdimension gleichermaßen bewahrende, dialektische Aufhebung in einem spezifisch ästhetischen Prozeß systematisch begründen kann.

Doch bevor ich mich nun der rekonstruktiven Interpretation dieses ersten wirklich systematischen[211] Versuchs widme, will ich zuvor noch auf einen zweiten Punkt aufmerksam machen, der für SCHILLER ebenfalls eine Basis seiner Überlegungen war und der immer dann zu Kritik an SCHILLER[212] führte, wenn er übersehen wurde:

Wie schon eingangs erwähnt, wollte SCHILLER zunächst einen Schönheitsbegriff entwickeln, dem allein objektive Vernunftkriterien zu-

---

209) Vgl. oben, Fußnote 197.

210) Vgl. dazu Kap. III.2 der vorliegenden Arbeit.

211) Manche der in den Kalliasbriefen gewonnenen Aussagen treten auch schon in vorhergehenden kleineren Schriften zur Ästhetik in den Vordergrund, werden dort aber nicht systematisch entwickelt. (Vgl. etwa Arbeiten wie "Ueber den Grund des Vergnügens an tragischen Gegenständen", "Zerstreute Betrachtungen über verschiedene ästhetische Gegenstände", "Gedanken über den Gebrauch des Gemeinen und Niedrigen in der Kunst", SCHILLERs Rezension der BÜRGERschen Gedichte oder auch die Mitschrift zur Vorlesung über Ästhetik. Sämtliche der angeführten Texte finden sich in den beiden von mir benutzten und schon mehrfach angegebenen Bänden 20 und 21 der SCHILLER-Nationalausgabe.)

212) Mehr hierzu im Verlauf dieser Arbeit.

grunde liegen. Doch gleich im ersten Kalliasbrief schreibt er dieses Vorhaben korrigierend:

"Die Schwierigkeit, einen Begriff der Schönheit objektiv aufzustellen und ihn aus der Natur der Vernunft völlig a priori zu legitimieren, so daß die Erfahrung ihn zwar durchaus bestätigt, aber daß er diesen Ausspruch der Erfahrung zu seiner Gültigkeit gar nicht nötig hat, diese Schwierigkeit ist fast unübergehbar. Ich habe wirklich eine Deduktion meines Begriffs vom Schönen versucht, aber es ist ohne das Zeugnis der Erfahrung nicht auszukommen."[213]

SCHILLER beginnt diese Briefe also mit einer wesentlichen Neubestimmung seines Ziels. Er modifiziert die Entfaltung seiner Ästhetik von vornherein in der Weise, daß er jetzt einen Schönheitsbegriff aufzuzeigen gedenkt, der - in Abgrenzung zu den gängigen Schönheitstheorien - sinnliche **und** vernünftige Elemente enthält. So schreibt er im selben Brief weiter:

"Es ist interessant zu bemerken, daß meine Theorie eine vierte mögliche Form ist, das Schöne zu erklären. Entweder man erklärt es objektiv, oder subjektiv; und zwar entweder sinnlich-subjektiv (wie **Burke** u. a.), oder subjektiv-rational (wie **Kant**), oder rational-objektiv (wie **Baumgarten, Mendelssohn** und die ganze Schar der Vollkommenheitsmänner), oder endlich sinnlich-objektiv: ein Terminus, wobei Du Dir freilich jetzt noch nicht viel wirst denken können, außer wenn Du die 3 anderen Formen miteinander vergleichst."[214]

Damit strebt SCHILLER also spätestens ab Ende Januar 1793 die systematische Entfaltung eines Schönheitsbegriffs an, der von der ursprünglich dualen Struktur (Sinnlichkeit - Vernunft, Materialität - Geistigkeit) seines Menschenbildes ausgeht. Die Folge dieser Bemühungen wird eine Auffassung des Schönen sein, bei dem, wie HENRICH es feinsinnig formuliert, die objektiven Anteile des ästhetischen Urteils zwar "keine im na-

---

213) Kalliasbriefe, S. 153.

214) Kalliasbriefe, S. 153f.

türlichen Gegenstande begründete[n]" sein können, bei dem aber die erkenntnisgerichtete "Intention des Subjekts [...] eine objektive" ist.[215]

Diese spezifische Differenz zwischen SCHILLERs Ästhetikverständnis und den im Zitat aufgeführten Positionen ist in der Sekundärliteratur immer wieder ausführlich aufgearbeitet worden, wobei der Unterscheidung SCHILLERs von KANT mit Recht die größte Aufmerksamkeit gewidmet wurde und wird. Da die Bedeutung der Position KANTs für SCHILLER von mir an einer für das Verständnis der SCHILLERschen Argumentation zentralen Stelle (siehe Kap. III.3.2) erläutert werden wird, soll hier nur kurz auf SCHILLERs Abgrenzung zum Sensualismus und Rationalismus Bezug genommen werden:

Die sensualistische Ästhetik, wie sie SCHILLER etwa durch die Philosophie BURKEs, aber auch durch diejenige LOCKEs und HUMEs bekannt war, speist sich aus dem zentralen Gedanken, daß ästhetische Urteile - wie jede Erkenntnis überhaupt - Gefühle zum Beurteilungsgrund haben. Daher wird nach BURKE ein Gegenstand von einem Rezipienten nur dann als schön beurteilt, wenn durch ihn im Betrachter die Empfindung des Schönen ausgelöst wird. Das Subjekt ist in seiner Beurteilung eines Objekts also durch dessen Qualität gefühlsmäßig affiziert, Erkenntnis in diesem Sinne wird in einem rein sensualen Prozeß gewonnen. SCHILLER distanziert sich hier von dieser ästhetischen Theorie, da sie ihm in ihrer Ausschließlichkeit bei BURKE zur Erfassung des Phänomens des ästhetischen Urteilens nicht ausreichend erscheint. Wohl aber liefert sie ihm, wie noch gezeigt werden wird, mit dem Gedanken einer auf das urteilende Subjekt wirkenden Objektqualität zugleich auch einen wichtigen Baustein zu seiner eigenen Auffassung des ästhetischen Urteilens.[216]

---

215) HENRICH, Dieter: Der Begriff der Schönheit in Schillers Ästhetik. In: Zeitschrift für philosophische Forschung XI, 4 (1957), S. 537.

216) Vgl. zur Wirkung des BURKEschen Sensualismus auf SCHILLER: LATZEL, Sigbert: Die ästhetische Vernunft. Bemerkungen zu Schillers "Kallias" mit Bezug auf die Ästhetik des 18. Jahrhunderts. In: BERGHAHN, Klaus L. [Hrsg.]: Friedrich Schiller - zur Geschichtlichkeit seines Werkes. Kronberg/Ts. 1975, S. 241 - 252. STRUBE, Werner: Burkes und Kants Theorie des Schönen. In: Kant-Studien 73 (1982), S. 53 - 62. WITTE, William: Der Einfluß der britischen Ästhetik auf Schiller. In: BERGHAHN, Klaus L. [Hrsg.]: Friedrich Schiller - zur Geschichtlichkeit seines Werkes. Kronberg/Ts. 1975, S. 309 - 320.

Die ausschließlich rationalistische Ästhetik, als deren Begründer vor allem BAUMGARTEN gilt, greift für Schiller als Erklärung des Schönen ebenfalls zu kurz. Sie ist insofern das genaue Gegenstück zur sensualistischen Ästhetik, als sie dem ästhetischen Urteil einen rein rationalen, mithin rein begrifflichen Erkenntnisprozeß zugrunde legt. BAUMGARTEN spricht von der ästhetischen Philosophie daher auch konsequenterweise als einer "ars pulchre cogitandi", von einer Kunst also, schön zu denken.[217] Nach dieser Theorie urteilt das Subjekt aufgrund seines Verstandespotentials über ein als schön zu beurteilendes Objekt völlig unabhängig von seinen Gefühlen, weshalb das ästhetische Urteil auch als rein objektive Gegenstandserkenntnis gewertet wird. Auch hier gilt, was ich bereits über SCHILLERs Verhältnis zum Sensualismus gesagt habe: SCHILLER distanziert sich zwar von der von BAUMGARTEN vorgebrachten Ausschließlichkeit einer rein rationalen Erkenntnisweise des Schönen, nimmt aber auch hier - wie noch deutlich werden wird - Elemente davon in seine eigenen Überlegungen mit auf.[218]

III.3.1 Schönheit ist Freiheit in der Erscheinung

Das zentrale Anliegen der Kalliasbriefe ist die Klärung der Frage, ob es ein allgemeingültiges Prinzip für Geschmacksurteile gibt, ob sich also Angaben machen lassen, aufgrund welcher regelhaften Bedingungen ein Mensch einen von ihm wahrgenommenen Gegenstand als schön beurteilt. Mit der Nennung dieser Fragestellung sind bereits die beiden Bereiche angesprochen, die SCHILLER zu bearbeiten hat, wenn er hierauf eine

---

217) Vgl. GADAMER, Hans-Georg: Die Aktualität des Schönen. Kunst als Spiel, Symbol und Fest. Stuttgart 1977, S. 22.

218) Vgl. hierzu noch einmal LATZEL, Sigbert: Die ästhetische Vernunft. Bemerkungen zu Schillers "Kallias" mit Bezug auf die Ästhetik des 18. Jahrhunderts. In: BERGHAHN, Klaus L. [Hrsg.]: Friedrich Schiller - zur Geschichtlichkeit seines Werkes. Kronberg/Ts. 1975, S. 241 - 252. Vgl. außerdem PAETZOLD, Heinz: Ästhetik des deutschen Idealismus. Zur Idee ästhetischer Rationalität bei Baumgarten, Kant, Schelling, Hegel und Schopenhauer. Wiesbaden 1983, S. 8 - 54. SCHEIBLE, Hartmut: Wahrheit und Subjekt. Ästhetik im bürgerlichen Zeitalter. Reinbek 1988, S. 72 - 97. Vgl. darüber hinaus auch die verschiedenen Kapitel zu den von SCHILLER angeführten Ästhetikern bei HART NIBBRIG, Christiaan L.: Ästhetik. Materialien zu ihrer Geschichte. Frankfurt/Main 1978.

Antwort sucht: Erstens die subjektiven Bedingungen sinnlicher Wahrnehmung des Menschen einschließlich der geistigen Verarbeitung der auf diesem Weg erfahrenen Welt und zweitens die objektive (im Sinne von: einem Objekt eigene) Verfaßtheit eines Gegenstandes, der sinnlich wahrgenommen, geistig bearbeitet und infolgedessen als schön beurteilt wird. Zwar ist der Versuch, diese beiden Seiten als Grundmomente einer erkenntnistheoretischen Gesetzmäßigkeit im Fällen ästhetischer Urteile aufzuzeigen, äußerst heikel, da - wie von KANT überzeugend dargelegt worden war - die Welterkenntnis des Menschen schon immer von dessen subjektiver Erkenntnisfähigkeit abhängig ist. Dennoch wagt SCHILLER sich an den Entwurf einer in diesem Sinne sinnlich-objektiven Ästhetik.

Zur Erhellung des ersten Bereichs, den subjektiven Bedingungen von Welterkenntnis, strebt SCHILLER zunächst eine ganz allgemeine Unterscheidung von theoretischer und praktischer Vernunft sowie die Darstellung deren beider Verfahrensweisen an. Als Ausgangspunkt dient ihm dazu die grundlegende Differenzierung dreier möglicher Verhaltensweisen des Menschen im Umgang mit der ihn umgebenden und von ihm sinnlich wahrnehmbaren Welt, wobei SCHILLER aber - statt von Welt - von Naturerscheinungen spricht:

> "Wir verhalten uns gegen die **Natur** (als Erscheinung) entweder **leidend** oder **tätig**, oder leidend und tätig zugleich. **Leidend**: wenn wir ihre Wirkungen bloß **empfinden**; **tätig**: wenn **wir** ihre Wirkungen bestimmen; beides zugleich, wenn wir sie uns **vorstellen**."[219]

Zwei Grundverhältnisse des Menschen zu seiner ihn umgebenden Welt sind demnach für SCHILLER denkbar: ein passiv-empfangendes und ein aktiv-gestaltendes. Erst das passive Prinzip (die Fähigkeit zu reiner Perzeption) ermöglicht, daß uns die Welt überhaupt erscheint. Das aktive (das geistige Potential) gewährleistet hingegen die Möglichkeit eines Bewußtseins von ihr. Wenn der Mensch zu einer Vorstellung von der Welt gelangt, wirken aber immer beide Prinzipien gleichzeitig zusammen. Denn dann nimmt er einerseits die für sich daseiende Welt via sinnliche

---

219) Kalliasbriefe, S. 158.

Eindrücke in sich auf, macht sich andererseits aber zugleich ein Bild (eine Vorstellung) über ihr Sosein und erhält dadurch sein Wissen von der Welt.

In einem nächsten Schritt unterscheidet SCHILLER zwei verschiedene Möglichkeiten, wie dieses Wissen von der Welt gewonnen werden kann:

> "Es gibt zweierlei Arten sich die Erscheinungen vorzustellen. Entweder wir sind mit Absicht auf ihre Erkenntnis gerichtet, wir **beobachten** sie; oder wir lassen uns von den Dingen selbst zu ihrer Vorstellung einladen: wir **betrachten** sie bloß."[220]

Beobachtung mit intendiertem Erkenntnisinteresse und bloße Betrachtung sind also die Vorstellungsarten, die dem Menschen im Blick auf die Welt zur Verfügung stehen. SCHILLERs Ausführungen über das Fertigen einer Vorstellung zufolge, ist der Mensch in beiden sowohl ein Eindrücke empfangendes als auch ein seine Eindrücke bestimmendes, gestaltendes Wesen.

Bei dem Vorgang des Beobachtens versteht es sich für SCHILLER von selbst, daß passive Eindrücke geistig aktiv zu Erkenntnissen verknüpft werden. Denn eine gezielte Beobachtung von Erscheinungen hat von vornherein ein Erkenntnisinteresse zur Grundlage, ist also grundsätzlich von geistiger Aktivität geleitet und geprägt. So erwähnt er hier zwar diese Art von Erkenntnistätigkeit, läßt sie aber vorläufig unerörtert.

Seine implizit mitgelieferte These[221] hingegen, daß die Struktur des "Wahrnehmungen mittels geistiger Aktivität zu Vorstellungen Formens" auch der Betrachtung, also dem nicht absichtlichen Gewinn von Vorstellungen über die Welt zugrunde liege, schlüsselt er noch einmal gesondert auf:

> "Bei **Betrachtung** der Erscheinung verhalten wir uns **leidend**, indem wir ihre Eindrücke empfangen; **tätig**, indem wir diese Eindrücke unseren **Vernunftsformen** unterwerfen (dieser Satz wird aus der Logik postuliert)."[222]

---

220) Kalliasbriefe, S. 159.

221) Implizit ist diese These in SCHILLERs bisherigen Überlegungen deshalb enthalten, weil er - wie soeben gezeigt wurde - ja für **beide** Vorstellungsarten eine gleichzeitige Beteiligung passiver Empfindung und aktiver Bestimmung des Menschen behauptet.

Mit Betrachtung von Erscheinungen meint SCHILLER also nicht ein nur passives Verhalten des Menschen der Welt gegenüber, sondern, wie schon bei der Beobachtung, einen durch Weltwahrnehmung eingeleiteten und sich durch gleichzeitige geistige Aktivität vollziehenden Prozeß, der spezifische Vorstellungen von Erscheinungen zur Folge hat. Ein Unterschied zur Beobachtung besteht für SCHILLER daher nur insofern, als der Mensch bei der Betrachtung von Erscheinungen nicht von vornherein auf einen Erkenntnisgewinn hin orientiert ist. Ganz KANTisch begründet er diese strukturelle Parallelität von Beobachtung und Betrachtung:

> "Die Erscheinungen nämlich müssen sich in unserer Vorstellung nach den Formalbedingungen der Vorstellungskraft richten (denn eben das macht sie zu **Erscheinungen**), sie müssen die Form von unserem Subjekt erhalten."[223]

Der Mensch, so läßt sich das Bisherige resümieren, erhält ein Bild von der Welt also aufgrund seiner doppelten Anlage, sein Umfeld mittels seiner Sinne als Erscheinung perzipieren und sich über diese Erscheinung mit Hilfe seines geistigen Potentials eine Vorstellung, sei sie beobachtend oder betrachtend entwickelt worden, machen zu können.

An die vorangegangene Entfaltung der grundlegenden Disposition des Menschen anknüpfend führt SCHILLER - weiterhin KANT folgend - in einem dritten Schritt die Teilung des aktiven Potentials in theoretische und praktische Vernunft ein.

Zunächst spricht er dem Menschen ein grundsätzliches Vermögen zu, seine entweder durch Beobachtung oder durch Betrachtung gewonnenen Vorstellungen miteinander verknüpfen zu können und nennt dieses geistige Potential ganz allgemein Vernunft, "denn Vernunft heißt das Vermögen der Verbindung."[224] Gleich darauf differenziert er diese Aussage aber noch einmal, indem er, ähnlich wie bei seiner vorangegangenen Unterscheidung der beiden möglichen Vorstellungsarten, eine auf Erkenntnis gerichtete von einer handlungsbezogenen Vernunft unterscheidet. Denn, so SCHILLER:

---

222) Kalliasbriefe, S. 159

223) Kalliasbriefe, S. 159.

224) Kalliasbriefe, S. 159.

"Die V(ernunft) verbindet entweder Vorstellung mit Vorstellung zur Erkenntnis (theoretische Vernunft), oder sie verbindet Vorstellungen mit dem Willen zur Handlung (praktische Vernunft)."[225]

Jeder dieser beiden Vernunftarten ordnet er anschließend wiederum jeweils zwei Arbeitsweisen zu, die eine strukturelle Parallelität aufweisen.

"Die theoret(ische) Vernunft geht auf Erkenntnis. Indem sie also ein gegebenes Objekt ihrer Form unterwirft, so prüft sie, ob Erkenntnis daraus zu machen sei, d. ist ob es mit einer schon vorhandenen Vorstellung verbunden werden könne. Nun ist die gegebene Vorstellung entweder ein Begriff, oder eine Anschauung. Ist sie ein Begriff, so ist sie schon durch ihre Entstehung, durch sich selbst, notwendig auf Vernunft bezogen, und eine Verbindung, die schon ist, wird bloß ausgesagt. [...]

Ist aber die gegebene Vorstellung eine Anschauung, und soll die Vernunft dennoch eine Übereinstimmung derselben mit ihrer Form entdecken, so muß sie (regulativ, nicht wie im ersten Falle, konstitutiv) und zu ihrem Behufe der gegebenen Vorstellung einen Ursprung durch theoretische Vernunft **leihen**, um sie nach Vernunft beurteilen zu können. Sie legt daher aus eigenem Mittel in den gegebenen Gegenstand einen Zweck hinein und entscheidet, ob er sich diesem Zwecke gemäß verhält. Dies geschieht bei jeder **teleologischen**, jenes bei jeder **logischen** Naturbeurteilung. Das Objekt der logischen ist **Vernunftmäßigkeit**, das Objekt der **teleologischen Vernunftähnlichkeit**."[226]

Begriffe sind demnach für SCHILLER in Sprache abgebildete Vorstellungen von Gegenständen, die in ihrer Struktur schon immer der theoretischen Vernunft entsprechen. Sie könnten daher ebensogut als Zeichen einer in rein logischem Kalkül gewonnenen Weltvorstellung bezeichnet werden. Sie stehen stellvertretend für die logische Struktur des Prozesses ihrer Gewinnung durch theoretische Vernunft und werden von SCHILLER deshalb auch als vernunftgemäß bezeichnet. Werden solche

---

225) Kalliasbriefe, S. 159.

226) Kalliasbriefe, S. 160f.

Begriffe mittels theoretischer Vernunft bearbeitet, so bestätigt diese darin nur ihr eigenes Prinzip.

Werden hingegen Anschauungen, also noch nicht begrifflich strukturierte Vorstellungen (Vorstellungen von Objekten, von denen man nicht weiß, was, wodurch und wozu sie sind), mittels theoretischer Vernunft bearbeitet, muß der Mensch sie erst seiner Form der theoretischen Vernunft unterwerfen, ihnen "einen Ursprung durch theoretische Vernunft **leihen**" (s. o.), sie Begriffen analog behandeln, wenn er einen Erkenntnisgewinn erzielen will. Diese Arbeitsweise, SCHILLER nennt sie vernunftähnlich, setzt also notwendig eine antizipierende, einen theoretischen Vernunftsschluß unterstellende Geistestätigkeit des Menschen voraus. Im Unterschied zur ersten Verfahrensweise theoretischer Vernunft, die als rein logisch bezeichnet werden kann, nennt SCHILLER diese zweite teleologisch, da sie auf eine theoretische Erkenntnis zielt, mithin Begriffe schafft und nicht nur bestätigt.

Im Unterschied zu dieser theoretischen Vernunft bezeichnet SCHILLER die praktische als eine auf freie (d.h. durch praktische Vernunft hervorgebrachte) und auf nicht freie (d.h. durch Gesetzlichkeiten verursachte) Handlungen bezogene Größe menschlicher Geistesfähigkeit.[227] Der Verfahrensweise theoretischer Vernunft entsprechend unterscheidet er aber auch hier gleichermaßen zwischen der reinen Form praktischer Vernunft und ihrer bloß analogen Anwendung. So heißt es bei ihm:

> "**Form** der praktischen Vernunft ist unmittelbare Verbindung des Willens mit Vorstellungen der Vernunft, also **Ausschließung jedes äußern** Bestimmungsgrundes; [...] Die Form der praktischen Vernunft annehmen oder nachahmen, heißt also bloß: nicht von außen, sondern durch sich selbst bestimmt sein, autonomisch bestimmt sein, oder so erscheinen. [...]
>
> Ist es eine Willenshandlung, worauf sie [die praktische Vernunft] ihre Form bezieht, so bestimmt sie bloß, was ist; sie sagt aus, ob die Handlung das ist, was sie sein **will** und soll. Jede moralische Handlung ist von dieser Art. [...]
>
> Ist der Gegenstand, auf den die pr(aktische) V(ernunft) ihre Form anwendet, nicht durch einen Willen, nicht durch

---

227) Vgl. Kalliasbriefe, S. 161.

prakt(ische) Vern(unft) da, so macht sie es ebenso mit ihm, wie die theoretische es mit Anschauungen machte, die Vernunftähnlichkeit zeigten. Sie leiht dem Gegenstande [...] ein Vermögen sich selbst zu bestimmen, einen Willen, und betrachtet ihn alsdann unter der Form dieses **seines** Willens (ja nicht **ihres** Willens, denn sonst würde das Urteil ein moralisches wer-den)."[228]

Hier wird deutlich, daß es für SCHILLER auch bei der praktischen Vernunft des Menschen sowohl eine vernunftsidentische (vernunftsgemäße) als auch eine vernunftsanaloge (vernunftsähnliche) Anwendungsform gibt, die er voneinander unterscheidet. Wie schon bei seinen Ausführungen zur theoretischen Vernunft, spricht er auch jetzt von einer strukturellen Übereinstimmung ihrer beiden möglichen Verfahrensweisen. So kann sich, nach SCHILLER, die praktische Vernunft in ihrer reinen Form auf Handlungsweisen beziehen und diese ihrem Urteil unterwerfen. Sie prüft dann, ob eine Handlung, ein Verhalten, aus freiem Willen vollzogen wird oder nicht; sie fordert oder bestätigt dabei also nur ihr eigenes reines Prinzip. Eine solche Beurteilung nennt SCHILLER mo-ralisch.

Die andere - vernunftsanaloge - Anwendungsform setzt (wie bei der theoretischen Vernunft) eine antizipierende Leistung - die Annahme reiner Selbstbestimmtheit eines Gegenstandes - des Menschen voraus, um über die Autonomie von Dingen urteilen zu können. In ihr "leiht" (s. o.) oder unterstellt nämlich der praktisch-vernünftig Urteilende einem zu beurtei-lenden Gegenstand einen potentiellen eigenen Willen, eine eigene freie Selbstbestimmungsfähigkeit, und beurteilt dann, inwieweit dieses Objekt seiner ihm unterstellten Selbstbestimmung auch gerecht wird.

Anders läßt sich das auch so formulieren: Will ein Mensch Dinge mittels seiner praktischen Vernunft beurteilen, die nicht schon von sich aus der Form der praktischen Vernunft entsprechen, also nicht rein selbstbestimmt sind, muß er ihnen ihre Selbstbestimmtheit erst unterstellen. Doch nach Erfüllung dieser Voraussetzung ist er dann auch in der Lage, eine Beurteilung mittels praktischer Vernunft zu leisten, da diese Dinge ihm nun in seiner Vorstellung **wie tatsächlich selbstbestimmte erscheinen.**

---

228) Kalliasbriefe, S. 161f.

84

Speziell diese These SCHILLERs, daß der dem jeweiligen Objekt **ver-liehene** Wille vom Subjekt beurteilt werden kann, **als ob er faktische Autonomie des Gegenstandes wäre**, ist von zentraler Bedeutung aller seiner weiteren Ausführungen, da sie seinen Freiheitsbegriff und damit seine Ästhetik insgesamt bestimmt. Denn mit der Rede von der reinen Selbstbestimmung eines Objekts ist für SCHILLER bereits die einzig menschenmögliche Vorstellungsweise von Freiheit bezeichnet.[229] Er ersetzt daher in seinen Ausführungen auch ohne jede weitere Erläuterung "reine Selbstbestimmtheit" durch "Freiheit":

"Entdeckt nun die praktische Vernunft bei Betrachtung eines Naturwesens, daß es durch sich selbst bestimmt ist, so schreibt sie demselben (wie die theoret(ische) Vernunft in gleichem Fall einer Anschauung **Vernunftähnlichkeit** zugestand) **Freiheitähnlichkeit** oder kurzweg **Freiheit** zu. Weil aber diese Freiheit dem Objekte von der Vernunft nur geliehen wird, **da nichts frei sein kann als das Übersinnliche und Freiheit selbst nie als solche in die Sinne fallen kann**, - kurz - da es hier bloß darauf ankommt, daß ein Gegenstand frei **erscheine**, nicht wirklich **ist**: so ist diese Analogie eines Gegenstandes mit der Form der pr(aktischen) Vernunft nicht Freiheit in der Tat, sondern bloß **Freiheit in der Erscheinung, Autonomie in der Erscheinung.**"[230]

Freiheit ist für SCHILLER also eine ideelle Kategorie, eine Idee, die vom Subjekt mit der Erscheinung eines Objekts durch dessen praktisch-vernünftige Beurteilung allein per Analogiebildung in Verbindung gebracht werden kann. Weder über ein logisches oder teleologisches noch durch ein moralisches Urteil könnte diese Freiheitsidee bei der Betrachtung von Gegenständen im Menschen geweckt werden. Während nämlich einerseits die beiden ersten, also die Beurteilungsweisen durch theoretische Vernunft, immer einen Kausalzusammenhang der Existenzbedingungen eines Gegenstandes offenlegen und damit sofort jede Vorstellung einer freien Existenz des so beurteilten Objekts zunichte machen, ist andererseits ein

---

229) Die für SCHILLER einzig mögliche Vorstellung von Freiheit wird von ihm im Brief an KÖRNER vom 23. Februar 1793 noch genauer erläutert. Vgl. also weiter unten.

230) Kalliasbriefe, S. 162.

moralisches Urteil über Dinge gar nicht erst fällbar, da es sich seiner Form nach[231] nur auf Handlungen, nicht aber auf Gegenstände beziehen kann. Die Idee der Freiheit benötigt also SCHILLERs Philosophie zufolge einen rein selbstbestimmt erscheinenden Gegenstand, um mit eben diesem Gegenstand in Verbindung gebracht werden zu können. Dabei ist es für die Vorstellung von Freiheit von keinerlei Bedeutung, ob jenes Objekt tatsächlich der Form der praktischen Vernunft entspricht, ob es also faktisch rein selbstbestimmt **ist**, oder ob es per Unterstellung von Selbstbestimmtheit autonom **erscheint**. Denn um die Idee der Freiheit an einem Objekt assoziieren zu können, genügt es schon, daß dieses seinem Betrachter durch eine dem moralischen Urteil analoge Beurteilung frei erscheint. SCHILLER nennt ein derartiges Urteilsverfahren ästhetisch.

Diese vier verschiedenen Urteilsweisen theoretischer und praktischer Vernunft noch einmal zusammenfassend, gelangt SCHILLER zu einer den ersten Klärungsversuch der subjektiven Bedingungen von Geschmacksurteilen abschließenden Definition des Schönen, die zur Basis seiner gesamten Ästhetik werden wird:

"Beurteilung von **Begriffen** nach der Form der Erkenntnis ist logisch; Beurteilung von Anschauungen nach eben dieser Form ist teleologisch. Eine Beurteilung freier Wirkungen (moralischer Handlungen) nach der Form des reinen Willens ist moralisch; eine Beurteilung nichtfreier Wirkungen nach der Form des reinen Willens ist ästhetisch. **Übereinstimmung** eines Begriffs mit der Form der Erkenntnis ist **Vernunftmäßigkeit** (Wahrheit, Zweckmäßigkeit, Vollkommenheit sind bloß Beziehungen dieser letztern), **Analogie** einer Anschauung mit der Form der Erkenntnis ist **Vernunftähnlichkeit** (Teleophanie, Logophanie möchte ich sie nennen), Übereinstimmung einer Handlung mit der Form des r(einen) Willens ist **Sittlichkeit**. Analogie einer Erscheinung mit der Form des reinen Willens oder der Freiheit ist **Schönheit** (in weitester Bedeutung).

---

231) Die Form des moralischen Urteils war von SCHILLER als "unmittelbare Verbindung des Willens mit Vorstellungen der Vernunft" bezeichnet worden. Vgl. Kalliasbriefe, S. 161 bzw. weiter oben in diesem Unterkapitel.

Schönheit also ist nichts anders als Freiheit in der Erscheinung."[232]

III.3.2 Subjektive Objektivität im dialektischen Prozeß des Erkennens von Freiheit

Der Kerngedanke, daß ein wahrgenommener Gegenstand immer dann als schönes Objekt der Betrachtung gelten kann, wenn er seinem Betrachter frei erscheint, wenn er also aussieht, als ob er aus einem ihm unterstellten eigenen Willen heraus gestaltet wäre, ist im Laufe der Rezeption der ästhetischen Schriften SCHILLERs immer wieder kritisiert worden.[233] Die frühesten Anmerkungen zu dieser in der Tat nicht ohne weiteres nachvollziehbaren Herleitung einer Schönheitsdefinition stammen von KÖRNER. In dessen Antwortbrief vom 15. Februar 1793 wird SCHILLER nämlich darauf aufmerksam gemacht, daß ihm die Deduktion des Schönheitsbegriffs zumindest im Blick auf den Nachweis eines objektiven Prinzips von Geschmacksurteilen nicht gelungen sei und er somit sein eigentliches Ziel verfehle. Denn auch bei ihm bleibe das ästhetische Urteil, wie bei KANT, rein subjektiv, da es schließlich das Subjekt sei, das sich die Autonomie,

---

232) Kalliasbriefe, S. 163. Bereits im zweiten Kapitel der vorliegenden Arbeit habe ich deutlich zu machen versucht, daß es mir hier nicht darum geht, SCHILLERs Schriften im Blick auf ihre ästhetiktheoretische Bedeutung zu überprüfen und zu diskutieren. Mein Anliegen ist vielmehr, das in ihnen enthaltene Menschenbild mit seinem impliziten spezifisch ästhetischen Verständnis von Bildungsprozessen herauszuarbeiten.
Wenn ich mein Arbeitsziel an dieser Stelle noch einmal hervorhebe, dann deshalb, weil hier vollends deutlich werden kann, warum ich mich in meiner Fragestellung so begrenzen muß wie angegeben: Eine ästhetiktheoretische Diskussion einer wie auch immer ausfallenden Definition des Schönen, bzw. der Schönheit, erfordere nämlich schon allein hinsichtlich ihrer Verwendung des Wortes "schön" und seiner dazugehörenden Substantivierungen sowie deren inhaltlichen Konsequenzen ein solches Ausmaß an Aufbereitung entsprechender Literatur, daß das angestrebte Arbeitsziel dadurch vollkommen ins Abseits gedrängt werden würde. Stellvertretend sei daher verwiesen auf: ZIMMERMANN, Jörg: Das Schöne. In: MARTENS, Ekkehard/SCHNÄDELBACH, Herbert [Hrsg.]: Philosophie. Ein Grundkurs. Reinbek 1985, S. 348 - 394.

233) Ausführlicher dazu in Kap. IV.2.1 der vorliegenden Arbeit.

die Freiheit eines Gegenstandes erst denken müsse, wenn es ein Objekt als schön bewerten will.[234]

KANT hatte, nach der Aufwertung ästhetischer Grundfragen zu einem eigenständigen philosophischen Diskurs durch Alexander Gottlieb BAUMGARTEN, in seiner 1790 vorgelegten Kritik der Urteilskraft den Versuch unternommen, die Erfahrung des Schönen hinsichtlich ihrer subjektiven Bedingungen zu analysieren. Entgegen den im 18. Jahrhundert die Philosophie und das moderne Weltbild prägenden Strömungen rationalistisch-aufklärerischen Denkens entfaltet er hierin seine Ästhetik, die allgemein mit GADAMER als subjektivierende Wende im Nachdenken über die Möglichkeit von Geschmacksurteilen bezeichnet wird.[235] Sprach BAUMGARTEN noch von einer "cognitio sensitiva", einer sinnlichen Erkenntnis also, in der zwar auch schon das Subjekt als Basis des ein Objekt als schön beurteilenden Prozesses verstanden wurde, die aber noch insofern rationalistisch geprägt war, als sie bei BAUMGARTEN eben eine spezifische Form von logischer Erkenntnis über einen Gegenstand blieb, streitet KANT dem Geschmacksurteil gleich zu Beginn des ersten Paragraphen seiner Kritik jedwede begrifflich-objektive Erkenntnisqualität ab. Dort heißt es:

"Um zu unterscheiden, ob etwas schön sei oder nicht, beziehen wir die Vorstellung nicht durch den Verstand auf das Objekt zum Erkenntnisse, sondern durch die Einbildungskraft (vielleicht mit dem Verstande verbunden) auf das Subjekt und das Gefühl der Lust oder der Unlust desselben. Das Geschmacksurteil ist also kein Erkenntnisurteil, mithin nicht logisch, sondern ästhetisch,

---

234) Vgl. KÖRNERs Brief vom 15. Februar 1793 an SCHILLER. (In: BERGHAHN, Klaus L. [Hrsg.]: Briefwechsel zwischen Schiller und Körner. München 1973, S. 163f.)

235) Vgl. hierzu: GADAMER, Hans-Georg: Wahrheit und Methode. Grundzüge einer philosophischen Hermeneutik. Tübingen 5. Aufl. 1986, S. 48 - 87. Außerdem: SCHEIBLE, Hartmut: Wahrheit und Subjekt. Ästhetik im bürgerlichen Zeitalter. Reinbek 1988, S. 98 - 170.

worunter man dasjenige versteht, dessen Bestimmungsgrund **nicht anders als subjektiv** sein kann."[236]

Dieser Gedanke (KANT hebt ihn immer wieder hervor; vgl. etwa § 17, § 34 und § 57 seiner "Kritik der Urteilskraft"), daß dem ästhetischen Urteilen über Gegenstände kein logisches Verfahren, sondern eine rein subjektive Beurteilung nach der Empfindung von Lust bzw. Unlust zugrunde liegen soll, bildet für SCHILLER das Zentrum der KANTschen Ästhetik.[237] Entscheidend ist für das Verständnis von SCHILLERs Bemühungen um den Nachweis eines objektiven Geschmacksprinzips aber vor allem die folgende Argumentationsfigur KANTs: KANT ist nicht darauf aus, zu behaupten, daß ästhetische Urteile, die auf einem rein subjektiven Bestimmungsgrund basieren, grundsätzlich eine Frage des privaten Geschmacks seien. Zwar können ihm zufolge ästhetische Urteile einem reinen "Privatgefühl" entstammen, doch dann sagen sie lediglich etwas darüber aus, wie **angenehm** ein Objekt empfunden wird.[238] KANT nennt solche Geschmacksurteile auch den "Sinnen-Geschmack"[239], da sie sich ausschließlich auf sinnlichen Genuß gründen[240], bei dem ein Begehren nach bzw. ein Interesse an dem entsprechend beurteilten Gegenstand im

---

236) KANT, Immanuel: Kritik der Urteilskraft. In: Ders.: Werke in zehn Bänden. Hrsg. von Wilhelm WEISCHEDEL. Bd. 8, Darmstadt 5. Aufl. 1983, S. 279.

237) Den Verlauf der sich schrittweise entwickelnden Begründung dieses Gedankenganges durch KANT nachzuvollziehen hieße jedoch, die Kritik der Urteilskraft als ganze referieren zu müssen, was den Rahmen der vorliegenden Arbeit notwendig sprengen würde. Ich kann an dieser Stelle daher nur auf so grundständige Arbeiten verweisen, wie etwa: BIEMEL, Walter: Die Bedeutung von Kants Begründung der Ästhetik für die Philosophie der Kunst. Köln 1959. (Kantstudien Ergänzungshefte, Bd. 77.) - KÜHNEMANN, Eugen: Kants und Schillers Begründung der Ästhetik. München 1895. - KULENKAMPFF, Jens: Kants Logik des ästhetischen Urteils. Frankfurt/Main 1968. - MARQUARD, Odo: Kant und die Wende zur Ästhetik. In: Zeitschrift für philosophische Forschung 16 (1962), S. 231 - 243 und 363 - 374.

238) Vgl. KANT, Immanuel: Kritik der Urteilskraft. In: Ders.: Werke in zehn Bänden. Hrsg. von Wilhelm WEISCHEDEL. Bd. 8, 5. Aufl. Darmstadt 1983, S. 289.

239) KANT, Immanuel: a.a.O., S. 291.

240) Vgl. KANT, Immanuel: a.a.O., S. 290.

Urteilenden geweckt wird[241]. Ganz anders verhält es sich aber, wenn ein Objekt danach beurteilt werden soll, ob es **schön oder nicht schön** ist. KANT schreibt:

> "Nun will man aber, wenn die Frage ist, ob etwas schön sei, nicht wissen, ob uns, oder irgend jemand, an der Existenz der Sache irgend etwas gelegen sei, oder auch nur gelegen sein könne; sondern, wie wir sie in der bloßen Betrachtung (Anschauung oder Reflexion) beurteilen."[242]

Ein solches Verfahren nennt er deshalb auch "Reflexions-Geschmack"[243] oder "reines Geschmacksurteil"[244]. Zwar gründet auch dieses Urteil, als ein ästhetisches, in einem ausschließlich subjektiven Gefühl der Lust bzw. Unlust, wie von KANT behauptet wird (s. o.), doch wird es gleichzeitig ohne jedes persönliche Interesse am Objekt gefällt. "Man will nur wissen, ob die bloße Vorstellung des Gegenstandes in mir mit Wohlgefallen begleitet sei, so gleichgültig ich in Ansehung der Existenz des Gegenstandes dieser Vorstellung sein mag."[245] Das reine ästhetische Urteil ist für KANT also eine qualitative Bewertung eines Gegenstandes, die nicht auf einem rationalen Erkenntnisprozeß basiert, sondern aus der rein subjektiven Empfindung von Lust oder Unlust (von Wohlgefallen oder Mißfallen) angesichts des ästhetisch beurteilten Objekts entstammt, ohne daß damit zugleich irgendein persönliches Interesse am Gegenstand verbunden wird. Aus diesem Verständnis des ästhetischen Urteilsverfahrens heraus definiert KANT das Schöne folgendermaßen:

> "**Geschmack** ist das Beurteilungsvermögen eines Gegenstandes oder einer Vorstellungsart durch ein Wohlgefallen, oder Mißfallen, **ohne alles Interesse**. Der Gegenstand eines solchen Wohlgefallens heißt **schön**."[246]

---

241) Vgl. KANT, Immanuel: a.a.O., S. 283.

242) KANT, Immanuel: a.a.O., S. 280.

243) KANT, Immanuel: a.a.O., S. 291f.

244) KANT, Immanuel: a.a.O., S. 281.

245) KANT, Immanuel: ebd.

246) KANT, Immanuel: a.a.O., S. 288.

SCHILLER gibt sich mit dieser Definition des Schönen nicht zufrieden. Zwar stimmt er KANT prinzipiell zu, daß ästhetische Reflexionsurteile einen subjektiven Bestimmungsgrund haben müssen, da es schließlich immer das Subjekt ist, das ein Objekt beurteilt. Darüber hinaus meint er aber, daß es zugleich objektive Merkmale geben muß, die das Subjekt erst veranlassen, einen Gegenstand als schön zu bezeichnen. Auch KANTs folgende, und ihn vom Sensualismus ganz wesentlich unterscheidende Erörterungen, daß das rein ästhetische Urteil trotz seiner subjektiven Basis einen begründeten Anspruch auf Allgemeingültigkeit habe, da die Aussage "dieses Ding ist schön" jedermanns Zustimmung ansinne[247], genügen ihm nicht als Antwort auf die Frage nach gültigen Kriterien für Geschmacksurteile. Und dies nicht zu unrecht, denn selbst KANT hatte mit Hilfe seiner Rede von der "Form der Zweckmäßigkeit"[248] versucht, weitere ästhetische Urteilskriterien zu finden, die sich aber, wie von MUNDHENK überzeugend herausgestellt worden ist, schon nicht mehr allein auf das Subjekt beziehen lassen.[249]

So läßt sich - vor dem Hintergrund dieser Ausführungen zu KANTs Kritik der Urteilskraft - sagen, daß SCHILLERs Kalliasbriefe den Versuch darstellen, auf den Schultern von KANT nach benennbaren Kriterien für rein ästhetische Urteile zu suchen, die sich nicht bloß auf das Verhältnis des Subjekts zum beurteilten Gegenstand beziehen, sondern die gleichermaßen eine Seinsqualität des Objekts in Anschlag zu bringen suchen.

Die Kritik KÖRNERs ist damit zwar im Blick auf SCHILLERs Plan des Nachweises objektiver Bedingungen ästhetischer Urteile zutreffend und insofern vollauf berechtigt, doch geht sie vorschnell an SCHILLER vorbei, da sich dieser hinsichtlich seiner Argumentationsentwicklung durchaus bewußt war, bis dahin noch keinen Beitrag zum Nachweis eines möglichen objektiven Geschmacksprinzips geleistet zu haben.[250] Um das

247) Vgl. KANT, Immanuel: a.a.O., S. 294.

248) KANT, Immanuel: a.a.O., S. 300 u. ö..

249) Vgl. MUNDHENK, Alfred: "Die Gunst der Natur". Kants Begriff und Deutung des Naturschönen. In: Deutsche Vierteljahrsschrift für Literaturwissenschaft und Geistesgeschichte, 57 (1983), S. 374ff.

250) So weist SCHILLER in seinem Antwortbrief an KÖRNER vom 18.2.1793 darauf hin: "[...] daß mein Prinzip der Schönheit bis jetzt **freilich** [Hervorhebung von

Mißverständnis[251] aufzuklären, nimmt SCHILLER in seinem Brief vom 18. Februar 1793 an KÖRNER daher sogleich einen erneuten Anlauf, seinen Freiheitsbegriff deutlicher herauszuarbeiten und faßt zu diesem Zweck zunächst noch einmal seine vorangegangenen Überlegungen klar und konzentriert zusammen:

"Es gibt also eine solche Ansicht der Natur oder der Erscheinungen, wo wir von ihnen nichts weiter als Freiheit verlangen, wo wir bloß darauf sehen, ob sie das, was sie sind, durch sich selbst sind. Eine solche Art der Beurteilung ist bloß wichtig und möglich durch die praktische Vernunft, weil der Freiheitsbegriff sich in der theoretischen gar nicht findet, und nur bei der prakt(ischen) Vernunft Autonomie über alles geht. Die prakt(ische) Vernunft, auf freie Handlungen angewendet, verlangt, daß die Handlung bloß um die Handlungsweise (Form) willen geschehe, und daß weder Stoff noch Zweck (der immer auch Stoff ist) darauf Einfluß gehabt habe. Zeigt sich nun ein Objekt in der Sinnenwelt bloß durch sich selbst bestimmt, stellt es sich den Sinnen so dar, daß man an ihm keinen Einfluß des Stoffes oder eines Zweckes bemerkt: so wird es als ein **Analogon** der reinen Willensbestimmung (ja nicht als Produkt einer Willensbestimmung) beurteilt. Weil nun ein Wille, der sich nach bloßer Form bestimmen kann, **frei** heißt, so ist diejenige Form in der Sinnenwelt, die bloß durch sich selbst bestimmt erscheint, eine **Darstellung der Freiheit**; denn dargestellt heißt eine Idee, die mit einer Anschauung so verbunden wird, daß beide **eine** Erkenntnisregel miteinander teilen.

---

mir] nur subjektiv ist, weil ich bisher ja nur aus der Vernunft selbst herausargumentierte, und mich auf die Objekte noch gar nicht einließ. Aber es ist nicht **mehr** subjektiv, als alles, was aus der Vernunft a priori abgeleitet wird. Daß in den Objekten selbst etwas angetroffen werden muß, was die Anwendung dieses Prinzips darauf möglich macht, versteht sich von selbst, sowie auch dies, daß **mir** obliegt, es anzugeben. Aber daß dieses Etwas (nämlich das durch sich selbst Bestimmtsein in den Dingen) von der Vernunft bemerkt, und zwar beifällig bemerkt wird, dieses kann der Natur der Sache nach nur aus dem Wesen der Vernunft, und insofern als nur subjektiv dargestellt werden. Ich hoffe aber, hinreichend zu beweisen, daß die Schönheit eine objektive Eigenschaft ist." (Kalliasbriefe, S. 166.)

251) Vgl. Kalliasbriefe, S. 166.

Die Freiheit in der Erscheinung ist also nichts anderes, als die Selbstbestimmung an einem Dinge, insofern sie sich in der Anschauung offenbart."[252]

Mit dieser komprimierten Zusammenfassung der subjektiven Bedingungen praktischer Vernunfturteile bestätigt SCHILLER KÖRNER gegenüber noch einmal ausdrücklich seine Anerkennung der KANTschen Erkenntnislehre.[253] Gleichzeitig bereitet er hier aber auch schon den Weg zu seiner eigenen, über KANT hinausführenden, sinnlich-objektiven Schönheitstheorie vor. Indem er nämlich noch einmal die Möglichkeit des praktisch-vernünftigen Erkennens einer prinzipiell anschauungslosen Vernunftidee mittels eines dem moralischem Urteilen analogen Beurteilungsverfahrens als das Erscheinen von Freiheit im Sinne willentlicher Selbstbestimmung eines Gegenstandes hervorhebt, steuert SCHILLER auf die Frage zu, **welche Bedingungen ein Objekt denn erfüllen muß, um seinem ästhetisch urteilenden Rezipienten als frei erscheinen und somit als schön beurteilt werden zu können.** Zwar hält er auch weiterhin daran fest, daß der einen Gegenstand wahrnehmende Mensch sich dessen reine Selbstbestimmung, dessen Freiheit, erst hinzudenken muß, will er dessen Schönheit erkennen; doch das eigentliche Zentrum seiner ästhetischen Bemühungen in den Kalliasbriefen bildet die Beantwortung der Frage nach den objektiven Bedingungen von eben dieser Schönheit. SCHILLER weiß, daß er sich damit auf eine heikle Argumentationsführung

---

252) Kalliasbriefe, S. 168.

253) KANT schreibt in seiner Kritik der Urteilskraft über das analogisierende Verfahren praktischer Vernunft im § 59: "Alle **Hypotypose** (Darstellung, subiectio sub adspectum), als Versinnlichung, ist zwiefach: entweder **schematisch**, da einem Begriffe, den der Verstand faßt, die korrespondierende Anschauung a priori gegeben wird; oder **symbolisch**, da einem Begriffe, den nur die Vernunft denken, **und** dem keine sinnliche Anschauung angemessen sein kann, eine solche unterlegt wird, mit welcher das Verfahren der Urteilskraft demjenigen, was sie im Schematisieren beobachtet, bloß analogisch, d. i. mit ihm bloß der Regel dieses Verfahrens, nicht der Anschauung selbst, mithin bloß der Form der Reflexion, nicht dem Inhalte nach, übereinkommt." (KANT, Immanuel: Kritik der Urteilskraft. In: Ders.: Werke in zehn Bänden. Hrsg. von Wilhelm WEISCHEDEL. Bd. 8, Darmstadt 5. Aufl. 1983, S. 459.) Wie zu zeigen sein wird, bemüht sich SCHILLER in den Kalliasbriefen darum, gerade von dieser KANTschen Basis der analogen Anwendung einer Vernunftregel auf anschauungslose Vorstellungen ausgehend zu einer spezifischen Auffassung von freier Selbstbestimmung eines Subjekts zu gelangen.

zum Nachweis eines allgemeinen Geschmacksprinzips einläßt, da er ja selbst die von KANT herausgearbeiteten subjektiven Anteile an Erkenntnisprozessen bejaht und sein Freiheitsbegriff von ihm ebenfalls nur als ein Akt des Hinzudenkens von Freiheit verstanden wird. Doch steht es erstens für ihn außer Frage, daß die Dinge ein eigenes Dasein und Sosein haben, und zweitens - und darauf kommt es ihm ganz entscheidend an - begreift er den ästhetischen Urteilsakt des Hinzudenkens von Freiheit zu einem Gegenstand als einen negativ-dialektischen. **Denn SCHILLER zufolge kann die Idee der Freiheit angesichts eines Gegenstandes nur dann vom Rezipienten evoziert werden, wenn dieser von den jedem Gegenstand inhärenten und ihn bestimmenden Zwecken und Gesetzlichkeiten seiner Existenz abstrahiert.** Anders läßt sich Freiheit für SCHILLER überhaupt nicht denken,

> "denn das nicht von außen Bestimmtsein ist eine negative Vorstellung des durch sich selbst Bestimmtseins, und zwar die einzig mögliche Vorstellung desselben, weil man die Freiheit nur denken und nie erkennen kann".[254]

Später differenziert er noch genauer:

> "»Freilich wird der Begriff der Freiheit selbst oder das **Positive**, von der Vernunft erst in das Objekt hineingelegt, indem sie dasselbe unter der Form des Willens betrachtet; aber das **Negative** dieses Begriffs gibt die Vernunft dem Objekte nicht, sondern sie findet es in demselben schon vor. Der **Grund** der dem Objekte zugesprochenen Freiheit liegt also doch in ihm selbst, obgleich die **Freiheit** nur in der Vernunft liegt.«"[255]

Die im ästhetischen Urteilen hervorgebrachte Idee der Freiheit ist also für SCHILLER das Ergebnis eines notwendig dialektisch zu denkenden Prozesses: Vollzieht ein Mensch in seiner sinnlichen Wahrnehmung eines Gegenstandes die Abstraktion von dessen Final- und Kausalbestimmtheit, so kann ihm das Objekt in der Anschauung als ein freies, d. h. als ein durch

---

254) Kalliasbriefe, S. 169.

255) Kalliasbriefe, S. 182f. BERGHAHN verweist in einer Anmerkung zu seiner Briefedition darauf, daß SCHILLER mit den durch » und « gekennzeichneten Textstellen keine Zitattexte sondern eigene Hervorhebungen deutlich machen wollte. Vgl. BERGHAHN, Klaus L. [Hrsg.]: Briefwechsel zwischen Schiller und Körner. München 1973, S. 348.

reinen Willen selbstbestimmtes erscheinen. Zwar ist es in diesem Fall immer das Subjekt, das die Idee der Freiheit im Wahrnehmungsakt hervorbringt und mit dem Objekt verbindet, doch der Grund zu dieser Verknüpfung liegt für SCHILLER gewissermaßen als zweite Seite ein- und derselben Medaille im Gegenstand selbst. Andersherum ausgedrückt: Von einem Gegenstand veranlaßt zu werden, von seinen ihm inhärenten Final- und Kausalgesetzlichkeiten abzusehen, ihn also nicht rational beurteilen zu müssen, sondern rein wahrnehmungsbezogen, d.h. ästhetisch beurteilen zu können, nennt SCHILLER die "Objektivität des Grundes"[256] zur Vorstellung von Freiheit und damit auch von Schönheit. Veranlaßt aber ein Gegenstand seinen Rezipienten erst einmal dazu, mit Hilfe des Verstandes nach Regeln und Zwecken des Objekts zu fragen, kann kein ästhetisches Urteil, kein Geschmacksurteil mehr zustande kommen. Denn soll ein rein ästhetisches Urteil über einen Gegenstand gefällt werden können,

> "so muß ganz und gar davon abstrahiert werden, was für einen (theoretischen oder praktischen) Wert das schöne Objekt für sich selbst habe, aus welchem Stoff es gebildet, und zu welchem Zweck es vorhanden sei. Mag es sein, was es will! Sobald wir es ästhetisch beurteilen, so wollen wir bloß wissen, ob es das, was es ist, durch sich selbst sei."[257]

Aus der Perspektive des Betrachtens ausgedrückt: Läßt uns ein sinnlich wahrgenommenes Ding - sei es natürlich oder künstlich - in seiner Erscheinungsform den Spielraum, es uns als allein durch sich selbst bestimmt, mithin als freies Objekt aufzufassen, können wir es als schön bewerten. Daß es uns aber den Raum läßt, es als freie Gestalt aufzufassen, daß wir es also, ohne nach seinen Zwecken oder Regeln fragen zu müssen, als selbstbestimmte Erscheinung in der Dingwelt wahrnehmen können, ist

---

256) Kalliasbriefe, S. 182.

257) Kalliasbriefe, S. 168. An dieser Stelle wird der besondere Akzent der SCHILLERschen Frageweise nach dem Schönen im Unterschied zur KANTschen noch einmal ganz deutlich: Wie schon weiter oben gezeigt wurde, ist für KANT ein Geschmacksurteil immer nur dann völlig rein, wenn ein Rezipient eines Objekts von seinen möglichen subjektiven Interessen am Gegenstand absieht. Der ästhetisch Urteilende muß bei KANT also zuerst **von sich selber** abstrahieren, um ein Objekt als schön oder nicht-schön einstufen zu können. SCHILLER hingegen verlangt für ein rein ästhetisches Urteil, daß von den Bedingungen der Existenz eines Dinges abstrahiert wird. In seiner Ästhetik bildet also eine spezifische Abstandnahme **vom Objekt** die Grundvoraussetzung für Geschmacksurteile.

die objektive, d. h. dem Objekt eigene Voraussetzung zu seiner ästhetischen Beurteilung.[258]

Den hierauf möglichen Einwand, daß aber doch jedes Ding, also auch das als schön beurteilte, nach seinen Zwecken und Regeln beurteilbar ist, da "kein Gegenstand in der Natur und noch viel weniger in der Kunst zweck- und regelfrei, **keiner durch sich selbst bestimmt** [ist], sobald wir über ihn nachdenken"[259], kann SCHILLER somit von vornherein als Mißverständnis abwehren, da es sich bei solchem Urteilen über einen Gegenstand schließlich nicht mehr um ein ästhetisches in seinem Sinne handeln würde.

Seine Ausführungen zusammenfassend kommt er daher zu folgendem Zwischenergebnis:

"Eine Form erscheint also frei, sobald wir den Grund derselben weder außer ihr finden, **noch außer ihr zu suchen veranlaßt werden**. Denn würde der Verstand veranlaßt, nach dem Grund derselben zu fragen, so würde er diesen Grund **notwendig** außer dem Dinge finden müssen; weil es entweder durch einen **Begriff** [Regeln und Zwecke] oder durch einen Zufall bestimmt sein muß, beides aber sich gegen das Objekt als Heteronomie verhält. Man wird also folgendes als einen Grundsatz aufstellen können, daß ein Objekt sich in der Anschauung als frei darstellt, wenn die Form desselben den reflektierenden Verstand nicht zu Aufsuchung eines Grundes nötigt. Schön also heißt eine Form, die sich selbst erklärt; sich selbst erklären heißt aber hier, sich ohne Hilfe eines Begriffs erklären. [...] Schön, kann man also sagen, ist eine Form, die **keine Erklärung fordert**, oder auch eine solche, die sich **ohne Begriff erklärt**."[260]

---

258) Eine Definition, was Kunst sei, liegt hier zum Greifen nahe, wird von SCHILLER aber aus gutem Grund nicht ausgesprochen. Es könnten nämlich demzufolge all diejenigen Dinge, die im Prozeß ihrer Rezeption den Spielraum zu zweck- und regelfreier Anschauung ließen, als Kunst bezeichnet werden. Doch wären dann notwendigerweise auch alle natürlichen Objekte, die diese Rezeptionsbedingung erfüllten, Kunstgegenstände.

259) Kalliasbriefe, S. 168.

260) Kalliasbriefe, S. 169. Hinsichtlich der Bedingung der Begriffslosigkeit ästhetischer Urteile stimmt SCHILLER mit KANT völlig überein. (Vgl. KANT, Immanuel: Kritik der Urteilskraft. In: Ders.: Werke in zehn Bänden. Hrsg. von

Doch damit ist SCHILLERs Auffassung vom Schönen als eine spezifische Verfaßtheit eines Gegenstandes noch nicht vollständig erklärt.

In seinem fünf Tage später abgesandten Brief vom 23. Februar an KÖRNER gibt SCHILLER deutlich zu erkennen, daß auch für ihn die Frage nach dem Zusammenhang subjektiver Wahrnehmung und objektiver Beschaffenheit eines als schön beurteilten Gegenstandes bisher nicht hinreichend beantwortet worden ist. Noch bevor ihn KÖRNERs Fragen erreichen, an welchem Merkmal die Schönheit denn nun zu erkennen sei, wodurch sich die Autonomie des Objekts überhaupt äußere und was den Betrachter dazu zwinge, "den Grund der Form **in ihr selbst** zu suchen"[261], leitet SCHILLER seine Erörterungen zu eben diesen offenen Punkten über.

Unter der Überschrift **"Freiheit in der Erscheinung ist eins mit der Schönheit"**[262] benennt er zunächst in aller Deutlichkeit das Problem, vor dem er steht: Wie läßt sich das Aufsuchen des objektiven Grundes von Freiheit und Schönheit in der sinnlichen Erscheinung eines Gegenstandes denken, wenn doch den bisherigen Ausführungen gemäß keinem Ding realiter Freiheit zukommt, und es noch nicht einmal positiv frei erscheint, da Freiheit keine anschauliche sondern eine ideelle Größe ist, die nur mit Hilfe der Negativvorstellung des nicht von außen Bestimmtseins vorgestellt werden kann? Wie also wird beispielsweise der Betrachter eines Objekts von diesem dazu veranlaßt, es in seiner Vorstellung als rein selbstbestimmte (mithin freie, mithin schöne) Form anzusehen? - SCHILLER meint:

"Dieser objektive Grund müßte eine solche Beschaffenheit [...] sein, deren Vorstellung uns schlechterdings **nötigt**, die Idee der Freiheit in uns hervorzubringen und auf das Objekt zu beziehen. [...]
Es darf also nicht dem Zufall überlassen sein, ob wir bei der Vorstellung eines Objekts auf seine Freiheit Rücksicht nehmen wollen, sondern die Vorstellung desselben muß auch die

_____

Wilhelm WEISCHEDEL. Bd. 8, Darmstadt 5. Aufl. 1983, § 6 - 9 sowie Kalliasbriefe, S. 166.)

261) KÖRNERs Brief vom 26. 2. 1793 an SCHILLER. (In: BERGHAHN, Klaus L. [Hrsg.]: Briefwechsel zwischen Schiller und Körner. München 1973, S. 191.)

262) Kalliasbriefe, S. 175.

Vorstellung des Nichtvonaußenbestimmt-seins schlechterdings und notwendig mit sich führen."[263]

SCHILLER zielt hier also auf den Nachweis einer **notwendigen** Verknüpfung der Freiheitsidee mit der spezifischen Erscheinungsform reiner Selbstbestimmung eines wahrgenommenen Gegenstandes und damit auf das Zusammenfallen von subjektiver Sinnlichkeit und objektiver Weltverfaßtheit im Geschmacksurteil. Dazu muß aber der Gegenstand, so SCHILLER weiter, gerade durch seine objektive Beschaffenheit, also durch seine **ihm eigene Bestimmtheit**, den Betrachter dahin bringen, auf die Qualität des nicht von außen Bestimmtseins, und somit auf seine innere Selbstbestimmung aufmerksam zu werden. Denn das

"Bedürfnis nach der Vorstellung des Voninnenbestimmtseins (Bestimmungsgrundes) kann nur durch Vorstellung des **Bestimmtseins** entstehen. Zwar ist alles, was uns vorgestellt werden kann, etwas Bestimmtes, aber nicht alles wird als ein solches vorgestellt; und was nicht vorgestellt wird, ist für uns so gut als gar nicht vorhanden. Etwas muß an dem Gegenstande sein, was ihn aus der unendlichen Reihe des Nichtssagenden und Leeren heraushebt, und unseren Erkenntnistrieb reizt; denn das Nichtssagende ist dem Nichts beinahe gleich. Es [264] muß sich als ein **Bestimmtes** darstellen, denn er soll uns auf das **Bestimmende** führen."[265]

Nur durch die positive Vorstellung seiner **Bestimmtheit** in der Erscheinungsweise wird für SCHILLER ein Gegenstand also überhaupt erst zum **Objekt** einer Wahrnehmung von ihm. Und wiederum allein durch diese Vorstellung vom Objekt als einem bestimmten kann, so SCHILLER weiter, auf dessen Nichtbestimmtheit von außen und damit auf dessen Selbstbestimmung von innen geschlossen werden. Ein Gegenstand muß

---

263) Kalliasbriefe, S. 175f.

264) Im Kommentar der Taschenbuchausgabe: Friedrich Schiller. Über das Schöne und die Kunst. Schriften zur Ästhetik. München 1984, wird darauf hingewiesen, daß hier vielleicht ein Setzfehler vorliege und "Es" richtigerweise "er" oder auch "etwas" heißen müsse. Ich vermute, daß es heißen soll: "Er muß sich als ein Bestimmtes darstellen, denn er soll uns auf das Bestimmende führen." Gemeint wäre dann damit jedesmal der Gegenstand. (Vgl. a.a.O., S. 313.)

265) Kalliasbriefe, S. 176.

diesem dualen Weltbild zufolge also durch seine spezifische Erscheinungsform - die seine Unfreiheit im Sinne heteronomer Bestimmtheit erkennbar werden läßt - in die Sinne fallen, soll er gleichzeitig vom Subjekt wie von der diffus-vielfältigen Welt als ein Objekt unterschieden werden können. Und erst danach kann (mittels der schon beschriebenen Abstraktionsleistung des Absehens von seiner faktischen Unfreiheit) vom Gegenstand als einem nicht von außen bestimmten Objekt auf dessen reine Selbstbestimmung, mithin auf dessen Freiheit **geschlossen** werden.

Dieser Prozeß der Schlußfolgerung ist nun ausschlaggebend für SCHILLERs Begründung einer zweiten, in seinem Sinne objektiven Bedingung von Schönheit: der Technik, bzw. - in synonymer Verwendung - der Kunstmäßigkeit. So schreibt er weiter:

> "Nun ist aber der Verstand das Vermögen, welches den Grund zur Folge sucht; folglich muß der Verstand ins Spiel gesetzt werden. Der Verstand muß veranlaßt werden, über die Form des Objekts zu reflektieren: über die **Form**, denn der Verstand hat es nur mit der Form zu tun."[266]

Verstandestätigkeit ist also zunächst nötig, soll ein Geschmacksurteil in Gang gesetzt werden. Denn nur mit ihrer Hilfe kann ein Gegenstand als Objekt wahrgenommen werden, da sie allein die Form der Dinge (d. i. deren Bestimmtheit nach Regeln) erkennen und über sie reflektieren kann. Doch soll sie einerseits zwar auf diese Weise tätig werden können, darf aber andererseits das Geschmacksurteil auch nicht durch ihre analytische Verfahrensweise verhindern, indem sie eine logische Beurteilung des Objekts durchführt. Damit dies gewährleistet ist, muß der Gegenstand eine Bedingung erfüllen:

> "Das Objekt muß [...] eine solche Form besitzen und zeigen, die eine Regel zuläßt: denn der Verstand kann sein Geschäft nur nach Regeln verwalten. Es ist aber nicht nötig, daß der Verstand diese Regel **erkennt** (denn Erkenntnis der Regel würde allen Schein der Freiheit zerstören, wie bei jeder strengen

---

266) Kalliasbriefe, S. 176.

Regelmäßigkeit wirklich der Fall ist), es ist genug, daß der Verstand auf eine Regel - unbestimmt welche - geleitet wird."[267]

Regelhaftigkeit des Gegenstandes ist damit notwendige Voraussetzung für das Einsetzen von Verstandestätigkeit. Aber, und das ist entscheidend für SCHILLERs Argumentation, diese Regelhaftigkeit gehört dem Objekt an; auf sie wird das Subjekt mittels seines Verstandes nur aufmerksam. In ihr, als formaler Struktur, sieht SCHILLER den objektiven Anteil eines im ästhetischen Urteilen bewerteten Gegenstandes.[268] Doch darf diese Formstruktur wiederum den Verstand nicht beherrschen, ihn nicht zur Erkenntnis über das Objekt verleiten, soll die zum Geschmacksurteil notwendige Abstraktionsleistung, von der Bestimmtheit der Dinge abzusehen, noch vollzogen werden können. (In der Umkehrung bedeutet dies: Es gibt für SCHILLER Dinge, die aufgrund ihrer stark hervortretenden Baustruktur/Regelhaftigkeit kein ästhetisches Verhalten und Urteilen ihnen gegenüber mehr zulassen, die nur verstandesmäßiger Erkenntnis zugänglich bleiben. Als Beispiele hierfür nennt er die Mathematik und alle bloß nützlichen Dinge.[269]) SCHILLER nennt eine solche Form,

"welche auf eine Regel deutet, (sich nach einer Regel behandeln läßt), [...] kunstmäßig oder **technisch**. Nur die technische Form eines Objekts veranlaßt den Verstand, den Grund zu der Folge zu suchen, und das Bestimmende zu dem Bestimmten; und insofern also eine solche Form ein Bedürfnis erweckt, nach einem Grund der Bestimmung zu fragen, so führt hier die Negation

---

267) Kalliasbriefe, S. 176.

268) Auch jetzt schafft SCHILLER es nicht, einen rein objektiven Anteil im Geschmacksurteil nachzuweisen, da die auf eine Regel geleitete Vernunft auch eine dem Subjekt angehörende Fähigkeit mit spezifischen Erkenntnismöglichkeiten ist. Doch war sich SCHILLER dessen erstens durchaus bewußt, wenn er schreibt: "Freilich ist die Vernunft nötig, um von dieser objektiven Eigenschaft der Dinge gerade **einen solchen Gebrauch** zu machen, wie bei dem Schönen der Fall ist." (Kalliasbriefe, S. 182. Hervorhebung von mir) - und zweitens hatte er ja von vornherein nichts anderes angekündigt, als eine "sinnlich-objektive", also subjektiv-objektive Kunsttheorie zu verfassen (vgl. meine einleitenden Vorbemerkungen zu diesem Kapitel).

269) Vgl. Kalliasbriefe, S. 169f.

des **Vonaußenbestimmtseins** ganz notwendig auf die Vorstellung des **Voninnenbestimmtseins** oder der Freiheit."[270]

Mit Kunstmäßigkeit oder Technik eines Gegenstandes meint SCHILLER also eine formale Grundstruktur, die allen Dingen in ihrer je spezifischen Weise eigen ist, und die vom Subjekt mit Hilfe seines Verstandes erfaßt werden kann. Sie ist für SCHILLER demnach eine objektive Qualität, die die Dinge für den Menschen überhaupt erst unterscheidbar werden läßt, ohne diese deshalb sogleich einer theoretisch-vernünftigen Beurteilung unterziehen zu müssen. Dennoch ist ihre Vergegenwärtigung bereits eine Verstandesleistung, wird der Verstand schon durch sie aktiviert, was notwendig ist, wenn ein Akt der Schlußfolgerung vom nicht von außen Bestimmtsein auf eine potentielle Selbstbestimmung des Gegenstandes eingeleitet werden soll.

Man kann mit SCHILLER also sagen, daß der Verstand durch die technische Form eines Objekts gewissermaßen sanft zur Tätigkeit veranlaßt wird, dadurch die spezifische Bestimmtheit dieses Objekts erfaßt, anschließend nach der diese Bestimmtheit verursachenden Bestimmung fragt, dabei aber von einer äußeren (Fremd-)Bestimmung absehen kann und so - seiner Natur gemäß logisch verfahrend - auf eine innere (Selbst-)Bestimmtheit des Gegenstandes schließen muß. Die Leistung, die zur Durchführung eines Geschmacksurteils vom Subjekt vollbracht werden muß, ist demnach folgende: Erstens die Unterscheidung des Objekts vom Subjekt und der diffusen Welt als eines bestimmten Gegenstandes mittels verstandesmäßiger Erfassung von dessen Technik, zweitens die Abstraktion von dieser das Objekt kennzeichnenden Bestimmtheit durch die Frage nach ihrem Bestimmungsgrund und drittens die Hervorbringung der Vorstellung der inneren Selbstbestimmung des Objekts und damit der Idee der Freiheit.

Freiheit kann für SCHILLER also "nur mit Hilfe der Technik sinnlich **dargestellt** werden", da die Technik "die notwendige Bedingung unserer **Vorstellung** von der Freiheit" ist.[271] In der Konsequenz ist Schönheit damit bei ihm von nun an doppelt definiert als eine notwendig durch Technik evozierte Vorstellung von Schönheit als Freiheit in der Erscheinung.

---

270) Kalliasbriefe, S. 177.

271) Kalliasbriefe, S. 177.

"Man könnte dieses auch so ausdrücken:
Der Grund der Schönheit ist überall Freiheit in der Erscheinung. Der Grund unserer Vorstellung von Schönheit ist Technik in der Freiheit.
Vereinigt man beide Grundbedingungen der Schönheit und der Vorstellung der Schönheit, so ergibt sich daraus folgende Erklärung:
Schönheit ist Natur in der Kunstmäßigkeit."[272]

III.3.3 Die Personalität des schönen Objekts

SCHILLER hat im bisherigen Verlauf seiner Ausführungen KÖRNER gegenüber zwei Grundbedingungen für das Schöne geltend zu machen versucht: die Freiheit in der Erscheinung und die Technik bzw. Kunstmäßigkeit als Voraussetzung für jede Vorstellung von Freiheit. Erstere ist von ihm als Ursache zur Vorstellung von Schönheit, letztere als notwendige Bedingung eben dieser Ursache beschrieben worden. Beide verklammernd hat er daher formuliert: "Schönheit ist Natur in der Kunstmäßigkeit."[273]

Ein die logische Exaktheit des Argumentationsganges beurteilender Leser der Kalliasbriefe muß sich, an diesem Punkt angelangt, fragen, ob SCHILLERs Verfahren, den Terminus Freiheit gegen den der Natur auszutauschen, methodisch wie inhaltlich korrekt ist. Findet hier nicht eine kategoriale Vermengung statt, die einen Transfer des komplizierten und wackeligen negativ-dialektischen Freiheitsbegriffs auf den zunächst einmal doch positiven Begriff Natur zur Folge hat? Denn während Freiheit nicht angeschaut werden kann, sondern mit Hilfe eines Abstraktionsprozesses als Idee hervorgebracht werden muß, ist die Natur, jedenfalls dem gewöhnlichen Verständnis einer natura naturata nach, alles Gegebene, was positiv da ist, oder - mehr KANTisch formuliert - was uns als Da- und Soseiendes erscheint. Betreibt SCHILLER hier also eventuell ganz bewußt rhetorische Augenwischerei, um seinen Leser auf eine Fährte zu locken, die eine sicherere Gangart in der Argumentation ermöglicht?

---

272) Kalliasbriefe, S. 177.

273) Kalliasbriefe, S. 177; vgl. auch oben.

Selbstverständlich kann man sich mit solch einer Fragehaltung SCHILLERs Texten nähern.[274] Ich bezweifle aber sehr, ob man bei dieser Art des Herangehens an Texte wie die Kalliasbriefe, die als Schriften an einen sehr engen Freund in dem Bedürfnis nach offenem Gedankenaustausch verfaßt sind, in der Lage ist, darauf zu hören, **was** SCHILLER hier denkt und sagen möchte. Zwar wird in solch einem Verfahren analysiert, wie argumentiert wird, aber die Gefahr ist groß, daß die Inhalte des Denkens in den Hintergrund geraten.

Versucht man hingegen, wie es die vorliegende Arbeit anstrebt, zu verstehen, was SCHILLER denkt und warum er es denkt, um dessen Vorstellungen in einen aktuellen Diskurs sinnvoll einzubringen, müssen so problematische Stellen wie die hier angesprochene ausgehalten werden können. Denn nur im Aushalten von auch möglichen Inkonsistenzen erschließt sich einem Lesenden die Bedeutung, das Gemeinte, einer Aussage.[275] Ich übergehe daher mit SCHILLER gemeinsam das Problem einer möglicherweise kategorialen Verschiebung der Freiheit zur Natur und versuche zu verstehen, was er meint, wenn er jetzt von Natur statt Freiheit spricht.

"Der Ausdruck **Natur** ist mir darum lieber als **Freiheit**, weil er zugleich das Feld des Sinnlichen bezeichnet, worauf das Schöne sich einschränkt, und neben dem Begriffe der **Freiheit** auch sogleich ihre Sphäre in der Sinnenwelt andeutet. Der Technik gegenübergestellt, ist **Natur**, was durch sich selbst ist; **Kunst** ist, was durch eine Regel ist; **Natur in der Kunstmäßigkeit**, was sich selber die Regel gibt - was durch seine eigene Regel ist. (Freiheit in der Regel, Regel in der Freiheit.)"[276]

---

274) In neuerer Zeit etwa bei SCHEIBLE, Hartmut: Wahrheit und Subjekt. Ästhetik im bürgerlichen Zeitalter. Reinbek 1988. Vgl. hierzu Kap. IV.2.1 der vorliegenden Arbeit.

275) Um einem Mißverständnis vorzubeugen: Selbstverständlich halte auch ich es im Rahmen eines hermeneutischen Textverstehens für notwendig, den logischen Verlauf der Argumentation eines Autors zu prüfen. Ich lehne es aber ab, Inhalte zu disqualifizieren und womöglich aus Diskursen zu verbannen, nur weil sie bisweilen methodisch und begrifflich brüchig vorgebracht werden.

276) Kalliasbriefe, S. 177.

SCHILLER setzt in seiner Schönheitsdefinition den Begriff Natur an die Stelle von Freiheit, da Natur für ihn schon immer mehr meint, als das bloß Gegebene. Natur ist für ihn nicht mehr, wie noch zu Beginn seiner Ausführungen, die Welt[277], sondern das für den Menschen sinnlich erfahrbare Dasein und Sosein der Dinge **in ihrer Freiheit**. Spricht SCHILLER von Natur, denkt er also gleichzeitig Materialität und Immaterialität, nämlich **Stofflichkeit in einer spezifischen formalen Verfaßtheit**. Insofern ist der Terminus Natur bei ihm jetzt ästhetisch gemeint.[278] Er umschreibt ihn in Abgrenzung zu Technik auch als dasjenige an einem Ding, "was durch sich selbst ist" (s. o.). Natur in seinem Verständnis ist also eine natura naturans, ein sich schaffendes und darin selbst bestimmendes, mithin freies, Subjekt.

"Wenn ich sage: **die Natur des Dinges, das Ding folgt seiner Natur, es bestimmt sich durch seine Natur,** so setze ich darin die Natur allem demjenigen entgegen, was von dem Objekte verschieden ist, was bloß als zufällig an demselben betrachtet wird, und hinweggedacht werden kann, ohne zugleich sein Wesen aufzuheben. Es ist gleichsam die Person des Dings, wodurch es von allen andern Dingen, die nicht seiner Art sind, unterschieden wird. [...] Bloß dasjenige wird durch den Ausdruck **Natur** bezeichnet, wodurch es das bestimmte Ding wird, was es ist."[279]

Natur meint bei SCHILLER also einen im aristotelischen Sinne substantiellen Wesenskern eines Gegenstandes, der die Basis bloß zufälliger Akzidenzien bildet. Durch seine Natur ist ein Gegenstand aus sich heraus der, der er wesentlich ist. Natürlichkeit ist für SCHILLER insofern das reine Prinzip der Selbstbestimmung eincs Objekts, ist Freiheit in der Materie. Kunst - nicht verengend mißzuverstehen als schöne Kunst, sondern im Sinne von Künstlichem, was Kunstwerke zwar notwendig, jedoch nicht hinreichend umfaßt - ist im Unterschied zu diesem Naturbegriff ein nach konstruktiven Gesetzmäßigkeiten regelhaft Gestaltetes. Künstliches wird nach Verfahrensregeln produziert, die ein Objekt heteronom bestim-

---

277) Vgl. Kap. III.3.1 der vorliegenden Arbeit.

278) SCHILLER kennzeichnet seinen Naturbegriff selbst als einen ästhetischen. Vgl. Kalliasbriefe, S. 180.

279) Kalliasbriefe, S. 177f.

men; Natur hingegen ist wesenhafter Kern eines selbstschöpferischen Prozesses und wird von SCHILLER als "Person des Dings" (s. o.) bezeichnet.

"Was ist also Natur in der Kunstmäßigkeit? Autonomie in der Technik? Sie ist die reine Zusammenstimmung des innern Wesens mit der Form, **eine Regel, die von dem Dinge selbst zugleich befolgt und gegeben ist.**"[280]

Freiheit in der Technik, die SCHILLER zufolge ja gerade das Wesen des Schönen ist, ist also Autonomie des Objekts auf einer höheren Stufe, denn der regelhaft gebildete Gegenstand bestimmt hier von sich aus seine ihm eigene Seinsweise. SCHILLER bezeichnet sie deshalb auch als "Heautonomie"[281], als Freiheit, die aus sich selbst heraus ist, mithin als Freiheit, die durch Freiheit ist. Spricht SCHILLER von Natur, meint er also das

"innere Prinzip der Existenz an einem Dinge, zugleich als der Grund seiner Form betrachtet; **die innere Notwendigkeit der Form.** Die Form muß im eigentlichen Sinne zugleich selbstbestimmend und selbstbestimmt sein; nicht bloße Autonomie, sondern Heautonomie muß da sein."[282]

Freiheit im Sinne einer solchen "Heautonomie hat nur das Schöne, weil nur an diesem die Form durch das innere Wesen bestimmt ist."[283] Schönheit, als einem Objekt zugehörig erscheinende Freiheit, ist somit für SCHILLER naturgemäße, d. h. ausschließlich personal selbstbestimmt erscheinende Existenz im Sinne einer harmonischen Einheit völlig unabhängigen Selbstseins eines Gegenstandes mit den ihn zugleich dennoch immer auch bestimmenden Regeln und Gesetzmäßigkeiten.

"Alle Körper z. B. sind schwer; aber zur **Natur** eines körperlichen Dings gehören nur diejenigen Wirkungen der Schwere, wel-

---

280) Kalliasbriefe, S. 182.

281) Kalliasbriefe, S. 181f und 184. SCHILLER bedient sich zur begrifflichen Erfassung dieser Freiheit in der Regelhaftigkeit der altgriechischen Vorsilbe "he-", die eine reflexive Verstärkung in den Begriff autonomos (= frei) legt. Heautonomie bedeutet demzufolge eine Freiheit aus eigenem Antrieb.

282) Kalliasbriefe, S. 181.

che aus seiner speziellen Beschaffenheit resultieren. Sobald die Schwerkraft an einem Dinge, für sich selbst und unabhängig von seiner speziellen Beschaffenheit, **bloß als allgemeine Naturkraft** wirkt, so wird sie als eine fremde Gewalt angesehen, und ihre Wirkungen verhalten sich als Heteronomie gegen die Natur des Dinges."[284]

Ein Objekt - so ist SCHILLERs Ausführungen zufolge festzuhalten - gilt also immer dann als heautonom, bzw. schön, wenn die Technik (Regeln, Bestimmungen), der seine Form, seine Gestalt, existentiell unterliegt, seinem Betrachter wie frei und in Selbstbestimmung gewählt zu seinem Naturell gehörend erscheint. Daß SCHILLER die Erfüllung dieser Bedingung von Schönheit einer Personalität unterstellt, die sowohl dem gegenständlichen als auch dem menschlichen "schönen Objekt" eigen ist, hat entscheidenden Einfluß auf die gesamte weitere Entwicklung seiner Ästhetik.

III.3.4 Bildungstheoretische Aspekte der Schönheit als Natur in der regelhaft bestimmten Erscheinung

SCHILLER hat in seinen Kalliasbriefen drei grundlegende Begriffe erarbeitet: Schönheit, im Sinne von Freiheit in der Erscheinung eines Objekts; Freiheit, im Sinne von Heautonomie; und Natur, in der ästhetischen Bedeutung eines heautonomen personalen Wesenskerns in der regelhaft bestimmten Form eines schön erscheinenden Objekts. Alle drei sind für ihn qualitative Begriffe, die eine spezifische, nur im Geschmacksurteil erkennbare formale Beschaffenheit von Materie meinen.

Weiterhin geht SCHILLER davon aus, daß diese Qualitäten gleichermaßen subjektiv wie objektiv sein müssen, da sie einerseits durch die praktische Vernunft eines Subjekts überhaupt erst nach Maßgabe der reinen Form einer Willensbestimmung erfaßt werden, andererseits aber Bedingungen vom Objekt erfüllt sein müssen, die ein Subjekt veranlassen, dem ästhetisch beurteilten Gegenstand eben gerade diese Qualität der Erfüllung der formalen Ansprüche seitens der praktischen Vernunft zuzusprechen, obwohl er, theoretisch-vernünftig wie auch moralisch beurteilt, notwendig unfrei ist.

---

283) Kalliasbriefe, S. 184.

284) Kalliasbriefe, S. 178.

Die aus diesen Überlegungen SCHILLERs resultierende Definition von Schönheit als Natur eines Gegenstandes im Sinne eines ihm personhaft zugehörenden Wesenskerns, der frei über die Technik der Existenz des Objekts bestimmt, ist in logischer, teleologischer oder moralischer Hinsicht also ein Paradoxon, da die ein Objekt heteronom **bestimmenden** Regelhaftigkeiten (seine Technik) nicht zugleich **selbstbestimmte** (seine Person) sein können. Wie bereits gezeigt wurde, stimmt SCHILLER hier vollkommen zu.[285] Aber unter ästhetischen Urteilskriterien löst sich der paradoxe Gehalt dieser Definition des Schönen für ihn sogleich wieder auf. Denn für SCHILLER ist ein Objekt (logisch, teleologisch oder moralisch beurteilt) zwar immer notwendig von Gesetzmäßigkeiten seiner Existenz abhängig, doch erscheint es seinem Betrachter dennoch (ästhetisch beurteilt) als völlig aus sich selbst heraus bestimmt, sobald es den Ansprüchen der praktischen Vernunft formal Genüge leistet, d. h. **sobald das Objekt so beurteilt werden muß, als existiere es in der uns erscheinenden Weise weder aus seiner Materie noch aus seiner es notwendig regelhaft bestimmenden Form, sondern aus seiner freien sich selbst bestimmenden Natur bzw. Personalität.**

Wie jetzt zu zeigen sein wird, ist es gerade diese spezifisch SCHILLERsche - und innerhalb der damaligen ästhetischen Debatte völlig neuartige - Auffassung des Schönen als Produkt einer rein selbstbestimmt erscheinenden personalen Gestaltung eines Objekts, von der für die Bildungsphilosophie ein wichtiger Impuls ausgeht, der aber in der Folgezeit immer wieder übersehen worden ist und den herauszuarbeiten sich die vorliegende Arbeit daher zur Aufgabe gemacht hat.

Seine Ausführungen über die Natur, bzw. die Personalität in der Technik eines Gegenstandes erläutert SCHILLER an vielerlei Beispielen, die von ihm aber oft nur unvollständig durchdacht sind und daher nicht selten überzogen und gepreßt wirken.[286] Eine Übertragung seiner Ergebnisse auf den Menschen schließt er jedoch vorläufig noch ausdrücklich aus. Er schreibt an KÖRNER:

---

285) Vgl. Kap. III.3.2 der vorliegenden Arbeit.

286) Vgl. Kalliasbriefe, S. 178 - 181 und 185 - 190.

"Ich widerstehe der Versuchung, Dir an der menschlichen Schönheit die Wahrheit meiner Behauptungen noch anschaulicher zu machen; dieser Materie gebührt ein eigener Brief."[287]

SCHILLER scheint keinen Brief solchen Inhalts an Körner gesandt zu haben. Stattdessen widmete er sich dieser Thematik in seinem den Kalliasbriefen folgenden Aufsatz "Ueber Anmuth und Würde".[288]

Dennoch bietet sich m. E. auch schon im Briefwechsel mit KÖRNER eine Textstelle an, anhand derer sich die bildungstheoretischen Konsequenzen der SCHILLERschen Ästhetik geradezu aufdrängen, der aber bislang - soweit ich die einschlägige Literatur überblicke - trotzdem keine Beachtung zuteil wurde und die hier deshalb sorgsam erarbeitet werden soll:

"Natur an einem technischen Dinge, inwiefern wir sie dem Nichttechnischen entgegensetzen, ist seine technische Form selbst, gegen welches alles andere, was nicht zu dieser technischen Ökonomie gehört, als etwas Auswärtiges, und wenn es darauf Einfluß gehabt hat, als Heteronomie und als Gewalt betrachtet wird. Aber es ist damit noch nicht genug, daß ein Ding nur durch seine Technik bestimmt erscheine - rein technisch sei; denn das ist auch jede streng mathematische Figur, ohne deswegen schön zu sein. Die Technik selbst muß wieder durch die Natur des Dinges bestimmt erscheinen, welches man den freiwil-

---

287) Kalliasbriefe, S. 180. Trotz dieser Aussage KÖRNER gegenüber gibt es bereits in den Kalliasbriefen zwei Textpassagen, in denen SCHILLER seine Ausführungen auf den Menschen überträgt. Es handelt sich dabei einmal um eine Variante der Geschichte des barmherzigen Samariters (vgl. Kalliasbriefe S. 171 - 173) und zum anderen um eine Gruppe tanzender Menschen (vgl. Kalliasbriefe S. 190). Beide Beispiele sind von SCHILLER nicht exakt genug angelegt worden, um die bildungstheoretische Bedeutung seiner neuartigen Auffassung des Schönen plastisch vor Augen zu führen. Insofern sind sie im Blick auf das Ziel der vorliegenden Arbeit durchaus zu vernachlässigen. Vollständigkeitshalber sei aber noch darauf hingewiesen, daß SCHILLER mit seinem Samariter- und Tanzbeispiel bereits innerhalb der Kalliasbriefe die intersubjektive und sogar gesamtgesellschaftliche Bedeutung seiner Auffassung des Schönen als Freiheit in der Erscheinung erfaßt und anspricht. Da er diese Dimension seiner Ästhetik jedoch sehr viel gründlicher in den Briefen über die ästhetische Erziehung des Menschen erörtert (vgl. dazu Kap. III.5 der vorliegenden Arbeit), kann hier auf eine Erläuterung der beiden genannten Passagen verzichtet werden.

288) Vgl. meine Ausführungen dazu in Kap. III.4 der vorliegenden Arbeit.

ligen Konsens des Dings zu seiner Technik nennen könnte. Hier wird also die Natur des Dings von seiner Technik wieder unterschieden, da sie doch kurz vorher für identisch mit derselben erklärt wurde. Aber der Widerspruch ist nur scheinbar. Gegen äußere Bestimmungen verhält sich die technische Form des Dinges als Natur; aber gegen das innere Wesen des Dings kann sich die technische Form wieder als etwas Äußres und Fremdes verhalten. Z.B. es ist die Natur eines Zirkels, daß er eine Linie sei, die in jedem Punkt ihre Richtung von einem gegebenen Punkt gleich weit absteht. Schneidet nun ein Gärtner einen Baum zu einer Zirkelfigur aus, so fodert die Natur des Zirkels, daß er vollkommen rund geschnitten sei. Sobald also eine Zirkelfigur an dem Baume **angekündigt** wird, so muß sie erfüllt werden, und es beleidigt unser Auge, wenn dagegen gesündigt wird. Aber was die Natur des Zirkels fodert, das widerstreitet der Natur des Baumes, und weil wir nicht umhin können, dem Baume seine eigene Natur, seine Persönlichkeit zuzugestehen, so verdrießt uns diese Gewalttätigkeit, und es gefällt uns, wenn er die ihm aufgedrungene Technik aus innerer Freiheit vernichtet. Die Technik ist also überall etwas Fremdes, wo sie nicht aus dem Dinge selbst entsteht, nicht mit der ganzen Existenz desselben eins ist, nicht von innen heraus, sondern von außen hineinkommt, nicht dem Dinge notwendig angeboren, sondern ihm gegeben und also zufällig ist."[289]

Ein Baum ist - um in SCHILLERs Terminologie zu bleiben - sowohl theoretisch-vernünftig als auch moralisch beurteilt zunächst einmal insofern ein rein technischer Gegenstand, als er seine Form nicht aus eigenem Willen heraus selbst bestimmen kann. Er erscheint so betrachtet notwendig unfrei, da seine Gestalt als von ihn bestimmenden Einflüssen, Regeln und gattungspezifischen Gesetzmäßigkeiten abhängig erkannt werden muß. Das heißt aber andererseits nicht, daß er ein Kunstprodukt ist, denn Artefakte sind ausschließlich von Menschenhand hergestellte oder maschinell produzierte Dinge. Auch für SCHILLER ist ein Baum insofern ein natürliches Ding im herkömmlichen Verständnis von gewachsener Natur.

---

289) Kalliasbriefe, S. 180f.

Um nun die ästhetische Natur eines Baumes in der Weise, wie SCHILLER sie versteht - nämlich als eine nur im Geschmacksurteil erkennbare persönliche und selbstbestimmte Wesensart eines Objekts - zu verdeutlichen, spitzt SCHILLER sein Beispiel zu. Er läßt in Gedanken einen Gärtner den Baum kugelrund schneiden, wodurch jetzt zwei Naturen - die des unbeschnittenen Baumes und die der Kugel - miteinander konfrontiert werden. Denn die Kugel ist zwar ebenfalls eine rein technische, aber nach Erkenntnissen theoretischer Vernunft konstruierte geometrische Figur und insofern dem Baum unnatürlich, doch kann auch ihre spezifische Verfaßtheit in ästhetischer Hinsicht als ihre Natur, im Sinne ihrer Wesenhaftigkeit, aufgefaßt werden. Baum und Kugel sind also einerseits zwar technische Dinge, aber ihre je spezifische Technik ist zugleich auch ihr Wesen, ihre Persönlichkeit. So gesehen ist ihre Technik zugleich ihre Natur. Die Natur des Baumes: so zu wachsen, wie er - bspw. als Pappel oder als Kastanie - sich selbst überlassen wächst; die Natur der Kugel: kugelrund zu sein. Daß beider Technik zugleich als ihre Natur aufgefaßt werden kann, wird hier besonders deutlich, indem SCHILLER sie miteinander konfrontiert. Wird der Baum nämlich nicht exakt beschnitten, entspricht die Form der Kugel schon nicht mehr deren Wesen. Hat der Baum nicht seine gattungsspezifische Form (Gestalt), sondern wird er kugelrund gestutzt, entspricht auch er nicht seinem Wesen. Beide teilen dann das Schicksal, auch noch ästhetisch als unfrei zu erscheinen. Denn ein Gegenstand kann für SCHILLER, wie inzwischen schon mehrfach betont wurde, immer nur dann als ästhetisch frei beurteilt werden, "wenn die Natur des Dinges mit seiner Technik zusammenstimmend erscheint, wenn es aussieht, als wenn diese aus dem Dinge selbst freiwillig hervorgeflossen wäre."[290]

Derselbe Gedanke der naturgemäßen Selbstgestaltung in Freiheit kann aber umgekehrt auch als **ästhetischer Imperativ** formuliert werden: Ein Objekt muß wenigstens scheinbar die Form(ung), die Gestalt(ung) seiner Materie innerhalb der es artgemäß bestimmenden Bedingungen wie aus seiner ihm eigenen Natur, also wie aus einer ihm inhärenten personalen Dimension heraus in freier Selbstbestimmung hervorgebracht haben, damit es ästhetisch als frei, mithin als schön, beurteilt werden kann.[291] Die Forde-

---

290) Kalliasbriefe, S. 184.

291) Die Definition des Schönen als eine durch die praktische Vernunft des Subjekts im ästhetischen Urteil hervorgebrachte Vorstellung von Freiheit einer Erscheinung ist auch von SCHILLER selbst zu einem ästhetischen Imperativ

rung, die damit aus SCHILLERs ästhetischer Perspektive an Gegenstände zur Beurteilung deren quasi-personaler Dimension ergeht, kann daher auch folgendermaßen formuliert werden: Erscheine so, als bestimmtest du dich aus dir selbst! Zeige dich mir so, als seiest du du selbst innerhalb der unhintergehbaren und dich notwendig formenden gattungsgemäßen Existenzbedingungen, von denen du abhängst! Verweise darauf, daß ein Leben einer individuellen Personalität innerhalb eines vorgegebenen Rahmens möglich ist!

Die Parallelität zu dem von mir in Kapitel III.1 der vorliegenden Arbeit skizzierten programmatischen und die aktuelle bildungstheoretische Debatte wieder nachdrücklich bestimmenden zentralen Gedanken der Erziehungs- und Bildungsphilosophie des 18. Jahrhunderts ist offensichtlich: Denn wie sich dort, im Anschluß an vorangegangene bildungsanthropologische Entwürfe, das Selbstbestimmungspostulat des Menschen mit der ROUSSEAU-Rezeption im deutschsprachigen Raum auch für explizit pädagogische Zusammenhänge als unhintergehbare Forderung eines reformerischen Erziehungsverständnisses durchzusetzen beginnt, transferiert SCHILLER den Gedanken der Selbstbestimmung des Subjekts jetzt auf die Grundfrage der ästhetischen Debatte seiner Zeit; die Frage nämlich, was denn das Schöne sei.

Im Gegenzug erfährt die bildungsanthropologische Diskussion aber gerade durch SCHILLERs besondere Beantwortung der Frage nach dem Schönen eine Erweiterung, die ich als ästhetisierendes Verständnis von Bildung bezeichne und der bis heute keine ausreichende Beachtung innerhalb der aktuellen bildungstheoretischen Auseinandersetzung geschenkt worden ist, obwohl - wie später noch zu zeigen sein wird - gerade mit ihr die vielfach wiederholte Forderung nach so notwendiger Allseitigkeit oder

---

umformuliert worden. So schreibt er in seinem Brief vom 25. Oktober 1794 an KÖRNER: "Das Schöne ist kein Erfahrungsbegriff, sondern vielmehr ein Imperativ. Es ist gewiß objektiv, aber bloß als eine notwendige Aufgabe für die sinnlich vernünftige Natur" (In: BERGHAHN, Klaus L. [Hrsg.]: Briefwechsel zwischen Schiller und Körner. München 1973, S. 228). In dem Aufsatz "Ueber Anmuth und Würde" heißt es einmal: "Ich nenne die Schönheit eine **Pflicht** der Erscheinungen, weil das ihr entsprechende Bedürfniß im Subjekte in der Vernunft selbst gegründet, und daher allgemein und nothwendig ist." (SCHILLER, Friedrich: Ueber Anmuth und Würde. In: Schillers Werke. Nationalausgabe Bd. 20, Philsophische Schriften I. Unter Mitwirkung von Helmut KOOPMANN hrsg. von Benno von WIESE. Weimar 1962, S. 264.)

Ganzheitlichkeit des sich entwickelnden Menschen begründet werden kann. **Denn indem SCHILLER das Selbstbestimmungspostulat der von der Aufklärung geprägten Anthropologie seiner Zeit zum Kerngehalt dessen macht, was er das Schöne nennt, trägt er gleichzeitig zu einer Ästhetisierung eben dieses Autonomiegedankens bei: Insofern nämlich das Schöne von ihm als freies Selbstsein eines Objekts unter dessen artspezifischer Bestimmtheit gedacht wird, kann auch die freie Entfaltung eines Selbst im Menschen nicht bloß als Vollzug einer individualistischen Existenz begriffen werden. Freies Selbstsein des Menschen meint dann im Sinne eines schönen Selbstseins vielmehr die wesensgemäße Gestaltung eines Menschenlebens innerhalb dessen gattungsspezifischer Bestimmtheit (seine gemischte, sinnlich-vernünftige Natur), vollzogen durch eine dem Menschen aus ästhetischen Überlegungen heraus zu unterstellende personale Selbstgestaltungspotenz.**

Aus dieser Perspektive ist dann unter Selbstbestimmung des Menschen nur noch eine **selbsttätige, individuelle Hervorbringung (im Sinne von: zur Erscheinung machen) des personalen Wesens innerhalb spezifisch anthropogener Bestimmtheit** zu verstehen. Als ein Besonderer unter allgemeinen Bedingungen muß ein Mensch dem ästhetischen Imperativ zufolge seinen Mitmenschen dann in einer Weise erscheinen, als hätte er sich selbst in absoluter Freiheit, d. h. ohne jeden Zwang seitens seiner spezifisch menschlichen Existenzbedingungen als sinnlich-vernünftiges Wesen, zu demjenigen Subjekt gemacht, als das er seinen Mitmenschen gegenübertritt. Denn nur wenn er diese Bedingung erfüllt, kann ihm aus einer ästhetischen Beurteilung heraus reine Selbstbestimmtheit, frei entfaltete Personalität, absolute Autonomie der Persönlichkeit zugesprochen werden.

Der Mensch kann SCHILLERs Ästhetik zufolge also nach der jeweiligen Maßgabe der reinen Form der Vernunft weder theoretisch, d. h. logisch oder teleologisch, noch moralisch beurteilt als freies Wesen gelten. Lediglich aus ästhetischer Urteilsperspektive darf vom Menschen als freiem Wesen im SCHILLERschen Sinne gesprochen werden, sofern dieser die im Verlauf des Kapitels eingehend erörterte spezifische Verhältnisbestimmung seiner Naturseite und seines Vernunftanteils als autonome Persönlichkeit zu gestalten vermag. Als scheinbar muß diese Freiheit korrekterweise gekennzeichnet werden, da die übrigen Urteilsweisen nicht gänzlich von der ästhetischen abgekoppelt werden können und die Autonomie des Schönen somit immer nur im Sinne eines "Als-ob-Zustands" zu haben ist.

Die anthropologische Konsequenz aus diesem für SCHILLER einzig möglichen Freiheitsbegriff, der ja in eins und zugleich eine Bestimmung des Schönen ist, liegt auf der Hand: Wenn der Mensch überhaupt nur unter den ästhetischen Bedingungen der Schönheit als freie Person gelten kann, so müßten SCHILLERs Theorie des Schönen zufolge umgekehrt auch alle Bestrebungen nach autonomer Selbstbestimmung, nach Mündigkeit, nach Freiheit des Subjekts die Bedingungen des Schönen erfüllen. In den Kalliasbriefen wird von dieser Konsequenz der Denkweise noch nicht ausdrücklich gesprochen. Sie wurde lediglich mit Hilfe des von mir zitierten Baumbeispiels als Perspektive auf eine ästhetische Anthropologie eröffnet. Erst in seinen Augustenburger Briefen bzw. den Briefen über die ästhetische Erziehung des Menschen wird von SCHILLER die Frage nach der Selbstbestimmung des Menschen in den Vordergrund gerückt. Sein den Kalliasbriefen unmittelbar folgender Aufsatz "Ueber Anmuth und Würde" leitet zu diesem gedanklich konsequenten Schritt über, da SCHILLER in ihm sein von seiner Auffassung des Schönen als Freiheit in der Erscheinung geprägtes Menschenbild entfaltet.

III.4 Der Gedanke ästhetischer Selbstbestimmung der Person in "Ueber Anmuth und Würde"

Nur wenige Wochen nach seinem letzten Kalliasbrief an KÖRNER beginnt SCHILLER mit der Niederschrift seiner Abhandlung "Ueber Anmuth und Würde"[292], die er unmittelbar nach ihrer Fertigstellung - im Juni 1793 - in der von ihm herausgegebenen Zeitschrift "Neue Thalia" veröffentlicht. Sie ist durchaus als Ausarbeitung zum dort gegebenen Hinweis zu verstehen, daß es der Übertragung der in diesen Briefen dargestellten Einsichten

---

292) SCHILLER, Friedrich: Ueber Anmuth und Würde. In: Schillers Werke. Nationalausgabe Bd. 20, unter Mitwirkung von Helmut KOOPMANN hrsg. von Benno von WIESE. Weimar 1962, S.251-308. Im folgenden abgekürzt als: Ueber Anmuth und Würde, NA 20.

über das Schöne auf den Menschen eines eigenen Kapitels bedürfe.[293] Zeitlich und inhaltlich gehört der Aufsatz damit in den engsten Arbeitszusammenhang mit den Kalliasbriefen.[294] SCHILLER führt in ihm im Grunde also aus, was im Verlauf seiner Herleitung einer sinnlich-objektiven Theorie des Schönen bislang keinen dem Gegenstand angemessenen Platz gefunden hatte.

Dennoch ist der Text, wie zu zeigen sein wird, nicht nur eine bloße Übertragung der im vorangegangenen Kapitel vorgestellten Einsichten SCHILLERs auf ein weiteres Element der vielfältigen Welt. Vielmehr wird in ihm das bereits in den frühen Schriften erkennbar gewordene und in den Kalliasbriefen am Beispiel des Baumes von mir nur perspektivisch angedeutete ästhetisch-ganzheitliche Menschenbild SCHILLERs entfaltet.

Im Unterschied zu den Kalliasbriefen betreibt SCHILLER in "Ueber Anmuth und Würde" jedoch eine sehr viel mehr essayistische Darstellung seiner Philosophie. Während die Briefe an den Freund größtenteils der Versuch eines systematischen Entwurfs seines Schönheitsbegriffs sind, ist der Thalia-Aufsatz eher eine assoziative, in kreisenden Gedankenbewegungen vollzogene Erörterung über den Menschen. Diese so ganz andere Herangehensweise wird schon gleich zu Beginn der Abhandlung deutlich, da SCHILLER seiner philosophischen Betrachtung

---

293) Vgl.: Kalliasbriefe, S. 180 sowie meinen Hinweis in Kap. III.3.4 dieser Arbeit; ein weiterer, diese These unterstützender Hinweis findet sich bei: Gero von WILPERT: Schiller-Chronik. Stuttgart 1958, S. 159.

294) Vgl. NA 21, S. 210f. Der Kommentar der Nationalausgabe verweist hier zurecht auch auf den inhaltlichen Zusammenhang mit SCHILLERs Briefen an Prinz Friedrich Christian von Schleswig-Holstein-Sonderburg-Augustenburg (bekannter in ihrer von SCHILLER später neu verfaßten Form als "Briefe über die ästhetische Erziehung des Menschen"; Näheres dazu in Kap. III.5), macht an dieser Stelle jedoch falsche Angaben zu deren Entstehungszeit, wodurch die gedankliche konsequente Folge der einzelnen Texte verwischt wird. Denn SCHILLER hatte zwar dem Prinzen schon am 9. Februar 1793 - also kurz nach dem Beginn der Entwicklung seiner Ästhetik KÖRNER gegenüber - seinen Plan zur Erarbeitung einer Schönheitstheorie in einer Briefreihe angekündigt und auch schon deren Stellenwert innerhalb der aktuellen philosophischen Diskussion angesprochen, doch ist der erste dieser Briefe auf den 13. Juli 1793 datiert, also etwa einen Monat **nach** der Veröffentlichung von "Ueber Anmuth und Würde" an Friedrich Christian geschrieben worden. (Vgl. die Datierung der Briefe in: BOLTEN, Jürgen [Hrsg.]: Schillers Briefe über die ästhetische Erziehung. Frankfurt/Main 1984, S. 33 und 36 sowie den Kommentar der Nationalausgabe an anderer Stelle selbst, NA 21, S. 233f.)

über den Menschen eine Interpretation des griechischen Mythos' von der Schönheitsgöttin Venus voranstellt.[295]

Die sich hieran anschließende Entfaltung eines spezifisch ästhetischen Menschenbildes ist durchaus getragen von dem in den Kalliasbriefen entwickelten Gedanken, daß Schönheit allein als Freiheit in der Erscheinung, im Sinne eines rein selbstbestimmten Verhältnisses von Materie und Form eines Objekts, aufzufassen ist.[296] Obwohl, wie zu zeigen sein wird, dieser Schönheitsbegriff als Basis für SCHILLERs Menschenbild dient, wird er im Aufsatz nicht eigens systematisch aufbereitet. Darüber hinaus kommt es im Laufe des Textes zu einer für SCHILLER typischen[297], zunächst teilweise verwirrenden Verlagerung von Bedeutungen so zentraler Begriffe wie Natur und Person sowie zu einer Differenzierung des Schönheitsbegriffs. Trotz dieser sowohl Rezeption als auch Interpretation erschwerenden Umstände gewinnen diese Termini bei ihrer Rückbindung an die Kalliasbriefe an Gehalt und inhaltlicher Stabilität und bahnen darin den Weg zu SCHILLERs von ästhetischen Grundsätzen geprägter Anthropologie.

Meine Interpretation, die das in "Ueber Anmuth und Würde" präsentierte ganzheitliche Bild vom Menschen rekonstruiert, wird, wenn sie die für die vorliegende Arbeit maßgebliche Kernaussage einigermaßen übersichtlich darstellen soll, aufgrund der hier andeutungsweise skizzierten Textstruktur dieses Aufsatzes nicht den SCHILLERschen Argumentationsschleifen parallel folgen können, sondern muß die einzelnen Bausteine, im Text hin- und herspringend, zusammentragen.

III.4.1 Die Differenzierung des Schönheitsbegriffs

Im Unterschied zu den Kalliasbriefen erklärt SCHILLER in "Ueber Anmuth und Würde" den transzendentalphilosophischen Hintergrund seiner Schönheitstheorie nur andeutungsweise. Er folgt dabei zunächst gedanklich auch hier KANT[298], indem er von "zweyerley Arten ... [spricht,] wodurch

---

295) Vgl. Ueber Anmuth und Würde, NA 20, S. 251 - 255.

296) Vgl. oben, Kap. III.3.2.

297) Vgl. SAYCE, Olive: Das Problem der Vieldeutigkeit in Schillers ästhetischer Terminologie. In: Jahrbücher der deutschen Schillergesellschaft 6 (1962), S. 150.

298) Vgl. NA 21, S. 223.

Erscheinungen Objekte der Vernunft werden, und Ideen ausdrücken können."[299] Die eine bezeichnet er jetzt aber als herausziehende, die andere dagegen als hineinlegende. Beim ersten Verfahren findet nach SCHILLER die
Vernunft ihren Begriff vom Gegenstand schon in der Erscheinungsweise
des Objekts. In ihm bestätigt sich also, um mit den Termini der
Kalliasbriefe zu sprechen, allein das reine Prinzip entweder der theoretischen oder der praktischen Vernunft, indem es auf seine eigene, am Objekt
zu entdeckende Vernunftstruktur verwiesen wird.[300] Demgegenüber ist die
hineinlegende Vernunft - in den Kalliasbriefen war sie als Ideen unterstellende Vernunfttätigkeit beschrieben worden - dadurch gekennzeichnet, daß
sie

"das, was unabhängig von ihrem Begriff in der Erscheinung
gegeben ist, selbstthätig zu einem Ausdruck desselben **macht**,
und also etwas bloß sinnliches übersinnlich behandelt."[301]

SCHILLERs Argumentation fußt hier also, wie schon in den
Kalliasbriefen, auf dem in der Kritik der Urteilskraft von KANT präsentier-
ten Gedanken des analogisierenden Vernunftverfahrens.[302] Aufgrund dieser
geistigen Fähigkeit ist der Mensch KANT und SCHILLER zufolge überhaupt erst in der Lage, einem Objekt in seiner für ihn spezifischen
Erscheinungsweise eine rein gedankliche, mithin ideelle Vorstellung zuzu-
ordnen.

Die an diesen Grundgedanken anschließenden Hinweise SCHILLERs zu
seiner Auffassung des Schönen, bzw. der Schönheit[303], unterscheiden sich

---

299) Ueber Anmuth und Würde, NA 20, S. 259. Vgl. oben, Kap. III.3.1, SCHILLERs
Erläuterungen zur theoretischen bzw. zur praktischen Vernunft des Menschen,
deren beider Arbeitsweisen dort als jeweils identifizierend oder analogisierend
beschrieben worden waren. In "Ueber Anmuth und Würde" verfolgt SCHILLER
aber nicht eigens die KANTsche Unterscheidung von theoretischer und
praktischer Vernunft, sondern erläutert - nach wenigen Sätzen über die allgemeine
Verfahrensweise von Vernunft überhaupt - seine Vorstellung von der
Vernunfttätigkeit des Menschen ausschließlich an der praktischen, ohne diese aber
auch nur einmal beim Namen zu nennen.

300) Vgl. Ueber Anmuth und Würde, NA 20, S. 259.

301) Ueber Anmuth und Würde, NA 20, S. 259f.

302) Vgl. oben, Kap. III.3.2.

303) SCHILLER verwendet auch in diesem Text beide Begriffe synonym.

jetzt jedoch in einer wesentlichen Differenzierung seiner Ausführungen KÖRNER gegenüber: SCHILLER hält auch hier daran fest, daß im Falle einer ästhetischen Beurteilung eines Gegenstandes mittels praktischer Vernunft ein gewisses Maß an theoretischer Vernunfttätigkeit nötig ist, "weil der Begriff [sc.: des Objekts] gesetzt werden muß, um die Beschaffenheit und oft selbst um die Möglichkeit des Objekts zu erklären"[304]. Es muß also durch Verstandesaktivität eine dem Gegenstand spezifisch eigene, und von SCHILLER nur in diesem Sinne als objektiv bezeichnete Seinsweise - seine Technik, seine ihm inhärente Regelhaftigkeit - erkannt werden, damit er seinem Rezipienten überhaupt als ein von allem Übrigen differenziertes da- und soseiendes Objekt zur Verfügung steht, das ästhetisch beurteilt werden kann. Insoweit decken sich diese Aussagen in "Ueber Anmuth und Würde" also mit dem, was SCHILLER in den Kalliasbriefen von den objektiven Anteilen des Geschmacksurteils gesagt hatte.[305] Im Unterschied dazu erweitert er jetzt aber den in diesem spezifischen Sinne objektiven Gehalt des Geschmacksurteils um ein rein perzeptives Element:

"Da es [... beim ästhetischen Urteil] in Ansehung des sinnlichen Objektes ganz und gar zufällig ist, ob es eine Vernunft giebt, die mit der Vorstellung desselben eine ihrer Ideen verbindet, folglich die objektive Beschaffenheit des Gegenstandes von dieser Idee als völlig unabhängig muß betrachtet werden, so thut man ganz Recht, das Schöne, **objektiv**, auf lauter Naturbedingungen einzuschränken, und es für einen bloßen Effekt der Sinnenwelt zu erklären."[306]

Die technische Logik eines Objekts, bzw. deren korrespondierende Begriffe, sind für SCHILLER nun schon so selbstverständliche Voraussetzung für ein Geschmacksurteil, daß er sie gar nicht mehr ausdrücklich nennt, wenn er von den objektiven Anteilen des Schönen spricht. Als objektiven Gehalt eines als schön beurteilten Gegenstands bezeichnet er daher in der soeben zitierten Passage nur noch die rein sinnliche Qualität

---

304) Ueber Anmuth und Würde, NA 20, S. 259.

305) Vgl. Kap. III.3.2 der vorliegenden Arbeit.

306) Ueber Anmuth und Würde, NA 20, S. 260.

eines Objekts (wobei man von SCHILLER her jetzt immer schon mitdenken muß: ..., die freilich überhaupt nur aufgrund der ein Ding als Objekt erkennbar werden lassenden Differenzierungsleistung des Verstandes perzipiert werden kann). Dem Denkmuster seines Technikbegriffs völlig adäquat spricht SCHILLER also auch im Hinblick auf die rein physikalische, in keiner Weise urteilender Vernunft unterworfene Beschaffenheit eines Gegenstandes von einem objektiven Element, obwohl es doch immer ein Subjekt mit seinen je spezifischen Perzeptionsweisen ist, auf das dieser Gegenstand via sinnliche Wahrnehmung wirkt.

Spricht SCHILLER in "Ueber Anmuth und Würde" von objektiven Elementen des ästhetischen Urteils, denkt er vordergründig also an die materielle, auf die Sinne eines den Gegenstand wahrnehmenden Rezipienten wirkende Anmutungsqualität eines Objekts. Gleichzeitig hält er aber bei der Bestimmung des Schönen an seinem KÖRNER gegenüber so sorgfältig entwickelten Gedanken des angesichts als schön zu beurteilender Gegenstände aktiven Hervorbringens einer spezifischen Idee fest, wenn er schreibt:

> "Weil aber doch - auf der andern Seite - die Vernunft von diesem Effekt der bloßen Sinnenwelt einen transcendenten Gebrauch macht, und ihm dadurch, daß sie ihm eine höhere Bedeutung leiht, gleichsam ihren Stempel aufdrückt, so hat man ebenfalls Recht, das Schöne **subjektiv** in die intelligible Welt zu versetzen. Die Schönheit ist daher als die Bürgerin zwoer Welten anzusehen, deren einer sie durch **Geburt**, der andern durch **Adoption** angehört; sie empfängt ihre Existenz in der sinnlichen Natur, und **erlangt** in der Vernunftwelt das Bürgerrecht."[307]

Schönheit ist von nun an bei SCHILLER also ausdrücklich als sinnlich-geistige Qualität eines Objekts definiert, die diesem aufgrund seines spezifischen, personhaft selbstbestimmten Verhältnisses seiner Materie zu seiner Form in einem sowohl perzeptiven als zugleich auch mental aktiven ästhetischen Beurteilungsprozeß des Subjekts zugesprochen wird. Seinen Ausführungen in den Kalliasbriefen folgend, betont er zwar auch hier die Notwendigkeit dieses Prozesses der Ideenverknüpfung mit dem wahrgenommenen Gegenstand durch das Subjekt:

---

307) Ueber Anmuth und Würde, NA 20, S. 260.

"Wiewohl es aber - in Ansehung des Gegenstandes selbst - zufällig ist, ob die Vernunft mit der Vorstellung desselben eine ihrer Ideen verbindet, so ist es doch - für das vorstellende Subjekt -
nothwendig, mit einer solchen Vorstellung eine solche Idee zu
verknüpfen. Diese Idee und das ihr korrespondirende sinnliche
Merkmal an dem Objekte müssen mit einander in einem solchen
Verhältniß stehen, daß die Vernunft durch ihre eignen unverän-
derlichen Gesetze zu dieser Handlung genöthigt wird. In der
Vernunft selbst muß also der Grund liegen, warum sie ausschließend nur mit einer **gewissen** Erscheinungsart der Dinge eine bestimmte Idee verknüpft, und in dem Objekte muß wieder der
Grund liegen, warum es ausschließend nur **diese** Idee und keine
andre hervorruft."[308]

Doch im Unterschied zu seinen Kalliasbriefen verzichtet er in "Ueber
Anmuth und Würde" ausdrücklich auf die systematische Herleitung des
Hervorbringens der spezifischen Freiheitsidee angesichts schöner
Gegenstände. Er schreibt:

"Was für eine Idee das nun sey, die die Vernunft in das Schöne
hineinträgt, und durch welche objektive Eigenschaft der schöne
Gegenstand fähig sey, dieser Idee zum Symbol zu dienen - dieß
ist eine viel zu wichtige Frage, um hier bloß im Vorübergehen
beantwortet zu werden, und deren Erörterung ich also auf eine
Analytik des Schönen verspare."[309]

Dennoch bildet die Philosophie der Freiheit auch in diesem Text den wesentlichen Kern der Erörterung. Sie tritt hervor, indem SCHILLER sein
ästhetisches Menschenbild entfaltet.

---

308) Ueber Anmuth und Würde, NA 20, S. 260f.

309) Ueber Anmuth und Würde, NA 20, S. 261.

III.4.2 Die Ästhetisierung anthropologischer Grundaussagen

Ähnlich wie in den frühen theoretischen Schriften[310] beschreibt SCHILLER auch in "Ueber Anmuth und Würde" den Menschen als ein duales, von zwei existentiellen Dimensionen bestimmtes Wesen. Hinsichtlich der ersten unterliegt für ihn der Mensch durch seine sinnlich-leibliche, psychophysische Existenz wie alle Kreatur unabdingbaren Naturgesetzlichkeiten und steht insofern dem tierischen Leben noch sehr nahe:

> "Da einer Naturnothwendigkeit nichts abzudingen ist, so muß auch der Mensch, seiner Freyheit ungeachtet, empfinden, was die Natur ihn empfinden lassen will, und je nachdem die Empfindung Schmerz oder Lust ist, so muß bey ihm eben so unabänderlich Verabscheuung oder Begierde erfolgen. In diesem Punkte steht er dem Thiere vollkommen gleich, und der starkmüthigste Stoiker fühlt den Hunger eben so empfindlich und verabscheut ihn eben so lebhaft, als der Wurm zu seinen Füßen."[311]

Innerhalb dieser Existenzdimension herrscht also der "Naturtrieb"[312], wie SCHILLER sagt, und den er auch den "nachdrücklich sprechenden Instinkt" nennt.[313] Schmerz und Lust, Ekel und Begierde sind hier die empfundenen Beweggründe, die den Menschen zu Handlungen veranlassen.

Parallel zu dieser Kennzeichnung des rein psychophysischen Menschen als Naturwesen, spricht SCHILLER auch aus ästhetischer Sicht auf den sinnlich-leiblichen Körper - in dem die Bedingungen der Naturgesetze wirken und somit das gestalthafte Erscheinungsbild des Menschen prägen - von einer Naturseite des Menschen. Seiner in Kapitel III.4.1 von mir dargestellten Unterscheidung sinnlicher und geistiger Anteile des Schönen gemäß, bezeichnet er jetzt nämlich die rein sinnlich-leiblichen Anteile eines unter bestimmten Bedingungen als schön zu beurteilenden Menschen als

---

310) Vgl. Kap. III.2 der vorliegenden Arbeit.

311) Ueber Anmuth und Würde, NA 20, S. 290.

312) Ueber Anmuth und Würde, NA 20, S. 281.

313) Ueber Anmuth und Würde, NA 20, S. 280.

dessen "architektonische Schönheit" bzw. als dessen "Schönheit des Baues".[314] Mit ihr möchte er

> "denjenigen Theil der menschlichen Schönheit bezeichnet haben, der nicht bloß durch Naturkräfte **ausgeführt** worden (was von jeder Erscheinung gilt), sondern der auch **nur allein durch Naturkräfte bestimmt** ist."[315]

Sie ist demnach als Schönheit (etwa des Körperbaues, des Wuchses oder der Stimme) zu begreifen, die der Mensch seinen natürlichen Anlagen sowie deren Entwicklung verdankt.[316]

SCHILLER weist in dem Zusammenhang darauf hin, daß diese architektonische Schönheit nicht mit demjenigen verwechselt werden darf, was er die "technische Vollkommenheit"[317] nennt, die nur den Idealzustand des rein funktionalen Systems der einzelnen Körperelemente eines Menschen angibt, also der Maßstab seiner Bio-Logik ist. SCHILLER nennt diese daher auch "**das System der Zwecke selbst** [...], so wie sie sich unter einander zu einem obersten Endzweck vereinigen", wohingegen er die Schönheit des Baues als "**eine Eigenschaft der Darstellung** dieser Zwecke" bezeichnet.[318]

Während die technische Vollkommenheit also nur mit Hilfe verstandeslogischer Folgerungen erkannt werden kann - denn "diese Technik [...] kann nur **gedacht werden**, nicht **erscheinen**"[319] -, wendet sich die architektonische Schönheit ausschließlich dem "anschauenden Vermögen"[320], der rein sinnlichen Wahrnehmungsfähigkeit des Menschen, zu. Denn diese Schönheit hat für SCHILLER ihren Ursprung allein in "den Händen **der bloßen Natur**" und ist "**ohne die Einwirkung eines empfindenden Gei-**

---

314) Ueber Anmuth und Würde, NA 20, S. 255.

315) Ueber Anmuth und Würde, NA 20, S. 255f.

316) Vgl. Ueber Anmuth und Würde, NA 20, S. 256.

317) Ueber Anmuth und Würde, NA 20, S. 256.

318) Ueber Anmuth und Würde, NA 20, S. 256.

319) Ueber Anmuth und Würde, NA 20, S. 257.

320) Ueber Anmuth und Würde, NA 20, S. 256.

stes"[321], mithin "durchaus nur eine Eigenschaft des Sinnlichen"[322]. Sie wird von der Natur gleichermaßen geschaffen, wie anschaulich dargestellt, und um sie zu erfassen, reicht die sinnliche Wahrnehmung des Menschen von ihr völlig aus.[323] Insofern entspricht sie nicht einem quasi-personal selbstbestimmten Verhältnis von Materie und Form, und ihre Bezeichnung als natürliche Eigenschaft des Menschen ist durchaus im Sinne einer natura naturata formuliert, deckt sich also nicht mit dem als freie Wesenhaftigkeit verstandenen Naturbegriff der Kalliasbriefe.[324]

Über diese erste Existenzdimension hinaus aber - und auch darin setzen sich die frühen theoretischen Schriften sowie die sinnlich-geistige Schönheitsauffassung inhaltlich fort - ist die Existenz des Menschen in SCHILLERs Anthropologie immer zugleich auch von einer vernünftigen Dimension bestimmt:

"Der Mensch aber ist zugleich eine **Person**, ein Wesen also, welches **selbst** Ursache, und zwar absolut letzte Ursache seiner Zustände seyn, welches sich nach Gründen, die es aus sich selbst nimmt, verändern kann. Die Art seines Erscheinens ist abhängig von der Art seines Empfindens und Wollens, also von Zuständen, die er selbst in seiner Freiheit, und nicht die Natur nach ihrer Nothwendigkeit bestimmt.

Wäre der Mensch bloß ein Sinnenwesen, so würde die Natur zugleich die **Gesetze** geben und die **Fälle** der Anwendung bestimmen; jetzt theilt sie das Regiment mit der Freiheit, und obgleich ihre Gesetze Bestand haben, so ist es nunmehr doch der Geist, der über die Fälle entscheidet."[325]

SCHILLER unterscheidet hier von der leiblich-sinnlichen Naturseite des Menschen ein geistiges Potential, - weiter unten nennt er es auch sittliche

---

321) Ueber Anmuth und Würde, NA 20, S. 255.

322) Ueber Anmuth und Würde, NA 20, S. 258.

323) Vgl. Ueber Anmuth und Würde, NA 20, S. 258f.

324) Vgl. Kap. III.3.3 der vorliegenden Arbeit.

325) Ueber Anmuth und Würde, NA 20, S. 262.

Bestimmung oder Vernunftteil[326] - das er als eine den Menschen ebenso wesenhaft ausmachende Existenzdimension beschreibt, und mit dem er den Begriff Person im Sinne KANTs zur Grundlage seiner weiteren Ausführungen macht.[327] Er handelt sich damit zugleich ein für sein ganz-

---

326) Vgl. Ueber Anmuth und Würde, NA 20, S. 277 bzw. 280.

327) Es heißt nämlich bei KANT: "Es kann nichts Minderes sein, als was den Menschen über sich selbst (als einen Teil der Sinnenwelt) erhebt, was ihn an eine Ordnung der Dinge knüpft, die nur der Verstand denken kann, und die zugleich die ganze Sinnenwelt, mit ihr das empirisch-bestimmbare Dasein des Menschen in der Zeit und das Ganze aller Zwecke [...] unter sich hat. Es ist nichts anders als die **Persönlichkeit**, d. i. die Freiheit und Unabhängigkeit von dem Mechanism der ganzen Natur, doch zugleich als ein Vermögen eines Wesens betrachtet, welches eigentümlichen, nämlich von seiner eigenen Vernunft gegebenen reinen praktischen Gesetzen, die Person also, als zur Sinnenwelt gehörig, ihrer eigenen Persönlichkeit unterworfen ist, so fern sie zugleich zur intelligibelen Welt gehört;" (KANT, Immanuel: Kritik der praktischen Vernunft. In: Ders.: Werke in zehn Bänden. Hrsg. von Wilhelm WEISCHEDEL. Bd. 6, Darmstadt 5. Aufl. 1983 S. 209f). Auch für KANT ist der Mensch als Person seiner ihn bestimmenden Naturnotwendigkeiten insofern enthoben, als er als intelligentes Wesen Vernunftgesetze über sich und also mithin auch über sich als sinnliches Wesen in freier Selbstbestimmung aufstellen und befolgen kann. Der personalen Existenzdimension des Menschen kommt also sowohl für KANT wie auch für SCHILLER die Qualität einer absoluten vernünftigen Seinskategorie zu. Deshalb kann SCHILLER sie auch mit dem - 1793 noch sehr unklaren (vgl. hierzu RITTER, Joachim [Hrsg.]: Historisches Wörterbuch der Philosophie. Bd. 3. Basel und Stuttgart 1984, Sp. 184) - Begriff Geist in Verbindung bringen, der bei ihm als intelligibles Prinzip in Opposition zu bloßer Sinnlichkeit und Materialität im Sinne des cartesianischen Dualismus von Geist und Materie steht. Der Kommentar der Nationalausgabe weist darauf hin, daß SCHILLER mit der Verwendung des Geistbegriffs einen "Anspruch auf Totalität" des Menschen erhebt, da dieser "die Brücke vom menschlichen Dasein als reine Intelligenz zu dem als bloße Erscheinung schlägt." (Vgl. NA 21, S. 224.) SCHILLER selbst merkt folgendes an: "Das Gebiet des Geistes erstreckt sich **so weit, als die Natur lebendig ist**, und endigt nicht eher, als wo das organische Leben sich in die formlose Masse verliert, und die animalischen Kräfte aufhören. Es ist bekannt, daß alle bewegenden Kräfte im Menschen unter einander zusammenhängen, und so läßt sich einsehen, wie der Geist - auch nur als Princip der willkührlichen Bewegung betrachtet - seine Wirkungen durch das ganze System derselben fortpflanzen kann. Nicht bloß die Werkzeuge des Willens, auch diejenigen, über welche der Wille nicht zu gebieten hat, erfahren wenigstens mittelbar seinen Einfluß. Der Geist bestimmt sie nicht bloß absichtlich, wenn er handelt, sondern auch unabsichtlich, wenn er empfindet." (Ueber Anmuth und Würde, NA 20, S. 262f.) Mit dieser Passage betont SCHILLER nicht nur noch einmal die absolute Freiheit des geistigen Personalitätsprinzips, sondern prägt gemeinsam mit KANT eine Auffassung von Geist als lebendiges Vernunftprinzip, das sich später bei

heitliches Menschenbild problematisches Personverständnis ein, das eine Abspaltung der personalen von der leiblichen Dimension des Menschseins impliziert und auf das ich weiter unten noch zu sprechen kommen werde.[328]

Zwecks besserer Unterscheidbarkeit von natürlichem und vernünftigem Anteil des Menschen spricht SCHILLER jetzt aber, wenn er von der Personalität redet, nicht mehr von Natur im Sinne seines spezifisch ästhetischen Verständnisses als substantiellem Wesenskern einer Sache. Gleichwohl schwingt diese, in den Kalliasbriefen entfaltete[329] Bedeutung auch weiterhin mit, wenn er den Menschen als Person bezeichnet, da es für SCHILLER gerade die Fähigkeit zur vernünftigen Selbstbestimmung ist, durch die sich der Mensch wesentlich von anderen Lebewesen unterscheidet:

> "Bey dem Thiere und der Pflanze giebt die Natur nicht bloß die Bestimmung an, sondern **führt sie auch allein aus**. Dem Menschen aber giebt sie bloß die Bestimmung, und überläßt **ihm selbst** die Erfüllung derselben. Dieß allein macht ihn zum Menschen."[330]

Für SCHILLER ist der Mensch als vernunftbegabte Person also frei zur Selbstbestimmung. Im Sinne einer personalen Existenz sieht er ihn in die Lage versetzt, seine Art und Weise, in der er anderen Menschen gegenüber erscheint - mithin sein Sosein, sein Selbstsein - nach eigenen Regeln zu gestalten, wenn dies auch immer nur unter Fortwirkung der den Menschen zugleich bestimmenden Naturgesetzlichkeiten möglich ist. Als Wesen, das grundsätzlich die Fähigkeit besitzt, sich selbst zu bestimmen, sich persönlich zu gestalten, muß der Mensch in SCHILLERs Anthropologie daher als Verursacher seiner gesamten Erscheinungsweise gelten:

Goethe als "des Lebens Leben" und bei FICHTE als Einheit von "Geist und Leben" wiederfindet. (Vgl. hierzu noch einmal RITTER, Joachim [Hrsg.]: Historisches Wörterbuch der Philosophie. Bd. 3. Basel und Stuttgart 1984, Sp. 184.)

328) Vgl. Kap. IV.2.2.

329) Vgl. Kap. III.3.3 der vorliegenden Arbeit.

330) Ueber Anmuth und Würde, NA 20, S. 272.

"Da die Natur [im Sinne von Schöpfung] dem Menschen zwar die Bestimmung **giebt**, aber die Erfüllung derselben **in seinen Willen stellt**, so kann das gegenwärtige Verhältniß seines Zustandes zu seiner Bestimmung nicht Werk der Natur, sondern muß sein eigenes Werk seyn. Der Ausdruck dieses Verhältnisses in seiner Bildung [im Sinne von Gestaltung] gehört also nicht der Natur, sondern ihm selbst an, das ist, es ist ein persönlicher Ausdruck."[331]

Person zu sein heißt dann für SCHILLER im Blick auf den Menschen, innerhalb spezifisch humaner Naturbedingungen einem selbstschöpferischen Prinzip folgen, bzw. die eigene Verfaßtheit aus freiem Willen bestimmen zu können.

"Bloß organische Wesen sind uns ehrwürdig als **Geschöpfe**, der Mensch aber kann es uns nur als **Schöpfer** (d. i. als Selbsturheber seines Zustandes) seyn. Er soll nicht bloß, wie die übrigen Sinnenwesen, die Strahlen fremder Vernunft zurückwerfen, wenn es gleich die Göttliche wäre, sondern er soll, gleich einem Sonnenkörper, von seinem eigenen Lichte glänzen."[332]

Allein schon aus diesen Zitaten und Hinweisen zum Personbegriff wird deutlich, daß SCHILLER in "Ueber Anmuth und Würde" den Terminus Person im Sinne dieses Begriffs der Kalliasbriefe verwendet. Denn bereits dort war Person von ihm als selbstschöpferisches Prinzip im Sinne selbstbestimmter Existenz von zugleich regelhaft bedingter Materie gedacht worden.[333] Auch seiner KÖRNER gegenüber dargelegten Auffassung vom schönen Objekt als Freiheit verkörpernder Erscheinung entsprechend beschreibt er jetzt den Menschen als ein Wesen, dessen eigentümliche Verfaßtheit gerade darin besteht, seine Erscheinung innerhalb derjenigen Naturbedingungen, die es bestimmen, aus freiem Willen selbst bestimmen zu können.

---

331) Ueber Anmuth und Würde, NA 20, S. 273.

332) Ueber Anmuth und Würde, NA 20, S. 277.

333) Vgl. Kap. III.3.3 der vorliegenden Arbeit.

Der Unterschied zwischen einem schönem Gegenstand und dem Lebewesen Mensch ist damit für SCHILLER nur ein gradueller, gleichwohl aber gewichtiger: Während dem als schön zu beurteilenden Gegenstand eine personale Willens- oder Selbstbestimmungspotenz innerhalb der Regelhaftigkeiten, die es bedingen, unterstellt werden muß, damit es ästhetisch beurteilt werden kann, **erfüllt der Mensch, als sinnlich-leibliches und zugleich vernunftbegabtes Wesen, schon seiner Anlage nach die Bedingungen eines Geschmacksurteils.** Erscheint das schöne Objekt nämlich qua Unterstellung frei von seiner Bedingtheit, so erscheint der Mensch frei von seiner ihn bestimmenden Naturseite, weil er als Person im Rahmen der für ihn geltenden Naturgesetze tatsächlich über sich verfügen kann.

SCHILLER begreift jetzt also den Menschen als eine Person, die - den Ausführungen zum Geschmacksurteil adäquat - im Sinne eines selbstschöpferischen Subjekt-Seins über sich selbst bestimmen kann. Er vollzieht mit diesem spezifischen Verständnis menschlicher Personalität eine Ästhetisierung seiner anthropologischen Grundgedanken, die von der Sekundärliteratur bis heute nicht in den Blick genommen worden ist.[334]

---

334) Innerhalb der mir bekannten Sekundärliteratur zu SCHILLER bin ich lediglich auf eine Arbeit gestoßen, die dank ihres rekonstruktiven Interpretationsverfahrens zu einem sehr differenzierten Verständnis des Personbegriffs in den einschlägigen ästhetiktheoretischen Texten SCHILLERs gelangt und die deshalb an dieser Stelle in die Diskussion einzubeziehen sinnvoll ist. Es handelt sich um die schon kurz erwähnte (vgl. oben, Kap. III.2.4) Dissertation von Anneliese ROCH: Die Personalität in Schillers Theorien und Dramen. Köln 1957. Diese Arbeit macht innerhalb der SCHILLER-Rezeption nach dem zweiten Weltkrieg schon sehr frühzeitig auf folgendes aufmerksam: Mit der zentralen - sich an den Freiheits- bzw. Schönheitsbegriff der Kalliasbriefe anschließenden - Thematisierung menschlicher Personalität in "Ueber Anmuth und Würde" erhalte SCHILLERs Ästhetik eine anthropologische Perspektive. Sein Denken richte sich hier nämlich auf die mögliche Autonomie des Menschen bei dessen bestehender Gebundenheit an ihn bestimmende Naturbedingungen. (Vgl. ROCH, Anneliese: a.a.O., S. 68f.) Entscheidend sei hierbei SCHILLERs Auffassung der Person im Sinne KANTs, mit dem er gemeinsam die Persönlichkeit als autonomes Potential menschlicher Existenz begreife. (Vgl. ROCH, Anneliese: a.a.O., S. 82f.) Dieses dem Menschen wesenhaft eigene personale Potential stelle für SCHILLER überhaupt erst die Basis dar, auf der sich der Mensch in seiner ganzheitlichen, d. h. sinnlich-geistigen Doppelexistenz zu verwirklichen imstande sei, aufgrund derer er mithin anthropologisch betrachtet als sein "Selbsturheber" aufgefaßt werden müsse. (Vgl. ROCH, Anneliese: a.a.O., S. 83f.) - Erstaunlich ist es, daß ROCH, obwohl sie den Menschen in SCHILLERs Philosophie genau wie ich als ein Wesen begreift, das aufgrund seiner Personalität sich selbst gestaltend existiert, nicht auf den

Denn der Anlage nach sinnlich-vernünftiger Mensch zu sein, heißt dann, schon potentiell ein schönes und in diesem spezifisch ästhetischen Sinne freies Wesen zu sein. Diese Anlage als sich selbst schaffendes Subjekt zu verwirklichen, mithin ein selbstbestimmtes Leben als sinnlich-vernünftiger Mensch zu führen, wäre dann die lebendige Erfüllung des Schönen, wäre Leben in ästhetischer Freiheit.

III.4.3 Ästhetische Selbstbestimmung des Menschen

Strukturell sind der Mensch und der schöne Gegenstand in SCHILLERs Philosophie also Äquivalente: beide sind einerseits zwar von Naturgesetzen regelhaft bestimmte Materie, andererseits aber in ihrer Erscheinungsweise aufgrund eines im ästhetischen Urteilsprozeß unterstellten, bzw. der Anlage nach wesenhaft zugehörenden, freien personalen Potentials zugleich auch immer schon den sie bedingenden Naturgesetzlichkeiten relativ - oder wie SCHILLER sagt: scheinbar - enthoben.

Infolge dieses Verständnisses vom Menschen als einer dem schönen Objekt strukturell äquivalenten Erscheinung, muß SCHILLER auch die von ihm aus ästhetischer Perspektive als architektonische Schönheit bezeichnete Naturseite des Menschen durch dessen Personalität gestaltet denken:

ästhetischen Gehalt verweist, der SCHILLERs Menschenbild durch dieses Personverständnis in der von mir herausgearbeiteten spezifischen Weise prägt. Vermutlich liegt das darin begründet, daß sie den Personbegriff SCHILLERs nicht inhaltlich mit den Ausführungen zum Geschmacksurteil in den Kalliasbriefen verknüpft. Sie verweist - wie oben von mir skizziert wurde - auf diese Briefe lediglich als Quelle für SCHILLERs Nachdenken über Freiheit in der Erscheinung und übersieht somit die strukturelle Parallele zwischen dem aufgrund seiner Natur heautonom erscheinenden Objekt der Kalliasbriefe und dem sich qua seiner Personalität innerhalb seiner sinnlich-geistigen Konstitution selbstgestaltenden Menschen in "Ueber Anmuth und Würde". Dies hat zur Folge, daß sie SCHILLERs Menschenbild auch in den Briefen über die ästhetische Erziehung nicht in der ihm eigentümlichen Tiefe auszuloten vermag. (Vgl. dazu ROCH, Anneliese: a.a.O., S. 99 - 135.) Da die Autorin ihre Arbeit darüberhinaus an keiner pädagogischen Fragestellung entwickelt, sondern darauf aus ist, über den Personbegriff einen gedanklichen Zusammenhang zwischen SCHILLERs philosophischem und dramatischem Werk aufzuzeigen, geht sie - natürlicherweise - auch nicht näher auf die bildungstheoretische Bedeutung von SCHILLERs Personverständnis ein.

"Die Natur für sich allein kann, wie aus dem obigen klar ist, nur für die Schönheit derjenigen Erscheinungen sorgen, die sie selbst, uneingeschränkt, nach dem Gesetz der Nothwendigkeit zu bestimmen hat. Aber mit der **Willkühr** tritt der **Zufall** in ihre Schöpfung ein, und obgleich die Veränderungen, welche sie unter dem Regiment der Freyheit erleidet, **nach** keinen andern als ihren eignen Gesetzen erfolgen, so erfolgen sie doch nicht mehr **aus** diesen Gesetzen. Da es jetzt auf den Geist ankommt, welchen Gebrauch er von seinen Werkzeugen machen will, so kann die Natur über denjenigen Theil der Schönheit, welcher von diesem Gebrauche abhängt, nichts mehr gebieten, und also auch nichts mehr zu verantworten haben."[335]

Die gesetzmäßigen Bedingungen des Naturanteils im Menschen bleiben also zwar ein Leben lang wirksam, unterliegen aber hinsichtlich ihres Einflusses auf die Erscheinungsgestalt des Menschen der willkürlich über sie verfügenden Personalität. "Die Freyheit regiert also jetzt die Schönheit"[336], sagt SCHILLER, womit er die sittliche Vernunftfreiheit im Sinne des KANTschen Personbegriffs[337] meint, die über die architektonische Schönheit, mithin über die sinnlich-leiblichen Anteile des Menschen herrscht, und die nicht mit dem relationalen Freiheitsbegriff der Kalliasbriefe verwechselt werden darf.

SCHILLER trennt diese beiden Freiheitsvorstellungen sorgfältig, indem er sie mit Hilfe der Begriffe Anmut und Würde voneinander unterscheidet. Als Würde bezeichnet er die Herrschaft der sittlichen Vernunft über die sinnlich-leiblichen Triebbedürfnisse des Menschen, denn "Beherrschung der Triebe durch die moralische Kraft ist **Geistesfreiheit**, und **Würde** heißt ihr Ausdruck in der Erscheinung."[338]

"Bey der Würde also führt sich der Geist in dem Körper als **Herrscher** auf, denn hier hat er seine Selbstständigkeit gegen den gebieterischen Trieb zu behaupten, der ohne ihn zu

---

335) Ueber Anmuth und Würde, NA 20, S. 263.

336) Ueber Anmuth und Würde, NA 20, S. 264.

337) Vgl. Kap. III.4.2 der vorliegenden Arbeit.

338) Ueber Anmuth und Würde, NA 20, S. 294.

Handlungen schreitet, und sich seinem Joch gern entziehen möchte."[339]

Vom ästhetischen Freiheitsbegriff der Kalliasbriefe aus gesehen hat die Würde also nichts gemein mit einer schönen Freiheit, die allein aus einer zwar durch die Person vollzogenen, aber harmonischen Verhältnisbestimmung materieller und geistiger Elemente entspringt. Denn Würde ist für SCHILLER tyrannische Geistesherrschaft, ist vernünftige Unterdrückung von sinnlicher Natur, und ein Mensch in würdevollem Zustand kann für ihn somit letztlich wohl als vernünftig frei, nicht aber als ästhetisch frei gelten.

In "Ueber Anmuth und Würde" fordert SCHILLER zwar an keiner Stelle ausdrücklich, daß der Mensch in diesem ästhetischen Sinne frei sein soll, doch indirekt wird diese Forderung von ihm durchaus vorgebracht. Der Mensch wird nämlich, nach SCHILLERs Ansicht, als wahrgenommenes Objekt - wie alle Dinge - nicht nur einer logischen, teleologischen oder moralischen Beurteilung unterzogen, sondern auch einer ästhetischen.[340] Er nennt sogar "die Schönheit eine **Pflicht** der Erscheinungen, weil das ihr entsprechende Bedürfniß im Subjekte der Vernunft selbst gegründet, und daher allgemein und nothwendig ist."[341] Als Erscheinung ist der Mensch daher immer auch "zugleich Gegenstand des Sinnes", und ein ihn anschauendes Auge fordert "unnachläßlich [...] Schönheit" von ihm.[342] Er steht somit in SCHILLERs Ästhetik geradezu in der Verpflichtung, als schöne Erscheinung Gegenstand der Rezeption zu sein. - In diesem Gedanken liegt nun indirekt auch die Verpflichtung des Menschen, im ästhetischen Sinne frei zu sein. Denn: Seine Schönheit - von SCHILLER als Freiheit in der Erscheinung definiert - bestimmt der Mensch SCHILLERs bisherigen Ausführungen zufolge durch seine Person.[343] Die Erfüllung der

---

339) Ueber Anmuth und Würde, NA 20, S. 296f.

340) Vgl. zu diesen vier Urteilsverfahren innerhalb SCHILLERs Ästhetik meine Ausführungen in Kap. III. 3 der vorliegenden Arbeit.

341) Ueber Anmuth und Würde, NA 20, S. 264.

342) Ueber Anmuth und Würde, NA 20, S. 277.

343) Vgl. oben, Kap. III.4.2.

Verpflichtung, schön zu erscheinen, wird also von der personalen Vernunftseite des Menschen eingefordert.

> "Indem also die Person oder das freye Principium im Menschen es auf sich nimmt, das Spiel der Erscheinungen zu bestimmen, und durch seine Dazwischenkunft der Natur die Macht entzieht, die Schönheit ihres Werks zu beschützen, so tritt es selbst an die Stelle der Natur, und übernimmt, (wenn mir dieser Ausdruck erlaubt ist) mit den Rechten derselben einen Theil ihrer Verpflichtungen."[344]

Doch diese personale Bestimmung kann einerseits - im Falle der Würde - in Form von Herrschaft über die sinnlichen Anteile verwirklicht werden, dann aber erscheint der Mensch nicht als schön, sondern als moralisch erhaben. SCHILLERs ästhetischem Freiheitsbegriff zufolge ist der Mensch in diesem Zustand zwar autonom, da er selbst es ist, der Vernunftprinzipien über ihn bestimmende Naturgesetze herrschen läßt, doch heautonom, im Sinne einer ästhetisch freien Selbstbestimmung, ist er nicht. Andererseits hat er aber aus ästhetischen Gründen schön zu erscheinen, und so muß er als Person seine Selbstbestimmung durch Vernunft unter Rücksichtnahme auf seine Natur, mithin im Sinne der frei erscheinenden Selbstgestaltung eines schönen Objekts vollziehen. Deshalb läßt sich sagen, daß SCHILLER einen Zustand ästhetischer Freiheit meint, wenn er von der Pflicht des Menschen zur Schönheit spricht. Diese Schönheit, "welche sich nach Freyheitsbedingungen richtet,"[345] nennt er im Unterschied zur Würde Anmut, denn "Anmuth ist die Schönheit der Gestalt unter dem Einfluß der Freyheit".[346]

> "Bey der Gestalt des Menschen begnügen wir uns also nicht damit, daß sie uns bloß den allgemeinen Begriff der Menschheit, oder was etwa die **Natur** zu Erfüllung desselben an diesem Individuum wirkte, vor Augen stelle, denn das würde er mit jeder technischen Bildung gemein haben. Wir erwarten noch von seiner Gestalt, daß sie uns zugleich offenbare, in wie weit er in sei-

---

344) Ueber Anmuth und Würde, NA 20, S. 263.

345) Ueber Anmuth und Würde, NA 20, S. 255.

346) Ueber Anmuth und Würde, NA 20, S. 264.

ner Freyheit dem Naturzweck entgegenkam, d. i. daß sie Charakter zeige. In dem erstern Fall sieht man wohl, daß die Natur es mit ihm auf einen Menschen **anlegte**, aber nur aus dem zweyten ergiebt sich, ob er es **wirklich** geworden ist."[347]

Der Anlage nach sinnlich-vernünftiger Mensch zu sein und diese Anlage im Leben auf schöne Weise selbsttätig zu verwirklichen, ist für SCHILLER also Aufgabe des Menschen. Aber nur wenn der Mensch seiner Bestimmung zur ästhetischen Selbstbestimmung folgt, wird er **Mensch in diesem, seine beiden Wesensmomente umfassenden Verständnis**.

SCHILLER wendet sich mit seiner Unterscheidung von vernünftiger und ästhetischer Freiheit, von Würde und Anmut, gegen das rationalistische Menschenbild vieler Aufklärer, das seiner Ansicht nach unter der Selbstbestimmung des Menschen eine zu einseitige Herrschaft der Vernunft begriff.[348] Auch gegen KANT meint er in diesem Sinne argumentieren zu müssen, um eine dem Menschen naturwidrige und damit ihm letztlich eher Schaden zufügende Existenz unter einer alle sinnlich-leiblichen Anteile ausschließenden Vernunftherrschaft zu ersparen. KANT, so SCHILLER, vertrete nämlich mit seinem kategorischen Imperativ eine sehr rigoristische Vorstellung sittlicher Vernunft, die nicht auf Freiheit des ganzen Menschen ziele, sondern eine Freiheit anstrebe, die eine um die sinnliche Dimension verkürzte Existenz des Menschen im Sinne habe.[349]

---

347) Ueber Anmuth und Würde, NA 20, S. 273.

348) Vgl. dazu auch meine Hinweise in Kap. III.2 der vorliegenden Arbeit.

349) Vgl. Ueber Anmuth und Würde, NA 20, S.282f und 284 - 286. Schon MUEHLECK-MÜLLER hat darauf hingewiesen, daß es inzwischen "zu einer allgemeinen Erkenntnis der Kant/Schiller-Interpretation geworden" ist, daß SCHILLER damit Kant einen ethischen "Rigorismus anlaste[t], der ihm nicht vorgeworfen werden kann." (Vgl. MUEHLECK-MÜLLER, Cathleen: Schönheit und Freiheit. Die Vollendung der Moderne in der Kunst. Schiller - Kant. Würzburg 1989, S. 109.) Vielmehr mißverstehe SCHILLER KANT, weil beide gleiche Begriffe mit unterschiedlichen Inhalten verbinden würden (vgl. ebd.). - Eine über den zu SCHILLERs Argumentationsmotiv gegebenen Hinweis hinausgehende Erörterung dieser KANT-SCHILLER-Kontroverse halte ich für die vorliegende Arbeit nicht für ergiebig, da sie keine klärende Funktion zur Darstellung des SCHILLERschen Menschenbildes hätte. An dieser Kontroverse Interessierte seien daher an MUEHLECK-MÜLLER verwiesen. (Vgl.: Dies.: a.a.O., S. 107 - 120.)

III.4.4 Schillers ästhetisch-personales Bildungsideal

Aufgrund seiner Ausführungen über die aus ästhetischen Gründen zu fordernde Schönheit des Menschen, die SCHILLER zufolge allein in einem frei und somit rein selbstbestimmt gestalteten Verhältnis von Naturteil und Vernunftpotential generiert, unterscheidet SCHILLER insgesamt drei verschiedene Zustände, in denen sich der Mensch befinden kann:

"Es lassen sich in allem dreyerley Verhältnisse denken, in welchen der Mensch zu sich selbst d. i. sein sinnlicher Theil zu seinem vernünftigen, stehen kann. Unter diesen haben wir dasjenige aufzusuchen, welches ihn in der Erscheinung am besten kleidet, und dessen Darstellung Schönheit ist.

Der Mensch unterdrückt entweder die Foderungen seiner sinnlichen Natur, um sich den höhern Foderungen seiner vernünftigen gemäß zu verhalten; oder er kehrt es um, und ordnet den vernünftigen Theil seines Wesens dem sinnlichen unter, und folgt also bloß dem Stoße, womit ihn die Naturnothwendigkeit, gleich den andern Erscheinungen forttreibt; oder die Triebe des letztern setzen sich mit den Gesetzen des erstern in Harmonie, und der Mensch ist einig mit sich selbst."[350]

Solange der Mensch ausschließlich von seinen Trieben beherrscht wird, ist er nicht Mensch, sondern Tier; solange er als Person mittels seiner ihn wesenhaft ausmachenden Vernunft über seine sinnlich-leibliche Naturseite herrscht, ist er zwar eine würdige, d. h. von selbst gesetzten Vernunftprinzipien geleitete, aber keine anmutige, keine ästhetisch freie Erscheinung. Allein in einem Zustand, in dem Sinnlichkeit und Vernunft miteinander harmonieren, in dem also keine Seite mehr über die andere herrscht, erscheint der Mensch anderen Menschen gegenüber als schöne, mithin freie Gestalt. Indem SCHILLER diesen schönen Menschen als "einig mit sich selbst" (s. o.) bezeichnet, wird seine Auffassung einer möglichen ganzheitlichen Identität des Menschen deutlich.

Umgekehrt läßt sich also sagen, daß sich der Mensch in SCHILLERs ästhetischer Anthropologie nur im schönen Zustand eines die Sinnlichkeit und die Vernunft miteinander ausbalancierenden Fließgleichgewichts als

---

350) Ueber Anmuth und Würde, NA 20, S. 280.

ganzes Wesen zu verwirklichen vermag, daß er mithin nur als ein in diesem ganzheitlichen Sinne mit sich identisches Wesen in Freiheit existiert:

> "Wenn nehmlich weder **die über die Sinnlichkeit herrschende Vernunft**, noch **die über die Vernunft herrschende Sinnlichkeit** sich mit Schönheit des Ausdrucks vertragen, so wird (denn es giebt keinen vierten Fall) so wird derjenige Zustand des Gemüths, **wo Vernunft und Sinnlichkeit** [...] **zusammenstimmen**, die Bedingung seyn, unter der die Schönheit des Spiels erfolgt."[351]

Ästhetische Freiheit, von SCHILLER jetzt auch als "Schönheit des Spiels" (s. o.) bezeichnet, kommt also - wie beim schönen Objekt - ausschließlich demjenigen Menschen zu, dessen sinnlich-leibliche und geistige Potentiale "**zusammenstimmen**" (s. o.).

Bereits in den Kalliasbriefen war von solch einer Zusammenstimmung die Rede gewesen, womit keine gegenseitige Überlagerung, sondern ein - durchaus im Sinne der Harmonielehre in der abendländischen Musik - Einklang zweier Elemente gemeint ist, der zwar - um im Beispiel zu bleiben - eine neue und vollere Klangqualität erzeugt, in dem aber dennoch beide Grundelemente beständig weiterschwingen. So hieß es dort, daß ein ästhetisch beurteilter Gegenstand immer nur dann als frei gelten kann, "wenn die Natur des Dinges mit seiner Technik zusammenstimmend erscheint".[352] Erinnert man sich hier nun daran, daß der Begriff Natur von SCHILLER in den Briefen an KÖRNER im Sinne einer dem Objekt unterstellten wesenhaften Personalität verwendet worden war und der Terminus Technik die den Gegenstand in seiner materiellen Gestalt bedingenden naturgesetzlichen Regelhaftigkeiten meinte, so tritt die Parallelität von schönem Objekt und ästhetisch freiem Menschen in aller Deutlichkeit hervor: Beide haben eine sie bestimmende materielle bzw. sinnlich-leibliche Existenz; beide können und sollen sich aus ästhetischen Gründen mittels ihrer entweder zu unterstellenden oder qua Vernunftbegabung faktisch vorhandenen Personalität heautonom bestimmen; beide erfüllen nur als heau-

---

351) Ueber Anmuth und Würde, NA 20, S. 282.

352) Vgl. Kap. III.3.4 der vorliegenden Arbeit bzw. Kalliasbriefe, S. 184.

tonom bestimmte den an sie gleichermaßen ergehenden ästhetischen Imperativ, in der Welt als schön und damit als frei zu erscheinen.

Die anhand der Kalliasbriefe bloß perspektivisch aufweisbare Ästhetisierung des Selbstbestimmungspostulats aufklärerischer Erziehungs- und Bildungsphilosophie im 18. Jahrhundert ist damit in "Ueber Anmuth und Würde" von SCHILLER selbst vollzogen worden. Indem er nämlich den Menschen wie alle Dinge in der ästhetischen Pflicht zur schönen Existenz sieht, ist umgekehrt die Erfüllung dieser Pflicht zugleich die selbsttätige Gestaltung der Existenz des Menschen in ästhetischer Freiheit. **Selbstbestimmung des Menschen ist daher für SCHILLER also heautonome Selbstgestaltung, ist selbstschöpferischer Bildungsprozeß der vernünftigen Person ohne gewaltsame Unterdrückung des sinnlich-leiblichen Triebpotentials, ist harmonische Identität von affektivem und kognitivem Potential und damit ganzheitliche Existenz.**
SCHILLER ist sich vollauf bewußt, daß er mit diesem ästhetischen Menschenbild ein Bildungsideal formuliert hat, das in der Realität immer nur je annäherungsweise verwirklicht werden kann. Er schreibt daher:

> "Es ist dem Menschen zwar aufgegeben, eine innige Übereinstimmung zwischen seinen beyden Naturen zu stiften, immer ein harmonirendes Ganze zu seyn, und mit seiner vollstimmigen ganzen Menschheit zu handeln. Aber diese Charakterschönheit, die reifste Frucht seiner Humanität, ist bloß eine Idee, welcher gemäß zu werden, er mit anhaltender Wachsamkeit streben, aber die er bey aller Anstrengung nie ganz erreichen kann."[353]

Dennoch hat der Mensch diese Idee seiner selbst soweit als möglich zu erfüllen, wenn er sich in seiner Bestimmung zum Menschen als sittlichem Wesen begreift. Denn Sittlichkeit resultiert für SCHILLER nur aus der Erfüllung der ästhetischen Pflicht, mithin aus der vernünftigen Selbstbestimmung in ästhetischer Freiheit:

> "Nicht um sie wie eine Last wegzuwerfen, oder wie eine grobe Hülle von sich abzustreifen, nein, um sie aufs innigste mit seinem [des Menschen] höhern Selbst zu vereinbaren, ist seiner reinen Geisternatur eine sinnliche beygesellt. Dadurch schon, daß sie

---

353) Ueber Anmuth und Würde, NA 20, S. 289.

ihn zum vernünftig sinnlichen Wesen, d.i. zum Menschen machte, kündigte ihm die Natur die Verpflichtung an, nicht zu trennen, was sie verbunden hat, auch in den reinsten Äusserungen seines göttlichen Theiles den sinnlichen nicht hinter sich zu lassen, und den Triumph des einen nicht auf Unterdrückung des andern zu gründen. Erst alsdann, wenn sie **aus seiner gesammten Menschheit** als die vereinigte Wirkung beyder Principien, hervorquillt, **wenn sie ihm zur Natur geworden ist**, ist seine sittliche Denkart geborgen, denn so lange der sittliche Geist noch **Gewalt** anwendet, so muß der Naturtrieb ihm noch **Macht** entgegenzusetzen haben."[354]

SCHILLER argumentiert in "Ueber Anmuth und Würde" im Denkmuster der Kalliasbriefe und betrachtet den Menschen wie einen ästhetisch zu beurteilenden Gegenstand. Aufgrund seiner den Aufsatz leitenden Frage, wann denn der Mensch als eine schöne Erscheinung gelten muß, kommt er hier daher auch nur aus rein ästhetischer Perspektive zu anthropologischen Aussagen. Insofern ist also festzuhalten, daß SCHILLER in "Ueber Anmuth und Würde" noch eine anthropologische Ästhetik entfaltet, wenn er seine Frage nach der Schönheit des Menschen mit dessen Ganzheit im Sinne einer heautonomen Selbstgestaltung des sinnlich-leiblichen

---

354) Ueber Anmuth und Würde, NA 20, S. 283f. Da die beiden zuletzt zitierten Textpassagen hinsichtlich des Terminus' Natur sehr typisch SCHILLERs den Leser leicht verwirrendes Spiel mit Begriffen vor Augen führen, scheint mir an dieser Stelle eine Erläuterung des Naturbegriffs angebracht: Von seinem bisherigen Naturbegriff im Sinne bloß sinnlich-leiblicher Existenz abweichend, spricht SCHILLER in den beiden letzten Zitaten von zwei Naturen des Menschen. Psychophysischer und geistiger Anteil gelten jetzt insofern beide als Natur, als sie anlagebedingte Wesenszüge sind, die das Gattungswesen Mensch im Sinne einer natura naturata natürlicherweise ausmachen. In der fünften Zeile der zweiten Passage hingegen meint der Naturbegriff die den Menschen als sinnlich-vernünftiges Doppelwesen hervorbringende natura naturans, in der elften wird er, in einer dritten Bedeutung, als Bezeichnung einer habituellen Persönlichkeitsstruktur eines Menschen gebraucht. (Vgl. zur Vieldeutigkeit von SCHILLERs Naturbegriff auch LUTZ, Hans: Schillers Anschauungen von Kultur und Natur. Berlin 1928, S. 280ff. (Germanische Studien, Heft 60.) LUTZ ist es gelungen, bei SCHILLER insgesamt 19 verschiedene Bedeutungen des Naturbegriffs nachzuweisen. Weitere Hinweise bietet auch das Begriffsglossar bei WILKINSON, Elizabeth M./WILLOUGHBY L.A.: Schillers ästhetische Erziehung des Menschen. Eine Einführung. München 1977, S. 249-286.)

Triebpotentials durch eine personale Existenzdimension beantwortet. Erst in seinen dem Aufsatz folgenden Briefen zur ästhetischen Erziehung des Menschen wird er diese ästhetische Perspektive zugunsten einer anthropologischen aufgeben und die Frage stellen: Wann ist der Mensch denn wirklich ein Mensch im Sinne seiner sinnlich-vernünftigen Bestimmung? Die Antwort wird dann gerade umgekehrt lauten: In einem die harmonische Zusammenstimmung von Sinnlichkeit und Vernunft anstrebenden Spiel der beiden Existenzdimensionen des Menschen, mithin in einem Zustand, der die Bedingungen einer freien Schönheit erfüllt. Kam SCHILLER in "Ueber Anmuth und Würde" also zu der Aussage, daß der Mensch schön ist, wenn er ganzer Mensch ist, wird er in seinen ästhetischen Briefen zeigen, daß der Mensch nur ganzer Mensch ist, wenn er schön ist.[355]

Doch obwohl SCHILLER eine in seinem spezifischen Sinne ästhetisch zu nennende Anthropologie erst in den Briefen zur ästhetischen Erziehung systematisch entwickeln wird, konnte sie auch schon hier als in SCHILLERs Ästhetik indirekt enthalten nachgewiesen werden. Indem nämlich von SCHILLER der Mensch hinsichtlich seiner sinnlich-vernünftigen Existenz dem schönen Objekt als der Anlage nach strukturell äquivalentes Wesen an die Seite gestellt und die lebendige Verwirklichung dieser Anlage in dessen Erscheinung an die Erfüllung des ästhetischen Imperativs geknüpft wurde, ästhetisierte er den aufklärerischen Grundgedanken einer selbstbestimmten Existenz des Menschen: Denn dessen Selbstbestimmung erschöpft sich SCHILLERs Ausführungen über die Schönheit des Menschen zufolge nicht mehr nur in autonomer Vernunftbestimmung, sondern meint im Sinne einer ganzheitlichen - d. h. sinnliche und vernünftige Wesensanteile gleichermaßen berücksichtigenden - Existenz, eine selbstschöpferische, heautonome, mithin personale Gestaltung menschlichen Lebens.

Mit diesem ästhetischen Verständnis von selbstbestimmtem Sein des Menschen hat SCHILLER in "Ueber Anmuth und Würde" also indirekt ein ästhetisch-personales Bildungsideal formuliert, dessen Verwirklichung er hier, wie im Verlauf des gesamten Kapitels von mir dargestellt worden ist, noch aus ästhetischen Gründen fordert. Diese spezifisch ästhetische Selbstbestimmung der Person als eine anthropologische Notwendigkeit, als einen Bildungsprozeß aufzuzeigen, in dem der Mensch überhaupt erst ˌ

---

355) Vgl. dazu meine Ausführungen im folgenden Teilkapitel.

Mensch in einem umfassenden Sinn wird, ist aus bildungstheoretischer Perspektive das zentrale Thema in SCHILLERs Briefen über die ästhetische Erziehung.

III.5 Fundamentalisierung ästhetisch-personaler Bildung in den Briefen über die ästhetische Erziehung des Menschen

SCHILLER trug sich bereits inmitten seiner Arbeit am Kallias mit dem Gedanken, seine "Ideen über die Philosophie des Schönen" seinem Förderer, Prinz Friedrich Christian von Schleswig-Holstein-Sonderburg-Augustenburg, "in einer Reihe von Briefen" vorzulegen, die hier als Augustenburger Briefe zitiert werden.[356] Deren eigentlicher Beginn ist jedoch erst mit dem Brief vom 13. Juli 1793 anzusetzen[357], in dem SCHILLER nicht mehr von "Ideen" (s. o.), sondern von "Resultate[n]" seiner bisherigen "Untersuchungen über das Schöne" spricht, die er dem Prinzen in Briefform mitzuteilen gedenkt.[358] Insofern müssen also die Augustenburger Briefe als Ergebnis der hier besprochenen Auseinandersetzung mit ästhetiktheoretischen Fragestellungen in den Kalliasbriefen und "Ueber Anmuth und Würde" verstanden werden. Den letzten dieser Briefe schrieb SCHILLER im Dezember desselben Jahres.[359] Sie alle wurden aber am 26. Februar 1794 durch einen Brand im Schloß Christiansborg in Kopenhagen vernichtet, so daß ihre erste Herausgabe in

---

356) SCHILLER, Friedrich: Briefe an den Prinzen Friedrich Christian von Schleswig-Holstein-Sonderburg-Augustenburg. ("Augustenburger Briefe"). In: BOLTEN, Jürgen [Hrsg.]: Schillers Briefe über die ästhetische Erziehung. Frankfurt/Main 1984, S. 35. Prinz Friedrich Christian hatte aufgrund der durch den Dichter Jens BAGGESEN vorgenommenen Fürsprache zur finanziellen Unterstützung SCHILLERs ein dreijähriges Stipendium gewährleistet, für das SCHILLER mit den Briefen über die ästhetische Erziehung des Menschen seinen Dank bekunden wollte. Zitiert werden die Augustenburger Briefe von mir nach der hier angeführten Ausgabe von Jürgen BOLTEN, da sie im Rahmen der Nationalausgabe aus den oben genannten Gründen (vgl. die Einführung in Kap. III.3) bislang nicht herausgegeben worden sind. Im folgenden abgekürzt als: Augustenburger Briefe.

357) Vgl. dazu auch den Kommentar der Nationalausgabe, NA 21, S. 234.

358) Augustenburger Briefe, S. 36.

359) Vgl. Augustenburger Briefe, S. 84.

der "Deutschen Rundschau" im Jahre 1876 nur aufgrund vorhandener Abschriften möglich wurde.[360]

SCHILLER sagte einer von Prinz Friedrich Christian gewünschten Wiederherstellung der verbrannten Briefe zu. Er tat dies auch deshalb, weil er sowieso den Plan gefaßt hatte, "Ueber die ästhetische Erziehung des Menschen in einer Reihe von Briefen" zu schreiben und diese zu veröffentlichen.[361] Diese Neuschrift der Augustenburger Briefe, hier als Briefe über die ästhetische Erziehung angeführt[362], legte SCHILLER von vornherein sehr viel umfassender an als alle seine vorangegangenen Schriften zur Ästhetik. Er selbst bezeichnete sie einmal als "das beßte, was ich in meinem Leben gemacht habe."[363] Veröffentlicht wurden sie in drei großen Abschnitten in der von ihm herausgegebenen Monatsschrift "Die Horen" im Jahre 1795. Als geschlossener Text erschienen sie erstmals 1801 in SCHILLERs Sammlung "Kleinere prosaische Schriften".[364]

Für seine Briefe über die ästhetische Erziehung des Menschen standen SCHILLER mit dem Abschluß der Arbeit an "Ueber Anmuth und Würde" im Juni 1793 zwei grundlegende Gedankenstränge zu ihrer weiteren Bearbeitung zur Verfügung: Erstens der Entwurf eines Schönheitsbegriffs im Sinne freiheitlicher Übereinstimmung von Sinnlichkeit und Vernunft in der Erscheinung eines Objekts, wie er ihn KÖRNER gegenüber in den

---

360) Vgl. dazu auch den Kommentar der Nationalausgabe, NA 21, S. 237.

361) Vgl. das die Augustenburger Briefe einleitende Schreiben vom 9. Februar 1793 an den Prinzen (Augustenburger Briefe, S. 35) sowie den Brief vom 10. Dezember 1793 an KÖRNER. (In: BERGHAHN, Klaus L. [Hrsg.]: Briefwechsel zwischen Schiller und Körner. München 1973, S. 215).

362) Die vorliegende Arbeit zitiert diese Briefe aus: SCHILLER, Friedrich: Ueber die ästhetische Erziehung des Menschen in einer Reihe von Briefen. In: Schillers Werke. Nationalausgabe Bd. 20, unter Mitwirkung von Helmut KOOPMANN hrsg. von Benno von WIESE. Weimar 1962, S.309-412. Im folgenden abgekürzt als: Briefe zur ästhetischen Erziehung, NA 20.

363) NA 27, S. 92 SCHILLERs Brief vom 22. November 1794 an HOVEN. (In: SCHILLER, Friedrich: Briefwechsel. Nationalausgabe Bd. 27, Schillers Briefe 1794-1795. Hrsg. von Günter SCHULZ. Weimar 1958, S. 92.)

364) Differenziertere Informationen zur Entstehungs- und Textgeschichte finden sich im Kommentar der Nationalausgabe, NA 21, S. 237-247.

Kalliasbriefen dargelegt hatte; zweitens die aus diesem Schönheitsbegriff hervorgegangene Prägung eines Menschenbildes, das den Menschen als ein Wesen vorstellt, das aufgrund seiner sinnlich-vernünftigen Doppelnatur dem schönen Gegenstand strukturell äquivalent ist und somit die Anlage zu seiner heautonomen Selbstgestaltung als ganzer Mensch von Natur aus in sich trägt. Infolge dieses Gedankens konnte SCHILLER dann ein Bildungsideal formulieren, das im Streben nach der Verwirklichung dieser Anlage im Leben besteht, um somit die ästhetische Pflicht einer heautonomen Erscheinungsweise zu erfüllen.

Mit den Briefen über die ästhetische Erziehung schlägt SCHILLER nun völlig neue Wege zur Begründung seiner Vorstellung von der Verwirklichung einer ganzheitlichen, Sinnlichkeit und Vernunft des Menschen gleichwertig einbeziehenden Existenz ein. Nicht der Gedanke der ästhetischen Pflichterfüllung, sondern die Frage, was denn den Menschen zur Einigung seines Doppelwesens befähigt, ist hier der Motor für die Verknüpfung von kulturkritischen, gesellschaftstheoretischen, ontologischen, subjekt- und triebtheoretischen Argumentationsketten. Mit ihrer Beantwortung zielt SCHILLER auf den Nachweis eines existentiell notwendigen ästhetischen Zustands des Menschen, der die einzig mögliche Form einer Selbstbestimmung in Freiheit im Sinne der SCHILLERschen Vorstellung einer heautonomen Selbstgestaltung der Person lebbar werden läßt.

SCHILLER verläßt also in den Briefen zur ästhetischen Erziehung seine bisherige Fragestellung nach dem Schönheitsbegriff bzw. nach dem speziellen Fall der Schönheit des Menschen und kehrt nun seine argumentative Stoßrichtung um: Hier will er keinen weiteren Beweis seines Schönheitsbegriffs am Beispiel des Menschen durchführen, sondern will - gerade entgegengesetzt - mit der Darlegung seines Menschenbildes die Bedingung und Ermöglichung des Schönen im Sinne einer schönen und also freien Existenz des Menschen aufzeigen. Die Folge dieses Perspektivenwechsels ist die Entfaltung einer ästhetischen Anthropologie, die auf eine potentiell ganzheitliche Existenz der sinnlich-vernünftigen Menschennatur zielt. Gleich zu Anfang seines ersten Briefes macht SCHILLER diesen Perspektivenwechsel deutlich, wenn er schreibt:

"Ich werde von einem Gegenstande sprechen, der mit dem beßten Theil unsrer Glückseligkeit in einer unmittelbaren, und mit dem moralischen Adel der menschlichen Natur in keiner sehr entfernten Verbindung steht."[365]

Sehr viel später, schon im Rückblick auf ein gutes Stück dieses Weges, wird SCHILLER im siebzehnten seiner Briefe noch viel deutlicher sagen, daß es ihm in seinen Briefen zur ästhetischen Erziehung "darauf ankam, die allgemeine Idee der Schönheit aus dem Begriffe der menschlichen Natur überhaupt abzuleiten," um somit zu zeigen, daß "mit dem Ideale der Menschheit [...] zugleich auch das Ideal der Schönheit gegeben" ist.[366]

Vor diesem Ergebnis erweisen sich die den Briefen über die ästhetische Erziehung vorangegangenen Texte dann als grundlegende Vorarbeiten zu einer ästhetischen Anthropologie SCHILLERs, die, in einer spezifischen Verknüpfung subjekttheoretischer Einsichten in geistiger Nähe zu FICHTE[367] mit triebtheoretischen Grundannahmen, den Menschen sowohl onto- wie auch phylogenetisch als ein sich selbsttätig bildendes Wesen schlechthin beschreiben.

So sind die Briefe über die ästhetische Erziehung durchaus als der Versuch SCHILLERs zu werten, eine systematische Anthropologie des ganzen, und in diesem Sinne unentfremdet selbstbestimmten Menschseins zu schreiben. Ihre Vorläufer, die Augustenburger Briefe, wurden in ihrem Erarbeitungsprozeß von SCHILLER zu einem gut Teil, manchmal sogar mit passagenweiser Übernahme desselben Wortlauts, eingearbeitet.[368] Da sie bisweilen einer anschaulicheren Darstellung der kultur- und gesellschaftstheoretischen Überlegungen SCHILLERs dienen können, werden sie im Verlauf dieses Kapitels in den beiden folgenden Abschnitten ebenfalls als Quelle herangezogen.[369]

---

365) Briefe zur ästhetischen Erziehung, NA 20, S. 309.

366) Briefe zur ästhetischen Erziehung, NA 20, S. 363.

367) Hinweise zu FICHTE finden sich an den inhaltlich relevanten Stellen im Verlauf des Kapitels.

368) Vgl. den Nachweis der Parallelen beider Fassungen im Kommentar der Nationalausgabe, NA 21, S. 234-236 sowie die dort in den Erläuterungen angeführten Hinweise, NA 21, S. 247ff.

369) Auf einen Vergleich der beiden Fassungen wurde hier bewußt verzichtet, da er nichts für die inhaltliche Perspektive der Arbeit hergeben würde.

III.5.1 Schillers Gedanken zu Kultur und Gesellschaft

SCHILLER entwickelt seine ästhetische Anthropologie in einer Zeit, die für ihn durch zwei elementare Entwicklungen sowohl der Gesellschaft als auch ihrer einzelnen Mitglieder gekennzeichnet ist, und für deren die Briefe zur ästhetischen Erziehung einleitende essayistische Darstellung und kritische Reflexion er immerhin knapp das erste Drittel der gesamten Schrift aufwendet.

So zählt die im Jahre 1789 mit dem Sturm auf die Bastille aufbrausende französische Revolution mit ihren brutalen Folgen einer blutigen Revolutionsherrschaft zu denjenigen Ereignissen, die ihm Anlaß zur Nachdenklichkeit über die weitere Entwicklung der Menschheit geben. Sie hat für SCHILLER daher zweifellos aktuell herausragende Bedeutung.[370] Er klagt deshalb auch in den Augustenburger Briefen:

"Der Versuch des französischen Volks, sich in seine heiligen Menschenrechte einzusetzen, und eine politische Freiheit zu erringen, hat bloß das Unvermögen und die Unwürdigkeit desselben an den Tag gebracht, und nicht nur dieses unglückliche Volk, sondern mit ihm auch einen beträchtlichen Teil Europens, und ein ganzes Jahrhundert, in Barbarei und Knechtschaft zurückgeschleudert. Der Moment war der günstigste, aber er fand eine verderbte Generation, die ihn nicht wert war, und weder zu würdigen noch zu benutzen wußte. Der Gebrauch den sie von diesem großen Geschenk des Zufalls macht und gemacht hat, beweist unwidersprechlich, daß das Menschengeschlecht der vormundschaftlichen Gewalt noch nicht entwachsen ist, daß das liberale Regiment der Vernunft da noch zu frühe kommt, wo man kaum damit fertig wird, sich der brutalen Gewalt der Tierheit zu erwehren, und daß derjenige noch nicht reif ist zur **bürgerlichen** Freiheit, dem noch so vieles zur **menschlichen** fehlt."[371]

---

370) Vgl. dazu auch: BOLTEN, Jürgen: Zum werk- und denkgeschichtlichen Kontext der Briefe "Über die ästhetische Erziehung des Menschen". In: Ders. [Hrsg.]: Schillers Briefe über die ästhetische Erziehung. Frankfurt/Main 1984, S. 10f sowie KURZ, Gerhard: Schillers Briefe "Über die ästhetische Erziehung des Menschen" als Antwort auf die Französische Revolution. In: Zeitschrift für Pädagogik, 24. Beiheft (1989), S. 305 - 315.

371) Augustenburger Briefe, S. 41.

Doch ein Verfall des Menschen, meint SCHILLER, ist zu seiner Zeit in sämtlichen Schichten der Gesellschaft zu beobachten. Zwar sieht er - wie soeben wiedergegeben - in den unteren Ständen rohe Gesetzlosigkeit und blindwütige Befriedigung tierischer Triebe walten, so daß für ihn dort, nach der revolutionären Aufhebung der den Menschen unterdrückenden Monarchie, eine Unterdrückung sichtbar wird, die nicht länger von außen sondern von innen herkommend den Menschen knechtet.[372] Aber weitaus mehr noch ekeln ihn die höheren Klassen der Gesellschaft an, die er als schlaff, geistesschwach und charakterlos bezeichnet.[373] SCHILLER äußert sich über deren Zustand vor allem deswegen so empört, weil es seiner Meinung nach keine größere Schande für die Menschheit gibt, als daß ein Mensch, der sich für ein Kind der Aufklärung ausgibt, derart verkommt. Denn:

> "Der sinnliche Mensch kann nicht tiefer als zum Tier herab-
> stürzen; fällt aber der aufgeklärte, so fällt er bis zum Teuflischen
> herab, und treibt ein ruchloses Spiel mit dem Heiligsten der
> Menschheit."[374]

Dieser Verfall der sogenannten "zivilisierten Klassen"[375] ist für SCHILLER erst das eigentliche Motiv zu seiner Zeitkritik. In auffälliger Ausführlichkeit widmet er daher seine Aufmerksamkeit einer kulturkriti-schen Betrachtung seiner Zeit, in der er den Riß, der sich durch die Existenz des modernen, angeblich aufgeklärten Menschen zieht, analysiert. Er beschreibt, am Beginn der Moderne stehend, die Ursachen der Gespaltenheit des sich selbst entfremdeten, weil vorwiegend nur in seinen rationalen Fähigkeiten ausgebildeten Menschen derart plastisch und mit ei-ner heute noch mehr denn je bestehenden Gültigkeit und geradezu verblüf-fenden Aktualität, daß ich bei der folgenden Wiedergabe seiner Kritik vor allem SCHILLER selbst zu Wort kommen lassen möchte. Daher werden zwar zur Wiedergabe dieses Zeitbildes mehrere sehr umfangreiche Zitate

---

372) Vgl. Augustenburger Briefe, S. 42 sowie den fünften der Briefe über die ästhetische Erziehung, NA 20, S. 319.

373) Vgl. Augustenburger Briefe, S. 42.

374) Augustenburger Briefe, S. 42. Vgl. auch den fünften der Briefe über die ästhetische Erziehung, NA 20, S. 320.

375) Augustenburger Briefe, S. 42.

nicht zu umgehen sein, doch erscheint in ihnen der historische Hintergrund, vor dem SCHILLER dann seine konkrete Utopie einer ganzheitlichen Existenz des Menschen entwirft, mit einer Anschaulichkeit, wie sie bei einer Wiedergabe nur schwerlich erreichbar sein dürfte.

SCHILLER macht die aufklärerische Kultur selbst für den Verfall der Gesellschaft verantwortlich. Er schreibt:

> "Die Aufklärung, deren sich die höhern Stände unsers Zeitalters nicht mit Unrecht rühmen, ist bloß theoretische Kultur, und zeigt, im ganzen genommen, so wenig einen veredelnden Einfluß auf die Gesinnung, daß sie vielmehr bloß dazu hilft, die Verderbnis in ein System zu bringen, und unheilbar zu machen."[376]

Die durch aufklärerische Maximen geförderte einseitige Kultivierung der rationalen Kompetenz des Menschen ist für SCHILLER ein unhaltbarer Zustand, da sie den Menschen seines Erachtens zwar nicht durch sein ungezügeltes Triebleben, dafür aber durch eiskalt berechnende Rationalität - mithin durch eine "halbierte" Rationalität, bei der jede substantielle und auf Diskurse gerichtete Dimension ausgeblendet bleibt - ins Verderben zu stürzen droht. Denn eine ästhetische Erfüllung der Bestimmung der Menschheit, wie sie von SCHILLER in "Ueber Anmuth und Würde" als einen an den Menschen ergehenden Auftrag zur Zusammenstimmung sinnlicher und vernünftiger Anteile formuliert worden war, muß ihm angesichts dieser Entwicklung geradezu unerreichbar scheinen.

Den möglichen Einwand, daß der Mensch bedauerlicherweise aber notwendig den Weg durch die ihn vereinseitigende Kultivierung seiner Rationalität als Übergangsstadium in Kauf nehmen müsse, um dann später einmal ein wirklich gutes, d. h. seinem Doppelwesen entsprechendes Leben führen zu können, in dem er mittels seiner Vernunft seine Natur aussteuert und so als vollendetes Gattungsglied zur Geltung kommt, weist SCHILLER mit einem Verweis auf die antike Kultur der Griechen von sich. Denn die Griechen, so sagt er und folgt darin der vor allem durch WINCKELMANN, HUMBOLDT und GOETHE geprägten allgemeinen Auffassung von der

---

376) Augustenburger Briefe, S. 42f. Vgl. auch die recht ähnliche, aber weitschweifigere Passage in den Briefen zur ästhetischen Erziehung, NA 20, S. 320.

europäischen Antike in seiner Zeit[377], seien innerhalb der Menschheitsgeschichte ein Beispiel dafür, daß es eine, die sinnlich-vernünftige Doppelnatur des Menschen umfassende Lebensweise auch geben könne, ohne daß der Mensch den Weg dazu über die einseitige Förderung seiner Verstandesfähigkeit nehmen müsse. Über aller Ausprägung ihrer logisch-analytischen Kompetenzen hätten die Griechen nämlich niemals die sinnlichen Anteile ihrer Existenz von sich abgespalten und seien insofern ein musterhaftes Vorbild für den modernen Menschen, da dort jedes Individuum ein vollkommener Repräsentant seiner Gattung gewesen sei.[378]

> "Wie ganz anders bey uns Neuern! Auch bey uns ist das Bild
> der Gattung in den Individuen vergrößert auseinander geworfen -
> aber in Bruchstücken, nicht in veränderten Mischungen, daß man
> von Individuum zu Individuum herumfragen muß, um die

---

377) SCHILLER wurde während seiner Arbeiten zur Ästhetik im Frühjahr 1793 durch ein Manuskript Wilhelm von HUMBOLDTs, das die gängige Griechenverehrung ebenfalls transportierte, zu einer intensiveren Auseinandersetzung mit der zeitgenössischen Vorstellung vom antiken Griechentum angeregt. HUMBOLDT hatte SCHILLER seinen Aufsatz "Über das Studium des Alterthums, und des griechischen insbesondere" (In: HUMBOLDT, Wilhelm von: Werke in fünf Bänden, hrsg. von Andreas FLITNER und Klaus GIEL. Bd. II, Darmstadt 4. Aufl. 1986, S. 1 -24.) zugeschickt und ihn um einen Kommentar dazu gebeten, den SCHILLER auch verfaßte. (SCHILLER, Friedrich: Anmerkungen zu Wilhelm von Humboldt: Ueber das Studium des Alterthums, und des griechischen insbesondere. In: Schillers Werke. Nationalausgabe Bd. 21, unter Mitwirkung von Helmut KOOPMANN hrsg. von Benno von WIESE. Weimar 1963, S.63-65.) Vgl. den Kommentar in: HUMBOLDT, Wilhelm von: Werke in fünf Bänden, hrsg. von Andreas FLITNER und Klaus GIEL. Bd. V (Kommentar), Darmstadt 1981, S. 375f und 380 sowie auch den Kommentar in: Schillers Werke. Nationalausgabe Bd. 21, unter Mitwirkung von Helmut KOOPMANN hrsg. von Benno von WIESE. Weimar 1963, S. 380f.

378) Vgl. NA 20, S. 321f. Trotz dieser Verehrung der Griechen als kontrastives Vorbild für den zerrissenen modernen Menschen ist SCHILLER, im Gegensatz zu manchem seiner Zeitgenossen, aber noch durchaus in der Lage, die europäische Antike realistischerweise als eine Vorstufe - und nicht als Vollendung - innerhalb der Entwicklung der Menschheit einzuschätzen. Vgl. dazu bes. seine Bemerkungen zu HUMBOLDTs schon erwähntem Griechenaufsatz in: NA 21, S. 63 - 65 sowie die für den Nachweis SCHILLERs kritischer Einschätzung der Griechen zentrale Passage in seinem, teilweise gleichzeitig mit den Briefen über die ästhetische Erziehung entstandenen Aufsatz "Ueber naive und sentimentalische Dichtung" in: Schillers Werke. Nationalausgabe Bd. 20, unter Mitwirkung von Helmut KOOPMANN hrsg. von Benno von WIESE. Weimar 1962, S. 438.

Totalität der Gattung zusammen zu lesen. Bey uns, möchte man fast versucht werden zu behaupten, äußern sich die Gemüthskräfte auch in der Erfahrung so getrennt, wie der Psychologe sie in der Vorstellung scheidet, und wir sehen nicht bloß einzelne Subjekte sondern ganze Klassen von Menschen nur einen Theil ihrer Anlagen entfalten, während daß die übrigen, wie bey verkrüppelten Gewächsen, kaum mit matter Spur angedeutet sind."[379]

Die einseitige Entfaltung seiner Kompetenzen und Anlagen ist für SCHILLER also das den modernen Menschen kennzeichnende Moment. Für diese Spaltung der Gattung Mensch in tendenziell bloß sinnliche oder bloß vernünftige Wesen, macht er erneut die Kultur des (seit dem 17. Jahrhundert vorherrschenden) Rationalismus verantwortlich.

"Die Kultur selbst war es, welche der neuern Menschheit diese Wunde schlug. Sobald auf der einen Seite die erweiterte Erfahrung und das bestimmtere Denken eine schärfere Scheidung der Wissenschaften, auf der andern das verwickeltere Uhrwerk der Staaten eine strengere Absonderung der Stände und Geschäfte nothwendig machte, so zerriß auch der innere Bund der menschlichen Natur, und ein verderblicher Streit entzweite ihre harmonischen Kräfte. Der intuitive und der spekulative Verstand vertheilten sich jetzt feindlich gesinnt auf ihren verschiedenen Feldern, deren Grenzen sie jetzt anfiengen, mit Mistrauen und Eifersucht zu bewachen, und mit der Sphäre, auf die man seine Wirksamkeit einschränkt, hat man auch in sich selbst einen Herrn gegeben, der nicht selten mit Unterdrückung der übrigen Anlagen zu endigen pflegt."[380]

SCHILLER weist hier zwar aus einer kulturkritischen Position heraus darauf hin, daß seiner Ansicht nach dieser existentielle Riß, der sich in der Moderne durch die Gattung Mensch zieht, auch nicht vor einem einzelnen Menschen haltmacht, doch er erkennt zugleich auch die menschheitsge-

---

379) Briefe über die ästhetische Erziehung, NA 20, S. 322.

380) Briefe über die ästhetische Erziehung, NA 20, S. 322f. Mit der Rede vom "Uhrwerk der Staaten" (s. o.) wird deutlich, daß SCHILLER hier insbesondere das mechanistisch-rationalistische Weltbild des 17. Jahrhunderts meint.

schichtliche Notwendigkeit, mit der sich diese Entwicklung hat vollziehen müssen, sofern die Menschheit nicht auf ihre ihr bestimmte Bewegung nach vorne hätte verzichten wollen:

> "Gerne will ich Ihnen eingestehen, daß so wenig es auch den Individuen bey dieser Zerstückelung ihres Wesens wohl werden kann, doch die Gattung auf keine andere Art hätte Fortschritte machen können."[381]

> "Einseitigkeit in Uebung der Kräfte führt zwar das Individuum unausbleiblich zum Irrthum, aber die Gattung zur Wahrheit. [...] So gewiß es ist, daß alle menschliche Individuen zusammen genommen, mit der Sehkraft, welche die Natur ihnen ertheilt, nie dahin gekommen seyn würden, einen Trabanten des Jupiter auszuspähn, den der Teleskop dem Astronomen entdeckt; eben so ausgemacht ist es, daß die menschliche Denkkraft niemals eine Analysis des Unendlichen oder eine Critik der reinen Vernunft würde aufgestellt haben, wenn nicht in einzelnen dazu berufnen Subjekten die Vernunft sich vereinzelt, von allem Stoff gleichsam losgewunden, und durch die angestrengteste Abstraktion ihren Blick ins Unbedingte bewaffnet hätte."[382]

Treffender läßt sich die dem Rationalismus und der Aufklärung innewohnende Dialektik kaum beschreiben: Einerseits die durch die Aufklärungskultur vorangetriebene existentielle Spaltung von Gattung und Subjekten, andererseits der dadurch möglich werdende Fortschritt auf dem Wege der Menschheit.

SCHILLER weist nun trotz des aus geschichtsphilosophischer Perspektive zugegebenen Fortschreitens der Menschheit vehement darauf hin, daß dieser eingeschlagene Weg keinesfalls der richtige sein kann, eben weil auf ihm die einzelnen Menschen zunehmend eine verkrüppelte Existenz führen müssen, womit sie aber letztlich auch ihre Bestimmung als sinnlich-vernünftige Wesen verfehlen, Menschheit im Sinne von Humanitas also nicht erreicht wird.

> "Wieviel also auch für das Ganze der Welt durch diese getrennte Ausbildung der menschlichen Kräfte gewonnen werden

---

381) Briefe über die ästhetische Erziehung, NA 20, S. 326.

382) Briefe über die ästhetische Erziehung, NA 20, S. 327.

mag, so ist nicht zu läugnen, daß die Individuen, welche sie trifft, unter dem Fluch dieses Weltzwecks leiden."[383]

Denn:

"Jene Polypennatur der griechischen Staaten, wo jedes Individuum eines unabhängigen Lebens genoß, und wenn es Noth that, zum Ganzen werden konnte, machte jetzt einem kunstreichen Uhrwerke Platz, wo aus der Zusammenstückelung unendlich vieler, aber lebloser, Theile ein mechanisches Leben im Ganzen sich bildet. Auseinandergerissen wurden jetzt der Staat und die Kirche, die Gesetze und die Sitten; der Genuß wurde von der Arbeit, das Mittel vom Zweck, die Anstrengung von der Belohnung geschieden. Ewig nur an ein einzelnes Bruchstück des Ganzen gefesselt, bildet sich der Mensch selbst nur als Bruchstück aus, ewig nur das eintönige Geräusch des Rades, das er umtreibt, im Ohre, entwickelt er nie die Harmonie seines Wesens, und anstatt die Menschheit in seiner Natur auszuprägen, wird er bloß zu einem Abdruck seines Geschäfts, seiner Wissenschaft."[384]

Der Begriff Entfremdung liegt hier zum Greifen nahe, auch wenn SCHILLER ihn nicht verwendet: Das durch die gesellschaftlich ausdifferenzierte Kultur geknechtete Individuum muß notwendig die Menschheit verfehlen, da es sich selbst nicht mehr als eine Einheit findet.[385]

---

383) Briefe über die ästhetische Erziehung, NA 20, S. 327.

384) Briefe über die ästhetische Erziehung, NA 20, S. 323.

385) SCHILLER setzte sich nachgewiesenermaßen bereits seit 1780 mit den zu seiner Zeit aktuellen Positionen maßgeblicher Kritiker der gesellschaftlich bedingten zunehmenden Entfremdung des Menschen auseinander. Er las FERGUSON und vielleicht auch SMITH. (Vgl. WITTE, William: Der Einfluß der britischen Ästhetik auf Schiller. In: BERGHAHN, Klaus L. [Hrsg.]: Friedrich Schiller - zur Geschichtlichkeit seines Werkes. Kronberg/Ts. 1975, S. 309 - 320, bes. S. 310.) Eine Auseinandersetzung mit den zentralen gesellschaftskritischen Schriften ROUSSEAUs begann ab 1782. (Vgl. LIEPE, Wolfgang: Der junge Schiller und Rousseau. Eine Nachprüfung der Rousseaulegende um den Räuberdichter. In: Zeitschrift für deutsche Philologie 51 (1926), S. 299 - 328, bes. S. 328. Inhaltlich differenzierte Hinweise finden sich hierzu bei BUCK, Günther: Rückwege aus der Entfremdung. München und Paderborn 1984, S. 168 - 173.) Begriffsgeschichtlich taucht "Entfremdung" schon in der deutschen Mystik bei Meister ECKHART auf. Dort allerdings in dem Sinne, daß der Mensch sein Heil -

Doch die Spaltung der Gattung in tendenziell bloß sinnliche und vernünftige Wesen hat zugleich auch einen Verfall der Gesellschaft zur Folge: Zerfall der sittlichen Gemeinschaft zugunsten einer Herrschaft durch Gesetze; Existenzsicherung durch fortschreitend entfremdete Arbeit bei zunehmender Mechanisierung der Produktionsmittel; lebloses Existieren an Stelle von lebendiger Lebensgemeinschaft.

"Wenn das gemeine Wesen das Amt zum Maaßstab des Mannes macht, wenn es an dem Einen seiner Bürger nur die Memorie, an einem Andern den tabellarischen Verstand, an einem Dritten nur die mechanische Fertigkeit ehrt, wenn es hier, gleichgültig gegen den Charakter, nur auf Kenntnisse dringt, dort hingegen einem Geiste der Ordnung und einem gesetzlichen Verhalten die größte Verfinsterung des Verstandes zu gut hält - wenn es zugleich diese einzelnen Fertigkeiten zu einer eben so großen Intensität will getrieben wissen, als es dem Subjekt an Extensität erläßt - darf es uns da wundern, daß die übrigen Anlagen des Gemüths vernachlässigt werden, um der einzigen, welche ehrt und lohnt, alle Pflege zuzuwenden? Zwar wissen wir, daß das kraftvolle Genie die Grenzen seines Geschäfts nicht zu Grenzen seiner Thätigkeit macht, aber das mittelmäßige Talent verzehrt in dem Geschäfte, das ihm zum Antheil fiel, die ganze karge Summe seiner Kraft, und es muß schon kein gemeiner Kopf seyn, um, unbeschadet seines Berufs, für Liebhabereyen übrig zu behalten."[386]

---

in Gott - nur dann findet, wenn er sich von sich und der Welt entfremdet. (Vgl. NIPKOW, Karl Ernst: Bildung und Entfremdung. Überlegungen zur Rekonstruktion der Bildungstheorie. In: Zeitschrift für Pädagogik, 14. Beiheft (1977), S. 205 - 229, bes. S. 210.) NIPKOW weist in demselben Artikel darauf hin, daß HUMBOLDT in seinem Fragment "Theorie der Bildung des Menschen" den Begriff als erster in seiner philosophischen Bedeutung verwendet. (Vgl. NIPKOW, Karl Ernst: a.a.O., S. 211.) Bezieht man den Hinweis von Klaus GIEL und Andreas FLITNER ein, daß HUMBOLDT dieses Fragment vermutlich 1794 - also in seiner Jenaer Zeit der engen Freund- und Nachbarschaft zu SCHILLER - verfaßt hat (vgl. HUMBOLDT, Wilhelm von: Werke in fünf Bänden, hrsg. von Andreas FLITNER und Klaus GIEL. Bd. V, Darmstadt 1981, S. 316.), so läßt sich leicht vorstellen, daß sich SCHILLER und HUMBOLDT wohl gerade über solch eine zentrale Kategorie ihres Denkens verständigt haben dürften.

386) Briefe über die ästhetische Erziehung, NA 20, S. 324.

"Kann aber wohl der Mensch dazu bestimmt seyn, über irgend einem Zwecke sich selbst zu versäumen?"[387]

Dies alles zusammengenommen - die Spaltung der Gattung, die Entfremdung des Einzelnen und die daraus folgende Verödung der Gesellschaft zu einer bloß funktionalen Maschinerie - veranlaßt SCHILLER, einen Weg für den Menschen zu suchen, der unter Beibehaltung des aufklärerischen Fortschrittsgedankens die Vervollkommnung der Menschheit sowohl individuell als auch gemeinschaftlich ermöglichen soll. Er sieht ihn allein in einer ästhetischen Erziehung des Menschen gegeben.

"Es muß also falsch seyn, daß die Ausbildung der einzelnen Kräfte das Opfer ihrer Totalität nothwendig macht; oder wenn auch das Gesetz der Natur noch so sehr dahin strebte, so muß es bey uns stehen, diese Totalität in unsrer Natur, welche die Kunst zerstört hat, durch eine höhere Kunst wieder herzustellen."[388]

Den angesichts der Zeitsituation möglichen Einwand gegen eine Auseinandersetzung mit ästhetischen Fragestellungen als unpolitischen Akt nimmt SCHILLER gleich selbst vorweg:

"Ist es nicht wenigstens ausser der Zeit, sich nach einem Gesetzbuch für die ästhetische Welt umzusehen, da die Angelegenheiten der moralischen ein soviel näheres Interesse darbieten, und der philosophische Untersuchungsgeist durch die Zeitumstände so nachdrücklich aufgefordert wird, sich mit dem vollkommensten aller Kunstwerke, mit dem Bau einer wahren politischen Freyheit zu beschäftigen?"[389]

---

387) Briefe über die ästhetische Erziehung, NA 20, S. 328.

388) Briefe über die ästhetische Erziehung, NA 20, S. 328. An dieser Stelle zeigt sich noch einmal sehr deutlich und beispielhaft einer von SCHILLERs zahlreichen sprachlichen Balanceakten: In der vorletzten Zeile des Zitats meint "Kunst" die Entwicklung der Kultur zu einer "ars technae", während derselbe Terminus in der letzten Zeile eine Kultur im Sinne einer "ars vivendi" bedeutet.

389) Briefe über die ästhetische Erziehung, NA 20, S. 311.

Er muß sich geradezu diese Frage aufgrund seiner im vorangegangenen Abschnitt wiedergegebenen Einschätzung der gesellschaftlichen und kulturellen Entwicklung in seiner Zeit stellen, wonach für ihn der

> "**Nutzen** [...] das große Idol der Zeit [ist], dem alle Kräfte frohnen und alle Talente huldigen sollen. Auf dieser groben Waage hat das geistige Verdienst der Kunst kein Gewicht, und, aller Aufmunterung beraubt, verschwindet sie von dem lermenden Markt des Jahrhunderts."[390]

Aber SCHILLER versteht seine Arbeit an einer Philosophie der Kunst als einen durchaus politischen Akt, der sich gerade in staatsbürgerlicher Verantwortlichkeit für das Gemeinwesen gegen dessen Verfall wendet.[391] Denn wenn auch, wie er sagt, eine Auseinandersetzung mit kunstphilosophischen Fragestellungen zunächst vielleicht unzeitgemäß erscheinen mag, so hofft er doch beweisen zu können, "daß diese Materie weit weniger dem Bedürfniß als dem Geschmack des Zeitalters fremd ist".[392] Gerade weil nämlich "die Kunst [...] eine Tochter der Freyheit" ist[393], wie SCHILLER den Begriff des Schönen schon in seinen Kalliasbriefen entwickelt hatte, und man "durch das ästhetische den Weg nehmen muß, weil es die Schönheit ist, durch welche man zu der Freyheit wandert"[394], meint er mit ihr die politisch brisanten Probleme lösen zu können.[395] Er ist davon überzeugt, daß sich eine freiheitliche, republikanische Staatsverfassung, in der sich eine von allen Bürgern getragene Vernunftherrschaft des Menschen etablieren können soll, allein mit der Schaffung einer ästhetischen Kultur zu erzielen ist. Seine Gesellschaftsvorstellung knüpft also einerseits zwar insofern an den Entwurf der antiken Polis durch PLATON an, als auch sie sich eine Staatsform zum Ideal macht, die ebenfalls - wie MITTELSTRAß

---

390) Briefe über die ästhetische Erziehung, NA 20, S. 311.

391) Vgl. Briefe über die ästhetische Erziehung, NA 20, S. 311 sowie Augustenburger Briefe, S. 39.

392) Briefe über die ästhetische Erziehung, NA 20, S. 312.

393) Briefe über die ästhetische Erziehung, NA 20, S. 311.

394) Briefe über die ästhetische Erziehung, NA 20, S. 312.

395) Vgl. Briefe über die ästhetische Erziehung, NA 20, S. 312.

es hinsichtlich der PLATONischen Staatsidee formuliert - auf der "Hoffnung auf die Leistungsfähigkeit der Vernunft"[396] basiert. Andererseits wendet sie sich aber zugleich explizit gegen PLATONs Aufforderung, die den Menschen angeblich nur verweichlichenden und damit die vernünftige Verfassung gefährdenden schönen Künste aus dem Staat zu verbannen.[397]

Die Begründung einer für einen freien Staat lebensnotwendigen ästhetischen Kultur leitet sich für SCHILLER dabei aus zwei argumentativen Grundfiguren seines Denkens her, die beide miteinander verschränkt sind: einer staatsphilosophischen und einer anthropologischen. Der Staat ist für SCHILLER nur der Repräsentant seiner ihn erst konstituierenden Bürger und somit bloß als "objektive und gleichsam kanonische Form, in der sich die Mannichfaltigkeit der Subjekte zu vereinigen trachtet" aufzufassen.[398] Spricht SCHILLER vom Staat, so meint dieser Begriff bei ihm also immer einen Ausdruck desjenigen Zustands, in dem sich eine Gemeinschaft von Menschen jeweils aktuell befindet. Da sich aber der Mensch - und hierin vollzieht sich die Verschränkung von Staatsphilosophie und Anthropologie bei SCHILLER - in einer permanenten onto- wie auch phylogenetischen Entwicklung befindet, wandelt sich infolgedessen auch sein Staatsgefüge, in dem er lebt, das er konstituiert und das ihn repräsentiert. So sieht SCHILLER den Menschen zunächst eine Existenz als ein Naturwesen füh-

---

396) MITTELSTRAß, Jürgen: Platon. In: HÖFFE, Otfried [Hrsg.]: Klassiker der Philosophie. Erster Band. Von den Vorsokratikern bis David Hume. München 2. Aufl. 1985, S. 38 - 62, hier S. 51.

397) Vgl. Briefe über die ästhetische Erziehung, NA 20, S. 337 sowie PLATON: Politeia. In: Ders.: Sämtliche Werke, Bd. 13. Hamburg 19. Aufl. 1976, S. 67ff, bes. S. 288 - 299.

398) Briefe über die ästhetische Erziehung, NA 20, S. 316. SCHILLERs Staatsverständnis deckt sich in diesem Punkt auf verblüffende Weise mit demjenigen Wilhelm von HUMBOLDTs. Es ist sehr wahrscheinlich, daß SCHILLER seine Staatsvorstellung nicht nur unter dem Einfluß von PLATONs "Politeia" sondern auch vor dem Hintergrund von HUMBOLDTs Aufsatz "Ideen zu einem Versuch, die Grenzen der Wirksamkeit des Staats zu bestimmen" (In: HUMBOLDT, Wilhelm von: Werke in fünf Bänden, hrsg. von Andreas FLITNER und Klaus GIEL. Bd. I, Darmstadt 3. Aufl. 1980, S. 56 - 233) entfaltet, da ihm dieser Text spätestens seit Januar 1793 vorlag. (Vgl. PRICE, Cora Lee: Wilhelm von Humboldt und Schillers "Briefe über die ästhetische Erziehung des Menschen". In: Jahrbücher der deutschen Schillergesellschaft 11 (1967), S. 358 - 373, bes. S. 363 - 365.)

ren, das dem Tierreich noch sehr nahe steht. Doch weil der Mensch im Prinzip auch da schon vernunftbegabter Mensch und nicht bloß Tier ist, "kommt [er] zu sich aus seinem sinnlichen Schlummer, erkennt sich als Mensch, blickt um sich her, und findet sich - in dem Staate."[399] SCHILLER bezeichnet diese ursprüngliche Form der Menschengemeinschaft, die sich aufgrund waltender Naturgesetzlichkeiten ergibt und derer der Mensch bereits im Moment seiner vernunftgeleiteten Bewußtwerdung über seinen Zustand enthoben ist, als "Nothstaat"[400] oder "Naturstaat"[401], der in der "Kindheit"[402] der Menschheitsgeschichte bestanden habe. Doch da der Mensch, wie schon in "Ueber Anmuth und Würde" deutlich geworden war, für SCHILLER nicht nur ein sinnliches Naturwesen sondern zugleich auch "moralische Person"[403] ist,

> "holt er, auf eine künstliche Weise, in seiner Volljährigkeit seine Kindheit nach, bildet sich einen **Naturstand** in der Idee, der ihm zwar durch keine Erfahrung gegeben, aber durch seine Vernunftbestimmung nothwendig gesetzt ist, leyht sich in diesem idealischen Stand einen Endzweck, den er in seinem wirklichen Naturstand nicht kannte, und eine Wahl, deren er damals nicht fähig war, und verfährt nun nicht anders, als ob er von vorn anfinge, und den Stand der Unabhängigkeit aus heller Einsicht und freyem Entschluß mit dem Stand der Verträge vertauschte."[404]

Mit dem erwachenden Bewußtsein über seinen Naturzustand, der den Naturstaat als Gemeinschaftsform zur Folge hatte, beginnt der Mensch, jetzt als Vernunftwesen aktiv tätig, an der Errichtung seiner individuellen Verfassung und damit zugleich an der Errichtung eines Vernunftstaates zu arbeiten, den SCHILLER auch als "sittlichen"[405] bezeichnet.[406] Die bloß

---

399) Briefe über die ästhetische Erziehung, NA 20, S. 313.

400) Briefe über die ästhetische Erziehung, NA 20, S. 313.

401) Briefe über die ästhetische Erziehung, NA 20, S. 314.

402) Briefe über die ästhetische Erziehung, NA 20, S. 313.

403) Briefe über die ästhetische Erziehung, NA 20, S. 313.

404) Briefe über die ästhetische Erziehung, NA 20, S. 313.

405) Briefe über die ästhetische Erziehung, NA 20, S. 314.

naturhafte - rein physische - Existenz des Menschen wird also von da an mit einer potentiell bloß vernünftigen - rein moralischen - konfrontiert.

"Nun ist aber der physische Mensch **wirklich**, und der sittliche nur **problematisch** [d.h.: erst dem menschlichen Handeln aufgegeben]. Hebt also die Vernunft den Naturstaat auf, wie sie nothwendig muß, wenn sie den ihrigen an die Stelle setzen will, so wagt sie den physischen und wirklichen Menschen an den problematischen sittlichen, so wagt sie die Existenz der Gesellschaft an ein bloß mögliches (wenn gleich moralisch nothwendiges) Ideal von Gesellschaft. Sie nimmt dem Menschen etwas, das er wirklich besitzt, und ohne er welches nichts besitzt, und weist ihn dafür an etwas an, das er besitzen könnte und sollte;"[407]

Der gesellschaftliche Umbau vom Naturstaat zum Vernunftstaat gerät nach SCHILLER daher auch schnell in die Gefahr, dem Menschen seine, zur Entfaltung seines Vernunftpotentials notwendige Grundlage der rein physischen, sinnlichen Existenz zu zerstören.

"Das große Bedenken also ist, daß die physische Gesellschaft **in der Zeit** keinen Augenblick aufhören darf, indem die moralische **in der Idee** sich bildet, daß, um der Würde des Menschen willen seine Existenz nicht in Gefahr gerathen darf."[408]

Da die Umorganisation des Naturstaats zum Vernunftstaat also im Leben seiner einzelnen, den Staat erst konstituierenden Glieder vollzogen werden muß, ohne daß damit deren physische Existenz unterlaufen wird - denn eine Vernichtung der physischen Existenz der Staatsmitglieder hätte auch die Unmöglichkeit einer sittlichen Gemeinschaft zur Folge -, muß nach SCHILLERs Ansicht ein Mittel gefunden werden, mit dessen Hilfe dieser Umbau der Gesellschaft gefahrlos vollzogen werden kann. Solch ein Mittel finde sich aber weder im natürlichen noch im sittlichen Charakter des Menschen, da der erste aufgrund seiner Selbstsucht die Gesellschaft eher in Gefahr bringe als erhalte und der zweite erst noch geschaffen werden

---

406) Vgl. Briefe über die ästhetische Erziehung, NA 20, S. 313f.

407) Briefe über die ästhetische Erziehung, NA 20, S. 314.

408) Briefe über die ästhetische Erziehung, NA 20, S. 314.

müsse und obendrein frei sei, also nicht als gesetzliches Mittel eingesetzt werden könne.[409] Aber auch im Staat selbst kann dieses Mittel nicht gefunden werden, da der Staat sich nach SCHILLERs Definition aus den eben skizzierten Menschen erst zusammensetzt.

"Es käme also darauf an, von dem physischen Charakter die Willkühr und von dem moralischen die Freyheit abzusondern - es käme darauf an, den erstern mit Gesetzen übereinstimmend, den letztern von Eindrücken abhängig zu machen - um einen dritten Charakter zu erzeugen, der, mit jenen beyden verwandt, von der Herrschaft bloßer Kräfte zu der Herrschaft der Gesetze einen Uebergang bahnte, und ohne den moralischen Charakter an seiner Entwicklung zu verhindern, vielmehr zu einem sinnlichen Pfand der unsichtbaren Sittlichkeit diente,. [sic!]"[410]

III.5.2 Gesellschaftlicher Umbau durch ästhetische Erziehung

SCHILLER zielt mit seiner Forderung nach einem "dritten Charakter" (s. o.) auf einen Zustand des Menschen, den er in "Ueber Anmuth und Würde" bereits als harmonische, d. h. wechselseitig herrschaftsfreie Zusammenstimmung von Sinnlichkeit und Vernunft des Menschen beschrieben hatte.[411] Wie schon dort geht er auch in den Briefen über die äs-

---

409) Vgl. Briefe über die ästhetische Erziehung, NA 20, S. 314f.

410) Briefe über die ästhetische Erziehung, NA 20, S. 315. Besonders Günther BUCK hat darauf hingewiesen, daß SCHILLER mit dieser Denkweise der erste gewesen ist, der im Anschluß an ROUSSEAUs Kultur- und Entfremdungskritik ein geschichtsbewußtes und damit prinzipiell offenes (nicht-teleologisches) Bildungsverständnis entwickelt hat. Indem SCHILLER nämlich die ROUSSEAUsche "Idee der lebenspraktischen Identität des handelnden Subjekts" nicht mehr nur als Maß für eine Kritik der Entfremdungsgeschichte des Menschen übernimmt, sondern sie darüberhinaus zum gesellschaftlichen Ziel seiner Philosophie macht, entwirft er - so BUCK weiter - zugleich eine zukünftige "Geschichte der Bildung, in der die Selbstentfremdung, das Resultat der vergangenen Geschichte, zurückgenommen werden soll!" (BUCK, Günther: Rückwege aus der Entfremdung. München und Paderborn 1984, S. 17.) Allerdings denkt SCHILLER in dem Zusammenhang noch nicht über eine grundsätzliche Veränderung der ökonomischen Bedingungen in der Gesellschaft nach. Dies bleibt Karl MARX vorbehalten.

411) Vgl. Kap. III.4.4 der vorliegenden Arbeit.

thetische Erziehung davon aus, daß der Mensch sowohl seiner sinnlichen wie seiner vernünftigen Anlage gerecht werden muß, soll er sich nicht selbst verleugnen und verfehlen.[412] Fraglich ist aber, wie denn eine freiheitliche Zusammenstimmung der sinnlichen und vernünftigen Anteile im einzelnen Menschen erreicht werden kann, wenn die aktuell bestehenden Strukturen der Gesellschaft die Ursache für das Zerreißen der Individuen in tendenziell bloß sinnliche oder bloß vernünftige Wesen ist. Wie ist die Schaffung der von SCHILLER zur Errichtung eines freiheitlichen Vernunftstaats geforderten notwendigen Einheit des Menschen überhaupt denkbar, wenn die bestehende Gesellschaft fortgesetzt die vereinzelte Ausbildung der Vermögen und damit eine entfremdete Existenz des Menschen zur Existenzgrundlage macht, obwohl die Menschen in ihr darunter leiden?[413]

Die rationale Kultur der Aufklärung ist, wie SCHILLER deutlich gemacht hatte, jedenfalls nicht in der Lage, die Totalität des Menschen zu garantieren und so wird es in ihr

> "jederzeit von einer noch mangelhaften Bildung zeugen, wenn der sittliche Charakter nur mit Aufopferung des natürlichen sich behaupten kann; und eine Staatsverfassung wird noch sehr unvollendet seyn, die nur durch Aufhebung der Mannichfaltigkeit Einheit zu bewirken im Stand ist."[414]

SCHILLER ist gewiß kein Gegner aufklärerischen Denkens und Handelns, der mit seiner Philosophie einen Weg sucht, der wieder in einen Zustand vor die Aufklärung führt. Das ist ganz und gar nicht sein Ziel. Vielmehr ist er nach eigener Aussage froh, in seiner Zeit zu leben[415], die die Düsternis des Mittelalters mit ihren "Wahnbegriffe[n]", ihrem "Fanatismus und Betrug", ihren "Täuschungen der Sinne" und ihrer "betrüglichen Sophistik" hinter sich gelassen hat.[416]

---

412) Vgl. Briefe über die ästhetische Erziehung, NA 20, S. 316f.

413) Vgl. Briefe über die ästhetische Erziehung, NA 20, S. 328f.

414) Briefe über die ästhetische Erziehung, NA 20, S. 317.

415) Vgl. Briefe über die ästhetische Erziehung, NA 20, S. 311.

416) Briefe über die ästhetische Erziehung, NA 20, S. 331.

Aber SCHILLER macht auch an keiner Stelle seiner Briefe über die ästhetische Erziehung die Aufklärung selbst für den Verfall der Gattung, der
Individuen und der Gesellschaft verantwortlich, sondern immer nur die aus
der Aufklärung hervorgehende einseitige Pflege rationaler Kultur.[417] Er
fragt deshalb auch sehr differenziert:

> "Denn woher diese noch so allgemeine Herrschaft der
> Vorurtheile und diese Verfinsterung der Köpfe bey allem Licht,
> das Philosophie und Erfahrung aufsteckten? [...] - woran liegt es,
> daß wir noch immer Barbaren sind?"[418]

Provokativ bezeichnet SCHILLER hier den durch einseitige Förderung
seiner Rationalität zwar aufgeklärten aber gerade dadurch sich selbst entfremdeten Menschen als Barbaren, dessen Gegenteil er im Wilden sieht.
Ein Wilder ist für ihn nämlich, wer sich ausschließlich durch Gefühle auch
in seinen moralischen Grundsätzen leiten läßt; ein Barbar aber, wer seine
Gefühle durch Grundsätze zerstört, also kalt und bloß berechnend ist.[419]

> "Der Wilde verachtet die Kunst, und erkennt die Natur als sei-
> nen unumschränkten Gebieter; der Barbar verspottet und entehrt
> die Natur, aber verächtlicher als der Wilde fährt er häufig genug
> fort, der Sklave seines Sklaven zu seyn. Der gebildete Mensch
> macht die Natur zu seinem Freund, und ehrt ihre Freyheit, indem
> er bloß ihre Willkühr zügelt."[420]

Doch dieser gebildeten Verfassung des Menschen steht also noch etwas
im Wege, das sie trotz dieser, ebenfalls erst durch die Aufklärung erzielten
Erkenntnis, nicht zu ihrer Verwirklichung gelangen läßt.

---

417) Vgl. oben, Kap. III.5.1.

418) Briefe über die ästhetische Erziehung, NA 20, S. 331.

419) Vgl. Briefe über die ästhetische Erziehung, NA 20, S. 318. SCHILLER hatte
diese beiden Formen menschlicher Entfremdung schon einmal in "Ueber Anmuth
und Würde" als jeweils einseitige Herrschaft entweder der Sinnlichkeit oder der
Vernunft beschrieben, jedoch ohne sie dort mit den Begriffen Wilder und Barbar
zu bezeichnen. (Vgl. hierzu Kap. III.4.4 dieser Arbeit.) Angesichts dieses hier von
ihm verwandten, sich wechselweise ausgrenzenden komplementären
Begriffspaares droht diesem Gedankengang eine Erstarrung, die der eigentlichen
Intention SCHILLERs zuwider läuft.

420) Briefe über die ästhetische Erziehung, NA 20, S. 318.

"Nicht genug also, daß alle Aufklärung des Verstandes nur insoferne Achtung verdient, als sie auf den Charakter zurückfließt; sie geht auch gewissermaßen von dem Charakter aus, weil der Weg zu dem Kopf durch das Herz muß geöffnet werden. Ausbildung des Empfindungsvermögens ist also das dringendere Bedürfnis der Zeit, nicht bloß weil sie ein Mittel wird, die verbesserte Einsicht für das Leben wirksam zu machen, sondern selbst darum, weil sie zu Verbesserung der Einsicht erweckt."[421]

SCHILLER ist sich bewußt, daß hier die Gefahr eines Zirkels innerhalb seiner Philosophie gegeben ist, wenn er fordert, daß die "theoretische Kultur [...] die praktische herbeyführen und die praktische doch die Bedingung der theoretischen seyn" soll.[422] Er meint daher auch zur Verbesserung der Gesellschaft und zur Vervollkommnung der aufklärerischen Kultur ein "Werkzeug" suchen zu müssen, das nicht aus der maroden Gesellschaft selbst stammt, das nicht von dem den Menschen immer weiter in seine Entfremdung treibenden Staatsgefüge abhängig, sondern vielmehr in der Lage ist, Quellen zu "eröffnen, die sich bey aller politischen Verderbniß rein und lauter erhalten."[423]

Mit diesem Gedanken sieht sich SCHILLER

"an dem Punkt angelangt, zu welchem alle meine bisherigen Betrachtungen hingestrebt haben. Dieses Werkzeug ist die schöne Kunst, diese Quellen öffnen sich in ihren unsterblichen Mustern."[424]

Mit Hilfe der Kunst will er also den Umbau der Gesellschaft vollziehen, indem sie die Einheit des Menschen wieder herstellen soll. Da es seiner Ansicht nach, wie bereits ausführlich geschildert, der aufgeklärten Gesellschaft "nicht sowohl an philosophischer als an ästhetischer Kultur" - nicht so sehr an theoretischer als an praktischer Kultur - mangelt und ihr

---

421) Briefe über die ästhetische Erziehung, NA 20, S. 332.

422) Briefe über die ästhetische Erziehung, NA 20, S. 332.

423) Briefe über die ästhetische Erziehung, NA 20, S. 332.

424) Briefe über die ästhetische Erziehung, NA 20, S. 333.

"nicht sowohl an **Licht** als an **Wärme**" fehlt, hält er "die Veredlung der Gefühle und die sittliche Reinigung des Willens" für das "dringendere Bedürfnis" seiner Zeit.[425] Diese Aufgabe, dieser Bildungsauftrag der aufgeklärten Gesellschaft, muß SCHILLERs Vorstellungen zufolge durch die Künste ausgeführt werden, denn sie allein

> "beleben, üben und verfeinern das Empfindungsvermögen, sie erheben den Geist von den groben Vergnügungen des Stoffes zum reinen Wohlgefallen an bloßen Formen, und gewöhnen ihn, auch in seine Genüsse Selbsttätigkeit zu mischen."[426]

Darüber hinaus hält SCHILLER die Künste auch deshalb für diese Aufgabe geeignet, weil sie seiner Ansicht nach, wie die Wissenschaft, völlig unabhängig von der politischen Verfassung eines Staates bestehen.[427] Er warnt ausdrücklich vor dem möglicherweise hierauf folgenden falschen Einwand, daß Kunst und Wissenschaft niemals ohne Einfluß des politischen Systems existieren könnten, denn das gelte nur für Wissenschaftler und Künstler, nicht aber für deren jeweilige Domäne.[428] Insofern meint SCHILLER also ein Ideal von Kunst, das den Übergang vom Naturstaat zum Vernunftstaat bei freier und unentfremdeter Existenz seiner Mitglieder gewährleisten können soll. Er hält es für diese Aufgabe geeignet, da die

> "Gesetze der Kunst [...] nicht in den wandelbaren Formen eines zufälligen und oft ganz entarteten Zeitgeschmacks, sondern in dem Notwendigen und Ewigen der menschlichen Natur, in den Urgesetzen des Geistes, gegründet [sind]".[429]

---

425) Augustenburger Briefe, S. 44f.

426) Augustenburger Briefe, S. 45.

427) Vgl. Briefe über die ästhetische Erziehung, NA 20, S. 333.

428) Vgl. Briefe über die ästhetische Erziehung, NA 20, S. 333.

429) Augustenburger Briefe, S. 45. Hier wird sehr deutlich, daß auch SCHILLER nicht der dem Idealismus eigentümlichen Aporie entkommt, sondern ebenfalls an die Möglichkeit "reiner Ideen" glaubt. Es ist in diesem Zusammenhang aber sehr wichtig, schon jetzt darauf hinzuweisen, daß er den - schon in seinem Schaubühnenaufsatz aufgetauchten (vgl. oben, Kap. III.2.3) - Gedanken, eine "reine Kunst" könne den Selbstverlust des Subjekts rückgängig machen, im weiteren Verlauf der Briefe zunehmend in den Hintergrund rückt. (Vgl. auch Kap. IV.2.1 der vorliegenden Arbeit.) Selbstbestimmte Existenz wird dann von ihm

In SCHILLERs Philosophie kommt also, PLATONs Staat genau entgegengesetzt[430], der Kunst eine geradezu staatsgründende Bedeutung zu. Doch angesichts der historischen Entwicklung des Menschen, in der "man beynahe in jeder Epoche der Geschichte, wo die Künste blühen und der Geschmack regiert, die Menschheit gesunken findet,"[431] muß SCHILLER sich die Frage stellen, auf welche Weise denn die Kunst, bzw. eine "schöne Kultur" imstande ist, beiden Übeln der Zeit - zunehmende Verwilderung und Barbarei - und damit beiden Entfremdungsformen des Menschen zugleich entgegenzuwirken.[432] Er weist in diesem Zusammenhang noch einmal ausdrücklich darauf hin, daß dieses Verfahren der Kunst also nicht bloß auf eine Verfeinerung der Sitten hinauszulaufen hätte, sondern daß durch ihren Einfluß der ganze Mensch veredelt werden muß, daß durch Schönheit mithin nicht gesittetes Verhalten sondern die Sittlichkeit des Menschen erzielt werden soll.[433]

"Dieß scheint aber einen Begriff der Schönheit voraus zu setzen, der eine andere Quelle hat, als die Erfahrung [...].
Dieser reine **Vernunftbegriff** der Schönheit, wenn ein solcher sich aufzeigen ließe, müßte also - weil er aus keinem wirklichen Falle geschöpft werden kann, vielmehr unser Urtheil über jeden wirklichen Fall erst berichtet und leitet - auf dem Wege der

---

stattdessen - gefaßt im Spielbegriff und der Redewendung vom "ästhetischen Zustand" - durch einen innersubjektiven ästhetischen Versöhnungsprozeß des gespaltenen Menschen in Aussicht gestellt werden. (Vgl. Kap. III.5.4 und III.5.5 der vorliegenden Arbeit.) Aber auch dieser Gedanke ist nicht völlig neu bei SCHILLER, wie in dem obenstehenden Abschnitt über die "Philosophische[n] Briefe" bereits deutlich wurde. (Vgl. Kap. III.2.4 meiner Arbeit.)

430) Deutlich wird diese ablehnende Haltung SCHILLERs gegenüber dem PLATONischen Gedanken der Ausgrenzung der Künste aus der Polis auch an folgender Stelle: "Schon im Alterthum gab es Männer, welche die schöne Kultur für nichts weniger als eine Wohlthat hielten, und deswegen sehr geneigt waren, den Künsten der Einbildungskraft den Eintritt in ihre Republik zu verwehren." (Briefe über die ästhetische Erziehung, NA 20, S. 337.)

431) Briefe über die ästhetische Erziehung, NA 20, S. 339.

432) Briefe über die ästhetische Erziehung, NA 20, S. 336.

433) Vgl. Briefe über die ästhetische Erziehung, NA 20, S. 337.

Abstraktion gesucht, und schon aus der Möglichkeit der sinnlich-vernünftigen Natur gefolgert werden können: mit einem Wort: die Schönheit müßte sich als eine nothwendige Bedingung der Menschheit aufzeigen lassen. Zu dem reinen Begriff der Menschheit müssen wir uns also nunmehr erheben, und da uns die Erfahrung nur einzelne Zustände einzelner Menschen, aber niemals die Menschheit zeigt, so müssen wir aus diesen ihren individuellen und wandelbaren Erscheinungsarten das Absolute und Bleibende zu entdecken, und durch Wegwerfung aller zufälligen Schranken uns der nothwendigen Bedingungen ihres Daseyns zu bemächtigen suchen."[434]

Der zu Beginn dieses Unterkapitels bereits verdeutlichte und in den Briefen über die ästhetische Erziehung von Anfang an angekündigte Perspektivenwechsel SCHILLERs wird hier, am Ende des zehnten Briefes, das zugleich der Schluß einer essayistisch[435] angelegten Eröffnung des systematisch erst noch zu bearbeitenden Feldes ist, noch einmal bekräftigt: Die Ästhetik, die bisher schon immer mit anthropologischen Grundannahmen einherging, muß jetzt zu einer explizit ästhetischen Anthropologie werden, will sie einen ernstzunehmenden Beitrag leisten, der auf die Totalität des Menschen und den daraus folgenden Wandel der bestehenden Gesellschaft durch eine - mit SCHILLER zu sprechen - ästhetische Erziehung des Menschen zielt.

III.5.3 Ontologie und Triebtheorie des Menschen

Zu diesem Zweck entfaltet SCHILLER zunächst einmal seine Ontologie des Menschen anhand von zwei kategorialen Zugriffen, deren Inhalt er im Grunde schon in den Kalliasbriefen erarbeitet hatte, und die den Menschen als ein Wesen zu erfassen suchen, das sich seiner selbst nur im Prozeß des Oszillierens zwischen zwei existentiellen Polen gewiß wird. Es sind dies

---

434) Briefe über die ästhetische Erziehung, NA 20, S. 340f.

435) So auch bezeichnet in: PFAFF, Peter: Das "Horen-Märchen". Eine Replik Goethes auf Schillers Briefe über die ästhetische Erziehung. In: ANTON, Herbert u. a. [Hrsg.]: Geist und Zeichen. Festschrift für Arthur Henkel. Heidelberg 1977, S. 324.

die Begriffe "Person und Zustand - das Selbst und seine Bestimmungen".[436] Als Person oder Selbst bezeichnet er denjenigen Anteil, der im Menschen stets bestehen bleibt; als Zustand dagegen, was an ihm permanentem Wandel unterlegen ist und ihn wechselhaft bestimmt. Beide Anteile des Menschen - sie lassen sich auch als basale Konstituenten oder Grundprinzipien menschlicher Existenz bezeichnen - "sind ewig Zwey", fallen also im Menschen niemals in eins zusammen.[437] Denn: "Bey aller Beharrung der Person wechselt der Zustand, bey allem Wechsel des Zustands beharret die Person."[438] SCHILLER weist diese Unterscheidung verdeutlichend darauf hin, daß wir zwar ständig Wechsel im Verhalten, Fühlen und Denken vollziehen, daß aber immer **wir** es sind, in denen sich der Wechsel ereignet.[439]

Mit Zustand meint SCHILLER also ein Existenzprinzip, das nicht auf dem personalen Anteil des Menschen basiert. Umgekehrt bezeichnet er als Person eine Grundkonstante im Menschen, die sich auch bei all dessen wechselnden Zuständen gleich bleibt und daher nicht aus dem Zustandsprinzip resultieren kann.[440]

"Wäre das letztere, so müßte die Person sich verändern; wäre das erstere, so müßte der Zustand beharren; also in jedem Fall entweder die Persönlichkeit oder die Endlichkeit aufhören. Nicht,

---

436) Briefe über die ästhetische Erziehung, NA 20, S. 341. SCHILLER hatte in den Kalliasbriefen zwar auch schon den Begriff Person eingeführt, doch "Zustand" nur als alles an einem Gegenstand oder Wesen Zufällige umschrieben, das sich auch wegdenken ließe, ohne daß damit dessen Persönlichkeit aufgehoben wäre. Vgl. auch Kap. III.3.3 der vorliegenden Arbeit.

437) Briefe über die ästhetische Erziehung, NA 20, S. 341.

438) Briefe über die ästhetische Erziehung, NA 20, S. 341.

439) Vgl. Briefe über die ästhetische Erziehung, NA 20, S. 341. SCHILLER veranschaulicht diesen Gedanken auch noch einmal an einem Gegenstand: "Indem wir sagen, die Blume blühet und verwelkt, machen wir die Blume zum Bleibenden in dieser Verwandlung, und leihen ihr gleichsam eine Person, an der sich jene beyden Zustände offenbaren." (Briefe über die ästhetische Erziehung, NA 20, S. 342.)

440) Vgl. Briefe über die ästhetische Erziehung, NA 20, S. 341f. SCHILLER formuliert hier außerordentlich klar die Identitätsproblematik des modernen Menschen.

weil wir denken, wollen, empfinden, sind wir; nicht weil wir sind, denken, wollen, empfinden wir. Wir sind, weil wir sind; wir empfinden. denken und wollen, weil ausser uns noch etwas anderes ist."[441]

Das Personalitätsprinzip des Menschen gründet sich für SCHILLER also auch hier - wie schon sowohl in den Kalliasbriefen als auch in "Ueber Anmuth und Würde" - als absolute Seinskategorie auf sich selbst und ist somit eine existentielle Grundkategorie reiner Freiheit, potentiell mithin absolute Selbstbestimmung. Das Zustandsprinzip des Menschen hingegen, der permanente Wechsel potentiell bloßer Bestimmtheit, muß immer einen ihm erst vorausgehenden Grund haben, da sich ein Wechsel immer nur von A nach B vollziehen kann. Indem der Zustand im Menschen also insofern immer nur eine Folge auf einen anderen ist, ist er keine absolute sondern eine relative Größe menschlicher Existenz, die nicht der Freiheit sondern der Zeit angehört. Freiheit und Zeit sind somit die beiden reinen Grundbedingungen menschlichen Lebens.[442]

Person und Zustand fallen nun zwar im Menschen niemals in eins zusammen, aber sie sind immer zugleich gegenwärtige Konstituenten seiner Existenz, "denn der Mensch ist nicht blos Person überhaupt, sondern Person, die sich in einem bestimmten Zustand befindet."[443] Er könnte auch gar nicht existieren, ohne beiden Kategorien gleichzeitig zu unterliegen. Denn der Wechsel kann nur stattfinden, wenn da etwas ist, das sich verändert. Die Person aber wiederum - SCHILLER bezeichnet sie, jetzt an seine Ausführungen zur spezifisch geistigen Personalität des Menschen in "Ueber

---

441) Briefe über die ästhetische Erziehung, NA 20, S. 341f. Mit dieser Position wendet sich SCHILLER ausdrücklich gegen die für seine Überlegungen bedeutenden und einander widerstreitenden Ansätze des Rationalismus und Sensualismus, wie sie etwa von DESCARTES und LEIBNIZ oder von LOCKE und HUME herkommen und durch BAUMGARTEN, MENDELSSOHN, KANT und BURKE in der Ästhetik des 18. Jahrhunderts ihren Niederschlag finden. Vgl. dazu auch die von SCHILLER selbst angeführten Theoriebezüge in seinen Briefen vom 1. und 25. Januar 1792 an KÖRNER, in: BERGHAHN, Klaus L. [Hrsg.]: Briefwechsel zwischen Schiller und Körner. München 1973, S. 143f und 153f, bzw. meine jeweiligen Hinweise hierzu in Kap. III.3 der vorliegenden Arbeit.

442) Vgl. Briefe über die ästhetische Erziehung, NA 20, S. 342.

443) Briefe über die ästhetische Erziehung, NA 20, S. 342.

Anmuth und Würde" anknüpfend, auch als "die reine Intelligenz"[444] - gelangt als Erscheinung nur in die Zeit, indem sich an ihr ein Wechsel vollzieht. Sie existiert nämlich idealiter zwar einerseits ausschließlich "in dem ewig beharrenden **ICH**" des Menschen, doch da sie - unabhängig von allem Wechsel - für sich allein noch keinen Anfang und kein Werden hat, muß in ihr die Zeit anfangen, wenn sie Wirklichkeit sein soll.[445] Das "beharrliche Ich", die Person eines Menschen, wird also sowohl in der Welt als auch nur "sich selbst zur Erscheinung", indem dieser Mensch permanent wechselnden, ihn jeweils neu bestimmenden Zuständen unterliegt.[446] Das schließt ein, daß ein Mensch notwendig ein stets werdendes Wesen sein muß, soll seine Persönlichkeit Realität in der Welt sein. Denn:

"Nur indem er sich verändert, **existiert** er; nur indem er unveränderlich bleibt, existiert **er**. Der Mensch, vorgestellt in seiner Vollendung, wäre demnach die beharrliche Einheit, die in den Fluthen der Veränderung ewig dieselbe bleibt."[447]

Person- und Zustandsprinzip werden von SCHILLER insofern also trotz ihrer ontologisch notwendigen Unterscheidung voneinander (beide wären nicht vorhanden, wenn sich nicht jedes vom anderen unterschiede) in einem ontologisch ebenso notwendigen, wechselseitigen Abhängigkeitsverhältnis stehend begriffen (jedes benötigt das andere zur eigenen Existenz).

In der Absicht der Erhellung des philosophiegeschichtlichen Hintergrundes zu SCHILLERs systematischer Entfaltung dieses wechselseitigen Verhältnisses von Person- und Zustandsprinzip im Menschen wird nun von der Sekundärliteratur immer wieder behauptet, daß SCHILLER sein Subjektverständnis unter dem Einfluß FICHTEs als relationalen Zusammenhang von unendlichem Geist und endlicher Materie formuliert habe. So schreibt etwa Ernst CASSIRER, daß FICHTEs Philosophie auf

---

444) Briefe über die ästhetische Erziehung, NA 20, S. 342. Vgl. dazu auch meine Ausführungen zum Personbegriff, wie er von SCHILLER in "Ueber Anmuth und Würde" dargestellt worden war, in Kap. III.3.2 dieser Arbeit.

445) Briefe über die ästhetische Erziehung, NA 20, S. 342.

446) Briefe über die ästhetische Erziehung, NA 20, S. 342.

447) Briefe über die ästhetische Erziehung, NA 20, S. 343.

SCHILLER "entscheidend gewirkt" habe.[448] Cathleen MUEHLECK-MÜLLER spricht von einer Beeinflussung SCHILLERs durch FICHTE[449], und Wolfgang JANKE behauptet sogar eine völlig neue Prägung der SCHILLERschen Philosophie durch die angebliche Übernahme der FICHTEschen Kategorie der "Wechselbstimmung (Relation) von unendlichem und endlichem Ich".[450] Festgehalten werden muß in diesem Zusammenhang auf jeden Fall, daß SCHILLER in seinen Briefen über die ästhetische Erziehung selbst auf zwei Schriften FICHTEs aufmerksam macht. Es sind dies die **"Vorlesungen über die Bestimmung des Gelehrten"** sowie die "Grundlage der gesammten Wissenschaftslehre", die beide 1794 erschienen waren.[451] Im Mai desselben Jahres lernten sich SCHILLER und FICHTE - beide waren Professor an der Universität in Jena - persönlich kennen.[452]

Es scheint mir angesichts solcher Behauptungen der Sekundärliteratur angebracht, noch einmal daran zu erinnern, daß SCHILLER bereits in seiner zweiten Dissertation im Jahre 1780 ein dialektisches Wechselverhältnis der, wie er dort noch recht undifferenziert formulierte, "sittlichen und körperlichen Welt" des Menschen im Sinne einer "wechselseitigen Unterordnung" von Kräften für dessen "Vollkommenheit" verantwortlich zu machen versuchte, was allerdings eine bloß thetische Formulierung bleiben mußte, da ihm zu der Zeit die notwendigen Mittel zu einer systematischen Begründung dieses Gedankens fehlten.[453] Darüber hinaus hatte SCHILLER - wie von mir in Kapitel III.3 dargelegt worden ist - schon in den Kalliasbriefen, also 1793, einen relationalen Schönheitsbegriff im

---

448) CASSIRER, Ernst: Die Methodik des Idealismus in Schillers philosophischen Schriften. In: Ders.: Idee und Gestalt. Darmstadt 1975, S. 99.

449) Vgl.: MUEHLECK-MÜLLER, Cathleen: Schönheit und Freiheit. Die Vollendung der Moderne in der Kunst. Schiller - Kant. Würzburg 1989, S. 218.

450) JANKE, Wolfgang: Die Zeit in der Zeit aufheben. Der transzendentale Weg in Schillers Philosophie der Schönheit. In: Kantstudien 58 (1967), S. 434.

451) Briefe über die ästhetische Erziehung NA 20, S. 316 u. S. 348.

452) Vgl.: WILPERT, Gero von: Schiller-Chronik. Stuttgart 1958, S. 168.

453) Zusammenhang von tierischer und geistiger Natur, NA 20, S. 41f. Vgl. auch Kap. III.2.2 der vorliegenden Arbeit.

Sinne einer spezifischen Verhältnisbestimmung von Materie zu ihrer Form entwickelt, den er dann noch im selben Jahr in "Ueber Anmuth und Würde" an den Menschen anlegte.[454] Das Entstehen von Schönheit war von SCHILLER nämlich in beiden Texten ausdrücklich als Produkt einer aktiven heautonomen Verhältnisbestimmung sinnlicher und geistiger Elemente durch die Person, mithin durch ein absolut freies und in sich selbst gründendes Prinzip, beschrieben worden. Daß er diesen Akt der Selbstbestimmung des schönen Objekts durch eine bereits von ihm als unbegrenzt gedachte Personalität immer - also nicht erst mit FICHTE - notwendig in einem dialektischen Sinne an begrenzte Materialität geknüpft begriffen hatte, war schon in seiner Rede von der Zusammenstimmung sinnlicher und geistiger Elemente zu einer Einheit in neuer Qualität deutlich geworden.

Obwohl diese Texte SCHILLERs von Hans-Georg POTT nicht ausdrücklich als Vorarbeiten in dieser Hinsicht zu den Briefen über die ästhetische Erziehung berücksichtigt werden, nähert er sich in seiner wirklich hervorragend zu nennenden Arbeit über die gedankliche Verwandtschaft SCHILLERs mit FICHTE sehr vorsichtig der Frage nach einem möglichen Einfluß der FICHTEschen Philosphie auf SCHILLER. Sehr sensibel für Differenzen und Parallelen im Menschenbild beider Denker spricht POTT daher auch nicht von Einfluß oder Prägung, sondern von "Schillers Weg zu und mit Fichte".[455] SCHILLER habe auf diesem Weg den Begriff der "Wechselwirkung" oder "Wechselbestimmung" von FICHTE übernommen[456], und so sei auch "das Begriffspaar Person und Zustand von den Begriffen absolutes und teilbares Ich der **Wissenschaftslehre** her zu deuten"[457], wenn man das Verhältnis dieser beiden Existenzprinzipien zueinander verstehen will. SCHILLER müsse sich nämlich genau wie FICHTE die Frage stellen, "wie diese Person gedacht werden muß, die unabhängig ist, aber doch auch abhängig in einer übergeordneten Totalität, die Schiller **den**

---

454) Vgl. Kap. III.4 meiner Arbeit.

455) POTT, Hans-Georg: Die schöne Freiheit. Eine Interpretation zu Schillers Schrift "Über die ästhetische Erziehung des Menschen in einer Reihe von Briefen". München 1980, S. 28.

456) POTT, Hans-Georg: a.a.O., S. 51.

457) POTT, Hans-Georg: a.a.O., S. 27.

Mensch nennt."[458] Mehr im Sinne SCHILLERs formuliert: Wie ist ein unendliches, freies Selbstbewußtsein (absolutes Ich) im Sinne des SCHILLERschen Personbegriffs denkbar, wenn es zu seiner eigenen Wirklichwerdung zugleich notwendig an ein endliches Bewußtsein (teilbares Ich), mithin an wechselnde Zustände gebunden ist? POTT gibt hierauf zwei Antworten mit FICHTE: Erstens "erhebt [Fichte in seiner Wissenschaftslehre] eine unmittelbare Tatsache des Bewußtseins, die Selbstgewißheit des 'Ich bin Ich', zum unbedingten Prinzip der Selbsterkenntnis".[459] FICHTE könne "das Selbstbewußtsein deshalb ohne Umschweife zum [unbedingten, d. h. absolut freien personalen] Prinzip erheben, weil er dem sich selbst gewissen Ich die Eigenschaft des Sich-selbst-Setzens zuspricht."[460] Genau diese Denkfigur finde sich aber auch bei SCHILLER wenn er sagt: "Wir sind, weil wir sind".[461] Die Selbsterfahrung des Menschen als freie Person ist also bei SCHILLER wie bei FICHTE ein Akt des aller Ich-Erfahrung schon immer zugrundeliegenden Subjekts. Zweitens, so POTT, mache SCHILLER genau wie FICHTE die Erfahrung des Person-Seins, des absoluten Ich, von einem Gegenüber, von einem "Nicht-Ich" abhängig, wenn es bei ihm weiter heißt: "wir empfinden, denken und wollen, weil außer uns noch etwas anderes ist".[462] Beide Denker begreifen die Selbsterfahrung eines freien Person-Seins also ausschließlich dialektisch, d. h. in einem notwendig wechselseitigen Erfahrungsbezug von Ich und Nicht-Ich.

Indem SCHILLER den Menschen in seiner Anthropologie also in enger Übereinstimmung mit FICHTE als ein durch endliche - weil nur in zeitlicher Folge denkbare - wechselnde Zustände bestimmtes Wesen beschreibt, dem zugleich eine unendliche - weil von zeitlich aufeinanderfolgenden Zuständen unabhängige - Personalität eigen ist, rückt er ihn sehr dicht an seine christlich beeinflußte Gottesvorstellung heran. Denn auch Gott läßt

---

458) POTT, Hans-Georg: a.a.O., S. 28.

459) POTT, Hans-Georg: a.a.O., S. 29.

460) POTT, Hans-Georg: ebd.

461) POTT, Hans-Georg: a.a.O., S. 28f.

462) POTT, Hans-Georg: a.a.O., S. 29.

sich für SCHILLER nur denken, indem man auf die zwei Grundkategorien des Menschen, auf Person und Zustand, rekurriert. Aber im Unterschied zum Menschen, so SCHILLER, "beharren [in Gott] **mit** der Persönlichkeit auch alle ihre Bestimmungen, weil sie **aus** der Persönlichkeit fließen."[463] Person und Zustand sind hier also nicht wie beim Menschen als voneinander getrennt bestehende Kategorien gedacht, sondern fallen in Gott in eins und zugleich zusammen. Insofern ist Gott für SCHILLER auch nur als sich wandelnde Ewigkeit und zugleich als ewiger Wandel denkbar, also als ein sich ins Unendliche vollziehendes selbstbestimmendes Sein, das zugleich sein bestimmtes Dasein in sich selbst enthält und aus sich selbst als Realität heraus setzt.[464] Die in SCHILLERs Gottesvorstellung unaufhebbare Einheit von res cogitans und res extensa ist damit zugleich die Vorstellung höchstmöglicher, absoluter Heautonomie.

Anders als Gott schöpft nun der Mensch aufgrund der notwendigen Trennung seiner beiden Grundkonstituenten seine Realität nicht aus sich selbst heraus, sondern muß sie vielmehr "erst **empfangen**".[465] Dies, so SCHILLER, erfolgt auf eine doppelte Weise, da der Mensch die Wirklichkeit einerseits "als etwas ausser ihm befindliches im Raume, und [andererseits] als etwas in ihm wechselndes in der Zeit" empfängt.[466] Gewahr wird er dieser seiner Realität aber allein auf dem Wege sinnlicher Wahrnehmung. Denn besäße der Mensch nicht die Fähigkeit, von seiner Person räumlich und zeitlich Verschiedenes wahrnehmen zu können, so wäre sein Selbst ewig nur auf sich verwiesen, könnte von ihm mithin nicht als die für sein Werden notwendig vorausgesetzte Grundkonstante des Seins erkannt werden, und er verfehlte damit die Erkenntnis seiner Wirklichkeit, da seine

> "Persönlichkeit, für sich allein und unabhängig von allem sinnlichen Stoffe betrachtet, [...] bloß die Anlage zu einer möglichen unendlichen Aeusserung [ist]; und solange er nicht anschaut

---

463) Briefe über die ästhetische Erziehung, NA 20, S. 341.

464) Vgl. Briefe über die ästhetische Erziehung, NA 20, S. 342.

465) Briefe über die ästhetische Erziehung, NA 20, S. 342.

466) Briefe über die ästhetische Erziehung, NA 20, S. 342.

und nicht empfindet, ist er noch weiter nichts als Form und leeres Vermögen."[467]

Umgekehrt ist aber die Anlage des Menschen zu seinem sinnlichen Vermögen alleine genau so wenig in der Lage, den Menschen wirklich werden zu lassen.

"Seine Sinnlichkeit, für sich allein und abgesondert von aller Selbstthätigkeit des Geistes betrachtet, vermag weiter nichts, als daß sie ihn, der ohne sie bloß Form ist, zur Materie macht, aber keineswegs, daß sie die Materie mit ihm vereinigt. Solange er bloß empfindet, bloß begehrt und aus bloßer Begierde wirkt, ist er noch weiter nichts als **Welt**, wenn wir unter diesem Namen bloß den formlosen Inhalt der Zeit verstehen."[468]

Seine Wirklichkeit kann der Mensch demnach also nur erfahren, wenn er seine Person mittels seiner Sinne als räumlich und zeitlich von Dingen und Zuständen verschiedene Qualität wahrnimmt und sich mit dieser Unterscheidungsleistung zugleich ein schöpferischer Akt geistiger Erkenntnistätigkeit aus der Person als potentiell reiner Intelligenz vollzieht:

"Seine Sinnlichkeit ist es zwar allein, die sein Vermögen zur wirkenden Kraft macht, aber nur seine Persönlichkeit ist es, die sein Wirken zu dem seinigen macht. Um also nicht bloß Welt zu seyn, muß er der Materie Form ertheilen; um nicht bloß Form zu seyn, muß er der Anlage, die er in sich trägt, Wirklichkeit geben. Er verwirklichet die Form, wenn er die Zeit erschafft und dem Beharrlichen die Veränderung, der ewigen Einheit seines Ichs die Mannigfaltigkeit der Welt gegenüber stellt; er formt die Materie, wenn er die Zeit wieder aufhebt, Beharrlichkeit im Wechsel behauptet, und die Mannichfaltigkeit der Welt der Einheit seines Ichs unterwürfig macht."[469]

---

467) Briefe über die ästhetische Erziehung, NA 20, S. 343.

468) Briefe über die ästhetische Erziehung, NA 20, S. 343.

469) Briefe über die ästhetische Erziehung, NA 20, S. 343f. Schon lange bevor SCHILLER auf derart abstrakte Weise den für die Erkenntnis der eigenen Wirklichkeit des Menschen notwendigen Schritt zur intellektuellen Unterscheidungsleistung von Person und sinnlich wahrnehmbarem Zustand

Die Realität des Menschen ist damit für SCHILLER ontologisch notwendig an den dialektischen Doppelprozeß der Selbst- und Weltgestaltung gebunden. Die Genese des Subjekts wird von ihm also grundsätzlich als kreativer Akt des eigentätigen Hervorbringens eines personalen Bewußtseins begriffen, dem seinsnotwendig ein gestalterisches, formgebendes Verhalten korrespondiert, in dem bloße Materie zu gestalteter Welt wird.[470]

Aus diesem, für SCHILLER nur in der hier ausgeführten dialektischen Weise denkbaren, wirklichkeitsschaffenden Erkenntnisakt der Person

"fließen nun zwey entgegengesetzte Anforderungen an den Menschen, die zwey Fundamentalgesetze der sinnlich-vernünftigen Natur. Das erste dringt auf absolute **Realität**: er soll alles zur Welt machen, was bloß Form ist, und alle seine Anlagen zur Erscheinung bringen: das zweyte dringt auf absolute **Formalität**: er soll alles in sich vertilgen, was bloß Welt ist, und Uebereinstimmung in alle seine Veränderungen bringen; mit andern Worten: er soll alles innre veräußern und alles äussere formen."[471]

SCHILLER hat hier, in seinem elften Brief, insgesamt also zwei Begriffspaare erarbeitet, die sich jeweils in einem seinslogischen, wechselseitigen Abhängigkeitsverhältnis voneinander befinden: Person und Zustand, die ihn auf Freiheit und Zeit als Grundbedingungen menschlicher

---

herleitet, hat er ihn am Beispiel des ontogenetischen Übergangs vom Notstaat zum Vernunftstaat veranschaulicht.

470) SCHILLER selbst gibt kaum empirische Hinweise, die seine Vorstellung von weltgestaltendem **Handeln** konkret werden lassen. Als Beispiel führt er lediglich die ästhetische Gestaltung von Alltagsgegenständen an. Mit dieser Konkretisierung verkürzt SCHILLER jedoch zugleich seine Einsicht in den ontologisch notwendigen Doppelprozeß der Selbst- und Weltgestaltung, indem er den Akt des Herstellens dieser Gegenstände nicht als formgebenden Prozeß mit einbezieht. (Vgl. Briefe über die ästhetische Erziehung, NA 20, S. 408.) Der Prozeß der Weltgestaltung wird stattdessen bei SCHILLER trotz seiner von ihm behaupteten empirischen Notwendigkeit vor allem abstrakt vorgestellt im Blick auf eine neu zu schaffende Gesellschaftsordnung. (Vgl. Kap. III.5.6 der vorliegenden Arbeit.)

471) Briefe über die ästhetische Erziehung, NA 20, S. 344.

Existenz haben schließen lassen, sowie Form und Welt, die auf Formalität und Realität im Sinne einer fundamentalontologischen Verfaßtheit der sinnlich-vernünftigen Menschennatur drängen. Darüber hinaus weist er in dieser Erarbeitung seine Anthropologie auch schon als explizit ästhetische aus: Denn erstens ist für SCHILLER eine als Wirklichkeit erfahrbare Existenz des Menschen allein mittels sinnlicher Wahrnehmung, mithin im ganz wörtlichen Sinne von Aisthesis, erklärbar. Zweitens wird der geistige Unterscheidungsakt der Person von ihr verschiedenen Zuständen und Dingen produktionsästhetisch als ein schöpferischer Akt beschrieben, da in der geistigen Formung des sinnlich wahrgenommenen Stoffs durch den Menschen menschliche Wirklichkeit überhaupt erst generiert. Insofern läßt sich auch sagen, daß SCHILLERs Anthropologie bereits in der Entwicklung ihrer ontologischen Voraussetzungen immer nur als gleichzeitig rezeptions- und produktionsästhetische Theorie menschlicher Existenz verstanden werden kann.[472]

---

472) Vgl. auch die für das Verständnis des Zusammenhangs von "Person" und "Zustand" bei SCHILLER insgesamt sehr hilfreiche und im Vergleich zur übrigen Sekundärliteratur auffällig gründliche Darstellung von Monika TIELKES: Schillers transzendentale Ästhetik. Untersuchungen zu den Briefen "Über die ästhetische Erziehung des Menschen". Düsseldorf 1973, S. 62 - 74. Auch TIELKES hebt dort besonders SCHILLERs Auffassung von "Person" und "Zustand" als den beiden dialektisch miteinander verschränkten Grundkonstituenten menschlicher Existenz hervor. Doch obwohl sie ausdrücklich und mit dem methodologischen Hinweis auf SCHILLERs transzendentales Personverständnis das personale Existenzprinzip bei SCHILLER gerade in dessen notwendig wechselseitigem Bezug zum Zustandsprinzip als ein Potential absoluter Selbstbestimmung in grundlegender Freiheit des Menschen begreift, übersieht sie völlig den selbstschöpferischen Gehalt dieser Denkfigur. Selbst im sich daran anschließenden Zentrum ihrer Arbeit, der Darstellung von SCHILLERs Begründung einer ganzheitlichen "Wesensverwirklichung" (TIELKES, Monika: a.a.O., S. 74 u. ö.) des Menschen durch das Schöne, gelingt es TIELKES nicht, die gestalterische Dimension des SCHILLERschen Personverständnisses in den Blick zu nehmen. Vermutlich entgeht ihr dieser Aspekt auch deshalb, weil sie mangels eines tiefergehenden Interesses an anderen Texten SCHILLERs zur Ästhetik schon nicht den spezifischen Schönheitsbegriff der Kalliasbriefe in seiner Bedeutung für die Ästhetisierung des aufklärerischen Menschenbildes in "Ueber Anmuth und Würde" wahrnimmt. Für TIELKES kommt daher in ihrer Interpretation der Briefe über die ästhetische Erziehung dem Schönen - als Kunst - lediglich eine symbolische Funktion für den Menschen zu, wie sie oben bereits mit meiner Erörterung der Kalliasbriefe als scheinhafte Darstellung von möglicher Freiheit eines Objekts deutlich geworden ist (vgl. die vorliegende Arbeit, Kap. III.3.). Das Schöne, wie es von SCHILLER aber gerade in den Briefen über die ästhetische

Der Mensch soll seine intelligible Person also Wirklichkeit werden lassen, alle seine inneren Anlagen nach außen hin entwickeln, seine zunächst bloß formale Persönlichkeit zu Welt machen. Zugleich soll er aber alles, was nur formlose Welt, also bloßer Zustand, ist, mittels seiner geistigen Erkenntnistätigkeit, also mit der die Welt schon immer formenden Unterscheidung seiner Person von der Welt, formieren.

> "Zur Erfüllung dieser doppelten Aufgabe, das Nothwendige **in uns** zur Wirklichkeit zu bringen und das Wirkliche **ausser uns** dem Gesetz der Nothwendigkeit zu unterwerfen, werden wir durch zwey entgegengesetzte Kräfte gedrungen, die man, weil sie uns antreiben, ihr Objekt zu verwirklichen, ganz schicklich Triebe nennt."[473]

SCHILLER unterscheidet jetzt, seiner ontologischen Unterscheidung von Zustand und Person und den daraus hergeleiteten Fundamentalgesetzen der Erfüllung von Realitäts- und Formalitätsansprüchen der sinnlich-vernünftigen Menschennatur entsprechend, den **"sinnlichen"** Trieb vom **"Formtrieb"**[474]. Während sich der Formtrieb allein auf die Intelligibilität des Menschen bezieht und versucht, ihn als freies Vernunftwesen zu etablieren, bezieht sich der erste der beiden Triebe ausschließlich auf die psycho-physische Natur des Menschen, mithin auf dessen in zeitlicher Folge wechselnde Zustände.[475] Insofern drängt der sinnliche Trieb nur darauf, "daß Veränderung sey, daß die Zeit einen Inhalt habe. Dieser Zustand der bloß erfüllten Zeit heißt Empfindung".[476] Der sinnliche Trieb wird von SCHILLER also als eine im Menschen wirkende Kraft beschrieben, die auf

---

Erziehung zugleich auch - wie ich im folgenden zu zeigen beabsichtige - als spezifisch menschlicher Prozeß einer eigentätigen Wesensverwirklichung im Blick auf eine humane Gesell-schaftsordnung gedacht wird, erkennt Monika TIELKES in ihrer Arbeit nicht. Damit ist ihr der Zugriff auf ein bildungstheoretisches Verständnis der Ästhetik SCHILLERs verstellt.

473) Briefe über die ästhetische Erziehung, NA 20, S. 344.

474) Briefe über die ästhetische Erziehung, NA 20, S. 344f.

475) Vgl. Briefe über die ästhetische Erziehung, NA 20, S. 344f.

476) Briefe über die ästhetische Erziehung, NA 20, S. 344.

endliche Begrenztheit, auf bloße Materialität des Menschen im Sinne von Zustandswechseln durch Empfindungsschwankungen drängt, ohne die der Mensch jedoch auch keine Existenzgrundlage zur Verwirklichung seines geistigen Anteils hätte. Denn

"da alle Form nur an einer Materie, alles absolute nur durch das Medium der Schranken erscheint, so ist es freylich der sinnliche Trieb, an dem zuletzt die ganze Erscheinung der Menschheit befestiget ist."[477]

Der Formtrieb im Menschen hingegen drängt darauf, "Harmonie in die Verschiedenheit seines [sc.: des Menschen] Erscheinens zu bringen, und bey allem Wechsel des Zustands seine Person zu behaupten."[478] Damit richtet sich der Formtrieb, anders als der sinnliche Trieb, auf das dauerhaft bestehen bleibende Element menschlicher Existenz, die Persönlichkeit. Seine Forderungen zur Durchsetzung des geistig-personalen Anteils im Menschen müssen daher immer auf Beständigkeit hin angelegt sein. Der Formtrieb

"umfaßt mithin die ganze Folge der Zeit, das ist soviel als: er hebt die Zeit, er hebt die Veränderung auf, er will, daß das Wirkliche nothwendig und ewig, und daß das Ewige und Nothwendige wirklich sey: mit andern Worten: er dringt auf Wahrheit und auf Recht."[479]

Seinen Triebbegriff - in "Ueber Anmuth und Würde" noch ausschließlich für psycho-physisches Begehren und Luststreben im Sinne eines Naturtriebs des Menschen verwandt[480] - erweitert SCHILLER hier also dahingehend, daß er mit dem Terminus Trieb nun allgemein Grundkräfte und Strebungen bezeichnet, die den Menschen in seiner ihm sowohl sinnlich wie auch geistig eigentümlichen "Nach-vorne-Gerichtetheit" seiner Existenz bewegen.[481] Beide werden von SCHILLER als ein jeweils auf eine

---

477) Briefe über die ästhetische Erziehung, NA 20, S. 345.

478) Briefe über die ästhetische Erziehung, NA 20, S. 345f.

479) Briefe über die ästhetische Erziehung, NA 20, S. 346.

480) Vgl. Kap. III.4.2 dieser Arbeit.

481) Vgl. auch JANKE, Wolfgang: Die Zeit in der Zeit aufheben. Der transzendentale Weg in Schillers Philosophie der Schönheit. In: Kantstudien 58 (1967), S. 443,

der beiden Grunddimensionen menschlichen Lebens wirkendes Movens gedacht, wobei jedes auf seine spezifische Weise auf die Verwirklichung einer dieser Grunddimensionen zielt.[482]

SCHILLERs Bild vom Menschen als einem sich permanent wandelnden Wesen erfährt durch die Gegenüberstellung von sinnlichem Trieb und Formtrieb eine Dynamisierung, die das Leben des Menschen nur als prozessuale und oszillierende Existenz zwischen Werden und Sein begreifbar

---

der Schillers Triebbegriff ebenfalls als "Antrieb zur Wesensverwirklichung" des Menschen begreift.

482) Wieder ist es Hans-Georg POTT, der sich sehr umsichtig mit dem Hintergrund der Entfaltung von SCHILLERs Triebtheorie auseinandersetzt. Wenn SCHILLER auch, wie POTT minutiös nachgewiesen hat (vgl. POTT, Hans-Georg: Die schöne Freiheit. Eine Interpretation zu Schillers Schrift "Über die ästhetische Erziehung des Menschen in einer Reihe von Briefen". München 1980, S. 42 - 50), die Unterscheidung von sinnlichem und vernünftigem Streben, in Geist und Buchstabe dem System der FICHTEschen Entgegensetzung von Ich und Nicht-Ich im Sinne einer triebgesteuerten Wechselwirkung im das dieser Entgegensetzung notwendig zugrundeliegenden Subjekt entspricht, und der für beide daraus resultierende Freiheitsbegriff deshalb die Freiheit des Menschen nur als relationales Abhängigkeitsverhältnis eben dieser Existenzdimensionen (Person und Zustand) verstehen kann, hat SCHILLER den Gedanken einer Unterscheidung zweier entsprechender Grundtriebe im Menschen vermutlich schon vor seiner FICHTE-Lektüre bei REINHOLD gefunden. REINHOLD habe nämlich schon 1786/87 in seinen Briefen über die KANTische Philosophie eine doppelte Triebdynamik im Menschen beschrieben, wie sie später auch von SCHILLER formuliert worden ist. So heiße es bei REINHOLD: "Für mich ist es ausgemacht... I. Daß das menschliche Begehrungsvermögen (in weiterer Bedeutung des Wortes) zwei **ursprüngliche**, wesentlich verschiedene und wesentlich vereinigte Triebe enthalte, wovon der eine, in der **Sinnlichkeit** gegründet, das **Vergnügen überhaupt** zum Objekt hat, der andere in der persönlichen Selbsttätigkeit vorhanden, ein lediglich durch sich selbst notwendiges Gesetz aufstellt." (Zitiert nach POTT, Hans-Georg: a.a.O., S. 34.) Hinzuzufügen ist hier der Hinweis, daß SCHILLER am 21. August 1787 für sechs Tage nach Jena reist und die gesamte Zeit über bei REINHOLD wohnt. (Vgl. WILPERT, Gero von: Schiller-Chronik. Stuttgart 1958, S. 104.) Dies ist der Beginn ihrer langjährigen Freundschaft. Es muß deshalb davon ausgegangen werden, daß SCHILLER mit REINHOLD in einem engen gedanklichen Austausch gestanden hat, zumal sich beide als KANT-Kritiker verstanden. Die Behauptung einer eindeutigen Beeinflussung SCHILLERs durch den FICHTEschen Triebbegriff, wie sie etwa im Kommentarband der Nationalausgabe aufgestellt wird (vgl. NA 21, S. 261 und 264), ist daher keinesfalls haltbar. (Vgl. auch MENZER, Paul: Schiller und Kant. In: Kantstudien 47 (1955/56), S. 113 - 148 und 234 - 272, bes. S. 130 - 132.)

werden läßt. Mensch zu sein, meint daher bei SCHILLER immer notwendig einen geschichtlichen, weil den Menschen sowohl onto- wie phylogenetisch erst generierenden Balanceakt zwischen sinnlicher und vernünftiger Natur. Ein Akt, bei dem Welt mittels sinnlicher Wahrnehmung und damit verbundener Geistestätigkeit vom Menschen, jetzt als sich selbst gewisses Subjekt, unterschieden und formadäquat gestaltet, d.h. auf dem Vernunftwege als Welt erkannt werden muß. Denn nur hierin, im subjektiven Akt wahrnehmender Unterscheidung und erkennender Gestaltung von allem, das nicht als Ich gelten kann, erschafft sich das Ich als eine für sich selbst bestehende Realität in einem realen Kosmos, begreift der Mensch sich und seine Welt als Wirklichkeit. Insofern beschreibt SCHILLER also den Menschen in seiner ästhetischen Anthropologie als ein sich bildendes Wesen schlechthin, das nur durch aktive Selbst- und damit einhergehender Weltgestaltung seine Wesenhaftigkeit zu verwirklichen vermag.

Angesichts dieses Menschenbildes vom ständig zwischen Werden und Sein oszillierenden, sich selbst generierenden sinnlich-vernünftigen Triebwesen muß SCHILLER sich nun eine Frage stellen, die er schon einmal aus soziologischer und staatsphilosophischer Perspektive gestreift hatte[483] und deren anthropologische Beantwortung hier noch aussteht: Wie nämlich kann der Mensch als ganzes Wesen gedacht werden, wenn ihn doch zwei offensichtlich derart entgegengesetzte Grundprinzipien und deren zugehörige Triebe nicht nur beherrschen, sondern ihn auch überhaupt ausmachen? Wie also kann der Mensch als Wesen existieren, das sich nicht, wie in SCHILLERs Zeitkritik ausführlich dargestellt, in innerer Zerrissenheit zwischen Sinnlichkeit und Vernunft befindet, wenn doch im Menschen als Person- und Zustandswesen ontologisch "ein dritter **Grundtrieb**, der beyde vermitteln könnte, [...] schlechterdings ein undenkbarer Begriff" ist?[484]

Um diese, in "Ueber Anmuth und Würde" zwar aus ästhetischen Gründen als notwendige Bedingung wirklich schön zu nennender Existenz ausgewiesene, anthropologisch bisher aber noch völlig unerwiesene Möglichkeit ganzheitlichen Seins des Menschen zu erklären, weist SCHILLER nun, am Anfang seines dreizehnten Briefes über die ästhetische

---

483) Vgl. oben, Kap. III.5.2.

484) Briefe über die ästhetische Erziehung, NA 20, S. 347.

Erziehung, zunächst auf einen Umstand hin, der beide Triebe in ihrer Wirkweise noch deutlicher werden läßt. So sagt er über den sinnlichen Trieb und den Formtrieb:

"Wahr ist es, ihre **Tendenzen** widersprechen sich, aber was wohl zu bemerken ist, nicht in **denselben Objekten**, und was nicht aufeinander trifft, kann nicht gegeneinander stoßen. Der sinnliche Trieb fodert zwar Veränderung, aber er fodert nicht, daß sie auch auf die Person und ihr Gebiet sich erstrecke: daß ein Wechsel der Grundsätze sey. Der Formtrieb dringt auf Einheit und Beharrlichkeit - aber er will nicht, daß mit der Person sich auch der Zustand fixiere, daß Identität der Empfindung sey."[485]

Beide Triebe bestehen SCHILLER zufolge also im Menschen aufgrund ihrer jeweiligen Zuständigkeit naturgemäß nicht nur nebeneinander, sondern befinden sich, wie schon die beiden ontologischen Grundprinzipien Person und Zustand, in einem wechselseitigen Abhängigkeitsverhältnis zueinander. Aber falls

"man einen ursprünglichen, mithin nothwendigen Antagonism beyder Triebe behauptet, so ist freylich kein anderes Mittel die Einheit im Menschen zu erhalten, als daß man den sinnlichen Trieb dem vernünftigen unbedingt **unterordnet**. Daraus aber kann bloß Einförmigkeit, aber keine Harmonie entstehen, und der Mensch bleibt noch ewig fort getheilt. Die Unterordnung muß allerdings seyn, aber wechselseitig: denn wenn gleich die Schranken nie das absolute begründen können, also die Freyheit nie von der Zeit abhängen kann, so ist es eben so gewiß, daß das absolute durch sich selbst nie die Schranken begründen, daß der Zustand in der Zeit nicht von der Freyheit abhängen kann. Beyde Principien sind einander also zugleich subordiniert und coordiniert, d. h. sie stehen in Wechselwirkung; ohne Form keine Materie, ohne Materie keine Form."[486]

---

485) Briefe über die ästhetische Erziehung, NA 20, S. 347.

486) Briefe über die ästhetische Erziehung, NA 20, S. 347f. Wie für FICHTE die Entgegensetzung von Ich und Nicht-Ich gar keine wirkliche ist, sondern in der Realität immer nur als Wechselwirkung beider Dimensionen in der Einheit des Subjekts gedacht werden kann, ist für SCHILLER die ontologische Differenz zwischen sinnlichem und vernünftigem Trieb auch nur scheinbar vorhanden, da

Das Problem der zerrissenen, tendenziell bloß sinnlichen oder bloß rationalen Existenz basiert für SCHILLER also nicht auf der ontologischen Trennung beider Grundprinzipien im Menschen, sondern auf der Vormachtsstellung des entsprechenden Triebs vor dem jeweilig anderen Triebbereich. Vollzieht man diese Unterscheidung der ontologischen Teilung des Menschen in Person und Zustand von der Vorherrschaft eines der beiden Grundtriebe vor dem jeweils anderen nicht mit, wird der gesamte, und sich aus der Unterscheidung erst herleitende Entwurf SCHILLERs einer potentiell ganzheitlichen Existenz des Menschen unverständlich bleiben müssen. Es kommt hier also ganz entscheidend darauf an zu verstehen, daß SCHILLER gerade in der ontologisch notwendig doppelten Verfaßtheit des Menschen als Person- und Zustandswesen und der daraus herleitbaren Wirkweise beider Grundtriebe die Möglichkeit ganzheitlichen Menschseins aufzeigen will.

Um hierüber den Nachweis anzutreten, greift SCHILLER einen Begriff auf, der schon im Rahmen seiner Zeit- und Gesellschaftskritik eine maßgebliche Rolle spielte: die Kultur. Denn wie dort die aufklärerische Kultur von ihm als Träger mißlingenden Menschseins im Sinne von Kultivierung des bloß rationalen Anteils im Menschen beschrieben worden war[487], macht SCHILLER hier die Kultur ganz entsprechend auch für ein gelingendes Leben im Sinne von ganzheitlicher Existenz verantwortlich. So hat ihm zufolge die Kultur des Menschen nämlich dafür zu sorgen,

> "**erstlich**: die Sinnlichkeit gegen die Eingriffe der Freyheit zu verwahren: **zweytens**: die Persönlichkeit gegen die Macht der Empfindungen sicher zu stellen. Jenes erreicht sie durch

---

sich der Mensch als seiendes Wesen in der Zeit letztlich schon immer als Doppelwesen, d. h. im notwendigen Wechselbezug seiner beiden Existenzdimensionen erfährt. (Vgl. dazu noch einmal Hans-Georg POTT: Die schöne Freiheit. Eine Interpretation zu Schillers Schrift "Über die ästhetische Erziehung des Menschen in einer Reihe von Briefen". München 1980, S. 51 - 53.) Die Frage, die sich für SCHILLER angesichts der gesellschaftlichen Umstände stellt, ist nur, wie verhindert werden kann, daß eine der beiden Dimensionen das Leben des Menschen zu prägen beginnt und die Erfahrung der Identität (Totalität) des Subjekts - die später noch von SCHILLER als Existenznotwendigkeit eines humanen Menschenlebens ausgewiesen werden wird - damit zunehmend verhindert.

Ausbildung des Gefühlsvermögens, dieses durch Ausbildung des Vernunftvermögens."[488]

Die Kultivierung von Persönlichkeitsanteil und Empfindungsvermögen, von geistiger Aktivität und weltlicher Passivität, von Vernunft und Sinnlichkeit wird hier also von SCHILLER der naturhaften Verfaßtheit des Menschen nicht gegenüber, sondern an die Seite gestellt! Erst Kultur in diesem doppelten Sinne wird der Doppel**natur** des Menschen gerecht! Denn nur in der Ausprägung seiner **beiden** fundamentalontologischen Seinsprinzipien besteht Hoffnung für den Menschen, wirklich Mensch im beide Prinzipien auch umfassenden Sinn zu werden. Damit gewinnt SCHILLER also einen Kulturbegriff, der sich aus der Natur des Menschen herleitet. Kultur im SCHILLERschen Verständnis ist also eine zweite Natur; Kultivierung des Person- und Zustandsprinzips bilden zusammengenommen eine zweite Geburt des Menschen.

Diesen Prozeß der umfassenden Kultivierung der in Wechselwirkung verbundenen Grundprinzipien des Menschen stellt sich SCHILLER nun folgendermaßen vor:

"Da die Welt ein Ausgedehntes in der Zeit, Veränderung, ist, so wird die Vollkommenheit desjenigen Vermögens, welches den Menschen mit der Welt in Verbindung setzt, größtmöglichste Veränderlichkeit und Extensität seyn müssen. Da die Person das Bestehende in der Veränderung ist, so wird die Vollkommenheit desjenigen Vermögens, welches sich dem Wechsel entgegensetzen soll, größtmöglichste Selbstständigkeit und Intensität seyn müssen. Je vielseitiger sich die Empfänglichkeit ausbildet, je beweglicher dieselbe ist und je mehr Fläche sie den Erscheinungen darbietet, desto mehr Welt **ergreift** der Mensch, desto mehr Anlagen entwickelt er in sich; je mehr Kraft und Tiefe die Persönlichkeit, je mehr Freyheit die Vernunft gewinnt, desto mehr Welt **begreift** der Mensch, desto mehr Form schafft er ausser sich. Seine Kultur wird also darinn bestehen: **erstlich**: dem empfangenden Vermögen die vielfältigsten Berührungen mit der Welt zu verschaffen, und auf Seiten des Gefühls die Passivität

---

487) Vgl. oben, Kap. III.5.1 der vorliegenden Arbeit.

488) Briefe über die ästhetische Erziehung, NA 20, S. 347.

aufs höchste zu treiben: **zweytens**: dem bestimmenden Vermögen die höchste Unabhängigkeit von dem empfangenden zu erwerben, und auf Seiten der Vernunft die Aktivität aufs höchste zu treiben. Wo beyde Eigenschaften sich vereinigen, da wird der Mensch mit der höchsten Fülle von Daseyn die höchste Selbstständigkeit und Freyheit verbinden, und, anstatt sich an die Welt zu verlieren, diese vielmehr mit der ganzen Unendlichkeit ihrer Erscheinungen in sich ziehen und der Einheit seiner Vernunft unterwerfen."[489]

Die Einübung eines Verhaltens, Welt mittels sinnlicher Wahrnehmung aufzunehmen und zugleich geistig zu formen, Welt auf sich wirken zu lassen und zugleich in ihr wirksam zu sein, sich der Welt passiv hinzugeben und sie zugleich aktiv zu gestalten, kurz: sich im selben Augenblick intensiv und extensiv sich selbst und der Welt stellen zu können, ist für SCHILLER der einzig denkbare Weg unentfremdeter, ganzheitlicher Existenz des Menschen. Nur in der kulturellen Förderung der Gleichzeitigkeit und Gleichberechtigung von Person- und Zustandsprinzip liegt für ihn die Chance zu wirklich menschlichem Leben. Hierfür den Begriff Kultur zu verwenden, deutet schon an, daß es SCHILLER dabei um mehr geht als um einen bloß individuellen Ausbildungsvorgang der menschlichen Konstituenten, nämlich um deren gesamtgesellschaftliche, letzthin staatliche Sicherung ihrer Pflege.

SCHILLER kann nun leicht zeigen, daß diese Pflege, diese Förderung der beiden Grundprinzipien, auch aus anthropologisch-analytischer Perspektive notwendig paritätisch zu sein hat, soll sich der Begriff Mensch, im Sinne eines sinnlich-vernünftigen Wesens, nicht logisch aufheben. Erstreckt sich nämlich der sinnliche Trieb - SCHILLER nennt ihn jetzt auch einfach "Stofftrieb"[490] - auch auf den personalen Anteil im Menschen, nimmt die Welt für den Menschen als objektives Nicht-Ich immer mehr ab und gewinnt in einem umgekehrt proportionalen Verhältnis an Macht im Menschen. Im Extremfall, wenn

"der Mensch nur Inhalt der Zeit ist, so ist Er nicht, und er **hat** folglich auch keinen Inhalt. Mit seiner Persönlichkeit ist auch sein Zustand aufgehoben, weil beydes Wechselbegriffe sind -

---

489) Briefe über die ästhetische Erziehung, NA 20, S. 348f.

490) Briefe über die ästhetische Erziehung, NA 20, S. 349.

weil die Veränderung ein Beharrliches, und die begrenzte Realität eine unendliche fodert. Wird der Formtrieb empfangend, das heißt, kommt die Denkkraft der Empfindung zuvor und unterschiebt die Person sich der Welt, so hört sie in demselben Verhältniß auf, selbstständige Kraft und Subjekt zu seyn, als sie sich in den Platz des Objektes drängt, weil das Beharrliche die Veränderung, und die absolute Realität zu ihrer Verkündigung Schranken fodert. Sobald der Mensch nur Form **ist, so hat** er keine Form; und mit dem Zustand ist folglich auch die Person aufgehoben. Mit einem Wort: nur insofern er selbstständig ist, ist Realität ausser ihm, ist er empfänglich; nur insofern er empfänglich ist, ist Realität in ihm, ist er eine denkende Kraft."[491]

Wenn SCHILLER die Kultivierung von Person- und Zustandsprinzip zur Hervorbringung des ganzheitlichen Menschen für erforderlich hält, so ist dies von ihm also nicht bloß als fördernde Pflege des jeweiligen Triebbereichs im ausschließlichen Sinne der Unterstützung der Arbeitsweise von Stoff- und Formtrieb gemeint. Vielmehr beinhaltet für ihn die Pflege beider Grundprinzipien aufgrund ihres dialektischen Wirkungszusammenhangs notwendigerweise auch eine begrenzende Einschränkung jedes der beiden Triebe durch den anderen, damit der jeweils andere sich auch entfalten kann, ohne wiederum sein Pendant in dessen Entfaltung über ein für die Zusammenstimmung der beiden Kräfte notwendiges Maß hinaus zu behindern. Beide Triebe müssen daher nicht nur angespannt, tätig gemacht werden, sondern haben ebenso

"Einschränkung, und insofern sie als Energieen gedacht werden, Abspannung nöthig; jener, daß er sich nicht ins Gebiet der Gesetzgebung, dieser, daß er sich nicht ins Gebiet der Empfindung eindringe."[492]

Der Prozeß der Kultivierung gerät damit bei SCHILLER zur paradigmatischen Beschreibung der Ermöglichung von Freiheit innerhalb spezifischer Beschränkung. Person- und Zustandsprinzip umfassendes Menschsein meint bei ihm also nicht nur wirkliche, ganzheitliche, unentfremdete, son-

---

491)   Briefe über die ästhetische Erziehung, NA 20, S. 350ff.

492)   Briefe über die ästhetische Erziehung, NA 20, S. 352.

dern immer zugleich auch freie Existenz des Menschen. Freiheit ist in den Briefen zur ästhetischen Erziehung also - wie der Schönheitsbegriff der Kalliasbriefe - ein relationales Produkt eines harmonischen Wechselverhältnisses der fundamentalontologischen Dimensionen Person und Zustand und muß durch die Kultur gesichert werden, sobald und solange eine Gesellschaft sich erklärtermaßen zum Ziel einer humanen Lebensgemeinschaft bekennt. Das aufklärerische Mündigkeitspostulat zur Verwirklichung einer freien Vernunftbestimmung des Menschen ist damit von SCHILLER neu gedacht und in dem Sinne erweitert worden, als sich freie Selbstbestimmung der Person eben nicht allein in der Ausbildung des kognitiven Vermögens erschöpft, sondern sich seinslogisch und -notwendig auch auf die psycho-physische Existenzdimension des Menschen erstrecken muß, will sie ganzheitliche Selbstbestimmung sein.

Darüber hinaus ist an dieser Stelle noch einmal daran zu erinnern, daß SCHILLER seinen Freiheitsbegriff in den Kalliasbriefen als ästhetische Kategorie geltend gemacht hatte. Freiheit war dort kongruent mit Schönheit als Heautonomie in der Erscheinung, also als reine Selbstbestimmung in beschränkender Bestimmtheit definiert worden.[493] Ganzheitliches Menschsein, resultierend aus höchstmöglicher Aktivität beider Triebe bei deren notwendiger gegenseitiger Beschränkung, impliziert demzufolge in SCHILLERs ästhetischer Anthropologie auch immer zugleich eine paradigmatische Verwirklichung von Schönheit. Vollendetes, selbstbestimmtes Menschsein ist insofern bei SCHILLER auch nicht nur eine sittliche - weil nur in Freiheit mögliche - Qualität, sondern zugleich und notwendig eine ästhetische, da in ihm Schönheit generiert.

Der begrifflichen und produktionsästhetischen Begründung[494] meiner hier vertretenen These, SCHILLERs Anthropologie sei eine ästhetische, ist damit eine weitere, werkästhetisch-ontologische an die Seite gestellt worden. Somit ist es SCHILLER in seinen Briefen über die ästhetische Erziehung des Menschen gelungen, produktions-, werk- und rezeptionsästhetische Begründungszusammenhänge für seine Anthropologie zur Grundlage zu machen.

---

493) Vgl. Kap. III.3 der vorliegenden Arbeit.

494) Vgl. weiter oben in diesem Unterkapitel.

III.5.4 Erfahrung subjektiver Ganzheit im freien Spiel

> "Wir sind nunmehr zu dem Begriff einer solchen
> Wechselwirkung zwischen beyden Trieben geführt worden, wo
> die Wirksamkeit des einen die Wirksamkeit des andern zugleich
> begründet und begrenzt, und wo jeder einzelne für sich gerade
> dadurch zu seiner höchsten Verkündigung gelangt, daß der an-
> dere thätig ist."[495]

SCHILLER ist nicht so naiv zu meinen, daß er mit dieser harmonischen
Wechselwirkung der beiden Grundtriebe die reale Existenz auch nur eines
Menschen beschrieben hätte. Wie in "Ueber Anmuth und Würde" ist er sich
auch hier bewußt, daß ein Person- und Zustandsprinzip paritätisch und dauerhaft umfassendes Sein des Menschen immer nur "**die Idee seiner
Menschheit** [ist], mithin ein unendliches, dem er sich im Laufe der Zeit
immer mehr nähern kann, aber ohne es jemals zu erreichen."[496] Ganzheitliches Menschsein ist für SCHILLER also faktisch nur als
Approximation an die Idee des Menschen erfüllbar, bleibt aber dennoch als
dessen Aufgabe bestehen. SCHILLER formuliert daher imperativisch:

> "Er [sc.: der Mensch] soll nicht auf Kosten seiner Realität nach
> Form, und nicht auf Kosten der Form nach Realität streben;
> vielmehr soll er das absolute Seyn durch ein unendliches suchen.
> Er soll sich eine Welt gegenüberstellen, weil er Person ist, und
> soll Person seyn, weil ihm eine Welt gegenüber steht. Er soll
> empfinden, weil er sich bewußt ist, und soll sich bewußt seyn,
> weil er empfindet."[497]

An dieser Stelle liegt es nun nahe zu fragen, warum SCHILLER denn
überhaupt derart auf der potentiellen Verwirklichung des Menschheitsideals
beharrt, wenn er doch selbst zugesteht, daß der faktische Mensch seine
idealische Bestimmung niemals in toto erfüllen kann? Warum soll der
Mensch nach dem Menschheitsideal streben, wenn er es, eben weil er

---

495) Briefe über die ästhetische Erziehung, NA 20, S. 352.

496) Briefe über die ästhetische Erziehung, NA 20, S. 353.

497) Briefe über die ästhetische Erziehung, NA 20, S. 353.

Mensch ist, niemals dauerhaft für sich erreichen kann? - Die Abwehr eines solchen möglichen Einwandes liegt in SCHILLERs fundamentalontologischem Verständnis vom Menschen als Person- und Zustandswesen selbst. Denn:

> "Daß er [sc.: der Mensch] dieser Idee wirklich gemäß, folglich, in voller Bedeutung des Worts, Mensch ist, kann er nie in Erfahrung bringen, solange er nur einen der beyden Triebe ausschließend, oder nur Einen nach dem Andern befriedigt; denn solange er nur empfindet, bleibt ihm seine Person oder seine absolute Existenz, und solange er nur denkt, bleibt ihm seine Existenz in der Zeit oder sein Zustand Geheimniß."[498]

Der Mensch muß also notwendig wenigstens Augenblicke in seiner Existenz erleben, in denen er sich seiner sinnlich-vernünftigen Verfaßtheit, seiner Menschheit, überhaupt erst bewußt wird. Machte er nämlich niemals die Erfahrung, gleichermaßen Person- und Zustandswesen zu sein, bliebe er sich als Mensch ewig selbst fremd, würde er sich, wie ausführlich erörtert wurde, weder als intelligibles Subjekt noch als ein in die Welt gestelltes materiales Wesen kennenlernen können. Dem Menschen obliegt also die Aufgabe der Erfüllung seiner sinnlich-vernünftigen Bestimmung, weil er sich, wie von SCHILLER dargestellt, allein im Streben nach ihrer potentiellen dauerhaften Erfüllung seiner Wirklichkeit als Mensch bewußt werden kann. Stünden ihm Umstände zur Verfügung, die diese Selbsterkenntnis begünstigen, so wären dies notwendig

> "Fälle, wo er diese doppelte Erfahrung **zugleich** machte, wo er sich zugleich seiner Freyheit bewußt würde, und sein Dasein empfände, wo er sich zugleich als Materie fühlte, und sich als Geist kennen lernte, so hätte er in diesen Fällen, und schlechterdings nur in diesen, eine vollständige Anschauung seiner Menschheit, und der Gegenstand, der diese Anschauung ihm verschaffte, würde ihm zum Symbol seiner **ausgeführten Bestimmung**, folglich (weil diese nur in der Allheit der Zeit zu erreichen ist) zu einer Darstellung des Unendlichen dienen."[499]

---

498) Briefe über die ästhetische Erziehung, NA 20, S. 353.

499) Briefe über die ästhetische Erziehung, NA 20, S. 353.

Damit der Mensch sich als Mensch erkennt und sich selbst als Aufgabe begreift, muß er also in einem Moment beide ihn ausmachenden Grundprinzipien erfahren können. Wird er von einem Gegenstand dazu veranlaßt, diese doppelte Erfahrung in eins und zugleich zu machen, so begreift er aber nicht nur passiv seine Verfaßtheit als sinnlich-vernünftiges Wesen, sondern ist in diesem Bewußtwerdungsprozeß auch schon zugleich aktiv an der Ausführung seiner doppelten Bestimmung beteiligt, erfüllt also schon partiell die an ihn gestellte Aufgabe, ganzer Mensch zu sein, da er seine sinnliche Wahrnehmung vom Objekt in einem geistigen Akt der Selbst- und Welterkenntnis bearbeitet. Deshalb nennt SCHILLER solche Gegenstände Symbole der bereits "ausgeführten Bestimmung" (s. o.).

Das Erkennen seiner ihm bestimmten Menschheit ist bei SCHILLER also schon immer als Vollzug eines vollendeten Menschseins des Menschen gedacht. Es an die Wahrnehmung spezifischer Gegenstände zu knüpfen, die allein diesen Prozeß in Gang zu setzen vermögen, heißt, vollendetes Menschsein - über die schon in ontologischer Hinsicht notwendige allgemeine rezeptionsästhetische Dimension der Anthropologie[500] hinausgehend - von einer ganz bestimmten Wahrnehmungsqualität abhängig zu machen, in der ein spezifisches Verhältnis vom Subjekt zur Welt generiert. Doch bevor diese näher erläutert werden kann, müssen noch die Konsequenzen aus der bisherigen Gedankenentwicklung SCHILLERs für dessen Triebmodell geschildert werden.

Seinem Triebmodell entsprechend kommt SCHILLER zu folgender Annahme:

"Vorausgesetzt, daß Fälle dieser Art [d. h. Umstände, die die Selbsterkenntnis des Menschen als sinnlich-vernünftiges Wesen in einem sinnlich-vernünftigen Akt fördern] in der Erfahrung vorkommen können, so würden sie einen neuen Trieb in ihm [sc.: dem Menschen] aufwecken, der eben darum, weil die beyden andern in ihm zusammenwirken, einem jeden derselben, einzeln betrachtet, entgegengesetzt seyn, und mit Recht für einen neuen Trieb gelten würde. Der sinnliche Trieb will, daß Veränderung

---

500)   Vgl. oben, Kap. III.5.3.

sey, daß die Zeit einen Inhalt habe; der Formtrieb will, daß die Zeit aufgehoben, daß keine Veränderung sey. Derjenige Trieb also, in welchem beyde verbunden wirken, (es sey mir einstweilen, bis ich diese Benennung gerechtfertigt haben werde, vergönnt, ihn **Spieltrieb** zu nennen) der Spieltrieb also würde dahin gerichtet seyn, die Zeit **in der Zeit** aufzuheben, Werden mit absolutem Seyn, Veränderung mit Identität zu vereinbaren."[501]

SCHILLER stellt also die These auf, daß bei der Rezeption eines Symbols der ausgeführten Bestimmung neben Stoff- und Formtrieb noch ein sogenannter Spieltrieb im Menschen aktiviert wird, der in der Zusammenwirkung der Person- und Zustandsprinzip zugehörigen Grundtriebe besteht. Er meint ihn Spieltrieb nennen zu können, da die Sprache im allgemeinen all dasjenige als Spiel bezeichnet, "was weder subjektiv noch objektiv zufällig ist, und doch weder äußerlich noch innerlich nöthigt".[502] Genau diese Bedingung würde der Spieltrieb auch erfüllen, denn:

"Der sinnliche Trieb schließt aus seinem Subjekt alle Selbstthätigkeit und Freiheit, der Formtrieb schließt aus dem seinigen alle Abhängigkeit, alles Leiden aus. Ausschließung der Freyheit ist aber physische, Ausschließung des Leidens ist moralische Nothwendigkeit. Beyde Triebe nöthigen also das Gemüth, jener durch Naturgesetze, dieser durch Gesetze der Vernunft. Der Spieltrieb also, als in welchem beyde verbunden wirken, wird das Gemüth zugleich physisch und moralisch nöthigen; er wird also, weil er alle Zufälligkeit aufhebt, auch alle Nöthigung aufheben, und den Menschen, sowohl physisch als moralisch, in Freyheit setzen."[503]

---

501) Briefe über die ästhetische Erziehung, NA 20, S. 353.

502) Briefe über die ästhetische Erziehung, NA 20, S. 357.

503) Briefe über die ästhetische Erziehung, NA 20, S. 354.

An dieser Stelle scheint mir, zur Vermeidung möglicher Mißverständnisse, noch einmal[504] der Hinweis auf eine sorgfältige Unterscheidung der von SCHILLER ontologisch als notwendig ausgewiesenen Verfaßtheit des Menschen als Person- und Zustandswesen von dessen Auffassung des Menschen als Triebwesen angebracht: SCHILLER hatte den Menschen ja bisher als ein Wesen beschrieben, das von Stoff- und Formtrieb, also von zwei in ihm wirkenden Grundkräften, zur Erfüllung seiner basisontologisch notwendigen Bedingungen, Personprinzip und Zustandsprinzip, und damit zur Durchsetzung von Formalität und Realität gedrängt wird. Darüber hinaus hatte er deutlich gemacht, daß weder bei der Vorherrschaft einer der Qualitäten noch bei der jeweils bloß einzelnen Durchsetzung beider Grundprinzipien von wirklich menschlicher Existenz die Rede sein kann, da der Mensch sich in beiden Fällen nicht als sinnlich-vernünftiges Wesen erkennen und seine Doppelnatur somit auch nicht verwirklichen, mithin nicht ganzer Mensch sein kann. Die einzige Möglichkeit zur Verwirklichung des Menschen als sinnlich-vernünftigem Wesen war für SCHILLER daher nur als notwendig gleichzeitige und paritätische Präsenz beider Konstituenten des Menschen denkbar.

Da SCHILLER in seiner Anthropologie schon für die getrennte Durchsetzung beider Grundprinzipien jeweils zuständige Triebe verantwortlich gemacht hatte, muß er ganz folgerichtig nun auch die gleichzeitige und möglichst harmonische Präsenz von Person- und Zustandsprinzip auf eine treibende Kraft zurückführen, die er begründetermaßen Spieltrieb nennt. Er muß also diesen dritten Trieb behaupten, weil Stoff- und Formtrieb aufgrund ihrer tendenziellen Wirkweise nicht von sich aus in der Lage sind, die gemeinsame harmonische Präsenz der beiden Grundprinzipien zu ermöglichen. Nur ein angenommener dritter Trieb kann innerhalb SCHILLERs Bild vom Menschen als Person- und Zustandswesen gleichzeitig und in einem ausgewogenen Verhältnis "Form in die Materie und Realität in die Form bringen."[505] Denn:

> "In demselben Maaße als er den Empfindungen und Affekten
> ihren dynamischen Einfluß nimmt, wird er sie mit Ideen der
> Vernunft in Uebereinstimmung bringen, und in demselben
> Maaße, als er den Gesetzen der Vernunft ihre moralische

---

504) Vgl. meinen bereits erfolgten Hinweis auf diese Unterscheidung in Kap. III.5.3 der vorliegenden Arbeit.

Nöthigung benimmt, wird er sie mit dem Interesse der Sinne versöhnen."[506]

Doch SCHILLER kann diesen dritten Trieb auch behaupten, da Stoff- und Formtrieb von ihm ausdrücklich zwar für sich betrachtet als tendenziell gegenläufig, in ihrer Wirkweise auf ihr jeweiliges Gebiet aber nicht in einem antagonistischen sondern in einem wechselseitigen, sich zugleich gegenseitig begrenzenden und dadurch einander überhaupt erst ermöglichenden Verhältnis zueinander beschrieben worden waren. Gerade mit diesem Wechselverhältnis von Stoff- und Formtrieb, das von SCHILLER aus der ontologisch notwendigen Verfaßtheit des Menschen als sinnlich-vernünftigem Wesen hergeleitet worden war, ist nämlich die Möglichkeit eröffnet, einen beide Tendenzen gleichermaßen umfassenden Trieb annehmen zu können, da beide Grundtriebe trotz ihrer tendenziellen Gegenläufigkeit in ihrer darüber hinaus gleichzeitig bestehenden wechselseitigen Abhängigkeit voneinander immer auch schon eine gemeinschaftliche Triebqualität induzieren! Denn wechselseitige Abhängigkeit der Grundtriebe voneinander meint nicht abwechselnde Präsenz eines der Triebe sondern - wie im Verhältnis von Person und Zustand - deren notwendig gleichzeitige Sub- und Koordination.[507] Die hieraus resultierende dritte Triebqualität darf insofern also auch nicht als Movens eines bislang unbenannt gebliebenen dritten ontologischen Grundprinzips mißverstanden werden. Sie steht also durchaus nicht im Widerspruch zu SCHILLERs Aussage, daß den Menschen grundsätzlich nur zwei Seinsprinzipien bestimmen[508], sondern drängt als dritte Triebqualität im Sinne von sub- und koordinierter Wechselseitigkeit von Stoff- und Formtrieb auf gleichzeitige und paritätische Erfüllung der sinnlich-vernünftigen Doppelnatur des Menschen.[509] Sie

---

505) Briefe über die ästhetische Erziehung, NA 20, S. 354.

506) Briefe über die ästhetische Erziehung, NA 20, S. 354f.

507) Vgl. oben, Kap. III.5.3.

508) Vgl. ebd.

509) SCHILLER hatte bereits im Zusammenhang mit der Entfaltung seines Bildes vom Menschen als Person- und Zustandswesen sehr differenziert davon gesprochen, daß es neben Stoff- und Formtrieb keinen weiteren "**Grundtrieb**" im Menschen geben könne, eben weil der Mensch auch nur in seinen beiden Grunddimensionen existiere (vgl. oben, Kap. III.5.3 oder Briefe über die ästhetische Erziehung, NA

als Spieltrieb zu kennzeichnen, zeugt - neben der sprachlich-inhaltlichen Herleitung - von einem Feingefühl SCHILLERs für die so ganz andere Lebensqualität unentfremdeter Existenz des Menschen; eine Qualität, die Begriffe wie Freiheit, Leichtigkeit, Authentizität und Lebensfreude assoziieren läßt.

SCHILLER hat damit ein Konzept entworfen, in dem eine ganzheitliche Existenz des Menschen mittels dialektischer Aufhebung der sich wechselseitig bedingenden basisontologischen Konstituenten "Person" und "Zustand" in dem Sinne als möglich gedacht wird, als bei deren Aufhebung sich auch die jeweils zugehörigen Grundtriebe in einem wechselseitigen Sub- und Koordinationsverhältnis zueinander befinden, so daß sich eine dritte und beide umfassende Triebkraft zu entfalten vermag. Der oben gegebene Hinweis, es sei wichtig, zu verstehen, daß SCHILLER gerade in der ontologisch notwendigen Doppelnatur des Menschen die Möglichkeit zu ganzheitlichem Menschsein sieht[510], hat hiermit seine Erklärung erhalten.

In seinem folgenden Brief, dem fünfzehnten, führt SCHILLER nun ein weiteres Begriffspaar[511] in die Diskussion ein: Leben und Gestalt. Mit ihm beabsichtigt er, seine anthropologischen Erörterungen in eine Ästhetik einmünden zu lassen, da er ja, wie schon zu Beginn dieses Kapitels berichtet, auch auf eine Herleitung des Schönheitsbegriffs aus der anthropologischen Betrachtung des Menschen aus ist. Trotz dieses Vorhabens wird hiermit dennoch nicht sein Perspektivenwechsel von der anthropologischen Ästhetik zur ästhetischen Anthropologie wieder von ihm rückgängig gemacht, da er auch jetzt keine Schönheitstheorie aus seinem Menschenbild entwickelt. Vielmehr spricht SCHILLER hier nur deutlich das spezifisch ästhetische Moment seiner Anthropologie aus, das er - wie von mir im Laufe dieses Kapitels dargestellt - implizit schon längst mit seinem Menschenbild verbunden hat und mit dem er ganzheitliches Menschsein als

---

20, S. 347). Der hier behauptete dritte Trieb, der Spieltrieb also, wird daher von SCHILLER konsequenterweise auch nur als Trieb, nicht aber als Grundtrieb gedacht. Wohl ist er eine neue Triebqualität, die aber lediglich aus der dialektischen Wechselbestimmung der beiden Grundtriebe resultiert, die für SCHILLER also kein eigenständiger dritter Grundtrieb ist.

510) Vgl. oben, Kap. III.5.3.

511) Vgl. ebd.

Produkt einer spezifischen Wahrnehmungsqualität des Menschen und einem allein in ihr generierenden spezifischen Verhältnis des Subjekts zur Welt zu beschreiben sucht.

"Der Gegenstand des sinnlichen Triebes, in einem allgemeinen Begriff ausgedrückt, heißt **Leben**, in weitester Bedeutung; ein Begriff, der alles materiale Seyn, und alle unmittelbare Gegenwart in den Sinnen bedeutet. Der Gegenstand des Formtriebes, in einem allgemeinen Begriff ausgedrückt, heißt **Gestalt**, sowohl in uneigentlicher als in eigentlicher Bedeutung; ein Begriff, der alle formalen Beschaffenheiten der Dinge und alle Beziehungen derselben auf die Denkkräfte unter sich faßt. Der Gegenstand des Spieltriebes, in einem allgemeinen Schema vorgestellt, wird also **lebende Gestalt** heißen können; ein Begriff, der allen ästhetischen Beschaffenheiten der Erscheinungen, und mit einem Worte dem, was man in weitester Bedeutung **Schönheit** nennt, zur Bezeichnung dient."[512]

In dieser kategorialen Erweiterung des sinnlich-materialen sowie des geistig-personalen Anteils menschlicher Existenz zu den Oberbegriffen Leben und Gestalt tritt SCHILLERs ästhetisches Verständnis vom Menschen deutlich zutage, sobald man sich seiner Betrachtung des Menschen im Sinne eines schönen Objekts erinnert, wie er sie in "Ueber Anmuth und Würde" dargelegt hatte. Dort war der Mensch von ihm nämlich als ein Wesen beschrieben worden, das - auf der Basis des in den Kalliasbriefen entwickelten Schönheitsbegriffs - immer dann als schön beurteilt werden muß, wenn es aufgrund der harmonischen Zusammenstimmung seiner sinnlichen und vernünftigen Anteile als eine selbstschöpferisch gestaltete, d. h. personal-heautonom bestimmte Erscheinung gelten kann.

Schon in diesem Zusammenhang der ästhetischen Betrachtung des Menschen hatte SCHILLER vorgreifend den Begriff Spiel als Ausdruck dieser harmonischen und damit schönen Zusammenstimmung beider Teile menschlicher Existenz in einem ganzheitlichen Seinsmoment verwendet, ohne jedoch dabei seinen ontologischen Gehalt zu entwickeln. Spiel war in

---

512) Briefe über die ästhetische Erziehung, NA 20, S. 355.

"Ueber Anmuth und Würde" also noch ein bloß ästhetischer Terminus, der allerdings schon auf die anthropologische Qualität von SCHILLERs Ästhetik vorauswies.[513] Hier, in den Briefen über die ästhetische Erziehung des Menschen, wird er nun zur ontologischen Kategorie, in der die von mir bereits zweimal angesprochene Wahrnehmungsqualität mit dem zugleich und ausschließlich nur in ihr entstehenden Weltverhältnis des Subjekts begrifflich konzentriert wird und der gerade hierin eine dreifach ästhetische Dimension eignet: Indem SCHILLER nämlich Leben und Gestalt als übergeordnete Kategorien für die Objekte von Stoff- und Formtrieb einführt, bleibt für ihn - seiner vorausgeschickten Triebtheorie folgend - nur der sowohl terminologisch als auch systematisch konsequente Schluß, daß der anthropologisch als notwendig begründete Spieltrieb im Sinne eines Zusammenwirkens von Stoff- und Formtrieb auch auf ein Objekt zielen muß, das der ontologisch notwendig wechselseitigen Abhängigkeit von Realität und Formalität, von Materialität und Geistigkeit des Menschen entspricht und insofern als lebende Gestalt bezeichnet werden kann. Hierbei ist es gleichgültig, ob ein Gegenstand oder ein Mensch als lebende Gestalt erscheinen, denn ein

"Marmorblock, obgleich er leblos ist und bleibt, kann darum nichts desto weniger lebende Gestalt durch den Architekt und Bildhauer werden; ein Mensch, wiewohl er lebt und Gestalt hat, ist darum noch lange keine lebende Gestalt. Dazu gehört, daß seine Gestalt Leben und sein Leben Gestalt sey."[514]

Entscheidend ist vielmehr, daß überhaupt ein Objekt als lebende Gestalt wahrgenommen werden kann, daß also dem zu einer ganzheitlichen Existenz des Menschen notwendigerweise erfolgenden Drängen des Spieltriebs auf gleichzeitige und paritätische Präsenz von Realität und Formalität überhaupt eine Objektlage korrespondieren kann, die schon beide Elemente harmonisch in sich vereinigt. Nimmt der Mensch nämlich eine solche lebende Gestalt, ein im SCHILLERschen Sinne schönes - weil materielle und geistige Anteile in freiheitlich-harmonischer

---

513) Vgl. hierzu bes. Kap. III.4.4 der vorliegenden Arbeit. Auch in den Kalliasbriefen hatte SCHILLER schon vom Spiel gesprochen, dies aber im allgemeineren Sinne von "in Aktion sein" und "an einem Geschehnis aktiv beteiligt sein" (vgl. oben, Kap. III.3.2, bzw. Kalliasbriefe, S. 176).

514) Briefe über die ästhetische Erziehung, NA 20, S. 355.

Zusammenstimmung in sich vereinigendes[515] - Objekt, wahr, ist er zugleich schon im Zusammenspiel seiner beiden Grundtriebe begriffen, befriedigt er seinen Spieltrieb, spielt er. In diesem Wahrnehmungsvorgang generiert also insofern ein spezifisches Verhältnis des Subjekts zur Welt (zu dem wahrgenommenen Objekt), als das Subjekt zum Vollzug solch einer spezifischen Welterkenntnis sein sinnliches und geistiges Vermögen in gleichzeitige Tätigkeit versetzen muß, die ein Zusammenspiel beider Vermögen in wechselseitiger Sub- und Koordination ermöglicht. Darin wird es idealiter selbst zur lebenden Gestalt.

Im Begriff Spiel erfaßt SCHILLER also den weiter oben zur Selbsterkenntnis und zum ganzheitlichen Sein des Menschen als Notwendigkeit ausgewiesenen Umstand, daß der Mensch Gegenstände braucht, bei deren Wahrnehmung er seine Bestimmung, ganzer Mensch zu sein, schon ausführt, indem er seiner Doppelnatur mittels gleichzeitigem und paritätischem Zusammenspiel seiner beiden Grundvermögen gerecht wird.[516]

"Denn, um es endlich auf einmal herauszusagen, der Mensch spielt nur, wo er in voller Bedeutung des Worts Mensch ist, und **er ist nur da ganz Mensch, wo er spielt.**"[517]

---

515) Vgl. SCHILLERs Entwicklung des Schönheitsbegriffs als Freiheit in der Erscheinung in Kap. III.3 der vorliegenden Arbeit.

516) Solche Gegenstände waren von SCHILLER weiter oben als Symbole der "**ausgeführten Bestimmung**" des Menschen bezeichnet worden, da sich der Mensch bei ihrer Rezeption aufgrund seiner gleichzeitigen Erfüllung sinnlicher und vernünftiger Triebansprüche "zugleich als Materie fühlte, und sich als Geist kennen lernte" (Briefe über die ästhetische Erziehung, NA 20, S. 353).

517) Briefe über die ästhetische Erziehung, NA 20, S. 359. Auch wenn diesem vielzitierten und berühmten Satz SCHILLERs immer wieder in spieltheoretischen Werken von Autoren verschiedenster Fachrichtung eine besondere Bedeutung zugemessen worden ist, verzichte ich an dieser Stelle aus zwei Gründen ganz bewußt auf die Darstellung seiner Folgen für die spätere Entwicklung von Spieltheorien:
Erstens gibt SCHILLER hier, im fünfzehnten seiner Briefe über die ästhetische Erziehung, nur eine im Spielbegriff konzentrierte Benennung dessen, was er zuvor sehr filigran als ontologische Notwendigkeit für ganzheitliches Menschsein aufgezeigt hatte. "Spiel" und "spielen" sind insofern also formelhafte Verkürzungen eines sehr komplexen Prozesses im Menschen, denen m. E. nicht mehr Bedeutung zuzukommen hat als dem damit bezeichneten Vorgang selbst. Das gilt zumal dann, wenn man bedenkt, daß SCHILLER den Spiel**begriff** schon

Spiel und spielen sind jetzt also insofern ontologische Begriffe innerhalb SCHILLERs ästhetischer Anthropologie, als sie den Doppelprozeß des Wahrnehmens lebender Gestalten (schöner Objekte) und des darin gleichzeitig enthaltenen Werdens des Menschen in seiner Ganzheit meinen. Ihre von mir behauptete dreifach ästhetische Dimension ist damit offensichtlich: Erstens basiert die ganzheitliche Existenz des Menschen auf einem Wahrnehmungsakt, zweitens ist der Mensch in diesem Akt sich selbst als ganzer Mensch (im Sinne eines harmonischen Zusammenspiels seiner Sinnlichkeit und Vernunft) hervorbringend tätig und ist damit Schöpfer seiner Menschheit, die - drittens - zugleich selbst wiederum eine Schönheit ist.[518]

---

ab dem siebzehnten Brief wieder gegen den für ihn viel zentraleren Terminus Freiheit austauscht (vgl. unten, Kap. III.5.5).

Zweitens würde die Darstellung allein der wichtigsten phänomenologisch-anthropologisch orientierten Ansätze von Spieltheorien (wie etwa bei BUYTENDIJK, Frederik Jacobus Johannes: Wesen und Sinn des Spiels. Das Spielen der Menschen und Tiere als Erscheinungsform der Lebenstriebe. Berlin 1933; HUIZINGA, Johan: Homo Ludens. Vom Ursprung der Kultur im Spiel. Hamburg 1956.) sowie psychoanalytischer und sozialwissenschaftlicher Beiträge (etwa in ERIKSON, Erik Homburger: Kindheit und Gesellschaft. Stuttgart 7. Aufl. 1979, bes. S. 204 - 240; MEAD, George Herbert: Sozialpsychologie. Eingeleitet und herausgegeben von Anselm STRAUSS. Neuwied 1969, bes. S. 272 - 291.) und pädagogischer Stellungnahmen (beispielsweise von SCHEUERL, Hans [Hrsg.]: Theorien des Spiels. Weinheim und Basel 10. Aufl. 1975, bes. S. 189 - 208; FLITNER, Andreas [Hrsg.]: Das Kinderspiel. München 1973.) wenigstens ein eigenes umfangreiches Kapitel abgeben und damit den inhaltlichen Gang der vorliegenden Arbeit völlig sprengen.

518) Innerhalb der mir bekannten Sekundärliteratur zu den Briefen über die ästhetische Erziehung hat lediglich Ralf-Erik DODE mit vergleichbarer Deutlichkeit auf den für den ontologischen Spielbegriff SCHILLERs charakteristischen Gehalt der prozessual-selbsttätigen Verwirklichung des ganzen Menschen hingewiesen. (Vgl. DODE, Ralf-Erik: Ästhetik als Vernunftkritik. Eine Untersuchung zum Begriff des Spiels und der ästhetischen Bildung bei Kant - Schiller - Schopenhauer und Hebbel. Frankfurt/Main, Bern und New York 1985, bes. S. 120 - 130.) Da sich DODE in seiner Arbeit - wie schon deren Titel zeigt - insgesamt aber vor allem auf den Spielbegriff konzentriert, impliziert seine innerhalb der SCHILLER-Rezeption an sich herausragende Interpretation ein dreifaches Defizit: Erstens legt DODEs ganz richtige Auslegung des SCHILLERschen Spielbegriffs als prozeßhafte Selbstgestaltung des Menschen den möglichen Fehlschluß nahe, daß SCHILLER erst in den Briefen über die ästhetische Erziehung die wesensgemäße Entwicklung des sinnlich-vernünftigen Menschen als einen Prozeß auffaßt, der als explizit ästhetischer Prozeß im und durch das Subjekt vorangetrieben wird. Dieses Menschenbild war von SCHILLER aber schon sehr viel früher - nämlich in den

III.5.5 Menschliche Freiheitserfahrung im ästhetischen Zustand

Wie sowohl in den Kalliasbriefen als auch in "Ueber Anmuth und Würde" der Begriff des Schönen von SCHILLER schon immer nur als "Idealschöne[s]"[519] erarbeitet worden war, so sind auch in den Briefen über die ästhetische Erziehung des Menschen das Symbol der ausgeführten Bestimmung, das Schöne, das Spiel und der Mensch bislang nur idealische Begriffe. SCHILLER war ihnen nachgegangen, um auf ausschließlich vernünftigem Wege zu einer Bestimmung dessen zu gelangen, was Schönheit und Menschheit sei.[520]

"Philosophische[n] Briefen" - formuliert worden, wie ich oben (vgl. Kap. III.2.4) gezeigt habe. Zweitens vernachlässigt DODE in seiner bildungstheoretischen Interpretation der Ästhetik SCHILLERs zu sehr den Personbegriff. Er arbeitet ihn weder in seiner sehr knappen Analyse der Kalliasbriefe als potentielle Selbstbestimmungspotenz des Menschen heraus (vgl. DODE, Ralf-Erik: a.a.O., S. 105 - 111), noch nimmt er ihn in dieser Weise in "Ueber Anmuth und Würde" wahr, da er diesen Aufsatz SCHILLERs einfach stillschweigend übergeht, womit er - nebenbei bemerkt - auch die für die spezifisch ästhetische Bildungskonzeption SCHILLERs entscheidende Übertragung des Schönheitsbegriffs auf den Menschen und damit dessen Ästhetisierung des aufklärerischen Mündigkeitspostulats verpaßt. Der Gedanke der Selbstbestimmung des Menschen im Spiel entbehrt daher bei DODE einer systematischen Untermauerung jenseits der triebtheoretischen Argumentation, die von SCHILLER aber durchaus geleistet wurde. Drittens - und dieses Defizit hat wohl die weitreichendsten Konsequenzen - nimmt DODE kaum SCHILLERs Rede vom "ästhetischen Zustand" in den Blick, auf den dieser nach seiner relativ kurzen Darlegung des Spielbegriffs als Zentrum seiner Briefe hinaus will und dem im folgenden Abschnitt meiner Arbeit (vgl. Kap. III.5.5) deshalb umfassend Raum gegeben werden wird. DODE entgeht damit SCHILLERs Betonung der sinnlichen Dimension menschlicher Existenz, die für SCHILLER zu einem wesenhaft ganzheitlichen Menschsein notwendig dazugehört. Infolgedessen übersieht er auch, daß SCHILLERs frühe Forderung nach mehr Entfaltung der Sinnlichkeit mit der Herleitung eines spezifisch ästhetischen Zustands des sich selbst aufgegebenen Subjekts jetzt ontologisch begründet wird. Somit gelingt es DODE bedauerlicherweise gerade in der explizit bildungstheoretischen Interpretation der Ästhetik SCHILLERs nicht, "Altlasten" der Rezeption klassischer Bildungstheorien in der Weise zu "entsorgen", daß diese von der Verschüttung ihres vehementen Verweises auf eine gleichermaßen sinnlich-vernünftige Existenz des Menschen befreit würden.

519) Briefe über die ästhetische Erziehung, NA 20, S. 361.

520) Vgl. Briefe über die ästhetische Erziehung, NA 20, S. 363.

"Jezt aber steigen wir aus der Region der Ideen auf den Schauplatz der Wirklichkeit herab, um den Menschen **in einem bestimmten** Zustand, mithin unter Einschränkungen anzutreffen, die nicht ursprünglich aus seinem bloßen Begriff, sondern aus äußern Umständen und aus einem zufälligen Gebrauch seiner Freyheit fließen."[521]

SCHILLER knüpft jetzt also argumentativ wieder dort in seinen Briefen an, wo er die Schilderung seines kulturkritischen Zeitbildes sowie die mögliche Überwindung einer entfremdeten Existenz des Menschen durch die schöne Kunst zugunsten der Darlegung seiner Ontologie unterbrochen hatte.[522] Erneut leitet er eine Beschreibung der beiden von ihm aktuell beobachteten Formen entfremdeter Existenz des Menschen - die Wildheit und die Barbarei[523] - her, doch geschieht dies jetzt auf der Basis seiner anthropologischen Überlegungen:

"Liegt nehmlich seine [sc.: des Menschen] Vollkommenheit in der übereinstimmenden Energie seiner sinnlichen und geistigen Kräfte, so kann er diese Vollkommenheit nur entweder durch einen Mangel an Uebereinstimmung oder durch einen Mangel an Energie verfehlen. Ehe wir also noch die Zeugnisse der Erfahrung darüber abgehört haben, sind wir schon im voraus durch bloße Vernunft gewiß, daß wir den wirklichen folglich beschränkten Menschen entweder in einem Zustande der Anspannung oder in einem Zustande der Abspannung finden werden, je nachdem entweder die einseitige Thätigkeit einzelner Kräfte die Harmonie seines Wesens stört, oder die Einheit seiner

---

521) Briefe über die ästhetische Erziehung, NA 20, S. 363.

522) Vgl. den Übergang von Kap. III.5.2 zu Kap. III.5.3.

523) Erinnert sei hier noch einmal daran, daß der Wilde für SCHILLER derjenige Mensch ist, der sich ausschließlich von seinen Gefühlen leiten läßt. Ein Mensch also, der auch sein moralisches Urteilsvermögen auf Empfindungen gründet. Den Barbaren hingegen kennzeichnet SCHILLER zufolge, daß er sein Leben ausschließlich nach gesetzlichen Regeln ausrichtet, also jegliche Gefühle seiner kalten und berechnenden Vernunft unterwirft.

Natur sich auf die gleichförmige Erschlaffung seiner sinnlichen und geistigen Kräfte gründet.[524]

Anspannung der einzelnen Kräfte, d. h. einseitige Befriedigung von Stoff- oder Formtrieb, und allgemeine Lethargie sind also die beiden grundlegenden Ursachen, die SCHILLER für ein Verfehlen der Bestimmung des Menschen verantwortlich macht.

Zwar nimmt er sich vor, im folgenden zu zeigen, daß beide Mängel durch den Einfluß eines schönen Gegenstandes korrigiert werden können, so daß der Mensch "zu einem in sich selbst vollendeten Ganzen" wird[525], doch bleiben seine Briefe über die ästhetische Erziehung unbegründet fragmentarisch, indem SCHILLER sich in ihnen nur dem Problem der Angespanntheit zuwendet.[526] Aber hierin erreicht er dafür jetzt mit Hilfe seines Triebmodells eine sehr viel präzisere Beschreibung dessen, was er in seiner einleitenden Kultur- und Gesellschaftskritik phänomenologisch als aktuelle Entfremdung des Menschen zu wilder oder barbarischer Existenz herausgearbeitet hatte:

> "Angespannt aber nenne ich den Menschen sowohl, wenn er sich unter dem Zwange von Empfindungen, als wenn er sich unter dem Zwange von Begriffen befindet. Jede **ausschliessende** Herrschaft eines seiner beyden Grundtriebe ist für ihn ein Zustand des Zwanges und der Gewalt; und Freyheit liegt nur in der Zusammenwirkung seiner beyden Naturen."[527]

Beide Formen der Anspannung waren von SCHILLER nämlich bereits zu Beginn seiner Briefe ausführlich beschrieben und in ihrer jeweiligen Eigentümlichkeit als entfremdete Existenz des Menschen gekennzeichnet worden. Der Zwang durch sinnliche Anspannung zeigte sich dort für ihn in den blindwütigen Schlächtereien der fortgeschrittenen Phase der französi-

---

524) Briefe über die ästhetische Erziehung, NA 20, S. 363f.

525) Briefe über die ästhetische Erziehung, NA 20, S. 364.

526) Ich vermute, daß SCHILLER sich nur der Verfehlung der Menschheit durch Anspannung zugewandt hat, weil er gerade dieses Phänomen als aktuelle Lage der Menschen in Europa vor Augen hat. (Vgl. dazu SCHILLERs Zeitbild in Kap. III.4.1 der vorliegenden Arbeit sowie meine Ausführungen weiter unten.)

527) Briefe über die ästhetische Erziehung, NA 20, S. 365.

schen Revolution (= Wildheit). Zeitlich parallel dazu konstatierte er eine aktuell bestehende bloße Verstandesherrschaft durch die Kultur der Aufklärung, die er als mindestens ebenso menschenunwürdig empfand, da sie die bloße Verzweckung des Menschen zur Folge hatte (= Barbarei).

In diesem Zusammenhang hatte SCHILLER auch schon von der fehlenden Freiheit des Menschen gesprochen[528], auf die er hier nun wieder zurückkommt. Frei, so seine These im vorangehenden Zitat, ist der Mensch nämlich nur, wenn sein sinnlicher und sein vernünftiger Anteil (seine doppelte Natur) in gemeinsamer und paritätischer Wirkung, mithin (da für SCHILLER nicht anders denkbar) in harmonischer Wechselwirkung, begriffen sind. SCHILLER verlagert mit dieser These seine Blickrichtung vom dreifach ästhetischen Prozeß des Spielens in ontologischem Sinn auf eine in diesem Spiel generierende Verfaßtheit des Menschen als freies Wesen, ohne dabei die zuvor von ihm geltend gemachte ästhetische Dimension wahrhaft menschlicher Existenz aufzugeben. Er strebt auf diese Weise an, seinen in seinem ästhetischen Menschenbild bislang bloß indirekt enthaltenen Freiheitsbegriff für den weiteren Verlauf der Briefe ebenfalls als ontologische Kategorie ganzheitlichen Menschseins geltend zu machen. Das in "Ueber Anmuth und Würde" nur implizit enthaltene Bild vom Menschen als eines zur Freiheit bestimmten Wesens[529] wird jetzt also von SCHILLER selbst positiv entfaltet. Damit greifen die Briefe über die ästhetische Erziehung in ihrer Argumentationsstruktur noch einmal verstärkt auf die Kalliasbriefe zurück, in denen der Freiheitsbegriff von SCHILLER systematisch aus den spezifischen Bedingungen des Schönen entwickelt worden war.[530]

Bereits der der Freiheitsthese unmittelbar folgende Satz - zwar selbst noch thetisch formuliert - zielt schon auf den Nachweis dieser ontologischen Qualität der Kategorie Freiheit:

"Der von Gefühlen einseitig beherrschte oder sinnlich angespannte Mensch wird also aufgelöst und in Freyheit gesetzt durch

---

528) Vgl. oben, Kap. III.5.1 oder Augustenburger Briefe, S. 41.

529) Vgl. oben, Kap. III.4.3 dieser Arbeit.

530) Vgl. oben, Kap. III.3.

Form; der von Gesetzen einseitig beherrschte oder geistig angespannte Mensch wird aufgelöst und in Freyheit gesetzt durch
Materie."[531]

Form und Materie sollen also eine den Menschen sinnlich und geistig
entspannende Wirkung haben und ihn in Freiheit versetzen.

Ein im SCHILLERschen Sinne schönes Objekt vereinigt nun eben gerade diese beiden, angeblich zur Auflösung beider Anspannungsfälle im
Menschen führenden Elemente, Form und Materie, auf beste Weise in sich.
Auf beste Weise deshalb, weil es - wie schon mehrfach ausgeführt wurde -
als dezidiert schönes Objekt selbst ein vollkommenes Zusammenspiel von
Form und Materie veranschaulicht. Es hält insofern also nicht bloß gleichzeitig beide Elemente zur Entspannung des einseitig beherrschten
Menschen bereit, sondern symbolisiert darüber hinaus auch noch eine potentiell mögliche entspannte Ausgewogenheit von Sinnlichkeit und
Vernunft, vermittelt einem Rezipienten mithin einen Schein von ganzheitlicher Existenz und damit von Freiheit. SCHILLER favorisiert also ganz folgerichtig die Schönheit[532], wenn es darum geht, ein Mittel zu benennen, das
beide Varianten der Anspannung gleichermaßen aufzulösen vermag. Denn:

"Sie [sc.: die Schönheit] wird **erstlich**, als ruhige Form, das
wilde Leben besänftigen, und von Empfindungen zu Gedanken

---

531) Briefe über die ästhetische Erziehung, NA 20, S. 365.

532) Genaugenommen spricht SCHILLER hier nicht von Schönheit allgemein, sondern
von einer Art von Schönheit, die er aufgrund ihrer Wirkung auf den Menschen als
"schmelzende Schönheit" bezeichnet und die er von der "energische[n] Schönheit"
unterscheidet (Briefe über die ästhetische Erziehung, NA 20, S. 361). Er kann
diese Unterscheidung einführen, da das Schöne - im Sinne idealer
Wechselwirkung von Stoff und Form - in der Erfahrung immer nur unter der
einschränkenden Herrschaft eines seiner beiden Grundelemente vorkommt (vgl.
ebd.). Allein dem "Ideal-Schönen" (ebd.) kann in eins und zugleich zugesprochen
werden, sowohl schmelzend, also abspannend, als auch energisch, also
anspannend, auf den Menschen zu wirken.
Aus diesen Überlegungen heraus plant SCHILLER in seinem sechzehnten Brief
noch, "die Wirkungen der schmelzenden Schönheit an dem angespannten
Menschen, und die Wirkungen der energischen an dem abgespannten [zu] prüfen"
(Briefe über die ästhetische Erziehung, NA 20, S. 363), gibt jedoch schon im
Folgebrief diese Strategie wieder auf, dies aber ohne jede begründende
Kommentierung. Stattdessen verfolgt er nur noch die Wirkung der schmelzenden
Schönheit auf den angespannten Menschen, wie ich sie hier soeben
wiedergegeben habe.

den Uebergang bahnen; sie wird **zweytens** als lebendes Bild die
abgezogene Form mit sinnlicher Kraft ausrüsten, den Begriff zur
Anschauung und das Gesetz zum Gefühl zurückführen. Den ersten Dienst leistet sie dem Naturmenschen, den zweyten dem
künstlichen Menschen."[533]

Doch um diese Wirkweise der Schönheit näher zu erläutern, muß
SCHILLER nun noch einmal das "Feld der Erfahrung" verlassen und einen
weiteren wesentlichen Teil seiner ästhetischen Anthropologie darstellen.[534]
Für den Nachvollzug seiner Denkweise ist es dabei unumgänglich, hier erneut eine Fülle an Textmaterial zu vergegenwärtigen und sich noch einmal
auf einen sehr komplexen Gedankengang einzulassen.

"Durch die Schönheit wird der sinnliche Mensch zur Form und
zum Denken geleitet; durch die Schönheit wird der geistige
Mensch zur Materie zurückgeführt, und der Sinnenwelt wieder-
gegeben.
   Aus diesem scheint zu folgen, daß es zwischen Materie und
Form, zwischen Leiden und Thätigkeit einen **mittleren Zustand**
geben müsse, und daß uns die Schönheit in diesen mittleren
Zustand versetze. [...] Auf der andern Seite aber ist nichts unge-
reimter und widersprechender, als ein solcher Begriff, da der
Abstand zwischen Materie und Form, zwischen Leiden und
Thätigkeit, zwischen Empfinden und Denken **unendlich** ist, und
schlechterdings durch nichts kann vermittelt werden. Wie heben
wir nun diesen Widerspruch? Die Schönheit verknüpft die zwey
entgegengesetzten Zustände des Empfindens und Denkens, und
doch giebt es schlechterdings kein Mittleres zwischen beyden."[535]

---

533) Briefe über die ästhetische Erziehung, NA 20, S. 365.

534) Briefe über die ästhetische Erziehung, NA 20, S. 365.

535) Briefe über die ästhetische Erziehung, NA 20, S. 365f. Aufgrund seiner hier
verwendeten Formel vom "**mittleren Zustand**" zwischen geistiger und sinnlicher
Existenz des Menschen unterscheidet SCHILLER begrifflich nicht länger
zwischen Person und Zustand, sondern spricht jetzt allgemein von Zuständen des
Menschen. Diese Vorgehensweise ist zunächst verwirrend, zumal von ihm
inhaltlich damit keine Veränderung verknüpft wird. Weiter unten - bei der
Differenzierung vier verschiedener Zustände - wird aber noch deutlich werden,

SCHILLER macht also am Anfang des achtzehnten Briefes auf eine systematische Schwierigkeit innerhalb seiner Theorie aufmerksam, die so neu gar nicht ist, wie es hier vielleicht erscheinen mag, da sie schon in seiner Triebtheorie eine zentrale Rolle für seine Denkweise spielte. Denn wie dort von ihm neben Stoff- und Formtrieb ein im Menschen **bestehender** dritter Grundtrieb aufgrund der ontologisch notwendig doppelten Verfaßtheit des Menschen ausgeschlossen werden mußte, kann SCHILLER in logischer Konsequenz auch jetzt kein für sich **bestehendes** Mittleres zwischen Empfinden und Denken im Menschen behaupten. Doch SCHILLER konnte mit Hilfe seines Triebmodells zeigen, daß ein **entstehender** dritter Trieb im Menschen gedacht werden muß und kann, der die beiden Grundtriebe zu einer neuen Triebqualität in sich vereinigt, indem er sie in eine - im Idealfalle harmonische - Wechselwirkung miteinander bringt, indem also jedem der beiden Grundtriebe die größtmögliche Freiheit seiner Wirkung durch gegenseitige Beschränkung gewährleistet wird.[536] Ganz adäquat denkt er auch jetzt, wenn er die Verbindung von Empfinden und Denken durch den Einfluß des Schönen erklären will:

"Die Schönheit, heißt es, verknüpft zwey Zustände miteinander, **die einander entgegengesetzt sind**, und niemals Eins werden können. Von dieser Entgegensetzung müssen wir ausgehen; wir müssen sie in ihrer ganzen Reinheit und Strengigkeit auffassen und anerkennen, so daß beyde Zustände sich auf das bestimmteste scheiden; sonst vermischen wir, aber vereinigen nicht. Zweytens heißt es: jene zwey entgegengesetzten Zustände **verbindet** die Schönheit, und hebt also die Entgegensetzung auf. Weil aber beyde Zustände einander ewig entgegengesetzt bleiben, so sind sie nicht anders zu verbinden, als indem sie aufge-

daß SCHILLERs hiermit vorgenommene Eliminierung des Personbegriffs zugunsten der Rede von einem spezifisch geistigen Zustand des Menschen durchaus einen Sinn macht.

Darüber hinaus stellt sich mir SCHILLERs Abkehr vom Personbegriff und seine Hinwendung zu der Vorstellung von einem rein geistigen Zustandsprinzip des Menschen als systematisch konsequentes Voranschreiten seiner Überlegungen dar, da die Person von SCHILLER bereits sowohl in den Kalliasbriefen als auch in "Ueber Anmuth und Würde" als rein intelligibles Existenzprinzip aufgefaßt worden war.

536) Vgl. oben, Kap. III.5.4.

hoben werden. Unser zweytes Geschäft ist also, diese Verbindung vollkommen zu machen, sie so rein und vollständig durchzuführen, daß beyde Zustände in einem Dritten gänzlich verschwinden, und keine Spur der Theilung in dem Ganzen zurückbleibt; sonst vereinzeln wir, aber vereinigen nicht."[537]

Das Schöne wird von SCHILLER also insofern als ein Empfinden und Denken miteinander vereinigender Einflußfaktor auf den Menschen gedacht, als es in einem dialektischen Aufhebungsprozeß der beiden Grundzustände im Menschen zur **Entstehung** eines dritten Zustands von neuer Qualität beiträgt.

Erinnert man sich an dieser Stelle an den in den Kalliasbriefen entwickelten Schönheitsbegriff SCHILLERs im Sinne von Freiheit in der Erscheinung, so wird die in allen seinen hier vorgestellten Texten schon immer mitschwingende zweifach dialektische Struktur der Denkweise deutlich: Dort war nämlich Schönheit als Freiheit in der Erscheinung im Sinne höchstmöglicher Harmonie von materialen und formalen Anteilen eines Gegenstandes beschrieben worden, bei dessen Wahrnehmung der Eindruck rein selbstbestimmter Bestimmtheit (Heautonomie) im Menschen entsteht, bei dessen Wahrnehmung mithin der Schein von Freiheit für den Menschen generiert, obwohl dieser seinem logischen, teleologischen und moralischen Urteilsvermögen zufolge genau weiß, daß ein sinnlich existentes Ding realiter niemals frei sein kann.[538] Als zweifach dialektisch bezeichne ich SCHILLERs Denken deshalb, weil gerade diese Schönheit, die von ihm ja selbst als Freiheit infolge einer dialektischen Aufhebung von Sinnlichkeit und Vernunft auf einer höheren Ebene gedacht wird, den erneut dialektischen Prozeß der Entstehung eines dritten Zustands im Menschen bewirken soll.[539]

---

537) Briefe über die ästhetische Erziehung, NA 20, S. 366.

538) Vgl. hierzu meine Ausführungen in Kap. III.3 der vorliegenden Arbeit.

539) Fast scheint es systematisch überflüssig noch eigens zu betonen, daß für SCHILLER in dieser Entstehung des dritten Zustands im Menschen selbstverständlich die Freiheit des Menschen generiert. Freiheit verstanden als "Harmonie von Gesetzen", als "höchste innere Nothwendigkeit" (Briefe über die ästhetische Erziehung, NA 20, S. 367). Dennoch widmet sich SCHILLER einer sorgfältigen Entfaltung dieses Gedankens.

Um diesen dritten Zustand als eine erfahrbare und lebbare Seinsqualität des Menschen aufzuzeigen, nimmt SCHILLER noch einen dritten Anlauf zur Absicherung seiner Anthropologie. In einer umfangreichen systematischen Verschränkung seiner ontologischen und triebtheoretischen Überlegungen macht er sich erneut daran, die Einheit des Menschen als mögliches und auch realistisches Ziel nachzuweisen:

> "Es lassen sich in dem Menschen überhaupt zwey verschiedene Zustände der passiven und aktiven Bestimmbarkeit[540], und eben so viele Zustände der aktiven und passiven Bestimmung unterscheiden. Die Erklärung dieses Satzes führt uns am kürzesten zum Ziel."[541]

> "Das Gemüth ist bestimmbar, bloß insofern es überhaupt nicht bestimmt ist; es ist aber auch bestimmbar, insofern es nicht ausschließend bestimmt, d. h. bey seiner Bestimmung nicht beschränkt ist. Jenes ist bloße Bestimmungslosigkeit (es ist ohne Schranken, weil es ohne Realität ist); dieses ist die ästhetische Bestimmbarkeit (es hat keine Schranken, weil es alle Realität vereinigt).
>
> Das Gemüth ist bestimmt, insofern es überhaupt nur beschränkt ist; es ist aber auch bestimmt, insofern es sich selbst aus eigenem absoluten Vermögen beschränkt. In dem ersten Falle befindet es sich, wenn es empfindet, in dem zweyten, wenn es denkt."[542]

SCHILLER differenziert also **vier verschiedene Möglichkeiten menschlicher Verfaßtheit**: Zwei der Bestimmbarkeit und zwei der Bestimmung, von denen er wieder jeweils eine als aktiven und eine als passiven Zustand bezeichnet.

a) Das Konstrukt "leere Unendlichkeit" (erster Zustand): Der erste dieser vier Zustände läßt sich nur durch völlige Abstraktion von den faktischen

---

540) SCHILLER drückt sich hier sehr mißverständlich aus: Es entsteht für den Leser leicht der Eindruck, es handele sich um **je** zwei Zustände aktiver und passiver Bestimmbarkeit. Gemeint sind jedoch nur **insgesamt** zwei Zustände, einer der aktiven und einer der passiven Bestimmbarkeit.

541) Briefe über die ästhetische Erziehung, NA 20, S. 368.

542) Briefe über die ästhetische Erziehung, NA 20, S. 376.

Daseinsbedingungen des Menschen denken. In ihm ist der Mensch nämlich als bloß geistiges Potential aufzufassen, das sich noch völlig unbeeinflußt in seiner Selbständigkeit, mithin in einer totalen Unbeschränktheit befindet, in der er aber weder Realität ist noch hat.

"Der Zustand des menschlichen Geistes **vor** aller Bestimmung, die ihm durch Eindrücke der Sinne gegeben wird, ist eine Bestimmbarkeit ohne Grenzen. Das Endlose des Raumes und der Zeit ist seiner Einbildungskraft zu freyem Gebrauch hingegeben, und weil, der Voraussetzung nach, in diesem weiten Reiche des Möglichen nichts gesetzt, folglich auch noch nichts ausgeschlossen ist, so kann man diesen Zustand der Bestimmungslosigkeit eine **leere Unendlichkeit** nennen, welches mit einer unendlichen Leere keineswegs zu verwechseln ist."[543]

SCHILLER sondert also zur näheren Beschreibung des passiven Zustands völliger Bestimmungslosigkeit die Intelligibilität des Menschen von allen sinnlichen Eindrücken, die realiter schon immer auf sie wirken, ab und bezeichnet deren leeren, weil noch völlig unbestimmten Zustand in unendlicher Räumlichkeit und Zeitlichkeit als "Zustand der Bestimmungslosigkeit".[544] Von seiner Geistseite her betrachtet ist der Mensch[545] also potentiell bloß geistiges Vermögen, das noch nichts von möglichen sinnlichen Wahrnehmungen weiß, das keine Vorstellungen von

---

543) Briefe über die ästhetische Erziehung, NA 20, S. 368.

544) Briefe über die ästhetische Erziehung, NA 20, S. 368.

545) Genaugenommen kann bei der hypothetischen Betrachtung dieses Zustands menschlicher Existenz weder von einem Menschen als Subjekt noch von einem Zustand gesprochen werden, in dem dieses sich befindet. Denn weder kann vom Menschen schon als Mensch in irgend einer Befindlichkeit gesprochen werden, solange er nur als rein geistiges Potential betrachtet wird. Als Subjekt ist er nämlich gar nicht vorhanden, solange dies von keiner Objektqualität unterschieden worden ist. Noch befindet sich die rein geistige Potenz in irgendeinem Zustand, da bloße Geistigkeit nur als Potential jenseits von Verfaßtheiten, jenseits von Zuständen also, gedacht werden kann. Andernfalls nämlich wäre sie nicht ausschließliche Geistigkeit. Wenn SCHILLER hier nun trotzdem auf diese Weise vom rein geistigen Potential des Menschen spricht, dann nur deshalb, weil das Denken und Sprechen des Menschen, das beides selbst schon immer auf der elementaren Unterscheidung von Subjekt und Objekt fußt, keine andere Möglichkeit beinhaltet.

der Welt hat, dem daher auch noch keine Vorstellung von Wirklichkeit zu eigen ist. Zugleich ist dieses reine Geistpotential aber grundsätzlich offen für die Erfahrung von raum-zeitlichen Eindrücken. Deshalb nennt SCHILLER diesen Zustand auch nicht unendlich leer sondern eine "**leere Unendlichkeit**".[546]

b) Die Dialektik von passiver und aktiver Bestimmtheit (zweiter und dritter Zustand): Soll der Mensch sich selbst und seine ihn umgebende Welt als Wirklichkeit erfahren, muß er notwendig bestimmt werden, muß also die rein geistige Unendlichkeit aufgegeben, muß die bloße freie Bestimmbarkeit zugunsten von Endlichkeit, von unfreier Bestimmung, aufgehoben werden. Bestimmt wird der Mensch - SCHILLERs Differenzierung der vier Zustände zufolge - aber nur dann, wenn er entweder passiv empfindet oder aktiv denkt. **Beides setzt aber, wie im folgenden zu zeigen ist, immer schon eine aktive Geistestätigkeit im Menschen voraus, einen Zustand also, der sich von dem der passiven Bestimmungslosigkeit unterscheidet!**

Damit für den Menschen Realität sein kann, muß "aus der unendlichen Menge möglicher Bestimmungen [...] eine Einzelne Wirklichkeit erhalten."[547] Eine "Vorstellung"[548] im Menschen von etwas ist also nötig, um Wirklichkeit zu erfahren. Denn was

"in dem vorhergegangenen Zustand der bloßen Bestimmbarkeit nichts, als ein leeres Vermögen war, das wird jetzt [sc.: unter der Bedingung einer entstehenden Vorstellung von etwas] zu einer wirkenden Kraft, das bekommt einen Inhalt; zugleich aber erhält es, als wirkende Kraft, eine Grenze, da es, als bloßes Vermögen, unbegrenzt war. Realität ist also da, aber die Unendlichkeit ist verloren."[549]

Die Fähigkeit des Menschen zu sinnlicher Wahrnehmung ist es, die diesen Vorgang des Bestimmtwerdens durch Vorstellungen von etwas überhaupt erst ermöglicht. Ohne sinnliche Eindrücke könnte er nämlich keiner-

---

546) Briefe über die ästhetische Erziehung, NA 20, S. 368.

547) Briefe über die ästhetische Erziehung, NA 20, S. 369.

548) Briefe über die ästhetische Erziehung, NA 20, S. 369.

549) Briefe über die ästhetische Erziehung, NA 20, S. 369.

lei Vorstellungen von sich oder der Welt entwickeln.[550] Doch eine Vorstellungswirklichkeit, eine Empfindung, ein Bewußtsein über seine sinnlichen Eindrücke entsteht für den Menschen erst dann, wenn er seine Perzeptionen auch schon geistig aktiv bearbeitet! Um etwa "eine Gestalt im Raum zu beschreiben, müssen wir den endlosen Raum **begrenzen**; um uns eine Veränderung in der Zeit vorzustellen, müssen wir das Zeitganze **theilen**."[551] Der Mensch muß also notwendig aktiv eine Unterscheidungsleistung vollbringen, wenn aus einem sinnlichen Eindruck eine Vorstellung von etwas werden soll! Denn

> "aus einer bloßen Sinnenempfindung [kann] in Ewigkeit keine Vorstellung werden, wenn nicht etwas vorhanden wäre, **von welchem** ausgeschlossen wird, wenn nicht durch eine absolute Thathandlung des Geistes die Negation auf etwas positives bezogen, und aus Nichtsetzung Entgegensetzung würde;"[552]

Realität stellt sich für den Menschen also nur ein, indem er vermöge seines geistigen Potentials begrenzende Setzungen, das sind: Bestimmungen, durchführt. In SCHILLERs Worten:

> "Wir gelangen also nur durch Schranken zur Realität, nur durch **Negation** oder Ausschließung zur **Position** oder wirklichen Setzung, nur durch Aufhebung unsrer freyen Bestimmbarkeit zur Bestimmung."[553]

Die "Entgegensetzung" (s. o.), von der SCHILLER in diesem Zusammenhang spricht, ist immer eine doppelte: Einmal stellt der Mensch Einzelwahrnehmungen der möglichen unendlichen Menge aller seiner Sinneseindrücke gegenüber. Zugleich unterscheidet er jetzt aber auch sich selbst von der ihn nun umgebenden Welt als ein die Welt geistig bearbeitendes Vermögen. Seine Wirklichkeitserfahrung ist also immer zwiefach: Er unterscheidet einerseits, eine Welt erkennend, Dinge von Dingen; doch andererseits setzt er sich selbst als geistige Potenz, die diese

---

550) Vgl. oben, Kap. III.5.3.

551) Briefe über die ästhetische Erziehung, NA 20, S. 369.

552) Briefe über die ästhetische Erziehung, NA 20, S. 369.

553) Briefe über die ästhetische Erziehung, NA 20, S. 369.

Entgegensetzung von Dingen überhaupt erst bewirkt, der von ihm nun unterschiedenen Welt entgegen! Genese von Wirklichkeit meint daher bei SCHILLER immer Genese von Subjektivität und Objektivität, von Selbstbewußtsein und Weltbewußtsein in eins und zugleich. Insofern muß also das geistige Vermögen des Menschen bereits aktiv tätig sein, um etwas (durch sinnlichen Eindruck vermittelt) als Wahrgenommenes von etwas zu unterscheiden, mithin um etwas als von eben diesem Vermögen zu unterscheidende Welt erfahren zu können. Diese Aktivität (Unterscheidung, Entgegensetzung) "des Gemüths heißt urtheilen oder denken, und das Resultat derselben der **Gedanke**."[554]

Als Mensch in seiner ihm spezifisch eigenen Wirklichkeit (und eben nicht nur in seiner geistigen Potentialität) kann der Mensch demzufolge nur aufgefaßt werden, indem er als notwendig empfindendes und denkendes Wesen zugleich gedacht wird.[555] Den gesamten Gedankengang SCHILLERs formelhaft verkürzend läßt sich daher festhalten: Um Realität zu sein und zu haben, muß der Mensch seine Wirklichkeit notwendig sinnlich empfinden; um seine Wirklichkeit sinnlich als Wirklichkeit zu empfinden, muß er notwendig schon denken. Der Mensch ist in seiner Existenz also notwendig doppelt bedingt.[556]

Hier erscheint es mir nun angebracht, innezuhalten und sich noch einmal das Ziel SCHILLERs in Erinnerung zu rufen, das er mit dieser Analyse menschlicher Wirklichkeitsgenese, d. h. der Genese von Subjekt und Welt, verfolgte: Darum bemüht, eine dem Wesen des Menschen erst gerecht werdende Verbindung von Empfinden und Denken, mithin eine dritte, von Empfinden und Denken zwar verschiedene aber dennoch beide in sich aufhebende Seinsqualitität als notwendige Voraussetzung ganzheitlichen und

---

554) Briefe über die ästhetische Erziehung, NA 20, S. 369.

555) SCHILLER verknüpft in seinem Menschenbild also sensualistische und rationalistische Elemente, indem er die sinnliche Bestimmung einer Sache zur Wirklichkeit mit der Notwendigkeit eines Denkaktes des Subjekts verbindet. Die Parallelität zwischen seiner Auffassung vom Menschen und seinem sensualistische und rationalistische Ästhetiktheorien verbindenden sinnlich-objektiven Schönheitsbegriff der Kalliasbriefe liegt damit seinen hier rekonstruierten Schriften durchgängig zu Grunde. (Vgl. dazu auch meine Einführung in Kap. III.3 der vorliegenden Arbeit.)

556) Vgl. oben, Kap. III.5.3.

freien Menschseins nachzuweisen, hat SCHILLER seine vorgängigen onto-logischen Erörterungen über Person und Zustand[557] noch einmal als seins-logische Denknotwendigkeit abgesichert. Er hat sich innerhalb seiner Ästhetik auf diesen Gedankengang einlassen müssen, da er - wie nun schon so oft betont - zeigen will, daß allein diese behauptete dritte, ganzheitliche Qualität menschlichen Lebens eine freie und menschenwürdige Existenz zu gewährleisten vermag. Sie findet ihre Grundvoraussetzung, wie jetzt ge-zeigt werden soll, in dem vierten, bisher noch nicht behandelten Zustand, der aktiven Bestimmbarkeit des Menschen.

c) Die Erfahrung ästhetischer Freiheit (vierter Zustand): Empfinden und Denken, diese beiden Arten passiver und aktiver Bestimmtheit des Menschen, die begründetermaßen immer schon ein grundsätzlich aktives Geistpotential zur Voraussetzung haben, berühren sich SCHILLER zufolge also dort, wo ein sinnlicher Eindruck als solcher wissentlich (bewußt) wer-den soll, wo also ein sinnlicher (leiblicher) Eindruck, um wirklich für wahr genommen werden zu können, eine geistige (gedankliche) Vorstellung als Korrelat benötigt. Ansonsten aber sind sie unendlich voneinander verschie-den und es wäre ein fundamentales Mißverständnis, zu glauben, daß Empfinden und Denken hierbei, obwohl eines nicht ohne das andere ge-dacht werden kann, schon zu einer Einheit zusammenfinden.[558] Denn das Denken muß als solches von der Empfindung immer geradezu diametral verschieden sein, weil es sonst kein Resultat eines absoluten geistigen Vermögens im Menschen wäre:

"Der Gedanke ist die unmittelbare Handlung[[559]] dieses abso-luten Vermögens, welches zwar durch die Sinne veranlaßt wer-den muß, sich zu äußern, in seiner Aeußerung selbst aber so we-

---

557) Vgl. ebd.

558) Vgl. Briefe über die ästhetische Erziehung, NA 20, S. 377.

559) Auch hier schreibt SCHILLER wieder ungenau: Er fällt hinter seine eigene vorangegangene, differenzierte Formulierung zurück, in der er den Akt der Entgegensetzung als Denken vom Resultat dieser Geistestätigkeit als Gedanken unterschieden hatte (vgl. weiter oben). Gemeint ist daher also eigentlich: Das **Denken** ist die unmittelbare Handlung ... .

nig von der Sinnlichkeit abhängt, daß es sich vielmehr nur durch Entgegensetzung gegen dieselbe verkündiget."[560]

SCHILLERs These war ja nun aber, daß gerade das Schöne in der Lage sei, beide Arten der Bestimmtheit in einer höheren Einheit aufzuheben, ohne deren seinslogisches Widerspruchsverhältnis auszulöschen.[561] Zudem hatte er in seiner Ontologie nachweisen können, daß eine solche Auslöschung um der Existenz des Menschen willen auch gar nicht vorkommen darf. Enthöbe man nämlich den Menschen dieser notwendigen Bipolarität, entrisse man ihm damit zugleich jede Möglichkeit, überhaupt ein Bewußtsein als Person von sich zu haben. Denn, wie SCHILLER zeigen konnte, braucht das freie geistige Potential, die Person, notwendig eine Bedingtheit, einen Zustand, um sich entfalten zu können.[562]

SCHILLER sucht jetzt noch einmal so systematisch nach der Möglichkeit der Empfinden und Denken umfassenden Ganzheit, weil in ihr der Mensch angeblich - neben seiner ihm apriori zukommenden geistigen Freiheit (seiner Würde) - seine einzig mögliche Freiheit in seiner psychophysischen Existenz und Bedingtheit (seine Anmut) erhält, weil also - um hier auch noch auf den Anfang der Briefe zurückzukommen - der Vernunftstaat (die Freiheit aller) erreicht werden kann, ohne daß die lebensnotwendige sinnlich-leibliche Existenz unterdrückt wird![563]

Wird also ein schöner, d. h. Materialität und Geistigkeit (Stoff und Form, Leben und Gestalt) harmonisch in sich vereinigender Gegenstand vom Menschen wahrgenommen (d. h. sinnlich empfunden und geistig bearbeitet zugleich), und befördert er damit die von SCHILLER behauptete Genese ganzheitlichen Menschseins,

"so ist dieß keineswegs so zu verstehen, als ob durch das Schöne die Kluft könnte ausgefüllt werden, die das Empfinden vom Denken, die das Leiden von der Thätigkeit trennt; [...] und nicht in so fern sie beim Denken **hilft**, (welches einen offenbaren Widerspruch enthält) bloß in so fern sie den Denkkräften Freyheit verschafft, ihren eigenen Gesetzen gemäß sich zu äu-

---

560) Briefe über die ästhetische Erziehung, NA 20, S. 370.

561) Vgl. oben sowie die Briefe über die ästhetische Erziehung, NA 20, S. 365f.

562) Vgl. Kap. III.5.3 der vorliegenden Arbeit.

563) Vgl. oben, Kap. III.5.1.

ßern, kann die Schönheit ein Mittel werden, den Menschen von der Materie zur Form, von Empfindungen zu Gesetzen, von einem beschränkten zu einem absoluten Daseyn zu führen."[564]

Der offenbare Widerspruch, von dem SCHILLER in diesem Zusammenhang spricht, ist dabei folgender: Das Denken soll einerseits der grundsätzlichen Aktivität eines selbständigen, absoluten geistigen Vermögens im Menschen entstammen, andererseits soll es aber durch eine Wirkung von außen erst aktiviert werden müssen. Einerseits soll ihm also absolute Freiheit zukommen, andererseits soll es aber zu seiner Entfaltung notwendig materieller Bedingtheiten bedürfen.

"Dieß aber setzt voraus, daß die Freyheit der Denkkräfte gehemmt werden könne, welches mit dem Begriff eines selbständigen Vermögens zu streiten scheint."[565]

Es kann also logischerweise dem geistigen Vermögen auf den ersten Blick nicht absolute Freiheit zugesprochen werden, wenn zugleich davon ausgegangen werden muß, daß es, um überhaupt als reales Vermögen behauptet werden zu können, auf außergeistige Bedingtheiten angewiesen ist. Doch dieser Widerspruch, sagt SCHILLER, ist nur ein scheinbarer:

"Ein Vermögen nehmlich, welches von außen nichts als den Stoff seines Wirkens empfängt, kann nur durch Entziehung des Stoffes, also nur negativ an seinem Wirken gehindert werden, und es heißt die Natur eines Geistes verkennen, wenn man den sinnlichen Passionen eine Macht beylegt, die Freiheit des Gemüths positiv unterdrücken zu können. Zwar stellt die Erfahrung Beyspiele in Mengen auf, wo die Vernunftkräfte in demselben Maaß unterdrückt erscheinen, als die sinnlichen Kräfte feuriger wirken, aber anstatt jene Geistesschwäche von der Stärke des Affekts abzuleiten, muß man vielmehr diese überwiegende Stärke des Affekts durch jene Schwäche des Geistes erklären; denn die Sinne können nicht anders eine Macht gegen den Menschen vor-

---

564) Briefe über die ästhetische Erziehung, NA 20, S. 369f.

565) Briefe über die ästhetische Erziehung, NA 20, S. 370.

stellen, als insofern der Geist frey unterlassen hat, sich als eine solche zu beweisen."[566]

Es ist nach SCHILLER also immer die Intelligibilität, das personale Geistpotential des Menschen, das frei über das Verhältnis des selbsttätigen Denkens zur dieses Denken erst aktivierenden Sinnlichkeit regiert, das das Verhältnis von Vernunft und Sinnlichkeit des Menschen bestimmt.[567] Anders ist es nämlich gar nicht möglich, sich den geistigen Anteil des Menschen als ein absolut freies Vermögen zu denken.

Doch mit diesem Argumentationsverlauf hat SCHILLER zugleich einen weiteren, ebenso nur scheinbaren Widerspruch produziert:

"Denn wie kann das Gemüth **aus sich selbst** zugleich Gründe der Nichtthätigkeit und der Thätigkeit nehmen, wenn es nicht selbst getheilt, wenn es nicht sich selbst entgegengesetzt ist?"[568]

Schon mehrmals war diese Frage von ihm in den Briefen über die ästhetische Erziehung des Menschen aufgeworfen und mit seinen Ausführungen über die Grundtriebe auch schon systematisch beantwortet worden.[569] Die Frage nämlich, wie denn überhaupt eine Einheit des Menschen in der Realität gedacht werden kann, wenn doch ontologisch eine Trennung seines sinnlichen von seinem geistigen Vermögen als grundlegende Notwendigkeit seiner wirklichen Existenz erkannt wird. Wie kann der Mensch in seinem realen Leben ein ausgewogenes Verhältnis seiner Sinnlichkeit und seiner Vernunft, wie eine harmonische Einheit seiner beiden Existenzbedingungen erzielen, wenn er doch ontologisch unhintergehbar in Geistigkeit und Leiblichkeit gespalten ist?

SCHILLER antwortet hierauf wiederum mit seiner Trieblehre:

"Hier müssen wir uns nun erinnern, daß wir den endlichen, nicht den unendlichen Geist vor uns haben. Der endliche Geist ist derjenige, der nicht anders, als durch Leiden thätig wird, nur

---

566) Briefe über die ästhetische Erziehung, NA 20, S. 370.

567) SCHILLER bleibt sogesehen bei aller Differenz zu KANT auch weiterhin ein KANTianer und hält nach wie vor daran fest, daß die Natur unter den Verstandesgesetz steht. (Vgl. dazu meine Einführung in Kap. III.3 dieser Arbeit.)

568) Briefe über die ästhetische Erziehung, NA 20, S. 370.

569) Vgl. Kap. III.5.3.

durch Schranken zum Absoluten gelangt, nur insofern er Stoff empfängt, handelt und bildet. Ein solcher Geist wird also mit dem Triebe nach Form oder nach dem Absoluten einen Trieb nach Stoff oder Schranken verbinden, als welche die Bedingungen sind, ohne welche er den ersten Trieb weder haben noch befriedigen könnte."[570]

Der empirische Mensch ist eben nicht unendlicher Geist, nicht Gott. Der empirische Mensch ist für SCHILLER seinsnotwendig begrenzt von Zeit und Raum; seine Geistigkeit - zwar nicht anders als ein absolutes, freies, personales Potential denkbar - entfaltet sich nun einmal nur unter den Bedingungen eines materiellen Lebens. Vorangetrieben wird diese Entfaltung durch die damit verbundenen Sehnsüchte des Menschen nach Formalität und Stofflichkeit, nach Gestalt(ung) und Leben(digkeit). Aber diese

"Inwohnung zweyer Grundtriebe widerspricht übrigens auf keine Weise der absoluten Einheit des Geistes, sobald man nur von beyden Trieben **ihn selbst** unterscheidet. Beyde Triebe existiren und wirken zwar in **ihm**, aber Er selbst ist weder Materie noch Form, weder Sinnlichkeit noch Vernunft, welches diejenigen, die den menschlichen Geist nur da selbst handeln lassen, wo sein Verfahren mit der Vernunft übereinstimmt, und wo dieses der Vernunft widerspricht, ihn bloß für passiv erklären, nicht immer bedacht zu haben scheinen."[571]

Nicht das absolute, freie Geistpotential - die Personalität - des Menschen ist also gespalten, sondern die beiden Daseinsbedingungen des Menschen, der Zustand passiver und aktiver Bestimmtheit (das Empfinden und Denken, die Sinnlichkeit und Vernunft) sowie die damit verbundenen Triebqualitäten sind es, die notwendig getrennt sein müssen, damit sich das freie Geistvermögen, dieser - wie SCHILLER wohl sagen würde - göttliche Teil des Menschen, im wirklichen Leben entfalten kann! Dies ist eine wichtige Unterscheidung SCHILLERs, die seine beiden vorhergehenden Differenzierungen[572] zwischen den ontolo-

---

570) Briefe über die ästhetische Erziehung, NA 20, S. 371.

571) Briefe über die ästhetische Erziehung, NA 20, S. 371.

572) Vgl. Kap. III.5.3 sowie Kap. III.5.4 dieser Arbeit.

gisch notwendigen Grundkonstituenten des Menschen und den damit verknüpften Triebqualitäten präzisiert, und die keinesfalls übersehen werden
darf, da nur so die Behauptung, der Mensch sei schon seiner spezifischen
Verfaßtheit nach auf Einheit, auf Totalität seines Wesens hin angelegt,
überhaupt verstehbar ist.

Seiner Trieblehre zufolge ist für SCHILLER der Mensch zur
Verwirklichung dieser Anlage zur spezifischen Verfaßtheit der Totalität
aber immer nur dann frei, wenn beide Triebe "nach den entgegengesetzten
Objekten streben" und deren jeweilig erfolgende Bestimmung des
Menschen durch die des jeweils anderen Triebs negiert wird, wenn sich
also die "doppelte Nöthigung" von Empfinden und Denken gegenseitig
aufhebt.[573] Denn allein in der gegenseitigen Aufhebung von Sinnlichkeit
und Vernunft, mithin in einer neuen Qualität des bewahrenden
Zusammenspiels beider Bedingtheiten des Menschen, ist die Freiheit in der
Einheit denkbar. - Noch einmal anders gesagt: Nur in der dialektischen,
also gerade nicht auslöschenden Aufhebung beider Triebqualitäten mitsamt
ihren Objekten auf einer höheren Ebene, kann der Mensch unter ontologisch notwendiger Beibehaltung seiner Sinnlichkeit und Vernunft eine
Freiheitserfahrung machen, die ihm subjektiv als reale Freiheit seiner
Persönlichkeit zuteil wird.

Den Ursprung der realen Möglichkeit der Freiheit des Menschen auf den
Punkt bringend faßt SCHILLER am Ende seines neunzehnten Briefes daher
noch einmal zusammen:

"Sind aber beyde [sc.: Empfindung und Selbstbewußtsein]
wirklich, und hat der Mensch, vermittelst der Empfindung, die
Erfahrung einer bestimmten Existenz, hat er durch das
Selbstbewußtseyn die Erfahrung seiner absoluten Existenz gemacht, so werden mit ihren Gegenständen auch seine beyden
Grundtriebe rege. Der sinnliche Trieb erwacht mit der Erfahrung
des Lebens (mit dem Anfang des Individuums), der vernünftige
mit der Erfahrung des Gesetzes (mit dem Anfang der
Persönlichkeit), und jetzt erst, nachdem beyde zum Daseyn ge-
kommen, ist seine Menschheit aufgebaut. Biß dieß geschehen ist,

---

573) Briefe über die ästhetische Erziehung, NA 20, S. 371. Vgl. auch Briefe über die
ästhetische Erziehung, NA 20, S. 354.

erfolgt alles in ihm nach dem Gesetz der Nothwendigkeit; jetzt aber verläßt ihn die Hand der **Natur** und es ist **seine** Sache, die Menschheit zu behaupten, welche jene in ihm anlegte und eröffnete. Sobald nehmlich zwey entgegengesetzte Grundtriebe in ihm tätig sind, so verlieren beyde ihre Nöthigung, und die Entgegensetzung zweyer Nothwendigkeiten giebt der **Freyheit** den Ursprung*). [...]

*) Um aller Mißdeutung vorzubeugen, bemerke ich, daß, so oft hier von Freyheit die Rede ist, nicht diejenige gemeynt ist, die dem Menschen, als Intelligenz betrachtet, nothwendig zukommt, und ihm weder gegeben noch genommen werden kann, sondern diejenige, welche sich auf seine gemischte Natur gründet."[574]

Das aufklärerische Freiheitspostulat ist für SCHILLER also nicht nur - wie noch in "Ueber Anmuth und Würde" - aus ästhetischen Gründen sondern auch aus ontologisch-triebtheoretischen Überlegungen keine bloß regulative moralische Idee, die der Mensch aus Vernunftgründen haben kann und die er aus ebenso vernünftiger Einsicht auch gegen seine sinnliche Triebdynamik, seine Affekte, durchsetzen muß. Freiheit ist vielmehr wirklich im Dasein des Menschen erlebbar, sofern man sie, wie SCHILLER, als eine Aufhebung jeder Form von triebhafter Nötigung des Menschen begreift, mithin als eine Befreiung von menschlicher Denk- und Empfindungsnötigung, ohne daß mit ihr gleichzeitig die Wirklichkeitserfahrung (dieses Selbst- und Weltbewußtseinsverhältnis, das aus einer absoluten Tathandlung des Geistes resultiert) für das Subjekt unmöglich wird.

Doch diese spezifische - relationale - Freiheit

"nimmt ihren Anfang erst, wenn der Mensch **vollständig** ist, und seine **beyden** Grundtriebe sich entwickelt haben; sie muß also fehlen, so lang er unvollständig und einer von beyden Trieben ausgeschlossen ist, und muß durch alles das, was ihm seine Vollständigkeit zurückgiebt, wieder hergestellt werden können."[575]

---

574) Briefe über die ästhetische Erziehung, NA 20, S. 373.

575) Briefe über die ästhetische Erziehung, NA 20, S. 374.

Die Freiheit aus der gemischten Natur des Menschen ist also eine beeinflußbare, ja zerstörbare Qualität, die immer dann nicht zu haben ist, sobald einer der beiden Grundtriebe im Menschen bevorzugt befriedigt wird, wie beispielsweise der Formtrieb durch die von SCHILLER eingangs geschilderte, vorwiegend bloß rationale Aufklärungskultur. Potentiell kann sie dem Menschen sogar sein Leben lang vorenthalten bleiben. Als andauernder Zustand kann sie andererseits aber auch niemals erfahren werden. Denn allein bei der nicht endenden Rezeption eines absolut schönen Gegenstands, der ja aber selbst nur idealiter Sinnlichkeit und Vernunft in sich vereint und somit auch nur idealiter, also nicht und niemals vollkommen, Empfindungs- und Denkvermögen im Menschen gleichermaßen anspricht, könnte der Mensch diese Freiheit dauerhaft erhalten. Sofern also niemals eine anhaltende Freisetzung des Menschen von dessen notwendigen Bestimmungen durch deren Aufhebung in einem harmonisch ausgeglichenen Zustand erreichbar ist, sofern also auf Dauer gesehen immer entweder der Stoff- oder der Formtrieb in der Wirklichkeit bevorzugt befriedigt wird, ist dem Menschen ein Verbleiben im Zustand der Freiheit aus seiner Doppelnatur nicht möglich. **Aber sofern - und darin liegt die eigentliche Herausforderung SCHILLERs ästhetischer Anthropologie im Blick auf ihre bildungstheoretische Verwendung - dem Menschen diese relationale Freiheit vorenthalten bleiben kann, müssen sich wiederum auch Bedingungen aufzeigen und herstellen lassen können, die diese Freiheit nicht nur für das einzelne Subjekt, sondern auch für die gesamte Menschheit zumindest annäherungsweise zu verwirklichen helfen.**

Die systematische Hinführung zu dieser These findet sich in SCHILLERs zwanzigstem Brief, in dem er mit Hilfe der grundsätzlichen "Priorität des sinnlichen Triebes [...] den Aufschluß zu der ganzen Geschichte der menschlichen Freyheit"[576] geben will. Argumentativ parallel zu seinen, die Briefe einleitenden Erörterungen über die Entwicklung der Menschheit in ihren verschiedenen gesellschaftlichen Formationen sowie zu seiner ontologischen Herleitung des Spieltriebs, betrachtet SCHILLER in einem dritten Durchgang jetzt die onto- wie phylogenetische Entwicklung des Menschen unter den Bedingungen seines Triebmodells und der daraus hervorgegangenen Freiheitsthese. Er sieht sich in dieser

---

576) Briefe über die ästhetische Erziehung, NA 20, S. 374.

Weise zu einem universalistischen Entwurf eines Menschenbildes in der Lage, da

> "sich wirklich, sowohl in der ganzen Gattung als in dem einzelnen Menschen, ein Moment aufzeigen [läßt], in welchem der Mensch noch nicht vollständig und einer von beyden Trieben ausschließend in ihm thätig ist. Wir wissen, daß er anfängt mit bloßem Leben, um zu endigen mit Form; daß er früher Individuum als Person ist, daß er von den Schranken aus zur Unendlichkeit geht."[577]

Für SCHILLER gelten also all seine Ausführungen über den Menschen nicht nur für das Einzelsubjekt, sondern ebenso für die Menschheit insgesamt, da er sowohl im onto- wie phylogenetischen Entwicklungsprozeß ein Fortschreiten von einem mehr bloß psycho-physischen hin zu einem vernünftigen Dasein des Menschen sieht. Wie der einzelne zu Beginn seines Lebens also tendenziell mehr Bedürfnisbündel denn Vernunftsubjekt sei, war die Menschheit im Naturzustand einer tierisch-materialen Existenz näher als sie es im noch zu schaffenden Vernunftstaat zumindest sein sollte.

Das zu dieser onto- wie phylogenetischen Entwicklung notwendige grundlegende Wechselverhältnis von Stoff und Form, von materialem und geistigem Sein, mithin von Sinnlichkeit und Vernunft des Menschen ist - wie SCHILLER in seiner Ontologie überzeugend dargelegt hatte - aber überhaupt nur möglich, weil eine lebendige Materie existiert, in der geistige Gestaltung stattfinden kann. Insofern wird die sinnliche Leiblichkeit, das bloße Leben, mit seiner ihm eigentümlichen Triebqualität, hier auch als empirisch unhintergehbare Tatsache, also als allererste Voraussetzung für jedwede geistige Existenz des Menschen beschrieben. Deshalb kann SCHILLER auch ganz folgerichtig sagen, daß es einen Zeitpunkt im menschlichen Leben gibt,

> "wo der Lebenstrieb, weil ihm der Formtrieb noch nicht entgegenwirkt, als Natur und als Nothwendigkeit handelt; wo die Sinnlichkeit eine Macht ist, weil der Mensch noch nicht angefangen".[578]

---

577) Briefe über die ästhetische Erziehung, NA 20, S. 374.

578) Briefe über die ästhetische Erziehung, NA 20, S. 374.

Im Zustand bloßen Lebens, mit dessen ausschließlicher Präsenz des Stofftriebs, ist der Mensch für SCHILLER also noch gar nicht wirklich Mensch im vollgültigen Sinn seines Gattungsnamens. Mensch ist der Mensch für ihn immer erst dann, wenn er innerlich frei ist von aller Bestimmung, also auch frei von der Herrschaft seines sinnlichen Triebes, mithin wenn er in einem freien Akt heautonom über sich selbst bestimmend verfügen kann.[579]

Doch Freiheit vom Zustand bloßer Sinnlichkeit ist für den Menschen nur möglich, indem die Herrschaft seines Stofftriebs ein Ende findet. Diese Herrschaft des Stofftriebs muß SCHILLERs Triebmodell zufolge immer dann für beendet gelten, wenn sein Gegenspieler, der Formtrieb, den Menschen vorrangig bestimmt, wenn der Mensch den Zustand reiner Perzeption verlassen hat und sich im Zustand des Denkens befindet. Ein Zustand, den SCHILLER innerhalb seiner Anthropologie durchaus auch anerkannt wissen will, da er sein Menschenbild auf dem Boden aufkläreri-scher Maximen entfaltet, wie sie etwa in KANTs Aufsatz "Beantwortung der Frage: Was ist Aufklärung?"[580] im Jahre 1783 entfaltet worden waren,

---

579) Es ist nicht zu leugnen, daß SCHILLER damit eine höchst problematische Denkfigur verfolgt: Denn indem er hier dem Menschen onto- wie phylogenetisch eine wirklich menschliche Existenz abspricht, solange dieser am Anfang seiner Entwicklung stehend noch einseitig von seinen sinnlichen Trieben und Bedürfnissen geleitet werde, grenzt SCHILLER all diejenigen Menschen aus, die in seinen Augen keine Möglichkeit heautonomer Bestimmung über sich haben. Er gibt damit den Weg frei für ein Denken, das im nationalsozialistischen Deutschland seine in der Menschheitsgeschichte wohl widerwärtigste Auswirkung zeitigte.
Zugleich soll hier aber auch darauf hingewiesen werden, daß SCHILLER diese Denkfigur präsentiert, nachdem er immer wieder ausdrücklich betont hat, daß es solch ein Stadium der bloßen Naturnotwendigkeit für den Menschen gar nicht gibt, sondern daß dieser seinsnotwendig schon immer im Wesen ist, das Zustand und Person zugleich ist. So muß die Redeweise vom "Anfangen des Menschen" angesichts dieses fundamentalen Kerns der gesamten Philosophie SCHILLERs m. E. auch in diesem - sie ein wenig mildernden - Kontext gesehen werden.

580) KANT, Immanuel: Beantwortung der Frage: Was ist Aufklärung? In: Ders.: Werke in zehn Bänden. Hrsg. von Wilhelm WEISCHEDEL, Bd. 9, S. 53 - 61, Darmstadt 5. Aufl. 1983. (Vgl. zum Nachweis des Einflusses dieser Schrift auf SCHILLER auch Hans LUTZ: Schillers Anschauungen von Kultur und Natur. Berlin 1928, S. 28f und S. 285.) KANT übersetzt in diesem Aufsatz das HORAZsche "sapere aude" im Sinne der Aufforderung: "Habe Mut, dich deines **eigenen** Verstandes zu bedienen!" und erklärt dies zum "Wahlspruch der Aufklärung." (KANT, Immanuel: a.a.O., S. 53.) Auch SCHILLER will

und aufgrund derer SCHILLER die Möglichkeit zur Errichtung eines Vernunftstaates überhaupt erst gegeben sieht. Er schreibt daher weiter:

> "Aber im Zustand des Denkens, zu welchem der Mensch jetzt übergehen soll, soll gerade umgekehrt die Vernunft eine Macht seyn, und eine logische oder moralische Nothwendigkeit soll an die Stelle jener physischen treten. Jene Macht der Empfindung muß also vernichtet werden, ehe das Gesetz dazu erhoben werden kann. Es ist also nicht damit gethan, daß etwas anfange, was noch nicht war; es muß zuvor etwas aufhören, welches war. Der Mensch kann nicht unmittelbar vom Empfinden zum Denken übergehen; er muß **einen Schritt zurückthun**, weil nur, indem eine Determination wieder aufgehoben wird, die entgegengesetzte eintreten kann."[581]

Der Mensch - das hatte SCHILLER in seinen ontologischen Ausführungen deutlich gemacht - muß notwendig denken, wenn er überhaupt eine Wirklichkeit sein und haben können soll, wenn ihm Erkenntnis, im Sinne eines subjekt-objekt-relationalen Selbst- und Weltbewußtseins, möglich sein soll. Zwar ist der Mensch in diesem Zustand frei von der Herrschaft seiner Sinnlichkeit, doch frei von aller Bestimmtheit - in SCHILLERs Sinne der Freiheit aus gemischter Natur - ist er nicht, wenn er denkt, denn dann hat der Formtrieb die Herrschaft in ihm übernommen. Während der Mensch als Sinnenwesen zunächst also **noch** keine Freiheit hatte, so hat er als Denkender keine Freiheit **mehr**, da er sich jetzt ja unter der Herrschaft seiner zweiten - aus ontologischen Überlegungen heraus ebenso notwendigen - ihn bestimmenden Bedingtheit befindet.

Um SCHILLERs hierauf folgende Überlegungen zu einer freiheitlichen Existenz des Menschen mitvollziehen zu können erscheint es mir angebracht, noch einmal darauf zu verweisen, daß dieses Denken gar nicht erst hätte eintreten können, wenn nicht ein schon aktives Geistpotential im

---

Aufklärung in diesem Sinne verstanden wissen. Doch im Unterschied zu KANT übersetzt er: "Erkühne dich, weise zu seyn." (Briefe über die ästhetische Erziehung, NA 20, S. 331.) Hierbei wird wieder einmal mehr deutlich, daß sich SCHILLER zwar als Aufklärer im Geiste KANTs versteht, gleichzeitig aber auf mehr hinaus will, als nur auf eine aktive Verstandestätigkeit des Menschen.

581) Briefe über die ästhetische Erziehung, NA 20, S. 374.

Menschen die Herrschaft der Kette sinnlicher Eindrücke gestoppt hätte, indem es durch Unterscheidungsleistungen, durch Negationen also, aus denen allein positive Setzungen (Gedanken) folgen, Strukturierungen vorgenommen hätte.

Auch ist es in diesem Zusammenhang wichtig, sich deutlich vor Augen zu halten, daß SCHILLER immer nur vom Ende der **Herrschaft** des Stofftriebs, der eindimensionalen **Bestimmtheit** des Menschen durch seine Sinnlichkeit spricht, aber nicht behauptet, daß die sinnliche Dimension menschlicher Existenz selbst aufhöre, wenn der Mensch denkt.

Hatte ich soeben noch darauf verwiesen, daß innerhalb SCHILLERs Triebmodell davon ausgegangen werden muß, daß ein Trieb zum Stillstand kommt, indem sein Gegenspieler die Herrschaft übernimmt, so läßt sich jetzt, nach dem letzten SCHILLER-Zitat und in Erinnerung an SCHILLERs ontologisch notwendige Ableitung des Einsetzens der Denktätigkeit durch ein grundsätzlich aktives Geistpotential im Menschen, eine differenziertere Aussage über den Führungswechsel vom Stoff- zum Formtrieb machen: Zwar ist es richtig, daß der Stofftrieb nicht mehr den Menschen beherrscht, wenn dieser sich im Zustand des Denkens befindet, doch die Bestimmtheit des Menschen durch seine Sinnlichkeit findet in SCHILLERs Triebkonzept bereits vorher ein Ende!

Eine verdeutlichende Erklärung dieser Behauptung wird möglich, wenn die beiden Grundtriebe als Vektoren gedacht werden: Der Mensch wird in SCHILLERs Anthropologie grundsätzlich als Doppelnatur ausgewiesen. Einerseits umfaßt seine Existenz eine sinnliche, andererseits eine geistige Dimension, die jede für sich mit einer ihr zugehörenden spezifischen Triebqualität verbunden sind. Beide Dimensionen sind beim empirischen Menschen immer gleichzeitig und in einem wechselseitigen Abhängigkeitsverhältnis gegenwärtig. (Sämtliche von SCHILLER vorgenommenen Trennungen dieser Dimensionen dienen nur dem ontologischen Nachweis der Doppelnatur sowie der damit verbundenen Möglichkeit einer ganzheitlichen und damit zugleich freien Existenz des Menschen.) Damit sind also auch stets beide Grundtriebe präsent. Denkt man sich diese Triebe nun als Vektoren, die von einem Nullpunkt ausgehend ins Unendliche wirken, so erhält man ein Pfeildiagramm, das die vorherrschende Wirkung jeweils eines der beiden Grundtriebe graphisch verdeutlicht. Zugleich wird damit aber auch anschaulich, daß der jeweils untergeordnete Triebbereich dennoch nicht einfach verschwindet, wie die folgenden Diagramme zeigen, sondern überlagert wird:

Stofftrieb

Formtrieb

und bei umgekehrtem Kräfteverhältnis:

Stofftrieb

Formtrieb

Die Herrschaft eines Triebes ist - unter Fortbestand seiner Wirkung - immer dann beendet, wenn der jeweils andere stärker wirkt, bzw. stärker befriedigt wird. Sie endet aber schon in dem Moment, wo eine der beiden Grundkräfte nicht mehr schwächer, aber auch noch nicht stärker wirkt als ihr Gegenspieler. Die Darstellung dieses Augenblicks in einem Vektoren-Diagramm:

Stofftrieb

Formtrieb

Es gibt also - neben den unfreien, weil den Menschen bestimmenden, Zuständen der Sinnlichkeit und des Denkens - noch eine dritte Dimension menschlicher Existenz, in der Stoff- und Formtrieb mit gleicher Kraft wirken und sich in ihrem den Menschen bestimmenden Einfluß wechselseitig aufheben. Aus dieser Überlegung heraus spricht SCHILLER davon, daß die Vorherrschaft einer der beiden Dimensionen aufhören muß, bevor die der anderen einsetzen kann. Phylo- wie ontogenetisch ist es angesichts der grundsätzlichen Voraussetzung sinnlich-leiblicher Existenz des Menschen für jede Denktätigkeit also auch richtig zu sagen, daß die Vorherrschaft des Stofftriebs ein Ende finden muß, damit der Mensch anfangen kann zu denken. Doch dies gilt letztlich nur für den ersten Denkakt. Von jedem weiteren an oszilliert der Mensch fortgesetzt zwischen seiner Sinnlichkeit und seiner Vernunft, und die ihn bestimmende Herrschaft durch eine der beiden Dimensionen muß von da an immer wieder wechselweise durch die jeweils andere Kraft in ihrer Wirkung aufgehoben werden, wenn Selbst- und Weltbewußtsein sich fortschreitend entwickeln können sollen.

SCHILLER hat also anhand der onto- wie phylogenetischen Vorbedingung einer materiellen Existenz des Menschen zeigen können, daß der Mensch zum Zustand des Denkens grundsätzlich nur unter der lebensnotwendigen Beibehaltung seiner Sinnlichkeit gelangt, indem er eine dritte Dimension seiner Existenz durchläuft, in der er nicht nur empfindet, aber trotz auch schon vorhandener geistiger Tätigkeit noch nicht bloß denkt, in der also Freiheit von beiden überhaupt möglichen und zugleich doch auch seinsnotwendigen Bestimmtheitszuständen herrscht! Ein Zustand mithin, in dem der Mensch gleichermaßen sinnlich empfangend und geistig hervorbringend ist, in dem er seiner Doppelnatur in eins und zugleich gerecht wird! In SCHILLERs Worten:

> "Er muß also, um Leiden mit Selbstthätigkeit, um eine passive Bestimmung mit einer aktiven zu vertauschen, augenblicklich **von aller Bestimmung frey seyn**, und einen Zustand der bloßen Bestimmbarkeit durchlaufen. Mithin muß er, auf gewisse Weise zu jenem negativen Zustand der bloßen Bestimmungslosigkeit zurückkehren, in welchem er sich befand, ehe noch irgend etwas auf seinen Sinn einen Eindruck machte. Jener Zustand aber war an Inhalt völlig leer, und jetzt kommt es darauf an, eine gleiche Bestimmungslosigkeit, und eine gleich unbegrenzte Bestimmbarkeit mit dem größtmöglichen Gehalt zu vereinbaren, weil unmittelbar aus diesem Zustand etwas positives erfolgen soll. Die Bestimmung, die er durch Sensation empfangen, muß also festgehalten werden, weil er die Realität nicht verlieren darf, zugleich aber muß sie, insofern sie Begrenzung ist, aufgehoben werden, weil eine unbegrenzte Bestimmbarkeit statt finden soll. Die Aufgabe ist also, die Determination des Zustandes zugleich zu vernichten und beyzubehalten, welches nur auf die einzige Art möglich ist, daß man ihr **eine andere entgegensetzt**. Die Schalen einer Waage stehen gleich, wenn sie leer sind; sie stehen aber auch gleich, wenn sie gleiche Gewichte enthalten."[582]

Grundsätzlich sind also zwei verschiedene Weisen denkbar, um ein Gleichgewicht zwischen Sinnlichkeit und Geistigkeit des Menschen zu erreichen: Erstens, indem keine von beiden Seinsdimensionen besteht. So gesehen war der Mensch aber reines Geistpotential, das jenseits aller Realität nur idealiter bestand, das noch nicht wirklich existierte und dachte, das noch kein Selbst- und Weltbewußtsein hatte. Der empirische Mensch hin-

---

582) Briefe über die ästhetische Erziehung, NA 20, S. 374f.

gegen braucht zu seiner Existenz notwendig beide Dimensionen seines Seins, muß empfinden und denken, wenn er sich selbst und seiner Welt bewußt werden können soll. Ein Gleichgewicht zwischen diesen beiden Grundbestimmtheiten erhält er in der Realität also immer nur unter der Vorraussetzung, daß - zweitens - sowohl die Sinnlichkeit als auch die Vernunft gleichermaßen stark an seiner Bestimmung beteiligt sind. SCHILLER faßt zusammen:

> "Das Gemüth geht also von der Empfindung zu Gedanken durch eine mittlere Stimmung über, in welcher Sinnlichkeit und Vernunft **zugleich** thätig sind, eben deswegen aber ihre bestimmende Gewalt gegenseitig aufheben, und durch eine Entgegensetzung eine Negation bewirken. Diese mittlere Stimmung, in welcher das Gemüth weder physisch noch moralisch genöthigt, und doch auf beyde Art thätig ist, verdient vorzugsweise eine freie Stimmung zu heißen, und wenn man den Zustand sinnlicher Bestimmung den physischen, den Zustand vernünftiger Bestimmung aber den logischen und moralischen nennt, so muß man diesen Zustand der realen und aktiven Bestimmbarkeit den **ästhetischen** heißen".[583]

Ästhetischen Zustand nennt SCHILLER jetzt also, was er, in dem seiner Zustandsdifferenzierung von mir vorangestellten Zitat, als Dimension der aktiven von einer passiven Bestimmungslosigkeit unterschieden hatte.[584] Ein Seinszustand des Menschen, der der bloß idealischen reinen Bestimmungslosigkeit oder absoluten Bestimmbarkeit, die von SCHILLER auch als "leere Unendlichkeit" bezeichnet worden war[585], insofern verwandt ist, als "beyde jedes bestimmte Daseyn [sc.: des Menschen] ausschließen," die ansonsten aber völlig voneinander verschieden sind.[586] Ihn als ästhetisch zu bezeichnen, ist systematisch korrekt angesichts der inhaltlichen Äquivalenz generierender Freiheit durch harmonische Zusammenstimmung sinnlicher und geistiger Anteile innerhalb

---

583) Briefe über die ästhetische Erziehung, NA 20, S. 375.

584) Vgl. Briefe über die ästhetische Erziehung, NA 20, S. 376.

585) Briefe über die ästhetische Erziehung, NA 20, S. 368.

586) Briefe über die ästhetische Erziehung, NA 20, S. 377.

SCHILLERs Schönheitstheorie und seiner Anthropologie. Handelte es sich in der ersten um einen aus dem Verhältnis von Stoff und Form entstehenden Schein von Heautonomie, von scheinbar sich selbst bestimmender Bestimmtheit, in der Dingwelt, so gleicht ihr die anthropologisch hergeleitete Freiheit des Menschen insoweit, als auch sie eine relationale Seinsdimension der notwendig sinnlich-geistigen Doppelnatur des Menschen ist. Begrifflich konsequent bezeichnet SCHILLER diese "ästhetische Bestimmungsfreiheit, welche das reale Gegenstück derselben [d. h.: der leeren Unendlichkeit] ist, als eine **erfüllte Unendlichkeit**".[587] In ihr "ist der Mensch [...] **Null**, insofern man auf ein einzelnes Resultat, nicht auf das ganze Vermögen achtet," insofern also diese Freiheit aus gemischter Natur an der existentiell notwendigen Bestimmung des Menschen durch seine sinnliche und geistige Dimension gemessen wird. So gesehen ist sie "gleich ungeschickt, den Charakter zu gründen und den Kopf aufzuklären."[588]

"Durch die ästhetische Kultur bleibt also der persönliche Werth eines Menschen, oder seine Würde, insofern diese nur von ihm selbst abhängen kann, noch völlig unbestimmt, und es ist weiter nichts erreicht, als daß es ihm nunmehr, **von Natur wegen** möglich gemacht ist, aus sich selbst zu machen, was er will - daß ihm die Freyheit, zu seyn, was er seyn soll, vollkommen zurückgegeben ist."[589]

An dieser Stelle wird die Besonderheit der SCHILLERschen Konzeption menschenmöglicher Freiheit noch einmal ganz deutlich: Der Mensch muß frei sein, um zu werden, was er sein soll; er muß frei sein, um wirklich ganzer Mensch zu werden, um ein Leben in vernunftgemäßer

---

587) Briefe über die ästhetische Erziehung, NA 20, S. 377.

588) Briefe über die ästhetische Erziehung, NA 20, S. 377.

589) Briefe über die ästhetische Erziehung, NA 20, S. 377f. Diese eigentümliche Verschränkung von Freiheit und Sollen des Menschen legt einen normativen Mißbrauch in der Weise nahe, als durch sie eine den Menschen unterdrückende Ideologie ihre Sollvorschriften als notwendige Bedingungen menschlicher Freiheit ausgeben könnte. SCHILLER selbst gerät aber nicht in den Verdacht eines solchen Mißbrauchs, da er Freiheit immer wieder ausdrücklich als Abwesenheit von (sinnlichen oder vernünftigen) Herrschaftsansprüchen über den Menschen definiert, jeden Zwang zu einem vermeintlichen Glück also ablehnt.

Selbstbestimmung bei gleichzeitiger ethischer Verantwortung unter Einbeziehung seiner sinnlichen Dimension, seines affektiven Teils, führen zu können. Indem dem Menschen solch eine relationale Freiheit im ästhetischen Zustand zukommt, wird

> "etwas unendliches erreicht. Denn sobald wir uns erinnern, daß ihm durch die einseitige Nöthigung der Natur beym Empfinden, und durch die ausschließende Gesetzgebung der Vernunft beym Denken gerade diese Freyheit entzogen wurde, so müssen wir das Vermögen, welches ihm in der ästhetischen Stimmung zurückgegeben wird, als die höchste aller Schenkungen, als die Schenkung der Menschheit betrachten. Freylich besitzt er diese Menschheit der Anlage nach schon vor jedem bestimmten Zustand, in den er kommen kann, aber der That nach verliert er sie mit jedem bestimmten Zustand, in den er kommt, und sie muß ihm, wenn er zu einem entgegengesetzten soll übergehen können, jedesmal aufs neue durch das ästhetische Leben zurückgegeben werden".[590]

Die Menschheit des Menschen vollendet sich für SCHILLER also immer dann, wenn eine relationale Befreiung des Menschen von seinen beiden immer schon wirkenden Grundtrieben durch deren wechselseitige Aufhebung in einer dritten Seinsqualität erfolgt, die jetzt ästhetischer Zustand oder auch mittlere, freie und ästhetische Stimmung[591] genannt

---

590) Briefe über die ästhetische Erziehung, NA 20, S. 378. CASSIRER faßt die Bedeutung des Gedankenganges SCHILLERs zum ästhetischen Zustand sehr eindrucksvoll in der folgenden Textpassage zusammen: "Das Ästhetische setzt sich also nicht an die Stelle der übrigen Bewußtseinskräfte, um sie irgendwie im materialen Sinne zu ergänzen und zu fördern, sondern es schafft dem Bewußtsein als Ganzen die innere Freiheit, kraft deren es erst für die besonderen Imperative des Geistigen empfänglich und zugänglich wird. Es greift nicht in das Einzelne ein, sondern bewirkt gleichsam nur die 'Stimmung zur Totalität', die aber, um aus dem bloßen Ansatz zur Vollendung und Wirklichkeit zu gelangen, die besonderen Kräfte des Logischen und Ethischen herbeirufen und sich frei entfalten lassen muß." (Vgl.: CASSIRER, Ernst: Freiheit und Form. Studien zur deutschen Geistesgeschichte. Darmstadt 4. Aufl. 1975, S. 297.)

591) Die dialektische Aufhebung der beiden Grunddimensionen menschlicher Existenz eine Stimmung zu nennen, hat SCHILLER einen zweifachen Grund: Erstens war von ihm schon in den Kalliasbriefen wie auch in "Ueber Anmuth und Würde" vom Zusammenstimmen sinnlicher und geistiger Anteile im schönen Gegenstand gesprochen worden, so daß eine Verwendung des Begriffs Stimmung aufgrund

wird. Sie deckt sich mit dem, was weiter oben[592] von SCHILLER als das den Menschen verwirklichende Spiel bezeichnet worden war. Während dort formuliert wurde, der Mensch "**ist nur da ganz Mensch, wo er spielt**"[593], so läßt sich nun, nach der Verbindung von Ontologie und Triebmodell, sagen: Der Mensch erlebt nur dann seine ganze Menschheit, wenn sich die beiden Grundkonstituenten seiner Doppelnatur bei beiderseitigem Fortbestand in einer dialektischen Verbindung als dritte Seinsqualität derart aufheben, daß die **Nötigung** zur Trieberfüllung bei gleichzeitig fortbestehender Befriedigung beider Grundtriebe wegfällt, und der Mensch sich damit als ein von seinen beiden Bestimmtheitsformen befreites Wesen erfährt.

Insofern hat SCHILLER in diesem dritten Durchlauf seiner ästhetisch-anthropologischen Argumentation auch nichts eigentlich Neues erarbeitet. Doch ist es ihm erst mit der Differenzierung der vier verschiedenen Zustandsformen gelungen, die Erfahrungsmöglichkeit der relationalen Freiheit des Menschen als spezifische Realität des Subjekts aufzuzeigen. Denn:

> "Wenn also die ästhetische Stimmung des Gemüths in Einer Rücksicht als **Null** betrachtet werden muß, sobald man nehmlich sein Augenmerk auf einzelne und bestimmte Wirkungen richtet, so ist sie in anderer Rücksicht wieder als ein Zustand **der höchsten Realität** anzusehen, insofern man dabey auf die

---

der inhaltlichen Äquivalenz nur naheliegt. (Eine Erläuterung dieses Begriffs war von mir bereits in diesem Kontext gegeben worden. Vgl. oben, Kap. III.4.4.) Darüberhinaus entbehrt jedoch zweitens eine Stimmung im Unterschied zu einer **Bestimmung** jeder Gerichtetheit. In einer Stimmung befindet man sich einfach, ohne daß man mit ihr einen Zweck oder ein Ziel verfolgt. Eine Bestimmung dagegen will befolgt und erfüllt werden, ist also mit einem konkreten Ziel verbunden. Sogesehen ist es also ganz richtig, daß SCHILLER hier von Stimmung spricht, wenn er den Augenblick des weder ausschließlichen Empfindens noch des bloßen Denkens zu erfassen sucht, weil in ihm die zielgerichtete Befriedigung der beiden Grundtriebe einen Moment zum Stillstand kommt.

592) Vgl. Kap. III.5.4 der vorliegenden Arbeit.

593) Briefe über die ästhetische Erziehung, NA 20, S. 359.

Abwesenheit aller Schranken, und auf die Summe der Kräfte achtet, die in derselben gemeinschaftlich thätig sind."[594]

Anders gesagt: Wirklichkeit, die von SCHILLER wohlgemerkt immer nur als Subjekt-Objekt-Relation geistiger Bearbeitungsleistungen von sinnlichen Eindrücken verstanden wird, generiert für den Menschen immer dann, wenn seine beiden Grunddimensionen in ihrer wechselseitigen Abhängigkeit von ihm gelebt werden. Daher wird ihm die Erfahrung der Freiheit von der Herrschaft seiner ihn bestimmenden Grundtriebe bei deren gleichzeitigem Fortbestand als ebenso wirkliche Erfahrung, d. h. als ebenso subjekt-objekt-relationale Realität, zuteil, wie jede andere Wirklichkeitserfahrung auch. Alle Kritik, die SCHILLERsche Konzeption von Freiheit sei eine bloß idealistische Gedankenspielerei, trifft daher insofern nicht SCHILLERs ästhetische Anthropologie, da sie dessen spezielles - auf KANT basierendes - Verständnis von Realität in seiner - KANT weiterführenden - Bedeutung für die real mögliche Freiheitserfahrung unter der notwendigen Bedingung der Doppelnatur des Menschen mißachtet.[595]

Auch für SCHILLER ist absolute Freiheit ein Ideal, das nur als apriorische Geistesfreiheit (im Sinne von Würde als regulativer Idee) **gedacht** werden kann. Diese Freiheit muß idealisch bleiben, "denn der Mensch kann [in seiner Lebensrealität] nie aus der Abhängigkeit der Kräfte treten".[596] Aber vergönnt ist dem Menschen immerhin eine augenblickliche Erfahrung der Befreiung von der existenznotwendigen Erfüllung seiner beiden Grundbestimmungen, da er existentiell zwar immer von Stoff- und Formtrieb abhängig bleibt, aber dennoch aus deren bestimmender Wirkung tritt, wenn er von einem Zustand der Bestimmtheit durch eine seiner beiden Grunddimensionen in den anderen wechselt und sich dabei - in einer dritten Seinsqualität - als ästhetisch freie Person erfährt. In diesem ästhetischen Zustand erfährt sich der Mensch in seiner Doppelnatur als ungespaltene

---

594) Briefe über die ästhetische Erziehung, NA 20, S. 379.

595) In jüngster Zeit findet sich ein sehr anschauliches Beispiel dieser Kritik durch Mißverständnisse aufgrund stark selektiven Lesens der Texte SCHILLERs bei Hartmut SCHEIBLE: Wahrheit und Subjekt. Ästhetik im bürgerlichen Zeitalter. Reinbek 1988, S. 171 - 189.

596) Briefe über die ästhetische Erziehung, NA 20, S. 380.

Einheit, als Ganzheit, die er immer wieder neu anzustreben und zu erleben vermag.

> "Jeder andere Zustand, in den wir kommen können, weist uns
> auf einen vorhergehenden zurück und bedarf zu seiner Auflösung
> eines folgenden; nur der ästhetische ist ein Ganzes in sich selbst,
> da er alle Bedingungen seines Ursprungs und seiner Fortdauer in
> sich vereinigt. Hier allein fühlen wir uns wie aus der Zeit geris-
> sen; und unsre Menschheit äußert sich mit einer Reinheit und
> **Integrität**, als hätte sie von der Einwirkung äußrer Kräfte noch
> keinen Abbruch erfahren."[597]

Insofern gibt es für den Menschen also eine annäherungsweise Erfüllung seiner idealischen Bestimmung, ein ganzes, unentfremdetes Wesen zu sein, auf dem Wege einer sich stets wiederholenden Freiheitserfahrung im ästhetischen Zustand. Ihn so häufig wie nur möglich sowohl für den einzelnen Menschen wie für die gesamte Menschheit anzustreben, ist die Aufgabe einer ästhetischen Kultur.

III.5.6 Die gesellschaftliche Perspektive des ästhetisch-personalen Bildungsideals

Die im schönen Gegenstand der Kalliasbriefe symbolisierte und in "Ueber Anmuth und Würde" aus rein ästhetischen Überlegungen hergeleitete Bestimmung des Menschen zu seiner unentfremdeten Ganzheit, zu seiner Menschheit, ist von SCHILLER in den Briefen über die ästhetische Erziehung des Menschen mit Hilfe der Verschränkung ontologischer, trieb- und subjekttheoretischer Denkbewegungen als reale (Er)Lebensmöglichkeit des Einzelnen im Sinne einer subjekt-objekt-relationalen Existenzdimension aufgezeigt worden, die SCHILLER den ästhetischen Zustand nennt.[598] Dieser Zustand, der sich von der sinnlichen und geistigen Bestimmtheit des Menschen insofern unterscheidet, als er gerade diese beiden Grundprinzipien in sich dialektisch zu der neuen **Qualität der Bestimmungsfreiheit des Menschen** aufhebt, ist das Ziel der

---

597) Briefe über die ästhetische Erziehung, NA 20, S. 379.

598) Vgl. oben, Kap. III.5.5, bzw. Briefe über die ästhetische Erziehung, NA 20, S. 375.

SCHILLERschen Bemühungen um ein selbstbestimmtes Leben aller. Ihn als ästhetisch zu bezeichnen, ist in dreifacher Hinsicht konsequent:

- Erstens basiert der Zustand der Selbstbestimmtheit SCHILLER zufolge grundsätzlich auf sinnlichen Wahrnehmungsvorgängen und ist somit im Blick auf eine (in bezug auf den Menschen ausschließlich als Hypothese formulierbare) rein geistige Existenz gar nicht denkbar.

- Zweitens entspricht der Zustand der paritätischen Zusammenstimmung von Sinnlichkeit und Vernunft des Menschen der Form des ästhetischen Urteils "schön", wie es in den Kalliasbriefen als subjekt-objekt-relationaler Urteilsakt von logischen, teleologischen und moralischen Beurteilungsprozessen unterschieden worden war. In ihm generiert sich also selbst Schönheit in diesem spezifischen Sinne, die SCHILLER nun auch mit den Begriffen "lebende Gestalt" oder "Spiel" charakterisiert.

- Drittens ist der ästhetische Zustand des Menschen in SCHILLERs ästhetischer Anthropologie der Augenblick höchstmöglicher Selbstbestimmung der Person, da er Freiheit - im Sinne der Abwesenheit von Handlungszwängen durch Triebansprüche oder durch zwanghafte Normativität - gewährleistet. Damit ist er - als ganzheitlicher, weil beide basalen Konstituenten des Menschen in sich umfassender, Seinszustand - selbstschöpferisches Persönlichkeitspotential schlechthin, da der Mensch in ihm heautonome Gewalt über sich hat. Wie dargestellt wurde, ist SCHILLERs Philosophie insofern als Beitrag zu einer Ästhetisierung des aufklärerischen Mündigkeitspostulats - dieses "Bestimme Dich aus Dir selbst"[599] - zu verstehen.[600]

Vor dem Hintergrund dieser Einsichten knüpft SCHILLER in den verbleibenden Briefen nun noch einmal an seine eingangs geleistete kulturkritische Analyse und die mit ihr verbundene These an, daß gerade die schöne Kunst in der Lage sei, den Menschen vor seinen beiden möglichen Entfremdungsformen (Wildheit und Barbarei) zu bewahren und ihn zur Einheit seines Wesens - mithin zur ganzheitlichen Erfüllung seiner sinnlich-vernünftigen Doppelbestimmung im Sinne eines heautonomen, selbstschöpferischen Vollzugs der freien Person - zu führen. Als politisch engangierter Künstler, der SCHILLER nicht zuletzt aufgrund seiner eigenen

---

599) Kalliasbriefe, S. 167.

600) Vgl. innerhalb der vorliegenden Arbeit die Kap. III.3.4, III.4.4 und III.5.3.

Lebensgeschichte vor allem ist - also auch noch vor seiner wissenschaftlichen Arbeit als Philosoph und Historiker -, hat er naturgemäß ein legitimatorisches Interesse bezüglich der Kunst und ihrer Rolle in der Gesellschaft. Es **muß** ihm von daher gesehen geradezu daran gelegen sein aufzuzeigen, daß die Auseinandersetzung mit schöner Kunst angesichts der gesellschaftlichen und politischen Lage in Europa durchaus auch ein Akt in staatsbürgerlicher Verantwortung ist, mit dem also den Herausforderungen der Zeit begegnet werden kann.[601]

Genau an dieser Stelle kommt es im Argumentationsverlauf der Briefe über die ästhetische Erziehung des Menschen zu einer eigentümlichen Überlagerung zweier funktionaler Bestimmungen dessen, was SCHILLER mit ästhetischem Zustand meint: Erstens spricht SCHILLER ihm in seinen Briefen - wie bisher dargestellt wurde - die **Funktion der Erfüllung** des ästhetisch-personalen Bildungsideals zu. Dies war von ihm in "Ueber Anmuth und Würde" als idealiter harmonische Zusammenstimmung von Sinnlichkeit und Vernunft des Menschen im Sinne einer neuen und das Menschheitsideal überhaupt erst erfüllenden Existenzqualität herausgearbeitet worden.[602] Zweitens aber erhält dieser Zustand ganzheitlichen Menschseins mit SCHILLERs These des onto- wie phylogenetisch grundsätzlichen Vorhergehens sinnlicher Bestimmtheit des Menschen vor dessen Erhebung zum Vernunftwesen zugleich eine **Funktion des Übergangs**, die nicht ohne weiteres mit der ersten Bestimmung vereinbar ist.[603] Diese funktionale Ambiguität der SCHILLERschen Rede vom ästhetischen Zustand muß daher hinreichend erklärt sein, wenn meine Interpretation, die die sinnlich-vernünftige Einheit des Menschen als Ziel SCHILLERs ästhetischer Anthropologie ausweist, sich nicht selbst kontrafaktisch unterminieren will.[604]

---

601) Vgl. dazu auch das der gesamten vorliegenden Arbeit als Motto vorangestellte SCHILLER-Zitat.

602) Vgl. dazu auch bes. Kap. III.4.4 der vorliegenden Arbeit.

603) Vgl. oben, Kap. III.5.5.

604) In der Sekundärliteratur gibt es einen regelrechten Streit darüber, welche der beiden Funktionen des ästhetischen Zustands denn nun von SCHILLER als höchste Qualität menschlichen Lebens erachtet wurde: Ist es die Erfahrung der subjektiven Einheit oder ist es doch erst die durch den ästhetischen Zustand bloß eingeleitete Vollendung des Menschen in rein logisch-moralischer Vernunftbestimmung, die SCHILLERs Menschheitsideal prägt?

Indem SCHILLER grundsätzlich eine evolutionäre Entwicklung des Menschen annimmt, die - ausgehend von einem der Tierheit nahestehenden Naturzustand des Menschen, in dem dieser mehr Triebbündel denn personal selbstbestimmtes Wesen ist - sowohl onto- wie phylogenetisch eine vernünftige Existenz zum Ziel hat, scheint er sich selbst die Begründungszusammenhänge für sein ganzheitliches Menschheitsideal zunichte zu machen, wenn er folgendes schreibt:

"Es lassen sich also drey verschiedene Momente oder Stuffen der Entwicklung unterscheiden, die sowohl der einzelne Mensch als die ganze Gattung nothwendig und in einer bestimmten Ordnung durchlaufen müssen, wenn sie den ganzen Kreis ihrer Bestimmung erfüllen sollen."[605]

Ästhetiktheoretisch gefragt: Ist das Schöne in SCHILLERs ästhetischer Anthropologie Selbstzweck oder bloß Funktion? Philosophiehistorisch gewendet: Gibt SCHILLER hier dem (vermeintlich) rigoristischen Sittlichkeitsverständnis KANTs recht, oder schafft er eine neue, über KANT hinausführende Auffassung von Sittlichkeit im Sinne einer Freiheit in der Einheit des Subjekts? (Ein gelungener Überblick über diese Auseinandersetzung innerhalb der Fachliteratur findet sich bei Wolfgang DÜSING: Friedrich Schiller. Über die ästhetische Erziehung des Menschen in einer Reihe von Briefen. Text, Materialien, Kommentar. München und Wien 1981, S. 164. Vgl. ergänzend auch: JANZ, Rolf-Peter: Autonomie und soziale Funktion der Kunst. Studien zur Ästhetik von Schiller und Novalis. Stuttgart 1973, bes. S. 60 - 67 sowie MUEHLECK-MÜLLER, Cathleen: Schönheit und Freiheit. Die Vollendung der Moderne in der Kunst. Schiller - Kant. Würzburg 1989, S. 269f.)

605) Briefe über die ästhetische Erziehung, NA 20, S. 388. SCHILLER denkt über eine Analogie von onto- und phylogenetischer Entwicklung des Menschen bereits sehr früh, nämlich in seiner zweiten Dissertation, nach. Ausführlich beschreibt er dort bereits 1780 die Individualgeschichte des Menschen in drei Entwicklungsstufen und überträgt diese dann in einem wenngleich noch recht unsicheren Versuch auf die Evolutionsgeschichte der Menschheit. (Vgl. Zusammenhang von tierischer und geistiger Natur, NA 20, S. 50 - 56.) Die jüngst von Lydia DIPPEL aufgestellte Behauptung, SCHILLER habe erst einige Jahre nach HUMBOLDTs Schrift "Über Religion" (vermutlich um 1789/90 entstanden) einen "triadischen Geschichtsentwurf" von der Individualgeschichte des Menschen her entworfen, ist also nicht haltbar. (DIPPEL, Lydia: Wilhelm von Humboldt. Ästhetik und Anthropologie. Würzburg 1990, S. 27.) Darüber hinaus macht Peter SZONDI schon am Anfang der siebziger Jahre deutlich, daß SCHILLER mit einem triadischen Verständnis der Menschheitsgeschichte bereits durch seine LESSING- und KANT-Lektüre vertraut gewesen ist. Vgl. SZONDI,

"Jene drey Momente [...] lassen sich auch bey jeder einzelnen Wahrnehmung eines Objekts unterscheiden, und sind mit einem Wort die nothwendigen Bedingungen jeder Erkenntniß, die wir durch die Sinne erhalten."[606]

"Der Mensch in seinem **physischen** Zustand erleidet bloß die Macht der Natur; er entledigt sich dieser Macht in dem **ästhetischen** Zustand, und er beherrscht sie in dem **moralischen**."[607]

SCHILLER spricht also jetzt, nach der Entfaltung des ästhetischen Zustands als Moment vollendeter Menschheit, von einem triadischen Entwicklungsmodell des Menschen, dem er sowohl onto- wie phylogenetische Geltung beimißt, das aber zugleich auch den Prozeß jeder Erkenntnis umfaßt, die auf sinnlicher Wahrnehmung basiert. Auf der ersten, der bloß physischen, sinnlich-leiblichen Stufe dieses Modells ist dem Menschen "die Welt bloß Schicksal, noch nicht Gegenstand".[608] Hier ist der Mensch selbst noch Welt, ist sein Verhältnis zu ihr noch unmittelbar. Völlig gefangen in seiner bloßen Sinnlichkeit ist er im physischen Zustand also noch gar nicht Mensch im Sinne sinnlich-vernünftiger Doppelnatur, weil in ihm noch kein geistiges Potential in einer absoluten Tathandlung das Denken eingeleitet hat.[609]

"Solange der Mensch, in seinem ersten physischen Zustande, die Sinnenwelt bloß leidend in sich aufnimmt, bloß empfindet, ist er auch noch völlig Eins mit derselben, und eben weil er selbst bloß Welt ist, so ist für ihn noch keine Welt. Erst, wenn er in seinem ästhetischen Stande, sie außer sich stellt oder **betrachtet**, sondert sich seine Persönlichkeit von ihr ab und es erscheint ihm

---

Peter: Das Naive ist das Sentimentalische. Zur Begriffsdialektik in Schillers Abhandlung. In: Euphorion 66 (1972), S. 174 - 206, bes. S. 203f.

606) Briefe über die ästhetische Erziehung, NA 20, S. 394.

607) Briefe über die ästhetische Erziehung, NA 20, S. 388.

608) Briefe über die ästhetische Erziehung, NA 20, S. 388.

609) Vgl. Briefe über die ästhetische Erziehung, NA 20, S. 389.

eine Welt, weil er aufgehört hat, mit derselben Eins auszuma-
chen".[610]

Im ästhetischen Zustand hat der Mensch die bloße Sinnlichkeit also
schon immer hinter sich gelassen, hat er bereits ein sein Selbst und seine
ihn umgebende Welt unterscheidendes Bewußtsein von sich, erfährt er sich
als Person. Dieser Zustand war von SCHILLER zuvor ausführlich als sinnlich-vernünftige Ganzheitserfahrung des personalen Subjekts gekennzeichnet worden. Im Zustand reiner Vernunftbestimmtheit - SCHILLER nennt
ihn jetzt den moralischen Zustand[611] - setzt der Mensch sich selbst Gesetze,
mit denen er sogar über seine eigene und ihm von Natur aus wesentliche
Sinnlichkeit als geistig freies Wesen zu bestimmen vermag.[612]

Es liegt nun in der Tat sehr nahe, in diesem triadischen Evolutionsmodell
einen Bruch gegenüber der Auffassung des ästhetischen Zustands als per-
sonalem Vollzug des ganzheitlichen Menschheitsideals und damit als Ziel
SCHILLERs ästhetischer Anthropologie überhaupt zu sehen. Das gilt
zumal dann, wenn SCHILLER kurz zuvor auch noch ausdrücklich darauf
verweist, daß es für ihn

"zu den wichtigsten Aufgaben der Kultur [gehört], den
Menschen auch schon in seinem bloß physischen Leben der
Form zu unterwerfen, und ihn, so weit das Reich der Schönheit
nur immer reichen kann, ästhetisch zu machen, weil nur aus dem
ästhetischen, nicht aber aus dem physischen Zustande der moralische sich entwickeln kann."[613]

---

610) Briefe über die ästhetische Erziehung, NA 20, S. 394.

611) SCHILLER bezeichnet den dritten Zustand hier nur als moralischen.
    Genaugenommen müßte er ihn aber, seiner vorangegangenen Differenzierung der
    Zustände aktiver und passiver Bestimmbarkeit bzw. Bestimmung folgend, auch
    weiterhin als logisch-moralischen Zustand kennzeichnen.

612) Wieder gilt hier für SCHILLER ausdrücklich KANTs Maxime, daß die Natur
    unter dem Verstandesgesetz stehe.

613) Briefe über die ästhetische Erziehung, NA 20, S. 385.

Endgültig scheint dieser vermeintliche Bruch besiegelt, wenn es dann auch noch bei ihm heißt:

> "Der Uebergang von dem leidenden Zustande des Empfindens zu dem thätigen des Denkens und Wollens geschieht also nicht anders, als durch einen mittleren Zustand ästhetischer Freyheit, und obgleich dieser Zustand an sich selbst weder für unsere Einsichten, noch Gesinnungen etwas entscheidet, mithin unsern intellektuellen und moralischen Werth ganz und gar problematisch läßt, so ist er doch die nothwendige Bedingung, unter welcher allein wir zu einer Einsicht und zu einer Gesinnung gelangen können. Mit einem Wort: es giebt keinen andern Weg, den sinnlichen Menschen vernünftig zu machen, als daß man denselben zuvor ästhetisch macht."[614]

Weiter vorn wurde auch schon darauf verwiesen, daß SCHILLER sich zu dem aufklärerischen Ziel des durch seine Vernunft bestimmten Menschen bekennt und sich insofern durchaus in Übereinstimmung mit der Moralphilosophie KANTs befindet.[615] Doch ich halte es für ein Mißverständnis, aus diesem triadischen Evolutionsmodell SCHILLERs die Ungültigkeit seiner Charakterisierung des ästhetischen Zustands als erfahrbaren personalen Vollzug des von ihm formulierten ganzheitlichen Menschheitsideals herzuleiten. SCHILLER hatte - erstens - die bloß psycho-physische und bloß geistige, mithin rein sinnliche und rein vernünftige Existenzdimension des Menschen immer nur als gedachte, also als **idealische** Grundprinzipien diskutiert. Seine sämtlichen fundamentalontologischen Überlegungen basieren an keiner Stelle auf der Behauptung, daß er mit der Beschreibung dieser beiden Dimensionen auch nur einen einzigen empirischen Menschen erfassen würde. Beide waren von ihm lediglich als reine, denknotwendige Polaritäten beschrieben worden, zwischen denen sich der empirische Mensch aufgrund eines dialektischen Wechselverhältnisses seiner Sinnlichkeit und Vernunft überhaupt erst zu entfalten vermag.[616] SCHILLER ahnt wohl, daß hier ein Mißverständnis

---

614) Briefe über die ästhetische Erziehung, NA 20, S. 383.

615) Vgl. oben, Kap. III.5.5.

616) Vgl. bes. ab Kap. III.5.3 dieser Arbeit.

naheliegt und weist deshalb noch einmal **nach der Ankündigung seines Entwicklungsmodells** nachdrücklich auf die idealische Qualität der ersten und dritten Stufe seines Evolutionsmodells hin:

> "Dieser Zustand roher Natur läßt sich freylich, so wie er hier geschildert wird, bey keinem bestimmten Volk und Zeitalter nachweisen; **er ist bloß Idee**, aber eine Idee, mit der die Erfahrung **in einzelnen Zügen** aufs genaueste zusammen stimmt. **Der Mensch, kann man sagen, war nie ganz in diesem thierischen Zustand, aber er ist ihm auch nie ganz entflohen.**"[617]

Zweitens ist der Zustand der Herrschaft - und selbst wenn es rein geistige ist - über eine der beiden Existenzdimensionen des Menschen durch die jeweils andere von SCHILLER eindeutig als Zustand der Unfreiheit ausgewiesen worden. Er will aber Freiheit für den Menschen, da nur sie das Ziel sein kann, sobald die Mündigkeit des Bürgers, d. h. für SCHILLER dessen selbstbestimmte Bestimmung, dessen Heautonomie, zum programmatischen Erziehungsziel einer sich im Prozeß der Aufklärung befindlichen modernen Gesellschaft gesetzt wird. Deshalb schreibt er ebenfalls nach dem Gedanken eines dreistufigen Modells vom Menschen noch einmal sehr deutlich: "Die erste Erscheinung der Vernunft in dem Menschen ist darum noch nicht auch der Anfang seiner Menschheit. Diese wird erst durch seine Freyheit entschieden."[618] -

Wie aber kann dann diese Verflechtung von der Vollendungs- und der Übergangsfunktion des ästhetischen Zustands in SCHILLERs Ausführungen sinnvoll verstanden werden? Wie ist es möglich, keinen Bruch im Argumentationsverlauf zu sehen, ohne das eindeutig bestehende Problem eines ambiguen Verständnisses vom ästhetischen Zustand zu leugnen? - Ich denke, SCHILLER selbst hält einen Lösungsweg bereit. Sobald man nämlich seine methodische Unterscheidung des Menschen hinsichtlich dessen **idealischer** Bestimmung durch ein sinnliches und ein geistiges fundamentalontologisches Existenzprinzip von der **empirischen** sinnlich-vernünftigen Doppelnatur des Menschen auf das hier vorliegende Problem überträgt, ergibt sich folgende Lesart:

---

617) Briefe über die ästhetische Erziehung, NA 20, S. 389f. Hervorhebungen im Zitat von mir.

618) Briefe über die ästhetische Erziehung, NA 20, S. 390.

Onto- und phylogenetisch bewegt sich das Gattungswesen Mensch (die Gesellschaft) auf einer Entwicklungsbahn, die **idealiter** vom Zustand bloßer Naturbestimmtheit zum Zustand bloßer Vernunftbestimmtheit führt. Dies geschieht, indem sich die einzelnen Exemplare dieser Gattung **empirisch** notwendig ihre Doppelnatur vergegenwärtigen. Zu dieser Selbsterfahrung des Subjekts gehört, wie SCHILLER überzeugend dargelegt hat, notwendig der Wechselbezug von Sinnlichkeit und Vernunft, muß also einer bloßen Perzeption ein bloßer Denkakt folgen, wenn das Subjekt seiner selbst und der Welt gewiß sein können soll. Der empirische Mensch kann es sich insofern also gar nicht leisten, im ästhetischen Zustand, der in der Mitte zwischen Perzeption und Denkakt liegt, stehen zu bleiben, da er sonst überhaupt keine subjektive Wirklichkeitserfahrung machen könnte. Er muß also tatsächlich auch denken, wenn er seine Sinnlichkeit erkennen können soll.

Doch subjektive Wirklichkeitserfahrung aus einer Wechselwirkung von Sinnlichkeit und Vernunft ist noch nicht alles, was SCHILLER für den Menschen will. Er will vielmehr, daß diese Erfahrung des Subjekts möglichst zugleich eine **Erfahrung der Freiheit** ist, denn nur als freier Mensch befindet sich der Mensch für SCHILLER im Zustand seiner ihm gerade aus seinem Doppelwesen heraus zu erklärenden **höchsten** Form von Sittlichkeit da ihm als Person gerade und nur hierin ein selbstschöpferisches Potential, mithin eine (Selbst-)Bildungsfähigkeit eignet. Von daher gesehen ist es nur konsequent, wenn SCHILLER einerseits den ästhetischen Zustand des empirischen Menschen als personale Erfüllung eines ganzheitlichen Bildungsideals des Menschen versteht, ihn aber andererseits wiederum in den Kontext einer onto- wie phylogenetischen Gattungsentwicklung stellt, die letztlich eine Fortentwicklung des geistigen Potentials beinhaltet. Dies war von mir gemeint, als ich davon sprach, daß der Mensch in SCHILLERs Anthropologie als ein ständig zwischen Sein und Werden oszillierendes Wesen gedacht wird.[619] In einem Schema vorgestellt:

---

619) Vgl. oben, Kap. III.5.3.

Mensch: Sinnlichkeit   ästhetischer Zustand   Geistigkeit   Vernunft

Gesellschaft: Naturalität

Die schöne Kunst nimmt für SCHILLER auf dem Wege dieser Vervollkommnung des Menschen eine zentrale Rolle ein: Sie symbolisiert - im schönen Gegenstand - die grundsätzliche Möglichkeit einer harmonischen Zusammenstimmung materieller und geistiger Elemente, weil sie eine freiheitliche Übereinstimmung von Stoff und Form in einer Erscheinung veranschaulicht. Sie ist insofern das Zustandsideal, dem sich der Mensch anzunähern hat, will er ganzer Mensch in seiner ihm spezifisch zukommenden Freiheit werden.

Doch SCHILLER selbst spricht gar nicht mehr von Kunst, wenn er die gesellschaftlichen Konsequenzen seiner Ästhetik aufzuzeigen versucht. Korrekterweise verwendet er jetzt vielmehr erneut den Begriff Schönheit, da dieser Terminus die Subjekt-Objekt-Dialektik des ästhetischen Urteilens in sich enthält.

"Die Schönheit ist also zwar **Gegenstand** für uns, weil die Reflexion die Bedingung ist, unter der wir eine Empfindung von ihr haben; zugleich aber ist sie ein **Zustand unsers Subjekts**, weil das Gefühl die Bedingung ist, unter der wir eine Vorstellung von ihr haben. Sie ist also zwar Form, weil wir sie betrachten, zugleich aber ist sie Leben, weil wir sie fühlen. Mit einem Wort: sie ist zugleich unser Zustand und unsre That."[620]

Schönheit, als in bestimmten Objekten repräsentierte Qualität wahrgenommen, ist für SCHILLER also immer auch ein spezifischer Moment in der subjektiven Befindlichkeit von Menschen. Sie ist ein Zustand, in dem der Mensch sich als ganzes Wesen erfährt, in dem ihm seine beiden notwendigen Existenzdimensionen als wirkliche Einheit präsent sind, in dem mithin der Mensch erst Mensch im Sinne SCHILLERs geworden ist. Daher ist es für ihn

---

620) Briefe über die ästhetische Erziehung, NA 20, S. 396.

"also nicht bloß poetisch erlaubt, sondern auch philosophisch richtig, wenn man die Schönheit unsre zweyte Schöpferin nennt. Denn ob sie uns gleich die Menschheit bloß möglich macht, und es im übrigen unserm freyen Willen anheim stellt, in wie weit wir sie wirklich machen wollen, so hat sie dieses ja mit unsrer ursprünglichen Schöpferin, der Natur, gemein, die uns gleichfalls nichts weiter, als das Vermögen zur Menschheit ertheilte, den Gebrauch desselben aber auf unsere eigene Willensbestimmung ankommen läßt."[621]

Bei einer ästhetischen Erziehung des Menschen mit dem Ziel, eine soziale Gemeinschaft in größtmöglicher Freiheit aller zu schaffen, muß es SCHILLER zufolge also darum gehen, Bedingungen herzustellen, die eine Menschwerdung des Menschen in seinem Sinne möglichst oft und in möglichst hoher Qualität, d.h. im Sinne einer möglichst weitreichenden Annäherung an den ästhetischen Zustand, ermöglichen. Diese Möglichkeit gesellschaftlich zu sichern bedeutet, einen ästhetischen Staat zu schaffen. Denn:

"Wenn in dem **dynamischen** Staat der Rechte der Mensch dem Menschen als Kraft begegnet und sein Wirken beschränkt - wenn er sich ihm in dem **ethischen** Staat der Pflichten mit der Majestät des Gesetzes entgegenstellt, und sein Wollen fesselt, so darf er ihm im Kreise des schönen Umgangs, in dem **ästhetischen** Staat, nur als Gestalt erscheinen, nur als Objekt des freyen Spiels gegenüber stehen. **Freyheit zu geben durch Freyheit** ist das Grundgesetz dieses Reichs.
Der dynamische Staat kann die Gesellschaft bloß möglich machen, indem er die Natur durch Natur bezähmt; der ethische Staat kann sie bloß (moralisch) nothwendig machen, indem er den einzelnen Willen dem allgemeinen unterwirft; der ästhetische Staat allein kann sie wirklich machen, weil er den Willen des Ganzen durch die Natur des Individuums vollzieht. Wenn schon das Bedürfniß den Menschen in die Gesellschaft nöthigt, und die Vernunft gesellige Grundsätze in ihm pflanzt, so kann die Schönheit allein ihm einen **geselligen Charakter** ertheilen. Der Geschmack allein bringt Harmonie in die Gesellschaft, weil er

---

621) Briefe über die ästhetische Erziehung, NA 20, S. 378.

Harmonie in dem Individuum stiftet. Alle andre Formen der Vorstellung trennen den Menschen, weil sie sich ausschließend entweder auf den sinnlichen oder auf den geistigen Theil seines Wesens gründen; nur die schöne Vorstellung macht ein Ganzes aus ihm, weil seine beyden Naturen dazu zusammen stimmen müssen. Alle andere Formen der Mittheilung trennen die Gesellschaft, weil sie sich ausschließend entweder auf die Privatempfänglichkeit, oder auf die Privatfertigkeit der einzelnen Glieder, also auf das Unterscheidende zwischen Menschen und Menschen beziehen; nur die schöne Mittheilung vereinigt die Gesellschaft, weil sie sich auf das Gemeinsame aller bezieht."[622]

Gerade weil SCHILLER grundsätzlich davon ausgeht, daß der empirische Mensch ein Wesen ist, das sich notwendig zwischen den Polen seiner bloßen Sinnlichkeit und seiner reinen Vernunft entfaltet, das seinen beiden existentiellen Grundprinzipen also niemals entkommt[623], strebt er eine gesellschaftliche Möglichkeit an, die Sittlichkeit des Menschen nicht gegen sondern mit der Dimension der Sinnlichkeit zu erreichen. Seine Auffassung, daß diese beiden Pole menschlichen Lebens in ihrer reinen Form auch immer nur als Ideale begreifbar sind, die im empirischen Menschen gar nicht vereinzelt vorkommen können, zwischen denen er sich aber dennoch entwickelt, muß ihn dabei geradezu zu einem Menschenbild führen, in dem der Mensch erst dann ein seine gesamte Wesenheit umfassender Mensch wird, wenn er seine beiden Existenzdimensionen harmonisch in sich vereint. Die dialektische Verschränkung von Perzeption und Denken, von Sinnlichkeit und Vernunft, von Stoff und Form, von Materialität und Intelligibilität bleibt in SCHILLERs Menschenbild also

---

622) Briefe über die ästhetische Erziehung, NA 20, S. 410f.

623) Ganz deutlich wird diese Auffassung SCHILLERs, mit der er sich übrigens mit Ergebnissen moderner Wahrnehmungspsychologie in Einklang befindet, noch einmal in folgender Anmerkung: "Auch muß man nicht denken, als ob es eine Zeit gegeben habe, wo der Mensch nur in diesem physischen Stande sich befunden, und eine Zeit, wo er sich ganz von demselben losgemacht hätte. Sobald der Mensch einen **Gegenstand sieht**, so ist er schon nicht mehr in einem bloß physischen Zustand, und solang er fortfahren wird, einen Gegenstand zu sehen, wird er auch jenem physischen Stand nicht entlaufen, weil er ja nur sehen kann, insofern er empfindet." (Briefe über die ästhetische Erziehung, NA 20, S. 394.)

aus ontologischen, triebtheoretischen und empirischen Einsichten heraus auch dann die tragende Säule, wenn er davon spricht, daß der Mensch seiner Vernunftbestimmung nachzukommen habe: Menschliche Vernunft soll sich zwar entfalten, doch niemals auf Kosten der Sinnlichkeit, niemals ohne Rücksicht auf die Doppelnatur, die Ganzheit des Menschen, da sonst die einzig mögliche Weise der Freiheit des Menschen preisgegeben würde.

Ist es also das erklärte Ziel einer Gesellschaft, freie und mündige Bürger zu erziehen, die eine Durchsetzung der hohen sittlichen Werte Freiheit, Gleichheit und Brüderlichkeit als eigenverantwortliche normative Aufgabe zu erkennen und zu leben imstande sein sollen, so muß der Staat - SCHILLERs Verständnis vom Staat als Ausdruck einer Lebensgemeinschaft einzelner Menschen zufolge[624] - dafür sorgen, daß es den Menschen ermöglicht wird, sich im ästhetischen Zustand als Person zu verwirklichen.

---

624) Vgl. Kap. III.5.3 der vorliegenden Arbeit.

Soviel sah ich bald: Die Umstände machen den Menschen. Aber ich sah
ebensobald: Der Mensch macht die Umstände: er hat eine Kraft in sich
selbst, selbige vielfältig nach seinem Willen zu lenken. Sowie er dieses
tut, nimmt er selbst Anteil an der Bildung seiner selbst und an dem
Einfluß der Umstände, die auf ihn wirken.
(Johann Heinrich Pestalozzi)

IV Schillers Konzeption ästhetisch-personaler Bildung - Ertrag, Kritik und Perspektive

Mit meiner hier vorgelegten rekonstruktiven textimmanenten
Interpretation der Entwicklung ästhetisch-anthropologischer Überlegungen
und Einsichten SCHILLERs ist ein sehr breiter und komplexer
Spannungsbogen von frühen theoretischen Schriften bis hin zu seinen
Briefen über die ästhetische Erziehung des Menschen geschlagen worden.
Dies geschah in der doppelten Absicht, die herangezogenen Texte einer-
seits in ihren zentralen Argumentationsfiguren nachzuvollziehen, um sie
andererseits zugleich aber auch schon immer auf ihre möglichen bildungstheoretischen Implikationen hin zu befragen. Letztlich führte dieses
Verfahren zu einem affirmativ-interpretierenden Umgang mit den Texten,
das jetzt, nach deren verstehendem Nachvollzug mit Blick auf ein durch-
gängiges bildungstheoretisches Leitmotiv, durch ein kritisches
Grenzbewußtsein hinsichtlich der Tragweite der SCHILLERschen
Überlegungen ergänzt werden soll. Zu diesem Zweck präsentiere ich im
vorliegenden Kapitel zunächst noch einmal die wichtigsten Ergebnisse
meiner doppelten Textbefragung als verdichtetes Konzentrat. Im Anschluß
daran erfolgt deren kritische Diskussion aus der Sicht eines ganzheitlichen
Personbegriffs. Eine perspektivische Skizze meines sich von SCHILLER
herleitenden Bildungsverständnisses wird die Arbeit abschließen.

IV.1 Schillers Ästhetik im Licht einer bildungstheoretischen Interpretation

SCHILLER widmet sich in seinen zentralen ästhetischen Schriften dem
alten und großen philosophischen Themenkomplex des Zusammenhangs
von Natur und Geist, von Sinnlichkeit und Vernunft im Menschen. Wie gezeigt wurde, stellt er sich aber schon sehr früh (1779/80) die Frage nach ei-

237

nem der Wesenhaftigkeit des Menschen möglichst gerecht werdenden Verhältnis, in dem diese beiden fundamentalen Seinsmomente menschlicher Existenz zueinander stehen.[625] Noch etwa sieben Jahre bevor SCHILLER KANTs Bemühungen um eine Lösung eben dieser Frage durch die Lektüre der drei Kritiken kennenlernt und dort dem Vorschlag des Königsbergers begegnet, das Ästhetische als eine zwischen Sinnlichkeit und Vernunft vermittelnde Instanz im Menschen zu begreifen, formuliert er (1784) diesen Gedanken aus der Erfahrung seines eigenen künstlerischen Schaffens heraus. SCHILLER schlägt nämlich vor, den ästhetischen Prozeß des Anschauens eines Theaterstücks als Akt der gleichwertigen, mithin die ganze Wesenheit des Menschen umfassenden Vermittlung von Sinnlichkeit und Vernunft aufzufassen und somit die Bühne als Bildungsinstitution zu betrachten.[626] Zwei Jahre später (1786) wird dieser Vermittlungsakt von SCHILLER zwar nicht als ausdrücklich ästhetischer, so aber doch als ausdrücklich vom Subjekt zu vollbringender Akt gekennzeichnet.[627] Das doppelte Verständnis des Ästhetischen, wie es von SCHILLER später in den Briefen über die ästhetische Erziehung explizit als Gleichzeitigkeit von Zustand und Tat formuliert wird, ist also einer der Grundgedanken innerhalb seiner Philosophie. Es mittels einer ästhetischen Erziehung induzieren und damit dem Menschen zu einer seine beiden Existenzdimensionen umgreifenden Verfassung verhelfen zu wollen, ist SCHILLERs Leitmotiv im Nachdenken über die Genese des Menschen als sittlichem Wesen.

Herausgefordert durch die von KANT begründete Verlagerung aller Erkenntnis - also einschließlich ästhetischer Urteile - in das Subjekt, das eine Welt nur seinem Erkenntnisvermögen entsprechend erkennen kann, stellt sich SCHILLER (1792/93) in einem ersten von drei großen und zusammenhängenden Schritten die Aufgabe, apriorisch-objektive Kriterien für das ästhetische Urteil über einen Gegenstand aus vernünftig notwendigen Gründen heraus zu benennen.[628] Doch schon in seinem ersten der sogenannten Kalliasbriefe pflichtet er KANT bei, daß ein apriorisch-objekti-

---

625) Vgl. Kap. III.2.1 und III.2.2 der vorliegenden Arbeit.

626) Vgl. Kap. III.2.3 der vorliegenden Arbeit.

627) Vgl. Kap. III.2.4 der vorliegenden Arbeit.

628) Vgl. zu den folgenden Ausführungen Kap. III.3 dieser Arbeit.

ver Schönheitsbegriff nicht zu haben ist. Dies ist ein Umstand, der von Kritikern schon seit den Antwortschreiben KÖRNERs bis heute immer wieder übersehen worden ist, der aber eine immense Bedeutung für das Verständnis der gesamten SCHILLERschen Ästhetik hat. Es kommt nämlich darauf an, sehr genau zu sehen, daß SCHILLER am Begriff des Objektiven zwar weiterhin festhält, zugleich aber dessen Bedeutung mit neuem Inhalt füllt. Ästhetische Objektivität eines Gegenstandes meint bei ihm jetzt nämlich nicht mehr eine vom urteilenden Subjekt als unabhängig bestehend erkennbare reine Faktizität des Schönen. Vielmehr ist die angesichts einer spezifischen Anmutungsqualität eines in die Sinne fallenden Objekts vom Subjekt hervorgebrachte Vorstellung (Idee) des Schönen für SCHILLER von nun an der objektive Gehalt eines ästhetischen Urteilsaktes! Die objektive Schönheit, von der SCHILLER spricht, ist in seinem Verständnis also objektiv und subjektiv zugleich, ist Hervorbringung einer bestimmten Idee durch das Subjekt im dialektischen Bezug auf ein durch die Sinne bereitgestelltes und in seiner Spezifität vom Subjekt beurteiltes Gegenüber. Noch einmal anders und vereinfacht gewendet: Daß das Subjekt angesichts bestimmter sinnlich perzipierter Objekte nicht anders kann, als die Idee des Schönen hervorzubringen, ist für SCHILLER der objektive Gehalt des subjektiven ästhetischen Urteils schön. So gesehen muß das Schöne - jetzt also immer im differenzierteren Sinne als das als schön Beurteilte und zu Beurteilende zugleich gemeint - für SCHILLER prädestinierter Vermittler von Sinnlichkeit und Vernunft sein, da in ihm schon immer sinnliche (Anmutungsqualität) und geistige (Idee) Elemente präsent sind. Sie lassen einem Subjekt das Schöne als Erfahrung zuteil werden.

Diese vom Subjekt im Akt des Urteilens dem ästhetisch als schön beurteilten Objekt zuerkannte spezifische Verfaßtheit, kennzeichnet SCHILLER nun wiederum als eine dem Objekt vom Subjekt unterstellte freiheitliche Verhältnisbestimmung von materiellen und geistigen Anteilen. Er kann dies tun, da KANT ihm die Begründung des analogisierenden Verfahrens theoretischer und praktischer Vernunft geliefert hatte. Dieser Auffassung KANTs zufolge ist der Mensch in der Lage, seine Objekte in den reinen Formen theoretischer und praktischer Vernunft, mithin den Gesetzen der Logizität und Moralität, analog zu behandeln, wenn sie sich einer reinen Beurteilung aus bestimmten Gründen entziehen. Während diese analoge Beurteilung im Feld der theoretischen Vernunft durch die - teleologische -

Unterstellung einer dem Objekt zugrundeliegenden Begrifflichkeit vollzogen wird, findet bei der Anwendung der praktischen Vernunft eine entsprechende - ästhetische - Unterstellung einer dem Objekt eigenen Moralität statt. Da SCHILLER sich aber vorwiegend um die Klärung ästhetischen Urteilens bemüht, bleibt das teleologische Verfahren bei ihm im weiteren unerörtert. Entscheidend ist für ihn vielmehr, daß der Mensch in der Lage ist, Gegenstände, deren Erscheinungsweise immer durch ein logisch-kausales Bedingungsgefüge (Naturgesetze) erklärt werden kann und bis zu einem gewissen Grad (zwecks Unterscheidung sowohl vom Subjekt als auch von der übrigen Welt) sogar auf diese Weise erfaßt werden muß, so zu beurteilen, als ob deren Erscheinungsweise einer freien Selbstbestimmung entspringe, als ob sie mithin der selbstbezogenen Anwendung der reinen Form der praktischen Vernunft fähig wären.

Vereinfacht gesagt, ergeht für SCHILLER im ästhetischen Urteil die Frage an ein Objekt, ob es die Forderung nach der sittlichen Qualität einer freien Selbstbestimmung (denn dies ist die Norm reiner Moralität, die die praktische Vernunft erfüllt sehen möchte) dem Anschein nach (denn aufgrund es bedingender Gesetzlichkeiten muß ihm Selbstbestimmung seiner Existenz aus theoretisch-vernünftigen Gründen abgesprochen werden) aus eigener Kraft zu erfüllen vermag. Dieses "aus eigener Kraft" wird zum Dreh- und Angelpunkt aller folgenden Überlegungen SCHILLERs. Indem er dies betont, spricht er in den Kalliasbriefen deshalb auch von Heautonomie, von Autonomie aus sich selbst, von absoluter Selbstbestimmung. Wenn er infolgedessen Schönheit als Ergebnis eines so verstandenen ästhetischen Urteilsprozesses als Freiheit in der Erscheinung definiert, so meint er damit also diese, einem Objekt dem Schein nach zugrundeliegende, heautonome Selbstbestimmungsqualität. Sie kann dem Objekt aber nur dann zugestanden werden, wenn die Form seiner Erscheinung seine materiellen Bedingungen so in sich aufhebt, daß diese sich nicht mehr als Existenzgrund aufdrängen, daß also das Subjekt nicht zu einer theoretisch vernünftigen Beurteilung des Objekts veranlaßt wird, die über den notwendigen Unterscheidungsakt von sich und der diffusen Welt hinausgeht. Dies ist SCHILLER zufolge aber nur dann gegeben, wenn die materiellen (sinnlichen) und formalen (geistigen) **Bedingtheiten** des Objekts in der Weise harmonisch zusammenstimmen, daß sie als durch das Objekt **heautonom gesetzte** Existenz**bedingungen** erscheinen. Das Verhältnis von Materialität zur Formalität des Objekts, von dessen sinnlichmateriellem Sein zu dessen spezifischer Gestalt/ung, muß also vom Objekt wie "aus eigener Kraft" - SCHILLER spricht von Natur oder Person(alität) des Objekts - gestaltet erscheinen, damit das Objekt als ästhetisch frei, mithin als schön beurteilt werden kann.

Perspektivisch konnte ich am Beispiel eines beschnittenen Baumes im Anschluß an diese Überlegungen SCHILLERs zeigen, daß eine ästhetische Neubestimmung des aufklärerischen Mündigkeitspostulats von dieser Ästhetik her systematisch bereits intendiert ist: Denn wenn für das ästhetisch urteilende Subjekt die Schönheit des Objekts ein scheinhafter Ausdruck absoluter personaler Selbstbestimmung (Freiheit im Sinne von Heautonomie) des spezifischen Verhältnisses seiner Materie (sinnliche Existenz) und seiner Form (geistige Existenz) ist, dann ist umgekehrt die vom Menschen zu seiner ihm wesensgemäßen Verwirklichung geforderte Selbstbestimmung - von ästhetischen Urteilskriterien aus betrachtet - auch nur in einer wenigstens scheinbar heautonom harmonisierenden Verhältnisbestimmung seiner psycho-physischen Sinnlichkeit zu seiner mentalen Vernunft zu haben. Kurz gesagt: Der Mensch muß zumindest schön erscheinen, wenn er frei in Erscheinung treten soll.

Für eine pädagogische Reflexion ist diese Ästhetisierung des Selbstbestimmungsgedankens deshalb von Bedeutung: Sofern Bildung als Gestaltungsprozeß der Person begriffen wird und ihr dabei an der Mündigkeit des Menschen gelegen ist, muß sie sich dann auch als selbstbestimmte, d. h. eigenverantwortliche und eigenaktive Erfüllung der ästhetischen Forderung nach Schönheit, im Sinne von personaler Heautonomie in der Erscheinung, verstehen. Ist das der Fall, gewinnt sie als ein Werdeprozeß des Menschen Gestalt, der beiden humanen Seinsdimensionen, den sinnlichen wie den vernünftigen Wesenelementen des Menschen, gerecht zu werden sucht.

Völlig folgerichtig nimmt SCHILLER in einem zweiten Schritt die in den Kalliasbriefen nur indirekt enthaltene Perspektive einer ästhetischen Neufassung des aufklärerischen Mündigkeitspostulats auf und führt sie in seinem unmittelbar darauf folgenden Aufsatz "Ueber Anmuth und Würde" (1793) selbst positiv aus.[629] Unter dem Maßstab seiner vorausgegangenen Schönheitsdefinition fragt er jetzt, wann denn der Mensch - als ein in die Sinne fallendes und ästhetisch zu beurteilendes Objekt betrachtet - schön

---

629) Vgl. hierzu Kap. III.4 meiner vorliegenden Arbeit.

sei. Die Antwort fällt dem Schema der Kalliasbriefe entsprechend aus: Sobald seine Materie (sinnliche, psycho-physische Existenz) so harmonisch mit seiner Form (geistige, vernünftige Existenz) zusammenstimmt, daß seine Erscheinungsweise wie durch ein ihm wesenhaftes freies Potential der Selbstbestimmung (die Person) gestaltet wirkt.

Diese Antwort wäre für meinen Arbeitszusammenhang unbedeutend, wenn SCHILLER ihr nicht sein duales Menschenbild an die Seite stellen würde. Denn indem er davon ausgeht, daß der empirische Mensch tatsächlich zugleich sowohl ein sinnlich-triebhaftes als auch ein geistig-personales Wesen ist, ergibt sich aus seiner Sicht eine anthropogenetisch bedingte strukturelle Äquivalenz zwischen dem schönen Gegenstand und dem Menschen, die zugleich eine entscheidende Differenz aufweist: Dem schönen Objekt wird nämlich im ästhetischen Urteil, wie SCHILLER es sich denkt, ein Persönlichkeitspotential unterstellt, mit dem es scheinhaft über das Verhältnis zwischen seinen sinnlichen (materialen) und seinen geistigen (formalen) Elementen verfügt. Der Mensch hat aber in SCHILLERs Menschenbild dem schönen Objekt ganz entsprechend solch ein Persönlichkeitspotential, mit dem er - in den Grenzen der für ihn geltenden Naturgesetze - frei gestaltend über sich verfügen kann. Er ist tatsächlich (nicht nur qua Unterstellung) in der Lage, über sich selbst (in naturbedingten Grenzen) zu bestimmen. Er kann etwa aus freiem Willen ein moralisches Vernunftgesetz für sich aufstellen, um seine triebhaften Begierden (seine Sinnlichkeit) dadurch zu zügeln (zu formen), mithin seine Erscheinungsweise (hier: sein Verhalten) zu gestalten. So gesehen kommt dem Menschen also wesenhaft und anlagegemäß ein Selbstbestimmungspotential zu, das SCHILLER als selbstschöpferische/selbstgestaltende Personalität begreift, und das er mit KANT als ein intelligibles Prinzip bezeichnet. Bedeutungsvoll ist diese strukturelle Äquivalenz zwischen schönem Objekt und dem Wesen des Menschen deshalb, weil dem Menschen damit schon von seiner natürlichen Anlage her alle Bedingungen zukommen, die einem Objekt im ästhetischen Urteilen zuerkannt werden müssen, um als schön beurteilt zu werden. Anders gesagt: Das Wesen des Menschen ist potentiell das Schöne. Während aber, wie SCHILLER sagt, das Schöne nur als scheinbare personal heautonome Verhältnisbestimmung von Sinnlichkeit und Vernunft zu verstehen ist, besteht das Wesen des Menschen in einer faktischen heautonomen Verhältnisbestimmung seiner Sinnlichkeit und seiner Vernunft. Die nämlich kommt ihm qua seiner Personalität insofern wirklich zu, als er aus freiem Willen über seine Natur (in den Grenzen der Naturgesetze) bestimmen kann.

Mit dieser Ästhetisierung seines Menschenbildes ist SCHILLER einen ganz entscheidenden Schritt über eine bloße Übertragung seiner Einsichten in den Kalliasbriefen hinausgegangen. Denn indem er seinen Schönheitsbegriff in der beschriebenen Weise mit seiner Anthropologie verknüpft, formuliert er jetzt selbst ein Bildungsideal, das die Verwirklichung des Menschen nur noch im Sinne einer tatsächlichen Genese von Schönheit, im Sinne heautonomer Gestaltung sinnlicher und vernünftiger Elemente durch die Person, zu begreifen vermag, und das in den Kalliasbriefen nur indirekt enthalten war. Es kann nun begründetermaßen als ein ästhetisch-personales Bildungsideal ausgewiesen werden, das eine ganzheitliche, d. h. sinnliche und vernünftige Seinselemente gleichermaßen berücksichtigende Verwirklichung der heautonomen Person zum Ziel hat. Abgeleitet wird dieses Ideal, das auch von SCHILLER selbst immer nur als regulative Idee vom Menschen verstanden wird, in "Ueber Anmuth und Würde" ausschließlich mittels einer ästhetischen Argumentationsführung. Insofern sprach ich hier von einer anthropologischen Ästhetik SCHILLERs. Sie wird zur ästhetischen Anthropologie, indem SCHILLER - wiederum ganz folgerichtig - die Frage stellt: Unter welchen Bedingungen ist der Mensch eigentlich ein Mensch?

Zwecks einer systematischen Begründung seiner Antwort auf diese Frage beginnt SCHILLER kurz nach der Fertigstellung seines Aufsatzes (1793) in einem dritten Schritt mit der Niederschrift seiner Augustenburger Briefe, die von ihm später (1794/95) in ihrer weitaus komplexeren, und im Rahmen der vorliegenden Arbeit interpretierten Neufassung als Briefe über die ästhetische Erziehung des Menschen veröffentlicht werden.[630] Er stellt diesem Projekt eine kulturkritische Analyse seiner Zeit voran, die deutlich werden läßt, daß die modernen gesellschaftlichen Bedingungen jedenfalls nicht geeignet sind, dem Doppelwesen Mensch zu einer Existenz in einer seinen beiden Seinsdimensionen gerecht werdenden Weise zu verhelfen. Aus diesem Dilemma, so seine bekannte These, führe nur die schöne Kunst, weshalb der Mensch ästhetisch zu erziehen sei. Neu ist in diesem

---

630) Vgl. zu meinen folgenden Ausführungen Kap. III.5 dieser Arbeit.

Zusammenhang die Konkretisierung seines bereits im Schaubühnenaufsatz vorformulierten Hinweises, daß eine ästhetische Erziehung mit dem Ziel der Erfüllung der Bestimmung des Menschen im Blick auf den einzelnen zugleich eine Hoffnung auf eine gesamtgesellschaftliche Neuerung in der Weise mit sich bringe, daß gerade hieraus ein freiheitlicher Vernunftstaat freier Bürger entstehe.

Im Anschluß hieran wendet sich SCHILLER in mehrfachen Anläufen ausführlichst einer systematischen Absicherung seines dualen Menschenbildes zu. Noch einmal entfaltet er seine Auffassung vom Menschen als sinnlich-vernünftigem Doppelwesen, wobei er sich nun, unter Hinzuziehung von den - sein eigenes Konzept unterstützenden - Einsichten FICHTEs, auf eine ontologisch-triebtheoretische Entfaltung menschlicher Existenz einläßt. Deren Argumentationsgang kann hier nur äußerst holzschnittartig wiedergegeben werden, ohne den Umfang einer bündigen Zusammenfassung zu übersteigen. In ihrem Ergebnis läßt sie sich wie folgt darstellen:

SCHILLER unterscheidet jetzt die beharrende Person - er spricht auch vom geistigen Selbst des Menschen im (KANT-FICHTEschen) Sinne eines aller Wahrnehmung und daran gekoppelter Erkenntnis zugrundeliegenden sich selbst gewissen Intelligenzsubjekts - von deren wechselnden Zuständen. Beide betrachtet er als fundamentalontologische Seinsgrößen des Menschen, die in ihm einerseits zwar niemals eine Einheit sind; dies gilt nur für Gott. Andererseits werden sie aber nur in einer existenznotwendigen dialektischen Wechselseitigkeit als (subjektive) Wirklichkeit erfahrbar. Denn der Geist im Menschen braucht eine Materie (wechselnde Zustände), an der er sich verwirklichen kann, und die menschliche Materie braucht einen Geist, um als solche erkannt werden zu können.

Daß dieser Wechselbezug von Person und Zuständen im Menschen gewährleistet ist, schreibt SCHILLER zwei entsprechend fundamentalen Trieben zu, die er systematisch konsequent als Stofftrieb (sinnlicher Trieb) und als Formtrieb (vernünftiger Trieb) bezeichnet. Diese Triebe, so SCHILLER weiter, verfolgen für sich betrachtet zwar jeweils ein anderes Ziel. Doch da der eine auf die Verwirklichung der wechselnden Zustände und der andere auf die Verwirklichung der beharrenden Person des Menschen zielt, und sowohl die Person als auch die Zustände des Menschen immer nur im dialektischen Wechselbezug für den Menschen Wirklichkeit sind, müssen und können auch beide Grundtriebe in einem dialektisch-wechselseitigen Abhängigkeitsverhältnis zueinander gedacht werden. Problematisch wird diese Triebaktivität laut SCHILLER immer dann, wenn einer der beiden Triebe eine Vormachtstellung vor dem jeweils anderen erhält. Denn dann besteht für den Menschen die Gefahr einer Entfremdung von sich selbst, d. h. hier: entweder seine materiale oder seine personale Wirklichkeit zu verlieren, deren beider er aber schon aus ontologischen Einsichten heraus wesensnotwendig bedarf.

Doch das Konzept der wechselseitigen Triebabhängigkeit meint bei SCHILLER schon immer mehr als nur eine abwechselnde Befriedigung eines der beiden Grundtriebe und hält damit implizit eine Materialität und Geistigkeit zur Einheit versöhnende dritte Existenzdimension bereit. Eben weil SCHILLER nämlich dieses Triebverhältnis als dialektisches begreift, impliziert es eine gerade in der Wechselseitigkeit generierte dritte Triebqualität, die er begründetermaßen Spieltrieb nennt. Dieser Spieltrieb hat für SCHILLER im Vergleich zu den beiden Grundtrieben insofern eine andere Qualität, als er Stoff- und Formtrieb in sich bewahrend, d. h. eben nicht auslöschend oder unterdrückend, aufhebt. Wird er durch die Wahrnehmung eines ihm entsprechenden (schönen) Objekts, eine lebende Gestalt, befriedigt, erfährt sich der Mensch als doppelt dimensioniertes Wesen, erlebt er seine Materialität und seine Personalität in eins und zugleich als subjektive Wirklichkeit. Hierin wird der Mensch idealiter selbst zur lebenden Gestalt, erfüllt er also idealiter die ästhetische Forderung nach Schönheit, indem er seine doppelte Wesenheit lebt.

Schönheit - sowohl von Dingen als auch von Menschen - ist für SCHILLER nun aber, wie gezeigt wurde, nur als relationale Freiheit, nur als personal-heautonome Verhältnisbestimmung sinnlicher und vernünftiger Seinselemente denkbar. Wenn SCHILLER aufgrund seiner Triebtheorie den Vorgang der Spieltriebbefriedigung als das Spiel bezeichnet, in dem sich eine dialektische Zusammenstimmung der materialen und geistigen Existenzdimension des Menschen ereignet, so ist sein ontologisch-triebtheoretischer Spielbegriff also bloß eine weitere Variante dieses ästhetischen Freiheitsgedankens. SCHILLER sieht das selbst und gibt daher den Spielbegriff sehr rasch wieder auf. Außerdem ist ihm daran gelegen, sein darin enthaltenes spezifisches Freiheitsverständnis - im Sinne von Freiheit in der Erscheinung - explizit als eine für den Menschen subjektiv real erfahrbare Existenzqualität nachzuweisen, da er die aufklärerische Hoffnung auf Erfüllung einer sittlichen Lebensgemeinschaft aller Menschen an die vom Einzelsubjekt gemachte Erfahrung dieser relationalen Freiheit aus gemischter Menschennatur gebunden sieht. Zu diesem Zweck gibt er in einem dritten und letzten großen Gedankengang den Personbegriff preis und unterscheidet nun mit scharfer Präzision vier verschiedene Zustandsvariationen des Menschen. Er verändert damit also zugleich auch seinen Zustandsbegriff. Gegenüber seiner vorherigen Unterscheidung von Person und Zuständen gewinnt SCHILLER so eine griffigere Differenzierung zwischen geistig-personaler Freiheit (idealischer Zustand absoluter Freiheit im Sinne des KANT-FICHTEschen Intelligenzprinzips des Menschen; unendliches Ich) und den den Menschen einseitig bedingenden Zuständen des Empfindens oder des Denkens (endliches Ich). Ein letztes Mal weist SCHILLER in diesem Zusammenhang mit Nachdruck darauf hin, daß aber beim empirischen Menschen die geistig-personale Dimension seinsnotwendig an dessen Bedingtheitszustände geknüpft ist, daß mithin die personale Dimension des Menschen immer existentiell und damit unhintergehbar an nicht-personale Bedingtheiten gebunden ist. (SCHILLER ist also keinesfalls ein schwärmerischer Idealist im platten Sinn.) Diese impersonalen Bedingtheitszustände sind insofern von außerordentlicher Bedeutung in SCHILLERs Freiheitskonzeption, da in dem Moment des Übergangs von einem in den anderen ein weiterer Zustand durchlaufen wird, in dem der Mensch weder vordergründig empfindet noch einschränkend denkt, in dem also eine relationale Freiheit von der Nötigung zur Erfüllung von Stoff- und Formtrieb gegeben ist, ohne daß damit zugleich der Wirkung der beiden Grundtriebe ein Ende gesetzt ist. Insofern erfüllt dieser Moment also die in den Kalliasbriefen und in "Ueber Anmuth und Würde" erarbeiteten Bedingungen des Schönen, weshalb ihn SCHILLER auch als ästhetischen Zustand bezeichnet. In ihm ist der Mensch gleichermaßen sinnlich und geistig aktiv, lebt er also seine doppelte Dimensioniertheit, ohne eines seiner beiden Grundprinzipen durch das jeweils andere zu unterdrücken. Nimmt man SCHILLERs Ästhetik als ganze ernst, so kommt ihr zufolge in diesem - und zwar nur in diesem! - ästhetischen Zustand als explizit schönem Zustand das Personprinzip im Sinne eines absoluten Selbstbestimmungsprinzips zu seiner empirisch-relativen Geltung. Denn allein in ihm erlebt der Mensch die relationale Freiheit (die Freiheit des harmonischen Zusammenspiels sinnlicher und geistiger Elemente) als Freiheit zur Selbstbestimmung (im Sinne der Abwesenheit von Triebnötigung) subjektiv als Wirklichkeit. Im ästhetischen Zustand erfährt sich also der Mensch als heautonome Person frei in und zu seiner doppelten Bestimmung zum sinnlich-vernünftigen Wesen; hier ist er bedingt und unbedingt zugleich.

Mehr, als diese personal-heautonome Freiheit zu werden, was der Mensch anlage- und also wesensgemäß ist, ist aus SCHILLERs Sicht im endlichen Leben nicht zu erreichen. Sie ist ihm, als Verfechter des aufklärerischen Mündigkeitspostulats, daher höchstes Ziel und Gut, dem sich eine Gesellschaft mit aller Kraft zu nähern hat. Auch wenn SCHILLER der gattungsgemäßen Entwicklung des Menschen von einer natürlichen zu einer vernünftigen Gesellschaft prinzipiell zustimmt, so wendet er sich daher vor dem Hintergrund seiner ästhetisch-anthropologischen Einsichten gegen jeden Vernunftstaat, der unter Mißachtung der spezifisch ästhetischen Qualität personaler Freiheit, d. h. der durch Unterdrückung der sinnlichen Existenzdimension des Menschen geschaffen und erhalten wird. Eine vernünftige Gesellschaft bleibt für SCHILLER somit nur ein Ziel in dem Sinne, als sie sich bei größtmöglicher konsensueller Freiheit aller durch die Einsicht in die gelebte ästhetische Freiheit des einzelnen konstituiert.

Mit dieser, die Briefe abschließenden Rückbindung an seine eingangs geleistete Gesellschafts- und Kulturkritik hat SCHILLER sein ästhetisch-personales Bildungsideal politisiert. Das produktionsästhetische, selbstschöpferische Personprinzip erfährt seine Begrenztheit nicht nur im Wesen des empirischen Menschen sondern auch in der sozialen Gemeinschaft. Diese wiederum hat für die Sicherung einer ästhetischen Kultur zu sorgen, da eine tendenziell bloß sinnliche oder bloß rationale Kultur nicht die Bedingungen für ein Leben in ganzheitlicher Freiheit, mithin für ein menschenwürdiges Leben, zu gewährleisten vermag. Der Mensch, in SCHILLERs ästhetischer Anthropologie als das sich bildende Wesen schlechthin gedacht, erlangt für SCHILLER aber nur in dieser schönen Freiheit einen Zustand relativer (weil endlich bedingter) heautonomer Selbstbestimmung. Ein in diesem Sinne Mündigkeit zeitigender Bildungsprozeß des Menschen ist somit von SCHILLER her immer nur als ästhetischer Prozeß zu verstehen.

SCHILLERs ästhetische Erziehung zur Selbstbestimmung in diesem ganzheitlichen, Sinnlichkeit und Vernunft gleichermaßen umfassenden Prozeß hat dann nichts gemein mit allen jenen Konzeptionen, die mit Rücksicht auf die sinnliche Existenzdimension des Menschen eine Abfederung der vorwiegend rationalen Kultur durch ästhetische Einlagen in

Stunden der Muße fordern. Als ästhetische Bildung meint sie vielmehr einen Prozeß ästhetisch-personaler Menschwerdung des Menschen in jeder Lebenssituation.

IV.2 Kritische Anmerkungen zu Schillers Konzept ästhetisch-personaler Bildung

Wie verschieden die weithin bloß allgemeinen oder sich immer wieder spezifisch auf die sprachliche Verschrobenheit beziehenden Reaktionen waren, die auf SCHILLERs Ästhetik bereits unmittelbar nach der Veröffentlichung der Briefe über die ästhetische Erziehung des Menschen erfolgten, läßt sich sehr anschaulich bei WILKINSON und WILLOUGHBY nachlesen. Begeisterten Zustimmungsbekundungen etwa bei GOETHE, HEGEL und KANT standen vernichtende Urteile beispielsweise von GARVE, HERDER, KLOPSTOCK oder den Brüdern SCHLEGEL gegenüber.[631] Ein Phänomen der SCHILLER-Rezeption, das sich bis heute durchhält, selbst wenn diese sich um eine inhaltliche Analyse der philosophischen Schriften SCHILLERs bemüht.[632] Eine zentral herausragende Schwierigkeit aber, die in solchen Diskussionszusammenhängen immer wieder auftritt, ist der Scheinbegriff SCHILLERs, wie er in den Kalliasbriefen entwickelt wurde.

---

631) Vgl. WILKINSON, Elizabeth M./WILLOUGHBY L.A.: Schillers ästhetische Erziehung des Menschen. Eine Einführung. München 1977, S. 143 - 149. GOETHEs Zustimmung zu SCHILLERs Briefen war allerdings nicht ganz so ungeteilt, wie WILKINSON und WILLOUGHBY es darstellen. (Vgl.: GAIER, Ulrich: Soziale Bildung gegen ästhetische Erziehung. Goethes Rahmen der "Unterhaltungen" als satirische Antithese zu Schillers "Ästhetischen Briefen" I-IX. In: BACHMAIER, Helmut/RENTSCH, Thomas [Hrsg.]: Poetische Autonomie? Zur Wechselwirkung von Dichtung und Philosophie in der Epoche Goethes und Hölderlins. Stuttgart 1987, S. 207 - 272; PFAFF, Peter: Das "Horen-Märchen". Eine Replik Goethes auf Schillers Briefe über die ästhetische Erziehung. In: ANTON, Herbert u. a. [Hrsg.]: Geist und Zeichen. Festschrift für Arthur Henkel. Heidelberg 1977, S. 320 - 332.)

632) Man stelle nur einmal die (bereits von mir erwähnten) fast zum gleichen Zeitpunkt erscheinenden SCHILLER-Rezeptionen Cathleen MUEHLECK-MÜLLERs und Hartmut SCHEIBLEs einander gegenüber. (Vgl. MUEHLECK-MÜLLER, Cathleen: Schönheit und Freiheit. Die Vollendung der Moderne in der Kunst. Schiller - Kant. Würzburg 1989 und SCHEIBLE, Hartmut: Wahrheit und Subjekt. Ästhetik im bürgerlichen Zeitalter. Reinbek 1988, S. 171 - 189.)

Ich habe in Kapitel III.3.2 der vorliegenden Arbeit bereits darauf verwiesen, daß KÖRNER - als SCHILLERs Freund und Briefpartner - der erste war, der sich kritisch zu SCHILLERs Bemühungen um einen sogenannten objektiven Begriff des Schönen geäußert hat. KÖRNERs Kritik richtet sich gegen einen Schönheitsbegriff, bei dem einem ästhetisch zu beurteilenden Objekt Selbstbestimmungsfähigkeit (Personalität) mit Hilfe eines analogisierenden Verfahrens praktischer Vernunft vom urteilenden Subjekt immer erst unterstellt werden muß. Dann erst erscheine es als freies Objekt. Die Freiheit des schönen Objekts bleibe somit - wie bei KANT - subjektive Bestimmung eines Rezipienten und sei daher nicht als objektives Merkmal des Schönen nachgewiesen.

Sieht man hier einmal davon ab, daß KÖRNER offensichtlich SCHILLERs eigene Korrektur des Vorhabens nicht ernst genug nimmt, in der dieser einen rein objektiven Schönheitsbegriff zugunsten einer explizit sinnlich-objektiven Konzeption aufgibt[633], bleibt doch das damit von KÖRNER angesprochene Problem bestehen: Die schöne Freiheit eignet nur dem Schein nach einem Objekt, wirklich vorhanden ist sie nicht. Damit ist eine grundlegende Schwierigkeit von SCHILLERs gesamten folgenden auf diesem spezifischen Schönheitsbegriff aufbauenden Überlegungen genannt, die immer wieder Anlaß zu grundsätzlicher Kritik bietet.

IV.2.1 Schillers Konzept ästhetischer Autonomie - eine Illusion?

Eine außerordentlich polemische Stellungnahme zu SCHILLERs Schönheitsbegriff im Sinne erscheinender Freiheit eines ästhetisch beurteilten Objekts findet sich bei Hartmut SCHEIBLE: Allerdings übersieht auch er die von SCHILLER bereits am Anfang der Kalliasbriefe durchgeführte Korrektur des Objektivitätsbegriffs im Bereich des Schönen. SCHEIBLE zufolge will SCHILLER nämlich die Schönheit eines Gegenstandes als "objektiven Begriff" nachweisen, der das Subjekt des ästhetischen Urteils ganz gezielt "überflüssig" werden lassen solle, um es "aus Kunst und Ästhetik zu vertreiben".[634] Wie jedoch gezeigt wurde[635], wird Schönheit

---

633) Vgl. meine Einleitung in das Kalliaskapitel.

634) SCHEIBLE, Hartmut: Wahrheit und Subjekt. Ästhetik im bürgerlichen Zeitalter. Reinbek 1988, S. 177.

635) Vgl. Kap. III.3.2 der vorliegenden Arbeit.

von SCHILLER grundsätzlich dialektisch als Anmutungsqualität eines Objekts gedacht, die aus dessen verstandesgemäß gleichwohl notwendiger, sich aber nicht der Verstandestätigkeit aufdrängender Regelstruktur (Technik) resultiert und somit ein ästhetisches Urteilen **des Subjekts** überhaupt erst herbeiführt. SCHEIBLE berücksichtigt dieses spezifisch dialektische Schönheitsverständnis SCHILLERs nicht und behauptet, SCHILLERs Ästhetik scheitere gerade daran, daß SCHILLER aus dem Zusammenhang herausgerissene Positionen der Ästhetik KANTs beliebig übernehme und daher das ästhetische Urteil nicht als Akt der theoretischen, sondern der praktischen Vernunft begreife. In Konsequenz dessen gelange SCHILLER zu seiner bekannten Schönheitsdefinition, bei der es gerade das Subjekt sei, das dem ästhetisch beurteilten Objekt Freiheit (Abwesenheit jeder Heteronomie) unterstellen müsse, wenn für es der Gegenstand schön sein soll.[636]

Doch wenn es SCHILLER, so SCHEIBLE weiter, somit schon nicht gelungen sei, das Subjekt aus der Ästhetik zu eliminieren, so verurteile er es auf diese Weise doch zumindest "zum Schweigen", "wann immer Vernunft und Anschauung in Konflikt zu geraten drohen".[637] Denn Schönheit sei somit für SCHILLER ausdrücklich nur als scheinbare Freiheit eines Objekts zu haben, die von SCHEIBLE als "ein bloßes Trugbild", "als unverbindlich, gauklerisch, der Wirklichkeit widersprechend" apostrophiert wird, und an der also keinerlei kritische Reflexion des Subjekts mehr Teil habe. Besonders empörend sei daran aber, "daß der trügerische Anspruch des Scheins, Erscheinung von Freiheit zu sein, [von SCHILLER] als letztes Ziel der Kunst angegeben" werde.[638]

Von dieser, an den Kalliasbriefen gewonnenen, Beurteilung der Schönheitsdefinition SCHILLERs ausgehend nimmt SCHEIBLEs SCHILLER-Verriß eine fast schon zwanghafte Verlaufsform an, auf deren Rekonstruktion ich hier verzichte, da sie nichts Neues mehr bereithält.[639] Da SCHEIBLE offensichtlich nicht den symbolischen Gehalt des spezifisch

---

636) SCHEIBLE, Hartmut: a.a.O., S. 178f.

637) SCHEIBLE, Hartmut: a.a.O., S. 179.

638) SCHEIBLE, Hartmut: a.a.O., S. 180.

639) Vgl. SCHEIBLE, Hartmut: a.a.O., S. 180 - 189.

relationalen Freiheitsverständnisses SCHILLERs im Sinne eines quasi personal bestimmten Verhältnisses sinnlicher und vernünftiger Elemente eines vom Subjekt ästhetisch beurteilten Objekts wahrzunehmen vermag, entgeht ihm später nicht nur dessen imperative Bedeutung für SCHILLERs Konzept ganzheitlichen Menschseins, wie ich sie indirekt schon an den Kalliasbriefen, direkt aber in SCHILLERs Essay "Ueber Anmuth und Würde" herausgearbeitet habe.[640] Zugleich übersieht er infolgedessen auch die entscheidende Differenz in SCHILLERs Ästhetik zwischen der - selbstverständlich empirisch begrenzten - faktischen personalen Selbstbestimmungsfähigkeit des Menschen und einer dem schönen Objekt bloß unterstellten Freiheit. So gelangt SCHEIBLE denn auch zu der m. E. fragwürdigen Einschätzung, daß es SCHILLER mit der in den Briefen über die ästhetische Erziehung vorgenommenen Übertragung seiner ästhetischen Theorie auf die modernen gesellschaftlichen Bedingungen nicht "um die Autonomie des Subjekts [... gehe,] sondern nur noch um die Autonomie des mit der Wirklichkeit nicht länger zu vermittelnden ästhetischen Scheins."[641] Deutlich wird hierbei noch einmal SCHEIBLEs Verständnis von "Schein" im Sinne von Scheinhaftigkeit, mithin im Sinn einer verlogenen Hinwegtäuschung der realen Gegebenheiten.[642] Eine Auffassung, die dem doppelsinnigen Scheinbegriff nicht gerecht wird. Denn "scheinen" hat die indogermanische Wurzel "skai-", was zunächst einmal "glänzen" und "schimmern" bedeutet. Im Germanischen hat es den Sinn von "glänzen" und "leuchten", woraus sich im Deutschen einerseits "sich zeigen, offenbar werden" entwickelte, "wofür heute nur **erscheinen** gilt". Darüber hinaus hat "scheinen" andererseits allerdings auch die Bedeutung von einem

---

640) Vgl. oben, Kap. III.3.4, III.4.2 und III.4.3. Nebenbei bemerkt widmet SCHEIBLE in seinen Ausführungen "Ueber Anmuth und Würde" gerade mal einen Satz. (Vgl. SCHEIBLE, Hartmut: Wahrheit und Subjekt. Ästhetik im bürgerlichen Zeitalter. Reinbek 1988, S. 180.)

641) SCHEIBLE, Hartmut: a.a.O., S. 187.

642) Ich unterscheide im folgenden sprachlich zwischen scheinbarer und scheinhafter Freiheit: Sage ich "scheinbar", so ist damit SCHILLERs spezifischer Gedanke einer ästhetischen Freiheit gemeint, die dem ästhetisch Urteilenden an einem schönen Objekt offenbar wird. Mit "scheinhaft" hingegen meine ich die Beurteilung ästhetischer Freiheit als Betrug, als Vorspiegelung falscher Tatsachen.

"trügerischen äußeren Bild [...], dem keine Wirklichkeit entspricht."[643] Spricht SCHILLER von Schönheit als Freiheit in der Erscheinung, so liegt es also auch schon wortgeschichtlich nahe, hierin noch eine andere Bedeutung als nur die Vorgaukelei von Freiheit zu verstehen, nämlich das Offenbarwerden von Freiheit.[644]

Auch andere Autoren verhalten sich kritisch gegenüber SCHILLERs Scheinbegriff und der an ihn geknüpften Autonomievorstellung, tun dies jedoch sachlicher und differenzierter als SCHEIBLE. So macht beispielsweise Rolf GRIMMINGER darauf aufmerksam, daß "Kunst" in SCHILLERs Konzept denknotwendigerweise autonom erscheinen müsse, soll sie überhaupt je gesellschaftsverändernd wirken können, "denn anders wäre sie Teil der historischen Entfremdung und demnach selber Unwert oder allenfalls noch dessen Dekoration." Nur als Phänomen, das scheinhaft autonom existiert, könne Kunst nämlich "a priori Kritik an einer inhumanen Praxis" sein, bliebe ihre eigene empirische Herkunft aus einer den Menschen zerstörenden Gesellschaft verborgen.[645] SCHILLER verstricke sich mit diesem Konzept des schönen Scheins in der Kunst aber

---

643) DER GROSSE DUDEN: BAND 7. Mannheim 1963, S. 598. Vgl. zur bis ins 18. Jahrhundert reichenden Bedeutung von "Schein" und "scheinen" im Sinne eines hervorleuchtenden Glanzes auch GRIMM, Jacob/GRIMM, Wilhelm: Deutsches Wörterbuch. Achter Band. Leipzig 1893, Sp. 2423f und 2443f. Interessant ist in diesem Zusammenhang auch der Hinweis, daß "scheinen" in der schwäbischen Mundart (SCHILLER war bekanntlich Schwabe und "schwäbelte" nach Aussagen von Zeitzeugen außerordentlich stark) selbst die Bedeutung von "schön sein" eines Menschen oder einer Sache haben konnte. (GRIMM, Jacob/GRIMM, Wilhelm: a.a.O., Sp. 2447.)

644) SCHILLER selbst bezeichnet in seinen Kalliasbriefen das Erscheinen der Freiheit wörtlich als ein Offenbarwerden von Freiheit im übertragenen Sinne ihres Hervorleuchtens oder -scheinens. (Vgl. Kalliasbriefe, S. 168 sowie Kap. III.3.2 der vorliegenden Arbeit.) Eine diesem Verständnis von "Schein" bzw. "erscheinen" systematisch und außerordentlich gründlich nachgehende Arbeit ist bereits 1970 vorgelegt worden. Vgl. HEUER, Fritz: Darstellung der Freiheit. Schillers transzendentale Frage nach der Kunst. Köln und Wien 1970. (Vgl. hier bes. S. 102 - 109.)

645) GRIMMINGER, Rolf: Die ästhetische Versöhnung. Ideologiekritische Aspekte zum Autonomiebegriff am Beispiel Schiller. In: BOLTEN, Jürgen [Hrsg.]: Schillers Briefe über die ästhetische Erziehung. Frankfurt/Main 1984, S. 176.

"in einen unauflösbaren Widerspruch: wie nämlich soll eine Kunst, deren Abstinenz von jeder Praxis um ihrer Humanität willen gefordert wird, jemals wieder auf diese Praxis zurückwirken?"[646]

Ganz ähnlich formuliert auch Peter BÜRGER:

"Da die theoretische Anstrengung vor allem auf die Sicherung der Autonomie des Scheins abzielt, läßt sich eine Wirkung des Scheins auf die Realität schwer mehr denken. Wo es Schiller um die gesellschaftliche Funktion der Kunst geht, muß er daher in Widerspruch zu seinem eigenen Ansatz geraten."[647]

Ein Einwand, den auch ich insbesondere im Blick auf die Kalliasbriefe - trotz seines vorausgesetzten Verständnisses von "Schein" als Täuschung - für berechtigt halte. Denn er bezieht sich in SCHILLERs Ästhetik, wie anhand der Zitate GRIMMINGERs und BÜRGERs deutlich wird, auf den revolutionären Charakter von Kunst, oder allgemeiner: auf als schön beurteilte Objekte und deren Humanität wiederherstellende Wirkung auf die Gesellschaft. Eine **unmittelbare** "Heilung" des von einseitig sinnlichen oder rationalen Ansprüchen innerlich zerrissenen Menschen und eine damit einhergehende Überwindung der den Menschen zunehmend entfremdenden gesellschaftlichen Verhältnisse durch scheinbar freie Objekte wird bei einem derart aporetischen Kunstbegriff in der Tat nicht sichtbar. Die von SCHILLER in seinem Schaubühnenaufsatz noch sehr monokausal begründete und geradezu naiv formulierte These, daß der Mensch im Kunstgenuß zu sich zurückgeführt werde[648], muß deshalb von SCHILLERs Konzept von Autonomie her, nämlich Autonomie im Sinne scheinbarer Freiheit als illusionär zurückgewiesen werden. Auch wenn ihre spätere Wiederaufnahme in den Briefen über die ästhetische Erziehung des Menschen[649] angesichts dieser Kritik zunächst vielleicht ähnlich naiv an-

---

646) GRIMMINGER, Rolf: a.a.O., S. 178.

647) BÜRGER, Peter: Zur Kritik der idealistischen Ästhetik. Frankfurt/Main 1983, S. 64. Ähnlich auch bei FREIER, Hans: Ästhetik und Autonomie. Ein Beitrag zur idealistischen Entfremdungskritik. In: LUTZ, Bernd [Hrsg.]: Deutsches Bürgertum und literarische Intelligenz 1750 - 1800. Stuttgart 1974, S. 372.

648) Vgl. Kap. III.2.3 der vorliegenden Arbeit.

649) Vgl. Kap. III.5.2 der vorliegenden Arbeit.

muten mag, wird dieser Gedanke dort aber unter völlig anderen Vorzeichen in die Diskussion eingebracht.

Anhand der Ausführungen in den Kalliasbriefen über die (He-)Autonomie eines Objekts in der Erscheinung läßt sich, wie ich am Beispiel des beschnittenen Baumes zeigen konnte, dem schönen Objekt in SCHILLERs Ästhetik indirekt eine **mittelbare** Wirkungsfunktion auf den Menschen nachweisen. Sie wird von SCHILLER dann in "Ueber Anmuth und Würde" selbst positiv ausformuliert: die **Symbolfunktion** des Schönen, der **ästhetische Imperativ**.[650] Indem das nur scheinbar selbstbestimmte Objekt seinem Betrachter frei erscheint, indem es sich seinem ästhetisch urteilenden Rezipienten also so darstellt, als wäre es aufgrund seiner personalen Verhältnisbestimmung seiner sinnlichen und rationalen Elemente frei, tritt es diesem mit einem Aufforderungscharakter entgegen, sich ebenfalls zu befreien, und zwar durch eine selbsttätig und personal bestimmte Relation seiner Sinnlichkeit und Rationalität. Die "heilende" Wirkung von Kunst wird in SCHILLERs Konzept einer ästhetischen Befreiung des einzelnen (und damit letztlich aller) also schon seit den Kalliasbriefen als mittelbar, als idealisch-symbolhaft begriffen. Aus dieser Perspektive gesehen kommt es dann gar nicht mehr darauf an, ob das schöne Objekt tatsächlich frei ist, oder nur so erscheint. Zentral ist vielmehr für SCHILLER, daß es die Idee der Freiheit materiell versinnbildlicht, daß es seinen Betrachter dazu animiert, sich selbst nach diesem idealen Vorbild zu gestalten. Die im schönen Schein aufleuchtende Freiheit wird somit Maß für die eigene Existenz des den Schein von Freiheit am Objekt subjektiv wahrnehmenden Rezipienten.[651] Den Akt seiner Befreiung aus ihn entfremdenden Verhältnissen hat der Mensch aber selbst zu vollbringen.[652] Daß dies wiederum nur je annäherungsweise gelingen kann, hat - darauf wurde im Laufe

---

650) Vgl. oben, Kap. III.3.4 und III.4.3.

651) Erste, von LESSING beeinflußte Ansätze SCHILLERs zu einem mittelbaren, symbolischen Funktionsverständnis von Kunst (Theater) hat Annemarie GETHMANN-SIEFERTH bereits an "Don Carlos" - also noch vor den Kalliasbriefen - nachweisen können. Vgl. GETHMANN-SIEFERTH, Annemarie: Schiller und Lessing: aus Geschichte(n) lernen. In: JAMME, Christoph/KURZ, Gerhard [Hrsg.]: Idealismus und Aufklärung. Kontinuität und Kritik der Aufklärung in Philosophie und Poesie um 1800. Stuttgart 1988, S. 238 - 258.

652) Ein Gedanke, den SCHILLER, wie ich in Kapitel III.2.4 gezeigt habe, schon in seinen "Philosophische[n] Briefe[n]" formuliert hat.

der vorliegenden Arbeit immer wieder hingewiesen - SCHILLER selbst oft genug betont.

SCHILLERs Gedanke einer Befreiung des Menschen durch das Schöne wandelt sich im Laufe der Briefe über die ästhetische Erziehung dann auch konsequenterweise zu einem Bildungsakt der Selbstbefreiung des Menschen in einem ontologisch, triebtheoretisch und transzendentalphilosophisch begründeten ästhetischen Zustand. Der Gedanke einer auch nur mittelbaren Wirkung des Schönen gerät zunehmend in den Hintergrund. Von einer naiven unmittelbaren Veränderung durch Kunst ist überhaupt nicht mehr die Rede. SCHILLERs tiefe Einsicht in die Freiheit des empirischen Menschen - die im Leben nicht und niemals wirklich als absolute, sondern eben nur als "scheinbare", d. h. ästhetisch-relationale Freiheit zu haben ist - weist diesen ästhetischen Zustand dann als strukturelles Äquivalent eines schön erscheinenden Objekts aus, der subjektiv als Realität erfahren wird. In ihm scheint das Schöne, das von SCHILLER jetzt als freies und ganzes Menschsein im Sinne dialektisch aufgehobener Heteronomie durch Triebansprüche gedacht wird, als empirisch einzig mögliche Vollendung auf, die das Subjekt aufgrund seiner faktischen (und nicht nur unterstellten) personalen Existenzdimension in der Tat - und nicht nur scheinhaft - als Freiheit erfährt. Von da aus kann das Schöne dann sehr wohl gesellschaftsverändernd wirken, sobald nämlich die vernünftige Einsicht in die Notwendigkeit einer konsensuellen Lebensgemeinschaft aller Bürger eines Staates vollzogen ist, die die ästhetische Freiheit - zum letzten mal: denn eine andere ist in SCHILLERs Autonomiekonzept empirisch nicht möglich - des anderen nicht verletzen will.

IV.2.2 Personalität als Bedingung für ästhetische Autonomie

Ein anderes Problem, das SCHILLERs spezifisch ästhetische Autonomievorstellung, also die durch die Person herbeigeführte wechselseitige Ausgewogenheit von Sinnlichkeit und Vernunft, zugunsten einer Herrschaft des Rationalen über das Sinnlich-Leibliche kontraproduktiv zu unterlaufen droht, wird im Unterschied zum Scheinbegriff, soweit ich sehe, von der Sekundärliteratur bislang nicht diskutiert: Die Person als intelligibles Prinzip.

Wie gezeigt worden ist, macht SCHILLER seinen ästhetischen Freiheitsbegriff schon in den Kalliasbriefen an der Vorstellung einer dem schönen Objekt zu unterstellenden personalen Selbstbestimmung fest. Personalität wird dort von ihm näherhin als "Natur des Dinges" gekennzeichnet, als wesenhafter Kern eines Objekts, durch den dieses überhaupt erst zu dem spezifischen Gegenstand wird, der es für einen Rezipienten ist. Damit rückt für SCHILLER der Personbegriff im Sinne einer natura naturans, einer sich selbst gestaltenden Existenz also, ins Zentrum seiner Konzeption ästhetischer Autonomie. Umgekehrt wird dadurch eine Ästhetisierung des von der Bildungsphilosophie angestrebten autonomen Subjekts eingeleitet.[653]

In "Ueber Anmuth und Würde" trennt SCHILLER die Begriffe Natur und Person dann wieder voneinander und verändert sie zugleich entscheidend. In der Übertragung seiner ästhetischen Autonomiekonzeption auf den Menschen bezeichnet er jetzt als Natur des Menschen dessen sinnlich-leibliche Anteile im Sinne einer natura naturata, also einer naturgesetzlich bestimmten Materialität. Die personale Existenz des Menschen verbindet er hingegen mit dem Begriff des Geistigen und verändert hierdurch sein Verständnis von Person. Zwar bleibt die Person bei SCHILLER auch weiterhin der Sitz aller ästhetischen Selbstbestimmung, nimmt also den selbstschöpferischen Aspekt des Naturbegriffs der Kalliasbriefe (natura naturans) in sich auf. Doch von KANTs Personbegriff beeinflußt beschreibt SCHILLER sie nun in Verbindung mit dem cartesianischen Geistbegriff, der in Opposition zur Materie steht, als ein vernünftiges Vermögen im Menschen, das Teil hat am Natur beherrschenden göttlichen Logos. SCHILLER gelangt auf diese Weise zu einem die Bildungsphilosophie bis heute herausfordernden ästhetischen Verständnis der sich selbst bestimmenden Person, da von ihm die personale Freiheit des Menschen nun untrennbar an die Bedingungen des Schönen geknüpft wird. Daß dem Menschen aber solch eine geistig-personale Dimension auch tatsächlich wesenhaft ist und nicht, wie beim schönen Objekt, durch einen Analogieschluß praktischer Vernunft unterstellt werden muß, ist für SCHILLER in "Ueber Anmuth und Würde" allein schon durch die menschliche Willensfähigkeit bewiesen. Denn indem der Mensch mittels seiner Vernunft (in Grenzen) tatsächlich über seine Natur, etwa über sein Triebleben oder seine körperliche Existenz verfügen kann, sobald er dies nur will, muß ihm denknotwendig ein

---

653) Vgl. auch meine Ausführungen hierzu in Kap. III.3.3 und III.3.4 der vorliegenden Arbeit.

Vermögen zugesprochen werden, das diese Verfügungsgewalt auch faktisch hat.[654]

In seinen Briefen über die ästhetische Erziehung übernimmt SCHILLER dieses Personverständnis im Sinne eines vernünftigen und zugleich selbstschöpferischen Potentials. Mit Hilfe der inzwischen bereits wiederholt beschriebenen ineinander verschränkten ontologischen, triebtheoretischen und transzendentalphilosophischen Überlegungen gelangt er dann dort letztlich zu einer Konzeption ästhetisch-personaler Bildung des Menschen, die eine subjektive Realisierung dessen Autonomie als spezifisch ästhetische in Aussicht stellt, d. h. als ein vom Subjekt personal bestimmtes Verhältnis von sinnlicher und vernünftiger Existenzdimension.[655]

Folgendes Problem drängt sich nun im Rahmen dieser Konzeption einer spezifisch ästhetischen Autonomie des Menschen auf: Wenn die selbstschöpferische Personalität menschlicher Existenz bei SCHILLER von KANT her ausdrücklich als ein vernünftiges, von aller Natur unabhängiges Potential aufgefaßt und ausgewiesen wird, unterminiert er dann nicht kontrafaktisch sein ästhetisches Bildungsideal eines dialektisch aufgehobenen herrschaftsfreien Verhältnisses von Sinnlichkeit und Vernunft des Menschen? Anders gefragt: Wenn die intelligible Person ihre Autonomie über die durch sie gesteuerte Relation von rational-kognitiven und emotional-affektiven Elementen verwirklicht, ist es dann letztlich nicht doch wieder der Logos, der die Natur des Menschen beherrscht? Ist also SCHILLERs Konzeption ästhetischer Autonomie nicht aufgrund seines eigenen Personverständnisses radikal, d. h. von den Wurzeln her gefährdet?

Ganz sicher ist SCHILLERs ästhetische Bildungsvorstellung des autonomen Subjekts nicht in der Weise als Herrschaftsinstrument über "das Andere der Vernunft" anzugreifen, wie es vor einigen Jahren von den Brüdern Hartmut und Gernot BÖHME im Blick auf das Menschenbild KANTs geschehen ist.[656] Immerhin tritt SCHILLER ja als einer der ersten

---

654) Vgl. oben, Kap. III.4.2 und III.4.3.

655) Vgl. Kap. III.5.3 bis III.5.6 der vorliegenden Arbeit.

656) Vgl. BÖHME, Gernot: Anthropologie in pragmatischer Hinsicht. Darmstädter Vorlesungen. Frankfurt/Main 1985; BÖHME, Hartmut/BÖHME, Gernot: Das Andere der Vernunft. Zur Entwicklung von Rationalitätsstrukturen am Beispiel Kants. Frankfurt/Main 1985.

an, die KANT gerade auch im Sinne der beiden BÖHMEs kritisieren und
weiterführen wollen. Dennoch entgeht auch er nicht einer Abspaltung des
Sinnlichen vom Vernünftigen, des Leiblichen vom Geistigen, obwohl er
beides in möglichst gleichwertiger Ausgewogenheit zur Bedingung von
Humanität schlechthin macht. Nicht allein, daß SCHILLER zwecks
Darlegung des Erkenntniszusammenhangs von Natur und Rationalität ausdrücklich auf KANTs Postulat, daß die Natur unter dem Verstandesgesetz
stehe, zurückgreift[657], macht seine darauf gegründete Schönheitstheorie und
die aus ihr resultierende ästhetische Anthropologie problematisch.
Besonders durch seinen Rekurs in "Ueber Anmuth und Würde" auf die gedanklich hieran anschließende KANTsche Auffassung der Person als persona moralis verstrickt sich SCHILLER in eine aporetische Denkfigur: Als
intelligibles Prinzip ist die persona moralis unabhängig von aller
Naturgesetzlichkeit imstande, sich eigene Gesetze vorzuschreiben. Indem
SCHILLER dort die Person ausdrücklich als geistige und "absolut letzte
Ursache" der sinnlich-leiblichen Existenz des Menschen definiert[658], be-
trachtet er sie - wie KANT in seiner Kritik der praktischen Vernunft - als
"Freiheit und Unabhängigkeit von dem Mechanism der ganzen Natur".[659]
Die Person steht somit bei SCHILLER ebenso wie bei KANT - dies ist tref-
fend von Wilhelm SCHMIDT über den Personbegriff KANTs formuliert
worden - "**außerhalb** des undurchbrechbaren Kausalzusammenhangs der
Natur" und tritt insofern "in Gegensatz zu seiner [sc.: des Menschen]
Sinnlichkeit."[660] Doch wenn SCHILLER die Person wie KANT in dieser

---

657) Vgl. die Einleitung in Kap. III.3 der vorliegenden Arbeit. Vgl. zu speziell diesem
erkenntnistheoretischen Postulat KANTs auch Hartmut BÖHME/Gernot
BÖHME: Das Andere der Vernunft. Zur Entwicklung von Rationalitätsstrukturen
am Beispiel Kants. Frankfurt/Main 1985, S. 277 - 321.

658) Vgl. oben, Kap. III.4.2 bzw. Ueber Anmuth und Würde, NA 20, S. 262.

659) KANT, Immanuel: Kritik der praktischen Vernunft. In: Ders.: Werke in zehn
Bänden. Hrsg. von Wilhelm WEISCHEDEL. Bd. 6, Darmstadt 1983 S. 210.

660) SCHMIDT, Wilhelm: Der Begriff der Persönlichkeit bei Kant. Langensalza 1911,
S. 66. Hervorhebung im Zitat von mir. SCHMIDT zieht es im Zusammenhang
seiner Ausführungen über die persona moralis im Sinne KANTs vor, von
"Persönlichkeit" zu sprechen, wenn von der Person als intelligiblem Prinzip in
oben beschriebener Weise die Rede ist. Er weist aber ausdrücklich darauf hin, daß
weder von KANT noch von SCHILLER "Person" und "Persönlichkeit"
konsequent unterschieden und verwendet worden seien, wenn sie die persona
moralis meinten. (Vgl. SCHMIDT, Wilhelm: a.a.O., S. 77.)

Weise losgelöst von der Natur denkt, wie ist dann seine spezifische Konzeption ästhetisch-personaler Bildung überhaupt in der Form denkbar, daß Selbstbestimmung in einer wirklich dialektischen Aufhebung von Sinnlichkeit und Vernunft möglich wird und nicht von einem höheren Geistpotential abhängt?

Zur Beantwortung dieser Frage muß hier noch einmal daran erinnert werden, daß SCHILLER sein Konzept ästhetischer Autonomie in den Briefen über die ästhetische Erziehung des Menschen sehr differenziert entfaltet. Der Person als intelligibles und von aller Naturgesetzlichkeit freies Prinzip kommt Freiheit dort ausdrücklich transzendental zu, d. h. im Sinne eines allen Gedanken und sinnlichen Wahrnehmungen des Menschen zugrundeliegenden einheitlichen (identischen) Bewußtseins (Ichbewußtsein, absolutes Ich).[661] Empirisch frei erfährt sich die Person in SCHILLERs Menschenbild aber allein in der Abwesenheit einseitiger Herrschaft der den Menschen ontologisch notwendig bedingenden Grundtriebe (Stoff- und Formtrieb); mithin in einem Zustand, den SCHILLER als ästhetischen kennzeichnet, da er als Zustand der herrschaftsfreien Relation von Materie und ihrer Form die Bedingungen des Schönen in sich birgt. Die personale Autonomie des Menschen wird so in der erfahrbaren Wirklichkeit zu einer spezifisch ästhetischen, d. h. zu einer Autonomie, die - wie ich es nannte - aus einem Prozeß ästhetisch-personaler Bildung resultiert, dem zwar eine das Subjekt vom Objekt trennende, aber dennoch die sinnliche und vernünftige Existenzdimension des Menschen dialektisch verknüpfende Freiheitserfahrung zugrunde liegt. Die Selbstbestimmung des Menschen in dieser Weise an eine Schönheitstheorie zu knüpfen, bleibt daher auch weiterhin eine herausragende Leistung SCHILLERs, weil deutlich wird, daß personale Freiheit - als Selbstbestimmungspotential schlechthin gedacht - empirisch eben nur ästhetisch, d. h. sinnlich-vernünftig ausgewogen gelebt werden kann. Das neuhumanistische Bildungsideal eines unentfremdeten

---

661) KANT formuliert diesen transzendentalen Personbegriff sehr konzentriert gleich zu Beginn seiner Anthropologie in pragmatischer Hinsicht: "Daß der Mensch in seiner Vorstellung das Ich haben kann, erhebt ihn unendlich über alle andere auf Erden lebende Wesen. Dadurch ist er eine **Person** und, vermöge der Einheit des Bewußtseins, bei allen Veränderungen, die ihm zustoßen mögen, eine und dieselbe Person". (Vgl. KANT, Immanuel: Anthropologie in pragmatischer Hinsicht. In: Ders.: Werke in zehn Bänden. Hrsg. von Wilhelm WEISCHEDEL. Bd. 9, Darmstadt 5. Aufl. 1983, S. 407.)

Menschseins wird damit **systematisch** auch an die Entfaltung der sinnlichen Existenzdimension des Menschen geknüpft.[662]

In der Tat erfordert dieses Autonomiekonzept aus ästhetischer Relation von Sinnlichkeit und Vernunft aber einen anderen Personbegriff, als denjenigen SCHILLERs. Denn wenn es letztlich nicht doch wieder nur ein reines Intelligenzpotential sein soll, das die ästhetische Relation von sinnlicher und vernünftiger Existenz gestaltet, wenn nicht erneut eine im Bildungsprozeß und -zustand systematisch enthaltene geistige Herrschaft über die Natur etabliert werden soll, darf die menschliche Personalität nicht nur als transzendentales Potential ausgewiesen sein. Zwar ist zur vollen Entfaltung von SCHILLERs ästhetischer Anthropologie im Personbegriff die Einheit des Bewußtseins in dem Sinne unhintergehbarer Bestandteil, wie sie überhaupt und denknotwendig dem Menschen wesentlich ist.[663] Hinreichend ist dieses Personverständnis im Blick auf die von SCHILLER angestrebte ganzheitliche Lebensweise aber nicht. Wenn eine personale Herrschaft der Vernunft über die Natur nämlich systematisch vermieden werden soll, muß der Personbegriff selbst auch schon die sinnlich-leibliche Existenz des Menschen in sich fassen. Er muß dann aus einer anderen Sichtweise als der Subjekt-Objekt-Spaltung, der cartesianischen Trennung von Geisteistigkeit und Materialität, entfaltet werden, die letztlich ein Erbe der PLATONischen Unterscheidung von Körper und Seele ist. Person in diesem ungetrennten, ganzheitlichen Verständnis hätte vielmehr anzusetzen bei der Sichtweise des ARISTOTELES. Das heißt: Auszugehen ist davon, daß naturgegebundene Leiblichkeit und metaphysische Geistigkeit (Seele) eine Einheit bilden, daß die Person nicht nur einen von ihr unterschiedenen **Körper hat**, sondern auch immer schon **Leib ist**.[664] Solch ein leibapriori-

---

662) In Kapitel III.1 dieser Arbeit habe ich bereits darauf hingewiesen, daß unentfremdete Existenz schon von ROUSSEAU an die Entfaltung der Sinnlichkeit des Menschen geknüpft worden ist. Allerdings geschah dies dort nicht mit Hilfe solcher systematischer Überlegungen, sondern blieb mehr thesenhafter Ausdruck ROUSSEAUs Meinung.

663) Vgl. hierzu bes. FRANK, Manfred: Die Unhintergehbarkeit von Individualität. Reflexionen über Subjekt, Person und Individuum aus Anlaß ihrer "postmodernen" Toterklärung. Frankfurt/Main 1986.

664) Vgl. USLAR, Detlev von: Die Welt als Ort des Menschen. In: GADAMER, Hans-Georg/VOGLER, Paul [Hrsg.]: Neue Anthropologie, Bd. 7. Stuttgart 1975, S. 325.

sches Personverständnis könnte seine Unterstützung in einer Philosophie finden, die grundsätzlich vom Dasein der Welt her auf ein Bewußtsein über die Welt hin denkt. Karl LÖWITH hat beispielsweise in diesem Sinne eindringlich darauf aufmerksam gemacht, daß die Bewußtseinsphilosophie im Anschluß an DESCARTES nur die "halbe Wahrheit" sei, sofern man sie als "ganze nimmt, [...] denn voraus geht dem seiner selbst bewußten Sein eine Weise menschlichen Daseins, die nicht durch das Bewußtsein bestimmt ist."[665] Ganz ähnliche Formulierungen finden sich auch aus phänomenologischer Sicht etwa bei Maurice MERLEAU-PONTY oder Käte MEYER-DRAWE.[666] Zwar konstatiert auch SCHILLER eine grundsätzliche Priorität des Empirisch-Materialen, doch bleibt die Personalität für ihn - auf der Basis des KANT-FICHTEschen Intelligenzsubjekts - davon getrenntes **reflexives Bewußtsein**. Person ist bei SCHILLER insofern also nicht Materie und Geist zugleich, sondern **Bewußtsein über die Natur** und geht deshalb nicht bruchlos in seinem Geist und Sinnlichkeit vereinenden ästhetischen Menschenbild auf.

Diese Denkweise einer reflexiven Personalität birgt darüber hinaus die Gefahr eines solipsistischen und in Inhumanität führenden Selbstverständnisses in sich. Denn wenn der Bezugsgrund für vollendetes Menschsein letztlich nur die Person als reflexives Bewußtsein von sich und der Welt ist, zerfallen in letzter Konsequenz auch alle anderen Menschen zu bloßer Welt, und das welterkennende Subjekt ist radikal einsam. Es kann dann zwar nach seiner Maßgabe über die Welt verfügen, doch ein gleichwertiges Gegenüber, einen Ansprechpartner hat es nicht. Erhebt es in dieser Einsamkeit seine Reflexivität noch zur Norm des Menschseins, setzt es sich über alle Dinge und Wesen als verfügungsmächtiges Subjekt und sieht sich darin legitimiert, über deren Existenz zu entscheiden. Der Schritt in eine totale Inhumanität, wie er im Faschismus etwa im Rahmen der sogenannten Euthanasie getan worden ist und in jüngster Zeit - nur vermeint-

---

665) LÖWITH, Karl: Zur Frage einer philosophischen Anthropologie. In: GADAMER, Hans-Georg/VOGLER, Paul [Hrsg.]: Neue Anthropologie, Bd. 7. Stuttgart 1975, S. 341.

666) Vgl. MERLEAU-PONTY, Maurice: Phänomenologie der Wahrnehmung. Berlin 1966. (Originalausgabe unter dem Titel: Phénoménologie de la Perception. Paris 1945.); MEYER-DRAWE, Käte: Illusionen von Autonomie. Diesseits von Ohnmacht und Allmacht des Ich. München 1990.

lich gemildert - von Peter SINGER wieder diskutiert wird[667], ist dann nicht mehr weit. Die die Umwelt radikal zerstörende Verfügungsherrschaft des vorwiegend zweckrational ausgerichteten Menschen in unseren spätindustriellen Gesellschaften zeigt eine andere Facette solchen inhumanen Denkens und Handelns.[668]

Zwar kann SCHILLER weder solch eine solipsistische noch eine inhumane Absicht in seiner Ästhetik unterstellt werden, da er seine Ausführungen über den ästhetisch selbstbestimmten Menschen immer wieder ausdrücklich in einen gesellschaftlichen Kontext stellt, der der ästhetisch-personalen, mithin der empirisch-relationalen Freiheit aller Menschen gerecht zu werden sucht. Doch vor einem Mißbrauch in der skizzierten Weise ist auch seine Autonomiekonzeption nicht geschützt. Sie ist insofern ergänzungsbedürftig durch einen sozialontologischen Personbegriff, wie er etwa von Martin BUBER, Romano GUARDINI und Michael THEUNISSEN hergeleitet werden könnte.[669] Es ist dies ein Verständnis, bei dem die Person schon immer zugleich Bewußtsein ist und wird, bei dem sich solche Bewußtseinswirklichkeit aber allererst aus der Begegnung mit anderen Personen herstellt. Solches Person-Sein ist dann "Selbst-Sein und Selbst-Werden in Beziehungen" als "Leib-Seele-Geist-Einheit".[670] Erst mit ihm kann gesichert werden, "daß menschliche Personalität nicht aufgeht im analytischen Zugriff gleich welcher Wissenschaft".[671]

---

667) Vgl. SINGER, Peter: Praktische Ethik. Stuttgart 1984.

668) Vgl. dazu auch HORKHEIMER, Max: Begriff der Bildung. Immatrikulations-Rede Wintersemester 1952/53. In: Ders.: Sozialphilosophische Studien. Aufsätze, Reden und Vorträge 1930 - 1972. Mit einem Anhang über Universität und Studium. Hrsg. von Werner BREDE. Frankfurt/Main 1972, S. 168f.

669) Vgl. BUBER, Martin: Das dialogische Prinzip. Heidelberg 4. Aufl. 1979; GUARDINI, Romano: Welt und Person. Würzburg 2. Aufl. 1951; THEUNISSEN, Michael: Der Andere. Studien zur Sozialontologie der Gegenwart. Berlin 1965.

670) SCARBATH, Horst: Was ist pädagogisches Verstehen? In: DIETERICH, Rainer [Hrsg.]: Pädagogische Handlungskompetenz. Paderborn, München, Wien und Zürich 1983, S. 226. Wieder in: SCARBATH, Horst: Träume vom guten Lehrer. Donauwörth 1991.

671) SCARBATH, Horst: Ideen zur Bestimmung von gymnasialer Bildung unter der Herausforderung von Zukunft. In: GOSSMANN, Klaus [Hrsg.]: Reformziel Grundbildung. Ansätze zu einem neuen Bildungsverständnis der gymnasialen

Sowohl eine leibapriorische als auch eine sozialontologische Ergänzung von SCHILLERs Entwurf menschengemäßer Bildung muß hier unterbleiben, da dies eine neue und umfangreiche Arbeit ergäbe. Aber auch ohne sie bleibt SCHILLERs Konzeption ästhetisch-personaler Autonomie des Menschen bis heute eine richtungweisende Bildungsanthropologie, da sie eine humane Entfaltung menschlicher Personalität in der gesellschaftlichen Wirklichkeit zwar nicht völlig widerspruchsfrei, aber dennoch systematisch unnachgiebig an ein wechselseitig ausgewogenes Verhältnis von Sinnlichkeit und Vernunft zu binden sucht. Aus ihr heraus läßt sich die im zweiten Kapitel dieser Arbeit skizzierte gegenwärtige Wiederbelebung des neuhumanistischen Bildungsgedankens umfassender und weitreichender gestalten, als dies bislang selbst unter dem Stichwort "Ästhetische Bildung" geschieht.

IV.3 Bildung - von Schiller her begriffen

Die bald dreißig Jahre alte Feststellung, daß der Bildungsbegriff "heute einer der unklarsten und verschwommensten Grundbegriffe der deutschen Pädagogik" ist[672], hat nach wie vor Gültigkeit.[673] Sie kann inzwischen durch den Hinweis ergänzt werden, daß auch die in Verbindung mit einem Rekurs auf die neuhumanistische Bildungsphilosophie in Mode gekommene Rede von einer "ästhetischen Bildung" hieran bislang kaum etwas zu

---

Oberstufe. Münster 1986, S. 28. Ganz ähnlich auch bei PANNENBERG, Wolfhart: Person und Subjekt. In: Poetik und Hermeneutik VIII. Identität. Hrsg. von Odo MARQUARD und Karlheinz STIERLE. München 1979, S. 419.

672) DOHMEN, Günther: Bildung und Schule. Die Entstehung des deutschen Bildungsbegriffs und die Entwicklung seines Verhältnisses zur Schule. Bd. 1, Weinheim 1964, S. 15.

673) Sehr anschaulich wurde die bunte Vielfalt des Bildungsbegriffs im gegenwärtigen erziehungswissenschaftlichen Denken zuletzt in den von mir bereits verschiedentlich herangezogenen Sammelbänden von Otto HANSMANN und Winfried MAROTZKI. (Vgl. HANSMANN, Otto/MAROTZKI, Winfried [Hrsg.]: Diskurs Bildungstheorie I und II. Rekonstruktion der Bildungstheorie unter Bedingungen der gegenwärtigen Gesellschaft. Bd. I: Systematische Markierungen. Bd. II: Problemgeschichtliche Orientierungen. Weinheim 1988 und 1989.)

ändern vermag.[674] Da aber auch ich mich im Rahmen der vorliegenden Arbeit auf diese Redewendung - wenngleich zu "ästhetisch-personaler Bildung" variiert - beziehe, soll sie, meine bildungstheoretische Rekonstruktion von SCHILLERs Ästhetik abschließend, erläutert werden.

Daß im Begriff Bildung die Wörter Bild und bilden enthalten sind, ist leicht herauszuhören. Verfolgt man deren Entstehungsgeschichte, sind neben der Bedeutung von Bild als Abbildung und Beispiel vor allem die Bedeutungen Gestalt und Gebilde wichtig. Das Verb bilden, die neuhochdeutsche Form von "biliden", meint dementsprechend, einer Sache Gestalt und Wesen geben. Ein Töpfer heißt im Althochdeutschen deshalb auch "leimbilidari" als jemand, der dem Lehm (leim) eine bestimmte Gestalt gibt. Deutlich ist hier die schöpferische Dimension von "bilden" im Sinne von "gestalten" bzw. "Formgebung" zu hören. Seit dem frühen 16. Jahrhundert beziehen sich die Termini bilden und Bildung in diesem gestaltgebenden Sinn auch auf den Menschen.[675]

Die geisteswissenschaftlich verwurzelte Pädagogik nimmt für ihr Verständnis von Bildung gerade diesen gestaltgebenden Charakter sehr ernst. Ob BOLLNOW, FLITNER, NOHL, LITT, SPRANGER oder WENIGER, um hier nur einige herausragende Namen zu nennen, sie alle speisen ihr Verständnis von Bildung aus dem formgebenden, Gestalt schaffenden Verständnis von "bilden". Konzentriert findet sich diese Auffassung in Wilhelm FLITNERs "Allgemeine[r] Pädagogik" ausgesprochen, wenn es dort heißt:

> "Unter dem Bildungsprozeß sei das Ganze der Vorgänge im
> 'Zögling' verstanden, durch den er jene innere 'Gestalt' gewinnt,
> die als seine 'Bildung' bezeichnet wird. Diese Gestalt kann auch
> verstanden werden als das Formgewinnen des einzelnen unter
> dem Einfluß der begegnenden Inhalte des gemeinschaftlichen

---

674) Vgl. Kap. II.4 der vorliegenden Arbeit.

675) Vgl. SCHÜTZE, Thomas: Zum Verhältnis von Ästhetik und Bildung bei Wilhelm von Humboldt. Ein Rekonstruktionsversuch im Blick auf neuere pädagogische Humboldt-Rezeptionen. Seelze 1987, S. 10f. Außerdem: DER GROSSE DUDEN: BAND 7. Mannheim 1963, S. 66f und DOHMEN, Günther: Bildung und Schule. Die Entstehung des deutschen Bildungsbegriffs und die Entwicklung seines Verhältnisses zur Schule. Bd. 1, Weinheim 1964, S. 30.

Lebens in der Zeit der Jugend oder eines späteren inneren Werdens."[676]

MAROTZKI hat jüngst auf die Bedeutung hingewiesen, die solch ein geisteswissenschaftliches Bildungsverständnis für die aktuelle Diskussion über den Bildungsbegriff hat: Der Mensch ist hier trotz seiner lebenslangen Einbindung in eine soziale und sachliche Welt innerlich in dreifacher Weise bis zu einem gewissen Grade enthoben und damit nicht vollends von außen bestimmbar. Er ist als sich selbst Gestalt gebendes Wesen erstens nicht naturalistisch auf ein bloßes Entwicklungsprodukt reduziert, er behält zweitens einen Freiraum zur "Explikation der existentiellen Dimensioniertheit und Geworfenheit" und ist drittens insofern nicht festgelegt auf ein bestimmtes Ziel menschlicher Entwicklung, sondern "Pluralität, Polymorphien und Differenzen menschlicher Sinnentwürfe erhalten damit einen eigenständigen irreduziblen Status."[677]

Bildung in diesem Sinne - und das ist auch mein Verständnis - bleibt dann ein jedes Erziehungsgeschehen herausfordernder Gegenentwurf zur postmodernen Toterklärung des selbstmächtigen Subjekts, bleibt ein Gegenentwurf zum tendenziell nur zweckrational versachlichten Menschen. Sie wird Stachel im Fleisch auch einer zukünftigen postindustriellen Informationsgesellschaft sein, oder wie auch immer die Etiketten für unser aller Zusammenleben heißen mögen. Als Prozeß und Produkt einer personal freiheitlich bestimmten Selbstgestaltung des Menschen korrespondiert ihr nämlich eine verantwortete Weltgestaltung, die sich nicht aus bloßem Verfügungswissen speist.[678] Denn mit einem Verständnis von Bildung des Menschen als "Werk seiner selbst" (PESTALOZZI), ist im Rahmen schulischer wie außerschulischer Bildungsangebote notwendigerweise

"Abschied zu nehmen [...]
- von einer sogenannten Wissenschaftsorientierung in einem bestimmten, problematischen Sinn

---

676) FLITNER, Wilhelm: Allgemeine Pädagogik. Stuttgart 4. Aufl. 1957, S. 133f.

677) MAROTZKI, Winfried: Zur Aktualität der Bildungstheorie Wilhelm Flitners. In: Zeitschrift für Pädagogik, 26. Beiheft (1991), S. 77.

678) Hier ist noch einmal daran zu erinnern, daß ich unter "Person" den ganzen Menschen in seiner dialogischen Angewiesenheit auf den anderen verstehe und nicht nur die dem Menschen wesenhafte Vernunftfähigkeit.

- von einer curricularen Reduktion der Unterrichtsinhalte auf bestimmte Bruchstücke von Wissen, die nicht zusammenhängen, ja auf Verkürzungen, die in das bloße Reproduzieren von bestimmten Grundbegrifflichkeiten und Wissensbeständen einmünden."[679]

Bildung, die den Menschen grundsätzlich als ein Wesen zur Entfaltung gelangen lassen will, das seiner spezifisch humanen Verfaßtheit selbstbestimmt gerecht wird, muß vielmehr die HUMBOLDTsche Maxime ernst nehmen, daß alles in der Auseinandersetzung mit Welt individuell erworbene und die Welt so nachhaltig verändernde Einzelwissen "in unmittelbarer Beziehung auf unsre innere Bildung" stehen muß.[680] Denn nur so kann gewährleistet werden, daß der Mensch in seiner Hinwendung an die Welt,

"dass er in dieser Entfremdung nicht sich selbst verliere, sondern [daß] vielmehr von allem, was er ausser sich vornimmt, immer das erhellende Licht und die wohlthätige Wärme in sein Innres zurückstrale."[681]

Dieses emphatische Bildungsverständnis ist in SCHILLERs Ästhetik an die gleichwertige Entfaltung sowohl der sinnlichen wie der vernünftigen Existenzdimension in ein und demselben Bildungsakt geknüpft worden. Bildung wird damit zum Begriff für einen ganzheitlichen, Sinnlichkeit und Geistigkeit in sich miteinander ausgewogen vereinenden Lebensvollzug, der dem Doppelwesen Mensch umfassend gerecht wird. Umfassend deshalb, weil erst hierin dessen existentiell notwendige geistige Weltstrukturierung der gleichzeitig und ebenso existenznotwendig bestehenden sinnlichmaterialen Realität in dem Sinne gerecht zu werden vermag, als jene diese nicht zum bloßen Mittel degradiert. Vielmehr heben sich beide dialektisch in einem Fließgleichgewicht auf, das SCHILLER aufgrund der strukturellen

679) SCARBATH, Horst: Ideen zur Bestimmung von gymnasialer Bildung unter der Herausforderung von Zukunft. In: GOSSMANN, Klaus [Hrsg.]: Reformziel Grundbildung. Ansätze zu einem neuen Bildungsverständnis der gymnasialen Oberstufe. Münster 1986, S. 30f.

680) HUMBOLDT, Wilhelm von: Theorie der Bildung des Menschen. In: Ders.: Werke in fünf Bänden, hrsg. von Andreas FLITNER und Klaus GIEL. Bd. I, Darmstadt 3. Aufl. 1980, S. 238.

681) HUMBOLDT, Wilhelm von: a.a.O., S. 237.

Parallelität zum schönen Objekt als den ästhetischen Zustand bezeichnete. Erst in ihm ist der Mensch "frei" zu seiner inneren Formgewinnung, seiner sich selbst Gestalt gebenden Bildung.

Der Gedanke der Mündigkeit wird von SCHILLER also radikal ästhetisiert. Erfülltes Sein des Menschen wird zum schönen Sein. Selbstbestimmte, mündige Entfaltung der Person, dieses hohe Ziel jeglicher Bildungsarbeit mit Menschen, generiert sich von SCHILLER her gesehen allein in einem in der beschriebenen Weise ganzheitlichen Bildungsvollzug, der sein vollkommenstes Symbol in der allerdings bloß scheinbar personal verfügten Verhältnisbestimmung von Stoff und Form in der Kunst findet. Da sie von SCHILLER dem schönen Objekt entsprechend seinsnotwendig an die weder Sinnlichkeit noch Vernunft auslöschende personale Verhältnisbestimmung eben dieser beiden Existenzdimensionen geknüpft wurde, spreche ich, wenn ich von Bildung im emphatischen Sinne rede, von ästhetisch-personaler Bildung des Menschen. Mit SCHILLER ist solch ein Bildungsverständnis ästhetisch-personale Bildung in einem dreifachen Sinn: Sie ist erstens - produktionsästhetisch - ein Akt der eigentätigen Formgebung der sich gerade hierin entfaltenden Person. Zweitens ist sie - werkästhetisch - eine durch die Persönlichkeit bestimmte "lebende Gestalt", die sich als freie Gestalt nur aus einer spezifischen Relation ihrer Materie zu ihrer Form, ihrer Sinnlichkeit zu ihrer Vernunft zu generieren vermag. Hierdurch erhält sie drittens eine rezeptionsästhetische Bedeutung, da Bildung, wo sie als solche gelungen im je konkreten Menschen anschaulich wird, selbst wieder symbolisch auf den in relationaler Freiheit möglichen Akt einer personalen Selbstgestaltung verweist.

Bildung als in diesem dreifachen Sinn ästhetisch-personale kann dann mit SCHILLER nur als Balanceakt der sinnlich-vernünftigen Doppelnatur des Menschen verstanden werden. Sie ereignet sich allein im oszillierenden Zusammenspiel der beiden Grunddimensionen menschlicher Existenz. Sie mißlingt notwendig, sobald entweder vorwiegend die Sinnlichkeit über die Vernunft, oder die Vernunft über die Sinnlichkeit herrscht.

Schulische und außerschulische Institutionen, die unter Berufung auf Rahmenrichtlinien und entsprechende Empfehlungen der Kultusministerkonferenz auf Bildung im Sinne einer mündigen Selbstentfaltung des ganzen Menschen zielen, müssen demzufolge ihren Bildungsstoff, ihr Material, an und mit dem eine innere Formgewinnung exemplarisch erprobt werden können soll, notwendigerweise anders begreifen als Einrichtungen, denen es um bloße Wissensvermittlung geht, mit der eine funktionsgerechte Eingliederung des einzelnen in das kulturelle und gesellschaftliche System erzielt werden soll. Wenn Bildung und nicht nur Stoffvermittlung gemeint ist, dürfen sich beispielsweise der Deutsch- oder Philosophieunterricht nicht nur auf die verbal-interpretatorische Rezeption literarischer oder philosophischer Werke beschränken, sondern müssen für einen erfahrungsgesättigten, den Menschen in seiner sinnlich-vernünftig doppelten Verfaßtheit ansprechenden Umgang mit Texten sorgen, wie er etwa durch szenische Rollenspiele, bildnerisches Textauslegen und eigene literarische Versuche angeregt werden kann. Auch naturwissenschaftliche Fächer müssen, wenn sie der Bildung des Menschen förderlich sein sollen, insgesamt anschaulicher und problemorientierter arbeiten. Biologie, Chemie, Physik etc. müssen interdisziplinär miteinander vernetzt und an gesellschaftswissenschaftlichen Unterricht gekoppelt werden, sollen sie dem Menschen helfen, gegenwärtige Probleme zu bedenken, sie als Probleme menschlicher Lebensweise zu begreifen und mögliche Problemlösungen in erprobendem Handeln zu gestalten. Hierbei wird dann beispielsweise der Umgang mit moderner Technik nicht nur mechanisch eingeübt, sondern zugleich auch kritisch auf seine Bedeutung für den Gestaltprozeß der inneren Formgewinnung befragt.[682]

Zu Beginn der vorliegenden Arbeit habe ich darauf hingewiesen, daß sich heute innerhalb der praktischen Bildungsarbeit schon vielfach Ansätze finden lassen, denen solch ein ästhetisch-personales Bildungsverständnis zugrunde liegt, ohne daß sie es so nennen oder gar mit Blick auf SCHILLERs Ästhetik begründen würden. In merkwürdiger Diskrepanz hierzu befinden sich aber all jene bildungstheoretischen Entwürfe, die sich

---

682) Vgl. hierzu auch FREISE, Gerda: Lern- und Erkenntnisprozesse im Naturlehreunterricht. Auswertung einer Unterrichtseinheit im 5. und 6. Schuljahr. In: Zeitschrift für Pädagogik, 12 (1966), S. 238 - 257; HELLWEGER, Sebastian: Chemieunterricht 5 - 10. München 1981; DUIT, Reinders/JUNG, Walter / PFUNDT, Helga: Alltagsvorstellungen und naturwissenschaftlicher Unterricht. Köln 1981; KECK, Rudolf W./KÖHNLEIN, Walter/SANDFUCHS, Uwe [Hrsg.]: Fachdidaktik zwischen allgemeiner Didaktik und Fachwissenschaft. Bestandsaufnahme und Analyse. Bad Heilbrunn, 1990; MEYER-DRAWE, Käte/LIPPITZ, Wilfried [Hrsg.]: Kind und Welt. Meisenheim 1984; OTTO, Gunter/OTTO, Maria: Auslegen. Ästhetische Erziehung als Praxis des Auslegens in Bildern und Praxis des Auslegens von Bildern. Seelze 1987.

explizit auf die neuhumanistische Bildungskonzeption bei SCHILLER oder auch bei HUMBOLDT beziehen. Selbst wenn in ihnen von einer ästhetischen Bildung die Rede ist, segmentieren sie den menschlichen Bildungsprozeß erneut und splittern ihn auf in einen curricularen Kanon. Zugespitzt formuliert, bleibt in ihnen als Feld für ganzheitliche Bildungsversuche fast nur noch das Fach Ästhetische Erziehung übrig.[683]

Bildung meint im SCHILLERschen Sinne einer ästhetisch-personalen Bildung aber grundsätzlich einen Lebensvollzug im ganzheitlichen Selbstentwurf. Sie ist Selbstgestaltung des Menschen, die auf eine Gemeinschaft zielt, die im Gegenüber von Welt eine Gesellschaft zu entfalten sucht, in der jedem Menschen ein Leben in ästhetischer, d. h. relationaler Freiheit im Spannungsbogen von sinnlicher und vernünftiger Natur zuteil werden kann. Als alles umfassender Dauerzustand bleibt sie zwar Utopie im modellhaft-kritischen Sinne Ernst BLOCHs, verwirklicht sich aber Schritt für Schritt in jedem Bildungsgeschehen, das der freien Entfaltung der Persönlichkeit Raum gibt im dialektischen Zusammenspiel von sinnlichem und geistigem Vermögen. Erst hieraus kann ein Selbstverständnis des Menschen wachsen, das eine neue und menschengerechtere Gestaltung unseres gesellschaftlichen Zusammenlebens in Aussicht stellt.

---

683) Vgl. Kap. II der vorliegenden Arbeit.

Literaturliste

ADORNO, Theodor W.: Theorie der Halbbildung. In: Ders.: Gesammelte Schriften, Bd. 8, hrsg. von Rolf TIEDEMANN. Frankfurt/Main 1972, S. 93 - 121.

BALLAUFF, Theodor: Philosophische Begründungen der Pädagogik. Die Frage nach Ursprung und Maß der Bildung. Berlin 1966.

BALLAUFF, Theodor/SCHALLER, Klaus: Pädagogik. Eine Geschichte der Bildung und Erziehung. Bd. 2. Vom 16. Jahrhundert bis zum 19. Jahrhundert. Freiburg und München 1970.

BARTHELMES, Jürgen: Kindliche Weltbilder und Medien. Eine Literaturanalyse zur Mediensozialisation. Weinheim und München 1987.

BECK, Ulrich: Risikogesellschaft. Auf dem Weg in eine andere Moderne. Frankfurt/Main 1986.

BENNER, Dietrich: Allgemeine Pädagogik. Eine sytemgeschichtlich-problematische Einführung in die Grundstruktur pädagogischen Denkens und Handelns. Weinheim und München 1987.

BENNER, Dietrich: Wilhelm von Humboldts Bildungsidee. Eine problemgeschichtliche Studie zum Begründungszusammenhang neuzeitlicher Bildungsreform. Weinheim und München 1990.

BERGHAHN, Klaus L. [Hrsg.]: Briefwechsel zwischen Schiller und Körner. München 1973.

BERGHAHN, Klaus L.: "Eines Freundes Freund zu sein." Zum Briefwechsel zwischen Schiller und Körner. In: Ders.: Schiller: Ansichten eines Idealisten. Frankfurt/Main 1986, S. 181 - 200.

BERGHAHN, Klaus L. [Hrsg.]: Friedrich Schiller - zur Geschichtlichkeit seines Werkes. Kronberg/Ts. 1975.

BETTI, Emilio: Zur Grundlegung einer allgemeinen Auslegungslehre. Tübingen 1988.

BIEMEL, Walter: Die Bedeutung von Kants Begründung der Ästhetik für die Philosophie der Kunst. Köln 1959. (Kantstudien Ergänzungshefte, Bd. 77.)

Bildung. Die Menschen stärken, die Sachen klären. Jahresheft VI im Friedrich Verlag. Seelze 1988.

BLOCH, Ernst: Weimar als Schillers Abbiegung und Höhe. In: Ders.: Die Kunst Schiller zu sprechen und andere literarische Aufsätze. Frankfurt/Main 1969, S. 101 - 127.

BÖHME, Gernot: Anthropologie in pragmatischer Hinsicht. Darmstädter Vorlesungen. Frankfurt/Main 1985.

BÖHME, Günther: Bildungsgeschichte des frühen Humanismus. Darmstadt 1984.

BÖHME, Günther: Die philosophischen Grundlagen des Bildungsbegriffs. Eine Propädeutik. Saarbrücken 1976.

BÖHME, Hartmut/BÖHME, Gernot: Das Andere der Vernunft. Zur Entwicklung von Rationalitätsstrukturen am Beispiel Kants. Frankfurt/Main 1985.

BÖVERSEN, Fritz: Schillers Begriff der ästhetischen Erziehung. In: Zeitschrift für Pädagogik, 10 (1964), S. 446 - 461.

BOLTEN, Jürgen [Hrsg.]: Schillers Briefe über die ästhetische Erziehung. Frankfurt/Main 1984.

BOLTEN, Jürgen: Zum werk- und denkgeschichtlichen Kontext der Briefe "Über die ästhetische Erziehung des Menschen". In: Ders. [Hrsg.]: Schillers Briefe über die ästhetische Erziehung. Frankfurt/Main 1984, S. 9 - 29.

BUBER, Martin: Das dialogische Prinzip. Heidelberg 4. Aufl. 1979.

BUCK, Günther: Rückwege aus der Entfremdung. München und Paderborn 1984.

BÜRGER, Peter: Zur Kritik der idealistischen Ästhetik. Frankfurt/Main 1983.

BURSCHELL, Friedrich: Schiller. Hamburg 14. Aufl. 1975.

BUYTENDIJK, Frederik Jacobus Johannes: Wesen und Sinn des Spiels. Das Spielen der Menschen und Tiere als Erscheinungsform der Lebenstriebe. Berlin 1933.

CASSIRER, Ernst: Die Methodik des Idealismus in Schillers philosophischen Schriften. In: Ders.: Idee und Gestalt. Darmstadt 1975, S. 81 - 111.

CASSIRER, Ernst: Freiheit und Form. Studien zur deutschen Geistesgeschichte. Darmstadt 4. Aufl. 1975.

COLEMAN, James S.: Die asymmetrische Gesellschaft. Vom Aufwachsen mit unpersönlichen Systemen. Weinheim und Basel 1986.

CYSARZ, Herbert: Die dichterische Phantasie Friedrich Schillers. Mit einem Anhang über die Elemente der Einbildungskraft. Tübingen 1959.

DAUCHER, Hans/SPRINKART, Karl-Peter [Hrsg.]: Ästhetische Erziehung als Wissenschaft. Probleme - Positionen - Perspektiven. Köln 1979.

DER GROSSE DUDEN: BAND 7. Mannheim 1963.

DIPPEL, Lydia: Wilhelm von Humboldt. Ästhetik und Anthropologie. Würzburg 1990.

DODE, Ralf-Erik: Ästhetik als Vernunftkritik. Eine Untersuchung zum Begriff des Spiels und der ästhetischen Bildung bei Kant - Schiller - Schopenhauer und Hebbel. Frankfurt/Main, Bern und New York 1985.

DOHMEN, Günther: Bildung und Schule. Die Entstehung des deutschen Bildungsbegriffs und die Entwicklung seines Verhältnisses zur Schule. 2 Bde. Weinheim 1964 und 1965.

DOHMEN, Günther: Wortgeschichtliche Grundlagen einer Renaissance des Bildungsbegriffs. In: SCHLUTZ, Erhard/SIEBERT, Horst [Hrsg.]: Historische Zugänge zur Erwachsenenbildung. Bremen 1985, S. 6 - 35.

DÜRRENMATT, Friedrich: Friedrich Schiller. Eine Rede. Zürich 1960.

DÜSING, Wolfgang: Friedrich Schiller. Über die ästhetische Erziehung des Menschen in einer Reihe von Briefen. Text, Materialien, Kommentar. München und Wien 1981.

DUIT, Reinders/JUNG, Walter / PFUNDT, Helga: Alltagsvorstellungen und naturwissenschaftlicher Unterricht. Köln 1981.

EBERT, Wilhelm: Ästhetische Bildung als Erziehung zur Mündigkeit. In: Verband Bildung und Erziehung [Hrsg.]: Dokumentation deutscher Lehrertag 1988. Schule und Kunst. VBE-Dokumentationen, H. 1 (1989), S. 11 - 18.

ERIKSON, Erik Homburger: Kindheit und Gesellschaft. Stuttgart 7. Aufl. 1979.

ETZOLD, Sabine: Wieder eine Chance verpaßt. Abitur nach zwölf Jahren, nur weil angeblich das Geld fehlt. In: Die Zeit vom 25. Januar 1991, S. 73.

FAUSER, Peter/ FINTELMANN, Klaus J./FLITNER, Andreas [Hrsg.]: Lernen mit Kopf und Hand. Berichte und Anstöße zum praktischen Lernen in der Schule. Weinheim und Basel 1983.

FEND: Sozialgeschichte des Aufwachsens. Bedingungen des Aufwachsens und Jugendgestalten im zwanzigsten Jahrhundert. Frankfurt/Main 1988.

FISCHER, Wolfgang: Über Recht und Grenzen des Gebrauchs von "Bildung". In: Zeitschrift für Pädagogik, 28 (1982), S. 1 - 9.

FLITNER, Andreas [Hrsg.]: Das Kinderspiel. München 1973.

FLITNER, Wilhelm: Allgemeine Pädagogik. Stuttgart 4. Aufl. 1957.

FRANK, Manfred: Die Unhintergehbarkeit von Individualität. Reflexionen über Subjekt, Person und Individuum aus Anlaß ihrer "postmodernen" Toterklärung. Frankfurt/Main 1986.

FREIER, Hans: Ästhetik und Autonomie. Ein Beitrag zur idealistischen Entfremdungskritik. In: LUTZ, Bernd [Hrsg.]: Deutsches Bürgertum und literarische Intelligenz
1750 - 1800. Stuttgart 1974, S. 329 - 383.

FREISE, Gerda: Lern- und Erkenntnisprozesse im Naturlehreunterricht. Auswertung
einer Unterrichtseinheit im 5. und 6. Schuljahr. In: Zeitschrift für Pädagogik, 12
(1966), S. 238 - 257.

GADAMER, Hans-Georg: Die Aktualität des Schönen. Kunst als Spiel, Symbol und
Fest. Stuttgart 1977.

GADAMER, Hans-Georg: Wahrheit und Methode. Grundzüge einer philosophischen
Hermeneutik. Tübingen 5. Aufl. 1986.

GADAMER, Hans-Georg/VOGLER, Paul [Hrsg.]: Neue Anthropologie, Bd. 7. Stuttgart 1975.

GAIER, Ulrich: Soziale Bildung gegen ästhetische Erziehung. Goethes Rahmen der
"Unterhaltungen" als satirische Antithese zu Schillers "Ästhetischen Briefen" I-
IX. In: BACHMAIER, Helmut/RENTSCH, Thomas [Hrsg.]: Poetische Autonomie? Zur Wechselwirkung von Dichtung und Philosophie in der Epoche Goethes
und Hölderlins. Stuttgart 1987, S. 207 - 272.

GETHMANN-SIEFERTH, Annemarie: Schiller und Lessing: aus Geschichte(n) lernen.
In: JAMME, Christoph/KURZ, Gerhard [Hrsg.]: Idealismus und Aufklärung.
Kontinuität und Kritik der Aufklärung in Philosophie und Poesie um 1800. Stutt-
gart 1988, S. 238 - 258.

GIESECKE, Hermann: Das Ende der Erziehung. Neue Chancen für Familie und
Schule. Stuttgart 1985.

GLASER, Hermann: Das Verschwinden der Arbeit. Die Chancen der neuen Tätigkeitsgesellschaft. Düsseldorf, Wien und New York 1988.

GLASER, Hermann: Über die ästhetische Erziehung des Menschen und die Zukunft der
Industriegesellschaft. Neue Aufgaben für die Kulturpädagogik. In: Zeitschrift für
Pädagogik, 23. Beiheft (1988), S. 290 -299.

GLASER, Hermann/STAHL, Karl Heinz: Die Wiedergewinnung des Ästhetischen. Perspektiven und Modelle einer neuen Soziokultur. München 1974.

GRIMM, Jacob/GRIMM, Wilhelm: Deutsches Wörterbuch. Achter Band. Leipzig 1893.

GRIMMINGER, Rolf: Die ästhetische Versöhnung. Ideologiekritische Aspekte zum
Autonomiebegriff am Beispiel Schiller. In: BOLTEN, Jürgen [Hrsg.]: Schillers
Briefe über die ästhetische Erziehung. Frankfurt/Main 1984, S. 161 - 184.

GROOTHOFF, Hans-Hermann: Ästhetische Erziehung. In: Erziehungswissenschaftliches Handbuch. Erster Band, hrsg. von Thomas ELLWEIN/Hans-Hermann
GROOTHOFF u. a. Berlin 1969, S. 211 -226.

GUARDINI, Romano: Welt und Person. Würzburg 2. Aufl. 1951.

HABERMAS, Jürgen: Die neue Intimität zwischen Politik und Kultur. Thesen zur Aufklärung in Deutschland. In: Merkur, 42 (1988), S. 150 - 155.

HABERMAS, Jürgen: Theorie des kommunikativen Handelns. Bd. 1: Handlungsrationalität und gesellschaftliche Rationalisierung. Frankfurt/Main 3. Aufl. 1985.

HANSMANN, Otto: Bildung - in rekonstruktiver Absicht. Eine Zwischenbilanz. Frankfurt/Main 1985.

HANSMANN, Otto: Kritik der sogenannten "theoretischen Äquivalente" von "Bildung". Zur engeren thematischen Einführung am Beispiel ausgewählter Ersatzbegriffe. In: HANSMANN, Otto/MAROTZKI, Winfried [Hrsg.]: Diskurs Bildungstheorie I: Systematische Markierungen. Rekonstruktion der Bildungstheorie unter Bedingungen der gegenwärtigen Gesellschaft. Weinheim 1988.

HANSMANN, Otto/MAROTZKI, Winfried [Hrsg.]: Diskurs Bildungstheorie I und II. Rekonstruktion der Bildungstheorie unter Bedingungen der gegenwärtigen Gesellschaft. Bd. I: Systematische Markierungen. Bd. II: Problemgeschichtliche Orientierungen. Weinheim 1988 und 1989.

HART NIBBRIG, Christiaan L.: Ästhetik. Materialien zu ihrer Geschichte. Frankfurt/Main 1978.

HELLWEGER, Sebastian: Chemieunterricht 5 - 10. München 1981.

HENRICH, Dieter: Der Begriff der Schönheit in Schillers Ästhetik. In: Zeitschrift für philosophische Forschung XI, 4 (1957), S. 527-547.

HENTIG, Hartmut von: Ästhetische Erziehung im politischen Zeitalter. Einige Grundbegriffe aus dem Wörterbuch der Kunsterziehung. In: Ders.: Spielraum und Ernstfall. Aufsätze zu einer Pädagogik der Selbstbestimmung. Stuttgart 1969, S. 352 - 377.

HENTIG, Hartmut von: Das allmähliche Verschwinden der Wirklichkeit. Ein Pädagoge ermutigt zum Nachdenken über die neuen Medien. München und Wien 1984.

HENTIG, Hartmut von: Der Streit um die Lehrpläne / Die Bedingungen des Unterrichts (1971 - 1972). In: Ders.: Ergötzen, Belehren, Befreien. Schriften zur ästhetischen Erziehung. München 1985, S. 367 - 398.

HERRMANN, Ulrich [Hrsg.]: "Die Bildung des Bürgers": die Formierung der bürgerlichen Gesellschaft und der Gebildeten im 18. Jahrhundert. Weinheim und Basel 1982.

HEUER, Fritz: Darstellung der Freiheit. Schillers transzendentale Frage nach der Kunst. Köln und Wien 1970.

HEYDORN, Heinz-Joachim: Abstand und Nähe. Wilhelm von Humboldt. In: Ders. Bildungstheoretische Schriften. Bd. 1. Frankfurt/Main 1980, S. 247 - 266.

HEYDORN, Heinz-Joachim: Bildungstheoretische Schriften. 3 Bde. Frankfurt/Main 1979 und 1980.

HEYDORN, Heinz-Joachim: Überleben durch Bildung. Umriß einer Aussicht. In: Ders. Bildungstheoretische Schriften. Bd. 3. Frankfurt/Main 1980, S. 282 - 301.

HEYDORN, Heinz-Joachim: Zu einer Neufassung des Bildungsbegriffs. In: Ders. Bildungstheoretische Schriften. Bd. 3. Frankfurt/Main 1980, S. 95 - 184.

HORKHEIMER, Max: Begriff der Bildung. Immatrikulations-Rede Wintersemester 1952/53. In: Ders.: Sozialphilosophische Studien. Aufsätze, Reden und Vorträge 1930 - 1972. Mit einem Anhang über Universität und Studium. Hrsg. von Werner BREDE. Frankfurt/Main 1972, S. 163 -172.

HORKHEIMER, Max/ADORNO, Theodor W.: Dialektik der Aufklärung. Philosophische Fragmente. Frankfurt/Main 1988.

HUIZINGA, Johan: Homo Ludens. Vom Ursprung der Kultur im Spiel. Hamburg 1956.

HUMBOLDT, Wilhelm von: Ideen zu einem Versuch, die Gränzen der Wirksamkeit des Staats zu bestimmen. In: Ders.: Werke in fünf Bänden, hrsg. von Andreas FLITNER und Klaus GIEL. Bd. I, Darmstadt 3. Aufl. 1980, S. 56 - 233.

HUMBOLDT, Wilhelm von: Theorie der Bildung des Menschen. In: Ders.: Werke in fünf Bänden, hrsg. von Andreas FLITNER und Klaus GIEL. Bd. I, Darmstadt 3. Aufl. 1980, S. 234 - 240.

HUMBOLDT, Wilhelm von: Über das Studium des Alterthums, und des griechischen insbesondere. In: Ders.: Werke in fünf Bänden, hrsg. von Andreas FLITNER und Klaus GIEL. Bd. II, Darmstadt 4. Aufl. 1986, S. 1 -24.

HUMBOLDT, Wilhelm von: Werke in fünf Bänden, hrsg. von Andreas FLITNER und Klaus GIEL. Bd. V (Kommentar), Darmstadt 1981.

JANKE, Wolfgang: Die Zeit in der Zeit aufheben. Der transzendentale Weg in Schillers Philosophie der Schönheit. In: Kantstudien 58 (1967), S. 433 - 457.

JANZ, Rolf-Peter: Autonomie und soziale Funktion der Kunst. Studien zur Ästhetik von Schiller und Novalis. Stuttgart 1973.

KANT, Immanuel: Anthropologie in pragmatischer Hinsicht. In: Ders.: Werke in zehn Bänden, hrsg. von Wilhelm WEISCHEDEL. Bd. 9, Darmstadt 5. Aufl. 1983, S. 397 - 690.

KANT, Immanuel: Beantwortung der Frage: Was ist Aufklärung? In: Ders.: Werke in zehn Bänden, hrsg. von Wilhelm WEISCHEDEL. Bd. 9, Darmstadt 5. Aufl. 1983, S. 53 - 61.

KANT, Immanuel: Kritik der praktischen Vernunft. In: Ders.: Werke in zehn Bänden, hrsg. von Wilhelm WEISCHEDEL. Bd. 6, Darmstadt 5. Aufl. 1983 S. 103 - 302.

KANT, Immanuel: Kritik der Urteilskraft. In: Ders.: Werke in zehn Bänden, hrsg. von Wilhelm WEISCHEDEL. Bd. 8, Darmstadt 5. Aufl. 1983, S. 233 - 620.

KECK, Rudolf W./KÖHNLEIN, Walter/SANDFUCHS, Uwe [Hrsg.]: Fachdidaktik zwischen Allgemeiner Didaktik und Fachwissenschaft. Bad Heilbrunn, 1990.

KERBS, Diethart: Ästhetische und politische Erziehung. In: Kunst + Unterricht, H. 1 (1968), S. 28 - 31.

KERBS, Diethart: Spiel und Freiheit. Über das Verhältnis von pädagogischer Utopie und politischer Strategie in der Theorie der ästhetischen Erziehung. In: Kunst + Unterricht, H. 9 (1971), S. 17 - 21.

KERBS, Diethart: Zum Begriff der ästhetischen Erziehung. In: Die Deutsche Schule, 62 (1970), S. 562 - 570.

KLAFKI, Wolfgang: Abschied von der Aufklärung? Grundzüge eines bildungstheoretischen Gegenentwurfs. In: KRÜGER, Heinz-Hermann [Hrsg.]: Abschied von der Aufklärung. Perspektiven der Erziehungswissenschaft. Opladen 1990, S. 91 - 103.

KLAFKI, Wolfgang: Die Bedeutung der klassischen Bildungstheorien für ein zeitgemäßes Konzept allgemeiner Bildung. In: Zeitschrift für Pädagogik, 32 (1986), S. 455 - 476.

KLAFKI, Wolfgang: Konturen eines neuen Allgemeinbildungskonzepts. In: Ders.: Neue Studien zur Bildungstheorie und Didaktik. Beiträge zur kritisch - konstruktiven Didaktik. Weinheim und Basel 1985, S. 12 - 30.

KLAFKI, Wolfgang: Neue Studien zur Bildungstheorie und Didaktik. Beiträge zur kritisch-konstruktiven Didaktik. Weinheim und Basel 1985.

KLAFKI, Wolfgang: Studien zur Bildungstheorie und Didaktik. Weinheim 1963.

KOCH, Lutz: Kritische Philosophie und Bildungstheorie. In: HANSMANN, Otto/MAROTZKI, Winfried [Hrsg.]: Diskurs Bildungstheorie II: Problemgeschichtliche Orientierungen. Rekonstruktion der Bildungstheorie unter Bedingungen der gegenwärtigen Gesellschaft. Weinheim 1989, S. 65 - 82.

KÜHNEMANN, Eugen: Kants und Schillers Begründung der Ästhetik. München 1895.

KÜNNE, Wolfgang: Prinzipien der wohlwollenden Interpretation. In: Intentionalität und Verstehen. Hrsg. vom Forum für Philosophie Bad Homburg. Frankfurt/Main 1990, S. 212 - 236.

KULENKAMPFF, Jens: Kants Logik des ästhetischen Urteils. Frankfurt/Main 1968.

KURZ, Gerhard: Schillers Briefe "Über die ästhetische Erziehung des Menschen" als Antwort auf die Französische Revolution. In: Zeitschrift für Pädagogik, 24. Beiheft (1989), S. 305 - 315.

LATZEL, Sigbert: Die ästhetische Vernunft. Bemerkungen zu Schillers "Kallias" mit Bezug auf die Ästhetik des 18. Jahrhunderts. In: BERGHAHN, Klaus L. [Hrsg.]: Friedrich Schiller - zur Geschichtlichkeit seines Werkes. Kronberg/Ts. 1975, S. 241 - 252.

LEHNERER, Thomas: Ästhetische Bildung. In: Bildung. Die Menschen stärken, die Sachen klären. Jahresheft VI im Friedrich Verlag. Seelze 1988, S. 42 - 45.

LENNERT, Rudolf: Das Drama der Bildungsworte. In: Neue Sammlung 21 (1981), S. 504 - 529.

LENZEN, Dieter: Mythos der Kindheit. Reinbek 1985.

LIEPE, Wolfgang: Der junge Schiller und Rousseau. Eine Nachprüfung der Rousseaulegende um den Räuberdichter. In: Zeitschrift für deutsche Philologie 51 (1926), S. 299 - 328.

LÖWITH, Karl: Zur Frage einer philosophischen Anthropologie. In: GADAMER, Hans-Georg/VOGLER, Paul/[Hrsg.]: Neue Anthropologie, Bd. 7. Stuttgart 1975, S. 330 - 342.

LUTTRINGER, Klaus: Die Bildung und ihr Narr. Auf den Spuren eines anderen Bewußtseins. Rheda-Wiedenbrück 1989.

LUTZ, Hans: Schillers Anschauungen von Kultur und Natur. Berlin 1928. (Germanische Studien, Heft 60.)

MANN, Thomas: Versuch über Schiller. Berlin und Frankfurt/Main 1955.

MAROTZKI, Winfried: Zur Aktualität der Bildungstheorie Wilhelm Flitners. In. Zeitschrift für Pädagogik, 26. Beiheft (1991), S. 71 - 81.

MARQUARD, Odo: Kant und die Wende zur Ästhetik. In: Zeitschrift für philosophische Forschung 16 (1962), S. 231 - 243 und 363 - 374.

MAYRHOFER, Hans/ZACHARIAS, Wolfgang: Projektbuch Ästhetisches Lernen. Reinbek 1977.

MEAD, George Herbert: Sozialpsychologie. Eingeleitet und herausgegeben von Anselm STRAUSS. Neuwied 1969.

MENZE, Clemens: Überlegungen zur Kritik am humanistischen Bildungsverständnis in unserer Zeit. In: Ders.: Bildung und Bildungswesen. Hildesheim 1980, S. 106 - 123.

MENZE, Clemens: Wilhelm von Humboldts Lehre und Bild vom Menschen. Ratingen 1965.

MENZER, Paul: Schiller und Kant. In: Kantstudien 47 (1955/56), S. 113 - 148 und 234 - 272.

MERLEAU-PONTY, Maurice: Phänomenologie der Wahrnehmung. Berlin 1966. (Originalausgabe unter dem Titel: Phénoménologie de la Perception. Paris 1945.)

MEYER-DRAWE, Käte: Illusionen von Autonomie. Diesseits von Ohnmacht und Allmacht des Ich. München 1990.

MEYER-DRAWE, Käte/LIPPITZ, Wilfried [Hrsg.]: Kind und Welt. Meisenheim 1984.

MITTELSTRAß, Jürgen: Platon. In: HÖFFE, Otfried [Hrsg.]: Klassiker der Philosophie. Erster Band. Von den Vorsokratikern bis David Hume. München 2. Aufl. 1985, S. 38 - 62.

MOLLENHAUER, Klaus: Ästhetische Bildung zwischen Kritik und Selbstgewißheit. In: Zeitschrift für Pädagogik, 36 (1990), S. 481 - 494.

MOLLENHAUER, Klaus: Die ästhetische Dimension der Bildung. Zur Einführung in den Themenkreis. In: Zeitschrift für Pädagogik, 36 (1990), S. 465 - 467.

MOLLENHAUER, Klaus: Ist ästhetische Bildung möglich? In: Zeitschrift für Pädagogik, 34 (1988), S. 443 - 461.

MOLLENHAUER, Klaus: Ist ästhetische Erziehung möglich? In: LÜTTGE, Dieter [Hrsg.]: Bezugspunkte kulturpädagogischer Arbeit. Tagungsbericht und Arbeitsmaterialien. Hildesheim, Zürich und New York 1989, S. 261 - 272.

MOLLENHAUER, Klaus: Schule, Kunst und Leben - Grundfragen der ästhetischen Bildung. In: Verband Bildung und Erziehung [Hrsg.]: Dokumentation deutscher Lehrertag 1988. Schule und Kunst. VBE-Dokumentationen, H. 1 (1989), S. 19 - 31.

MOLLENHAUER, Klaus: Umwege. Über Bildung, Kunst und Interaktion. Weinheim und München 1986.

MUEHLECK-MÜLLER, Cathleen: Schönheit und Freiheit. Die Vollendung der Moderne in der Kunst. Schiller - Kant. Würzburg 1989.

MUNDHENK, Alfred: "Die Gunst der Natur". Kants Begriff und Deutung des Naturschönen. In: Deutsche Vierteljahresschrift für Literaturwissenschaft und Geistesgeschichte, 57 (1983), S. 366 - 398.

NIPKOW, Karl Ernst: Bildung als Lebensbegleitung und Erneuerung. Kirchliche Bildungsverantwortung in Gemeinde, Schule und Gesellschaft. Gütersloh 1990.

NIPKOW, Karl Ernst: Bildung und Entfremdung. Überlegungen zur Rekonstruktion der Bildungstheorie. In: Zeitschrift für Pädagogik, 14. Beiheft (1977), S. 205 - 229.

OTT, Thomas/SCHELLER, Ingo/SCHERLER, Karlheinz/SELLE, Gert: Lernbereich Ästhetik. In: Enzyklopädie Erziehungswissenschaft, Bd. 3, hrsg. von Hans-Dieter HALLER und Hilbert MEYER. Stuttgart 1986, S. 193 - 227.

OTTO, Britta: Untersuchungen zum Paradigmenwechsel in der ästhetischen Erziehung. Am Beispiel der Wende von der Kunsterziehung zum Kunstunterricht. Frankfurt/Main, Bern, New York und Nancy 1984.

OTTO, Gunter: Ästhetische Erziehung. Fachdidaktischer Trendbericht. In: betrifft: erziehung, 11 (1978), S. 60 -64.

OTTO, Gunter: Ästhetische Erziehung. Reformbeitrag, Kontinuität und Wechsel der Paradigmata in einer Fachdidaktik. In: Zeitschrift für Pädagogik, 24 (1978), S. 669 - 677.

OTTO, Gunter: Didaktik der Ästhetischen Erziehung. Ansätze, Materialien, Verfahren. Braunschweig 1974.

OTTO, Gunter: Kunst als Prozeß im Unterricht. Braunschweig 2. Aufl. 1969.

OTTO, Gunter: Kunsterziehung/Ästhetische Erziehung. In: ROTH, Leo [Hrsg.]: Handlexikon zur Didaktik der Schulfächer. München 1980, S. 264 - 284.

OTTO, Gunter/OTTO, Maria: Auslegen. Ästhetische Erziehung als Praxis des Auslegens in Bildern und Praxis des Auslegens von Bildern. Seelze 1987.

OTTO, Wolf Dieter: Ästhetische Bildung. Studien zur Kunsttheorie Wilhelm von Humboldts. Frankfurt/Main, Bern und New York 1987.

PAETZOLD, Heinz: Ästhetik des deutschen Idealismus. Zur Idee ästhetischer Rationalität bei Baumgarten, Kant, Schelling, Hegel und Schopenhauer. Wiesbaden 1983.

PANNENBERG, Wolfhart: Person und Subjekt. In: Poetik und Hermeneutik VIII. Identität. Hrsg. von Odo MARQUARD und Karlheinz STIERLE. München 1979, S. 407 - 422.

PARMENTIER, Michael: Ästhetische Bildung zwischen Avantgardekunst und Massenkultur. In: Neue Sammlung, 28 (1988), S. 63 -74.

PARSONS, Talcott: Der Stellenwert des Indentitätsbegriffs in der allgemeinen Handlungstheorie. In: DÖBERT, Rainer/HABERMAS, Jürgen/NUNNER-WINKLER, Gertrud [Hrsg.]: Entwicklung des Ichs. Hanstein 1980, S. 68 - 88.

PAZZINI, Karl Josef: Bildung und Bilder. Über einen nicht nur etymologischen Zusammenhang. In: HANSMANN, Otto/MAROTZKI, Winfried [Hrsg.]: Diskurs Bildungstheorie I: Systematische Markierungen. Rekonstruktion der Bildungstheorie unter Bedingungen der gegenwärtigen Gesellschaft. Weinheim 1988, S. 334 - 363.

PEUKERT, Helmut: Bildung - Reflexionen zu einem uneingelösten Versprechen. In: Bildung. Die Menschen stärken, die Sachen klären. Jahresheft VI im Friedrich Verlag. Seelze 1988, S. 12 - 17.

PEUKERT, Helmut: Über die Zukunft von Bildung. In: Frankfurter Hefte, FH-extra, 6 (1984), S. 129 -137.

PFAFF, Peter: Das "Horen-Märchen". Eine Replik Goethes auf Schillers Briefe über die ästhetische Erziehung. In: ANTON, Herbert u. a. [Hrsg.]: Geist und Zeichen. Festschrift für Arthur Henkel. Heidelberg 1977, S. 320 - 332.

PLATON: Politeia. In: Ders.: Sämtliche Werke, Bd. 13. Hamburg 19. Aufl. 1976, S. 67ff.

PLEINES, Jürgen-Eckardt: Ästhetik und Vernunftkritik. Natur- und Kunstinterpretation im Zeitalter der deutschen Klassik und Romantik. Hildesheim, Zürich und New York 1989.

PLEINES, Jürgen-Eckardt [Hrsg.]: Bildungstheorien. Probleme und Positionen. Freiburg, Basel und Wien 1978.

PLEINES, Jürgen-Eckardt: Studien zur Bildungstheorie (1971 - 1988). Darmstadt 1989.

PONGRATZ, Ludwig A.: Bildung und Subjektivität. Historische Rekonstruktionen. In: Pädagogische Rundschau 38 (1984), S. 189 - 205.

PONGRATZ, Ludwig A.: Bildung und Subjektivität. Historisch-systematische Studien zur Theorie der Bildung. Weinheim und Basel 1986.

PONGRATZ, Ludwig A.: Pädagogik und Subjektivität - Zur Paradigmenkrise der Erziehungswissenschaft. In: Ders.: Pädagogik im Prozeß der Moderne. Studien zur Sozial- und Theoriegeschichte der Schule. Weinheim 1989, S. 337 - 352.

POTT, Hans-Georg: Die schöne Freiheit. Eine Interpretation zu Schillers Schrift "Über die ästhetische Erziehung des Menschen in einer Reihe von Briefen". München 1980.

PRICE, Cora Lee: Wilhelm von Humboldt und Schillers "Briefe über die ästhetische Erziehung des Menschen". In: Jahrbücher der deutschen Schillergesellschaft 11 (1967), S. 358 - 373.

RAUHUT, Franz/SCHAARSCHMIDT, Ilse: Beiträge zur Geschichte des Bildungsbegriffs. Weinheim 1965.

RICHTER, Hans Günther: Geschichte der Kunstdidaktik. Düsseldorf 1981.

RICHTER-REICHENBACH, Karin-Sophie: Bildungstheorie und ästhetische Erziehung heute. Darmstadt 1983.

RITTER, Joachim [Hrsg.]: Historisches Wörterbuch der Philosophie. Bd. 3. Basel und Stuttgart 1984.

ROCH, Anneliese: Die Personalität in Schillers Theorien und Dramen. Köln 1957.

RÖHRS, Hermann: Schillers Philosophie des Schönen. In: Euphorion, 50 (1956), S. 55 - 70.

ROUSSEAU, Jean-Jacques: Emile oder Über die Erziehung. Stuttgart 1986.

ROUSSEAU, Jean-Jacques: Schriften, Bd. 1. Frankfurt/Main 1988.

RUMPF, Horst: Die übergangene Sinnlichkeit. Drei Kapitel über die Schule. München 1981.

RUMPF, Horst: Erasmus von Rotterdam. In: SCHEUERL, Hans [Hrsg.]: Klassiker der Pädagogik. Erster Band. Von Erasmus von Rotterdam bis Herbert Spencer. München 1979, S. 15 - 31.

SAYCE, Olive: Das Problem der Vieldeutigkeit in Schillers ästhetischer Terminologie. In: Jahrbücher der deutschen Schillergesellschaft 6 (1962) S. 149-177.

SCARBATH, Horst: Ideen zur Bestimmung von gymnasialer Bildung unter der Herausforderung von Zukunft. In: GOSSMANN, Klaus [Hrsg.]: Reformziel Grundbildung. Ansätze zu einem neuen Bildungsverständnis der gymnasialen Oberstufe. Münster 1986, S. 27 - 38.

SCARBATH, Horst [Hrsg.]: Mit Medien leben. Aktuelle Perspektiven der Medienpädagogik. Bad Heilbrunn/Obb. 1988.

SCARBATH, Horst: Unser Wissen ist Stückwerk. Plädoyer für ein mehrperspektivisch-dialogisches Verständnis von Erziehungswissenschaft. In: CLAUßEN, Bernhard/SCARBATH, Horst [Hrsg.]: Konzepte einer Kritischen Erziehungswissenschaft. Einführende Texte. München und Basel 1979, S. 204 - 224.

SCARBATH, Horst: Was ist pädagogisches Verstehen? In: DIETERICH, Rainer [Hrsg.]: Pädagogische Handlungskompetenz. Paderborn, München, Wien und Zürich 1983, S. 224 - 248. Wieder in: SCARBATH, Horst: Träume vom guten Lehrer. Donauwörth 1991.

SCHEIBLE, Hartmut: Wahrheit und Subjekt. Ästhetik im bürgerlichen Zeitalter. Reinbek 1988.

SCHEUERL, Hans: "Bildung in der Bundesrepublik Deutschland". In: Zeitschrift für Pädagogik, 28 (1982), S. 111 - 122.

SCHEUERL, Hans: Johann Amos Comenius. In: Ders. [Hrsg.]: Klassiker der Pädagogik. Erster Band. Von Erasmus von Rotterdam bis Herbert Spencer. München 1979, S. 67 - 82.

SCHEUERL, Hans [Hrsg.]: Klassiker der Pädagogik. Erster Band. Von Erasmus von Rotterdam bis Herbert Spencer. München 1979.

SCHEUERL, Hans [Hrsg.]: Theorien des Spiels. Weinheim und Basel 10. Aufl. 1975.

SCHILLER, Friedrich: Anmerkungen zu Wilhelm von Humboldt: Ueber das Studium des Alterthums, und des griechischen insbesondere. In: Schillers Werke. Nationalausgabe Bd. 21, Philosophische Schriften II. Unter Mitwirkung von Helmut KOOPMANN hrsg. von Benno von WIESE. Weimar 1963. S.63-65.

SCHILLER, Friedrich: Briefe an den Prinzen Friedrich Christian von Schleswig-Holstein-Sonderburg-Augustenburg. ("Augustenburger Briefe"). In: BOLTEN, Jürgen [Hrsg.]: Schillers Briefe über die ästhetische Erziehung. Frankfurt/Main 1984, S. 33 - 87.

SCHILLER, Friedrich: Briefwechsel. Nationalausgabe Bd. 27, Schillers Briefe 1794-1795. Hrsg. von Günter SCHULZ. Weimar 1958.

SCHILLER, Friedrich: Philosophie der Physiologie. In: Schillers Werke. Nationalausgabe Bd. 20, Philsophische Schriften I. Unter Mitwirkung von Helmut KOOPMANN hrsg. von Benno von WIESE. Weimar 1962, S.10-29.

SCHILLER, Friedrich: Philosophische Briefe. In: Schillers Werke. Nationalausgabe Bd. 20, Philsophische Schriften I. Unter Mitwirkung von Helmut KOOPMANN hrsg. von Benno von WIESE. Weimar 1962, S. 107 - 129.

SCHILLER, Friedrich: Philosophische Schriften II. Nationalausgabe Bd. 21 (Kommentar). Unter Mitwirkung von Helmut KOOPMANN hrsg. von Benno von WIESE. Weimar 1963.

SCHILLER, Friedrich: Ueber Anmuth und Würde. In: Schillers Werke. Nationalausgabe Bd. 20, Philosophische Schriften I. Unter Mitwirkung von Helmut KOOPMANN hrsg. von Benno von WIESE. Weimar 1962, S.251-308.

SCHILLER, Friedrich: Über das Schöne und die Kunst. Schriften zur Ästhetik. München 1984.

SCHILLER, Friedrich: Ueber den Zusammenhang der thierischen Natur des Menschen mit seiner geistigen. In: Schillers Werke. Nationalausgabe Bd. 20, Philsophische Schriften I. Unter Mitwirkung von Helmut KOOPMANN hrsg. von Benno von WIESE. Weimar 1962, S. 40 - 75.

SCHILLER, Friedrich: Ueber die ästhetische Erziehung des Menschen in einer Reihe von Briefen. In: Schillers Werke. Nationalausgabe Bd. 20, Philsophische Schriften I. Unter Mitwirkung von Helmut KOOPMANN hrsg. von Benno von WIESE. Weimar 1962, S.309-412.

SCHILLER, Friedrich: Ueber naive und sentimentalische Dichtung. In: Schillers Werke. Nationalausgabe Bd. 20, Philsophische Schriften I. Unter Mitwirkung von Helmut KOOPMANN hrsg. von Benno von WIESE. Weimar 1962, S. 413 - 503.

SCHILLER, Friedrich: Was kann eine gute stehende Schaubühne eigentlich wirken? In: Schillers Werke. Nationalausgabe Bd. 20, Philsophische Schriften I. Unter Mitwirkung von Helmut KOOPMANN hrsg. von Benno von WIESE. Weimar 1962, S. 87 - 100.

SCHMIDT Johann: Schiller und Rousseau. Berlin 1876.

SCHMIDT, Wilhelm: Der Begriff der Persönlichkeit bei Kant. Langensalza 1911.

SCHLEIERMACHER, Friedrich: Pädagogische Schriften I. Die Vorlesungen aus dem Jahre 1826. Frankfurt/Main, Berlin und Wien 1983.

SCHRIEWER, Jürgen: "Rückführung der Bildung zu sich selbst". Zur Humboldtrezeption und zu neueren bildungstheoretischen Ansätzen. In: Vierteljahresschrift für wissenschaftliche Pädagogik 51 (1975), S. 237 - 259.

SCHÜTZE, Thomas: Zum Verhältnis von Ästhetik und Bildung bei Wilhelm von Humboldt. Ein Rekonstruktionsversuch im Blick auf neuere pädagogische Humboldt-Rezeptionen. Seelze 1987.

SCHULZ, Günter: Schillers Sicht auf das Unbewußte. In: Ders.: Befragung der Überlieferungen. Erwachsenenbildung aus dem Geiste der Kulturwissenschaften. Bremen 1969, S. 167 - 174.

SCHULZ, Wolfgang: Ästhetische Bildung. Zum educativen Beitrag der Mimesis. In: Ästhetik und Erkenntnis. (Hamburger Beiträge zur Erziehungswissenschaft, Nr. 1.) Hrsg. im Auftrag des Forschungsausschusses des Fachbereichs Erziehungswissenschaft der Universität Hamburg von Hermann J. KAISER. Hamburg o. J., S. 59 - 73.

SCHWEITZER, Friedrich: Identität - Ein Leitbegriff der Pädagogik? In: PLUSKWA, Manfred [Hrsg.]: Jugendarbeit und Identität. (Loccumer Protokolle 1985.) Loccum 2. Aufl. 1987, S. 119 - 135.

SELLE, Gert [Hrsg.]: Experiment ästhetische Bildung. Aktuelle Beipsiele für Handeln und Verstehen. Reinbek 1990.

SELLE, Gert: Gebrauch der Sinne. Eine kunstpädagogische Praxis. Reinbek 1988.

SINGER, Peter: Praktische Ethik. Stuttgart 1984.

SPRANGER, Eduard: Schillers Geistesart, gespiegelt in seinen philosophischen Schriften und Gedichten. In: OELLERS, Norbert [Hrsg.]: Schiller - Zeitgenosse aller Epochen. Dokumente zur Wirkungsgeschichte Schillers in Deutschland. Teil II: 1860 - 1966. München 1976, S. 367 - 384.

STRUBE, Werner: Burkes und Kants Theorie des Schönen. In: Kantstudien 73 (1982), S. 53 - 62.

SÜNKER, Heinz: Bildungstheorie und Erziehungspraxis. Prolegomena zur Restrukturierung des Subjektbezugs in der Erziehungswissenschaft. Bielefeld 1984.

SZONDI, Peter: Das Naive ist das Sentimentalische. Zur Begriffsdialektik in Schillers Abhandlung. In: Euphorion 66 (1972), S. 174 - 206.

TENORTH, Heinz-Elmar: Bildung, allgemeine Bildung, Allgemeinbildung. In: Ders. [Hrsg.]: Allgemeine Bildung. Analysen zu ihrer Wirklichkeit, Versuche über ihre Zukunft. Weinheim und München 1986, S. 7 - 30.

THEUNISSEN, Michael: Der Andere. Studien zur Sozialontologie der Gegenwart. Berlin 1965.

TIELKES, Monika: Schillers transzendentale Ästhetik. Untersuchungen zu den Briefen "Über die ästhetische Erziehung des Menschen". Düsseldorf 1973.

USLAR, Detlev von: Die Welt als Ort des Menschen. In: GADAMER, Hans-Georg/VOGLER, Paul/[Hrsg.]: Neue Anthropologie, Bd. 7. Stuttgart 1975, S. 305 - 329.

VERBAND BILDUNG UND ERZIEHUNG [Hrsg.]: Dokumentation deutscher Lehrertag 1988. Schule und Kunst. VBE-Dokumentationen, H. 1 (1989).

VOLKMANN-SCHLUCK, Karl-Heinz: Die Kunst und der Mensch. Schillers Briefe über die ästhetische Erziehung des Menschen. Frankfurt/Main 1964.

WALDMANN, Klaus: Ein aktualisiertes Verständnis von Bildung als Bezugspunkt politischer Jugendbildung. In: LENZ, Wolfgang [Hrsg.]: Politische Bildung und politische Kultur. Herausforderungen - Konzepte - Erfahrungen. Bad Boll 1988.

WALLRABENSTEIN, Wulf: Offene Schule - Offener Unterricht. Ratgeber für Eltern und Lehrer. Reinbek 1991.

WALZEL, Oskar: Einleitung in Schillers philosophische Schriften. In: SCHILLER, Friedrich: Sämtliche Werke. Cottasche Säkular-Ausgabe in 16 Bänden, Bd. 11, Stuttgart und Berlin o. J., S. V - LXXXIV.

WEBER, Gert: Kunsterziehung gestern, heute, morgen auch. Ravensburg 1964.

WILKINSON, Elizabeth M./WILLOUGHBY L.A.: Schillers ästhetische Erziehung des Menschen. Eine Einführung. München 1977.

WILPERT, Gero von: Schiller-Chronik. Stuttgart 1958.

WINKLER, Michael: Eine Theorie der Sozialpädagogik. Über Erziehung als Rekonstruktion der Subjektivität. Stuttgart 1988.

WITTE, William: Der Einfluß der britischen Ästhetik auf Schiller. In: BERGHAHN, Klaus L. [Hrsg.]: Friedrich Schiller - zur Geschichtlichkeit seines Werkes. Kronberg/Ts. 1975, S. 309 - 320.

ZIMMERMANN, Jörg: Das Schöne. In: MARTENS, Ekkehard/SCHNÄDELBACH, Herbert [Hrsg.]: Philosophie. Ein Grundkurs. Reinbek 1985, S. 348 - 394.

ZÖLLNER, Detlef: Wilhelm von Humboldt. Einbildung und Wirklichkeit. Münster und New York 1989.